叶秀山全集

[第五卷]

叶秀山 著

江苏人民出版社

图书在版编目(CIP)数据

叶秀山全集. 第五卷 / 叶秀山著. —南京：江苏人民出版社，2019.11
ISBN 978-7-214-23480-3

Ⅰ. ①叶… Ⅱ. ①叶… Ⅲ. ①哲学—文集 Ⅳ. ①B-53

中国版本图书馆 CIP 数据核字(2019)第 099066 号

书　　　名	叶秀山全集·第五卷
著　　　者	叶秀山
责 任 编 辑	戴亦梁
特 约 编 辑	巫闽花
责 任 校 对	黄　山
责 任 监 制	王列丹
出 版 发 行	江苏人民出版社
出版社地址	南京市湖南路 1 号 A 楼，邮编：210009
出版社网址	http://www.jspph.com
排　　　版	南京展望文化发展有限公司
印　　　刷	苏州市越洋印刷有限公司
开　　　本	718 毫米×1000 毫米　1/16
印　　　张	31.75　插页 6
字　　　数	501 千字
版　　　次	2019 年 11 月第 1 版　2019 年 11 月第 1 次印刷
标 准 书 号	ISBN 978-7-214-23480-3
定　　　价	144.00 元

(江苏人民出版社图书凡印装错误可向承印厂调换)

《叶秀山全集》出版说明

叶秀山先生遽然仙逝后，在他亲属和学生们的支持下，我们决定出版《叶秀山全集》，以永远缅怀他卓越的学术成就，延续和光大他的学术理念与思想事业。本次出版遵循如下原则：

一、只收录已经公开出版或发表的作品，其余作品（如手稿、书信等）以后择机再出续集。

二、各卷按照时间顺序收录已出版的著作（包括文集）。未收入已出版著作中但又公开发表的文章，按发表时间顺序分类收入最后两卷。

三、已出版的文集类著作中与之前著作收文重复者，只存目，但让《永恒的活火》和《启蒙与自由》二书保持完整收录。

四、编辑过程中，尽量尊重原出版物原貌，只作最小程度的技术处理。

我们向参与具体编校工作的叶先生的学生们，以及为全集的编辑出版提供各种帮助的朋友们表示感谢！

江苏人民出版社
2019 年 7 月

目 录

叶秀山文集·散文随笔卷

也谈王国维的"境界"说 003
书法是一种艺术 007
也谈山水花鸟画 011
"美学"正名 017
品 021
山水诗的阶级性问题 025
谈文采 029
为欣赏者留有余地 032
观剧杂感 038
期待着大演员 041
哲学·美学·戏剧·京剧 （存目）*
第六届国际康德会议简纪 044
  一、会议一般情况 044
  二、会上我所接触到的问题 045
  三、关于我向会议提出的论文 047
  四、应重视辩证思维的研究 048
历史性的思想与思想性的历史 （存目）*
谈谈学习哲学的一些方法问题 （存目）*
欧洲形而上学的历史命运——记1987年斯图加特国际黑格尔哲
  学大会 049

逻辑学——西方哲学思想之家 （存目）*

灵魂的归宿 （存目）*

守护着那诗的意境 （存目）*

寻求学术工作的"度" （存目）*

中西文化之"会通和合" （存目）*

三十年前之宿愿 （存目）*

英伦三月话读书 （存目）*

学者的使命 （存目）*

"诗言志"小注 （存目）*

从哲学方面说"读书明理 （存目）*

读那总是有读头的书 （存目）*

深入浅出话"美学" （存目）*

未来总是好的 055

"理性"、"非理性"及其它 （存目）*

过于短暂的豁然贯通 （存目）*

描画出一个活的世界 （存目）*

沈有鼎先生和他的大蒲扇 （存目）*

"碎片"与"体系" （存目）*

我想有个"家" （存目）*

关于"文物"之哲思 （存目）*

今人当自爱 （存目）*

论"维特根斯坦现象" （存目）*

生命的轨迹 （存目）*

我是还要买书的 （存目）*

谈"哲学"的"用处" （存目）*

《无尽的学与思》（台湾版）前言 057

《无尽的学与思》（台湾版）后记 064

段师傅启示录 （存目）*

怀念丕之同志 （存目）*

街上匾额，观之不尽 （存目）*

没有时尚的时代？（存目）*

难得朴实 （存目）*

在《中国书法》杂志座谈会上的发言 （存目）*

哲学与思想 （存目）*

中国文化与科技发展 （存目）*

"诗"与"史"的结合 （存目）*

《无尽的学与思》（简体版）序 （存目）*

《无尽的学与思》（简体版）后记 （存目）*

读书注意少而精 066

古典的和时尚的 （存目）*

何谓"人诗意地居住在大地上"（存目）*

京剧要出大演员、大评论家 069

京剧"韵味"及其它 （存目）*

说"人相忘乎道术"（存目）*

"学而时习之"及其他 （存目）*

《虞愚自写诗卷》读后 （存目）*

《愉快的思》代前言 （存目）*

《愉快的思》后记 （存目）*

但愿能做一点翻译工作 （存目）*

论"放心"（存目）*

请存留着这份"寂寞"（存目）*

谈写读书笔记 072

我敬畏的金岳霖先生 （存目）*

学者的情怀 （存目）*

"舞蹈"进入"哲学"的视野 074

《袖珍美学丛书》重印前言 082

从脸谱说起 （存目）*

到剧场去看什么 086

缓称"梅学" 088

继往开来话"商务"——商务印书馆百年 091

京剧的编导演 094

京剧流派的再思考 097

来一个"昆乱不挡" 099

论科学的人文精神 （存目）*

论中国戏剧中的歌舞 101

说"五十而知天命"（存目）*

条条道路通哲学 （存目）*

我的神父朋友张振东 104

延展中之中华人文精神 （存目）*

再谈学者的使命 108

郑元者《艺术之根》序 113

中国书法 117

中国艺术之"形而上"意义 （存目）*

"登堂入室"方是"至友"（存目）*

从无到有和从有到无——胡孚琛《道学通论》前言 121

读书与写书 125

古今中外，有分有合 127

  一 128

  二 131

  三 134

  四 136

  五 140

怀念哲学所图书馆 144

"思潮"与"学术" 148

王治河《福柯哲学思想述评》序 154

我爱辞书——写在《后现代主义辞典》出版之际 158

我说"开卷有益" 161

"悠闲出智慧"说 163

欲罢不能之读 168

中国人研究西方哲学 170

后记 173

说"写字"

一 181
二 183
三 186
四 188
五 190
六 192
七 194
八 196
九 198
十 199
十一 202
十二 205
十三 210
十四 213
附录：中国书法 214
后记 219

中西智慧的贯通
——叶秀山中国哲学文化论集

序"纯粹哲学丛书" 223
前言 239
中西文化之"会通和合"（存目）*
写在《中国审美意识的探讨》出版之际 （存目）*
学者的使命 （存目）*
诗言志 （存目）*

我读老子的一些感想 （存目）*

有人在思 （存目）*

中西哲学话长生 （存目）*

关于文物之哲思 （存目）*

中西关于形而上问题方面的沟通 （存目）*

论艺术的古典精神 （存目）*

说"人相忘乎道术" （存目）*

漫谈庄子的"自由"观 （存目）*

"学而时习之及其他" （存目）*

世纪的困惑 （存目）*

道家哲学与现代生死观 （存目）*

说"五十而知天命" （存目）*

再谈学者的使命 （存目）*

中国艺术之"形而上"意义 （存目）*

和谐 （存目）*

古今中外　有分有合 （存目）*

想起了"语言是存在的家" 259

京剧的学术意识——读蒋锡武《京剧精神》有感 267

西方哲学研究中的中国视角 （存目）*

王国维与哲学 273

　　一　王国维与康德、叔本华、尼采哲学 275

　　二　王国维与中西哲学的会通 280

　　三　王国维的美学思想 285

书道贵新 290

答韦君琳先生书 293

试读《大学》 296

试读《中庸》 306

说"变" 318

由谭鑫培七张半唱片谈起 322

史家的哲学问题 327

我的读书方式及其沿革 333

温故而知新 341

创造与传统——新世纪哲学断想 343

  一　传统的创造与创造的传统 344

  二　批判的精神与继承的精神 350

  三　理想的现实与现实的理想 357

京剧的不朽魅力 363

说"诚" 368

从屈原的死谈起 374

哲学作为创造性的智慧

——叶秀山西方哲学论集（1998—2002）

科学性思维方式视角中的柏拉图理念论　（存目）*

需要重新研究克罗齐——写在彭刚《克罗齐历史哲学研究》出版之际 383

论海德格尔如何推进康德之哲学　（存目）*

利科的魅力 389

论哲学的"创造性"　（存目）*

"哲学"须得把握住"自己"——从海德格尔解读黑格尔《精神现象学》想到的 393

  一　393

  二　395

  三　396

  四　398

  五　399

  六　401

  七　404

  八　407

古典哲学的永恒魅力 410

哲学需要"认真"的态度——写在刘立群君《超越西方思想》
　　即将出版之际 415

我们为什么要读书 418

哲学作为创造性的学问 （存目）*

哲学还会有什么新问题 421

与新生谈读哲学书 435

"哲学""活在"法国——写在杜小真《遥远的目光》即将出版
　　之际 441

希腊哲学从宇宙论到伦理学的过渡 （存目）*

试释尼采之"永恒轮回" 450

　　一 450

　　二 453

　　三 454

　　四 456

　　五 458

　　六 460

试论尼采的"权力意志"——兼论尼采的哲学问题及其在哲学
　　史上的地位 462

　　一、尼采哲学产生的背景 462

　　二、"意志"作为一个纯粹的创造力 464

　　三、"意志"学说与欧洲哲学传统的变革 466

　　四、何谓"权力意志"？ 468

　　五、为其所能与能为而不为 471

　　六、"权力意志"与"道德价值" 473

从康德到列维纳斯 （存目）*

何谓"超人"——尼采哲学探讨之二 476

珍惜做学问的大好时间 490

后记 496

| 叶秀山文集 · 散文随笔卷 |

也谈王国维的"境界"说

《光明日报》(1957年12月22日)"文学遗产"第188期上发表了陈咏同志的一篇文章(《略谈"境界"说》),分析了王国维的"境界"说,读了之后,有些想法,觉得对于王国维的"境界"这个范畴,有再加分析的必要。

的确,"境界"这个范畴,至少在《人间词话》里是王国维的主要观点,这当然也反映了王国维文艺批评的基本观点。不仅如此,我还觉得"境界"这个范畴,应该作为我国的重要的美学范畴之一来看,所以更需要加以研究。

陈咏同志在那篇文章里,从王国维对各家词的具体评论里,证明他的"境界"含有鲜明的艺术形象、真切的感情以及气氛等意思,特别是"境界"指艺术形象这一点我是同意的。但在文章的最后,陈咏同志觉得王国维的"境界"并不是对现实的纯客观的描写,"而是按照作者的理想,也就是按照作者的观点感情来选择、安排的。这就进一步说明了文学艺术中的形象是客观事物在作者头脑中的主观反映。当然,王国维的原文在这一点上是说得不够明确、具体的"。我看这个结论是得不出来的,而且也不是什么具体不具体的问题。

其实,王国维在《人间词话》里,对"境界"这个范畴的意义,他自己是有不少解释的(这些解释也反映了他对艺术的基本观点)。把这些解释归纳起来,我想主要有下面几点:

一、王国维是主张理想与现实统一的。他的"境界"(或艺术形象)也是理想与现实的统一。这个观点在《人间词话》一开始就提出来了。他说:"有造境,有写境,此理想与写实二派之所由分,然二者颇难分别。因大诗人所造之境必合乎自然，所写之境亦必邻于理想故也。"以后还有地方提到这个思想。

二、主观与客观的统一。王国维认为"境界"必须在主观和客观统一的基础上才能产生。他说："境非独谓景物也，喜怒哀乐亦人心中之一境界，故能写真景物真感情者，谓之有境界，否则谓之无境界。"这个观点当然和他的理想与现实统一的观点是似二而一的。

三、王国维把"境界"分成"有我之境"和"无我之境"。他说："有有我之境，有无我之境。……有我之境，以我观物，故物皆著我之色彩；无我之境，以物观物，故不知何者为我，何者为物。"这有点像李普司的移情说。

其他属于艺术形象的具体特征方面的，如隔与不隔——形象的生动性、鲜明性，"要有言外之味，弦外之响"——含蓄，等等，这里就不再去一一例举了。

现在问题来了。我们是否可以停留在主客观统一上，就说王国维的"境界"是唯物论的，或者如陈咏同志所说的王国维的"境界"（艺术形象）是客观世界的主观反映呢？我看不能。我觉得，哲学史上除了二元论和近代不可知论外，都能接受"主客观统一"这个命题。恩格斯在《费尔巴哈与德国古典哲学的终结》里曾说过："我们能否在我们的关于现实世界的表象和概念中构成对现实的反映？用哲学的语言说来，这个问题就叫做思维与存在之同一性的问题。绝大多数的哲学家都肯定地解决了这个问题。"恩格斯提到了黑格尔，但黑格尔并不因此就是唯物论者。贝克莱（即巴克莱——编者）主教也可以承认这个命题，因为他认为"存在即是被感知"，这两者还不统一吗？那么唯物论和唯心论在这个问题上的区别又在哪里呢？我觉得就在于统一于什么基础上。归根结蒂，还是精神和物质谁是第一性的问题。黑格尔可以承认"主客观统一"，但统一于"绝对理念"。贝克莱可以承认"主客观统一"，但统一于感觉；马赫也是如此。而唯物主义者则认为统一于物质，统一于客观。

根据这样的看法，我们就要提出下面一连串的问题：王国维认为这种统一的基础是什么？主客观统一于什么？理想与现实统一于什么？自然（景）与感情（情）统一于什么？据我看，王国维的回答是统一于主观，统一于感情，统一于理想。

关于这一点，首先我们可以从王国维对各家词的具体评论里得到证明。譬如，他说"少游词境最凄婉"，又说"南宋词人，白石有格而无情"，"幼安之佳处，在有性情，有境界"等等。

或许有人说，王国维不是也提到过"写景"吗？不是也提到过"无我之境"吗？

不错，王国维甚至不止一次地说过这样的话。但是有一句话把他的秘密全部揭开了。他说："昔人论诗词，有景语情语之别，不知一切景语皆情语也。"由此可见，他前面所说的"写真景物写真感情"，情景的统一，实际上是统一于情，统一于主观。

这样看来，怪不得王国维能够提出"有有我之境，有无我之境"了。因为这从表面上看来，似乎和他的理想与现实统一的命题相矛盾。原来有我与无我统一于有我，否则就"不知何者为我，何者为物"了。

我们再进一步追问，王国维所说的感情是什么感情？其实，我们并不反对文艺作品抒情，但问题在于理论上感情的实质是什么。

对于这一点，我想大家是很清楚的。王国维是人性论者。他认为人皆有"赤子之心"。我还是引用一下大家熟知的话："词人者，不失其赤子之心者也。"这个思想，他不仅在分析李后主词的时候提到，而且在分析纳兰性德的词的时候也提到过，他说："纳兰容若以自然之眼观物，以自然之舌言情，此由初入中原，未染汉人风气，故能真切如此。北宋以来，一人而已。"其实，不如一句话说得更清楚：纳兰容若者，不失赤子之心者也。很明显，他这里的"以自然之眼"的"自然"，并不是一般意义上的自然，而就是所谓人类心灵的自然状态，也就是"赤子之心"。在王国维看来，纳兰容若初到中原，还没有受到坏习气的熏染，还保存了他的"赤子之心"。所以王国维才赞叹他为"北宋以来，一人而已"。于是，不难看出，这里所谓"以自然之舌言情"，就是说纳兰容若的感情，还是纯洁、朴实的"赤子之心"。

这样看来，他所说的"有我之境，以我观物，故物皆著我之色彩"里的"我"，显然就是"赤子之心"。王国维要人用"赤子之心"来对待万物。

于是，在王国维看来，最上乘的"境界"就是写情、写景在"赤子之心"的基础上统一起来。

那么我们对于"境界"应当怎么看呢？我觉得它的确是艺术形象。而这种形象的实质也是主客观的统一，理想与现实的统一，自然与感情的统一。但它们都是统一于客观，统一于现实，统一于自然。我们当然更不承认世界上有什么孤立的无缘无故的"赤子之心"，我们觉得每个人的感情，都是有阶级性的，都是客观经济条件、生活条件的反映，根本不是什么纯主观、超阶级的东西。

感情、意识等主观的东西，一旦形成后，也确有相对的独立性。但既曰"相对的独立性"，足见它仍是以客观世界为基础的。如果夸大了这种独立性，必然陷入唯心主义。顺便提到，朱光潜先生近来持"美是主客观统一"说，可是同样的问题也摆在朱先生的面前：统一于什么？从他最近发表的文章（《论美是主观与客观的统一》，《哲学研究》1957年第4期）来看，我觉得朱光潜先生歪曲了列宁的反映论，仍然走了唯心主义的道路。

把话题转回来。我这样看王国维的"境界"说，并不想抹杀王国维在文学史上的地位。王国维在历史、文学、哲学以及戏曲、文字学等方面都有很大的贡献，自有历史的评价。而且我也并不是说王国维的"境界"说一无是处。他自己说："言气质，言神韵，不如言境界。有境界，本也，气质、神韵末也。有境界而二者随矣。"我也觉得他的"境界"说是力图探求艺术的本质因素。同时他的有关艺术形象的生动性、含蓄等等具体特点，都是分析得很仔细的。而我所谈的是他的"境界"说的理论基础，我觉得它的理论基础是唯心论的。我们必须彻底批判他的唯心论，然后才能吸取他有用的东西。当然，我的意见不一定正确，而且关于王国维的整个文艺思想，也不是一篇短文所能讨论的。

（原载1958年3月16日《光明日报》）

书法是一种艺术

有机会到故宫参观了中国书法展览会。那里陈列了魏晋以来我国著名的书法家、文学家、哲学家以及民族英雄、政治家、军事家的作品，深感我国书法艺术有着悠久的历史、丰富的创作经验，值得我们加以清理、批判和总结。

譬如一个最根本的问题：书法算不算艺术？如果是，又怎样理解这种特殊的艺术形式？这个问题，在过去是不存在的。在过去，几乎毫无例外地承认书法是一种艺术，而且认为它是我国的一种特殊的艺术。许多书法家、文学家也对这种艺术形式作了总结和论述。但因为他们的论述大都限于技巧方面，因此就不大能正面回答：为什么说书法也是一种艺术？于是，现在就有人提出这样的问题：书法究竟算不算艺术？如果说它是艺术，那么它表现什么思想内容，创造了什么艺术形象？如果说它不是艺术，为什么几千年人们都欣赏它，认为它是美的？这个问题看起来的确很矛盾，不大容易解决。

要解决这个问题，我们不得不先问一句：什么叫艺术？简单地说来，艺术就是以艺术形象来反映生活，这种反映不是直观的，而是能动的、革命的。这就是说，艺术至少具有两个因素：一个是形象性（形式），一个思想性（内容）。毛泽东《在延安文艺座谈会上的讲话》里指出："作为观念形态的文艺作品，都是一定的社会生活在人类头脑中的反映的产物。"而艺术的形式又是多种多样的。这就是说，艺术形象是千变万化、千差万别的，有戏剧形象、文学形象、音乐形象等。就形象本身来说，又有社会生活的形象和自然的形象。前者如小说、戏剧里的人物形象，后者如山水花鸟画中的实物形象。不管什么形象，都要表现一定的思想内容。以自然形象为主的山水花鸟画也是如此。书法艺术是接近于绘画艺术的，并且特别接近于山水花鸟等自然景物画。譬如，一般地说，字写得好的人，只要稍加锻炼，就能撇很好的竹子，因为它和用笔的方法是异曲同工的。书法与绘画在利用线条的配搭来表现内容这一点上也是相同的。因此，书法艺术虽然不创造人物（其实有许多艺术形式并不创造人物形象）和实物形象，但它通过线条的配搭，更重要的是通过艺术家（欣赏者）的想象，也有生动的形象。古人论书法，也有提到这种形象的。譬如姜白石在《续书谱》里说，如果具备各种条件（他认为是：人品高，师法古……）"则长者如秀整之士，短者如精悍之徒，瘦者如山泽之月，肥者如贵游之子，劲者如武夫之勇猛，媚者如美女之娇娆，欹斜如醉仙，端楷如贤士，各任其态也"。当然这都是象征的，有一种想象的作用在内。如说苏轼的"娟好如女子"，故有"苏美人"之称。说起想象，是任何艺术都需要的。如画一朵大牡丹，不过是一株花而已，可是因为它能引起人们雍容华贵之感，故被称为"大富贵"。其实，牡丹是无所谓富贵与否的。

　　书法之美，因素很多，不能不说形式的因素也是组成书法之美的重要因素之一。在这方面，我们先辈的书法家为我们总结了不少的经验。

　　首先是用笔。这是我国书法家（以及绘画艺术）的特点。用笔有正锋、侧锋之别。正锋来自大篆，侧锋来自八分、隶书。这两种笔法，应该结合起来，只可有所偏重，不可有所偏废。因为正锋圆、侧锋方，只用正锋则臃肿不灵，只用侧锋则单薄平扁。有人批评颜（真卿）、柳（公权）有正无侧；欧（阳询）有侧无正。其实仔细推敲，颜字乃是偏重于正锋，而正中有侧，圆中有方；欧字是偏于侧锋，乃是侧中有正，方中有圆。他们各自表现了不同的艺术风格而已。凡是有所偏废的，则皆不能成为大书家。

　　其次就是间架结构。就是横、直、点、撇、捺的有机结合，亦即所谓"尽字之真态"。因为字的长短、大小、斜正、疏密，天然不齐，都要按照字的自然形态来安排。譬如，我们大家都知道的，不要上小下大，不要左低右高，不要前多后少等等。

　　可见，在技巧方面，我国书法艺术和绘画艺术一样。譬如方、圆，肥、瘦，长、短，粗、细，藏（锋）、露（锋），正、侧，连、断等，都要互相结合,不能有所偏废。

从这里可以看出,对书法艺术之美,与其他一切艺术相同。形式、技巧是很重要的,不是可有可无的。就如我们画兰、竹、石,总要"尽物之真态"需要技术的训练,对事物自然形态的仔细观察。但是,绝不是说,书法之美就只是形式之美。

我们看到,许多唯心主义、形式主义美学家都企图以书法艺术来证明它们的"理论":美只是形式的,人的审美经验、欣赏只在于事物的形式。他们说,我们欣赏书法,完全在于它的形式,和字的内容(字义)有什么关系呢?譬如颜真卿的《麻姑仙潭记》和王羲之的《兰亭序》都是好字,但并不以文字内容而变化。这种"理论"不禁令人想起形式主义美学的开山祖康德的理论。因为康德也曾从形式主义观点出发,认为最高的艺术形式乃是阿拉伯的图案画。因为这种图案画,在康德看来是最形式的、最没有内容的。我们说,这种"理论"显然是完全不正确的。

应当说,书法艺术的内容,一般和字的意义是没有多大关系的。《兰亭序》是文学作品。而作为书法,我们就主要不是欣赏《兰亭序》的文学内容,而是王羲之字本身的内容。不承认这一点,也是不合事实的。但是这不是说书法艺术就没有内容了,而是有它自己的特殊的内容。

我们知道,所谓艺术作品的内容,主要是指作品所表现出来的社会的思想情感及理想。譬如,画一株苍松,这幅画的内容就不在于这株松本身,而是透过松树,表现出不屈不挠的顽强精神。这种情形很像书法艺术,其内容不在字义本身,而在于通过书法本身透露出的社会理想、社会风尚。那么,书法艺术事实上是否存在这种内容呢?显然是存在的。

姜白石的《续书谱》曾经谈到,书法艺术要与性情相通。这就是说,书法艺术的内容是由书家的性情决定的。而书家性情又是他所在的时代的产物,是由他长期生活经验形成的世界观、阶级立场所决定的。因此,书法艺术和其他艺术一样,是既有个性,又有时代的共性的。譬如,我们欣赏岳飞的大字"还我河山",就充满了雄伟、坚强的气概。通过这几个字,一个民族英雄的崇高形象,跃然眼前。文天祥的行书,虽娟秀而有骨气,外秀而内刚,自有一种英雄气概。

从书法艺术风格的发展来看，也可见出是与时代风尚密切相关的。书家们大都推崇魏晋风格，认为那时的书法飘逸清俊，其实这是魏晋文学艺术普遍的特点，书法艺术自然不例外。到了唐代，以书法为取士之一种科目。那时的书法，就走向严肃中正的气势，故颜、柳多用正锋。其实这也是唐代文学艺术一般的特征。到了宋明以后，这两种风格就比较错综复杂了起来。宋由于理学"正统"的影响，笔法虽亦采用魏晋之法，但间架结构仍很端正严肃。如欧阳修虽多用侧锋，而字体仍十分端重典雅。而明清以后，王羲之俊逸之气又复盛行，特别是行书方面，大都以摹仿两王（羲之、献之）为主，这也都是一个时代有一时代的风尚。

这样看来，书法艺术也是内容与形式有机结合的。当然，书法艺术在内容与形式方面都有它的特点：内容不在字义，形式不在实物形象。这样，欣赏书法艺术就需要想象力。通过书法本身的形象，看出时代的风尚，时代的内容。

当然，我们这里是就书法艺术欣赏的本身来说的。书法艺术的内容与字义无关，而别有内容。但如果字义（文字的内容）与欣赏者的思想感情完全相对立，譬如我们现在欣赏一些内容极其反动的字帖，那么我们就不会产生美感。因为它被字的内容的反动性所破坏了，根本谈不上欣赏。如果文字内容也美，书法的内容与形式也美，那就能互相促进，成为一件优美的艺术品。

最后应当指出，书法艺术还有一个特点，就是完全出于文人之手。这是与其他艺术形式不同的。因此，它就不可避免地带有较大的局限性，无论在作品或理论上都还有浓厚的形式主义成份，这些都需要我们加以批判和剔除。

（原载1960年11月27日《文汇报》）

也谈山水花鸟画

美术界对山水花鸟画的阶级性问题，已经展开了讨论。我觉得这个讨论是很有意义的。因为这个过论不仅涉及到美术理论问题，而且涉及到马克思列宁主义美学的基本问题。同时，我们也可以看到，美术界对这个问题的讨论，和当前的美学争论的中心——自然美的问题，有着直接的关系。我希望关心美学争论的同志，都来关心美术界的这个讨论，都来发表意见。因为我觉得，从具体的艺术问题着手来阐述美学问题，要比抽象的名词、概念上的争论丰富很多。我对美术和美术理论完全是门外汉。但因为涉及到自然美的问题，我有些兴趣，所以把一些不成熟的意见写在下面，请大家指教。

据我了解，目前关于山水花鸟画的争论，主要的有两种意见。一种认为山水花鸟画是有阶级性的。山水花鸟画是一种艺术品，因而就不光是自然的简单的模仿，而是一种艺术创造，反映了画家的一定社会意识。另一种意见认为山水花鸟画只是自然的简单的、直观的反映，自然是没有阶级性的，因而山水花鸟画也没有阶级性。如果我的了解不错的话，那么，这里不仅有阶级性的问题，而且涉及到山水花鸟等自然物的美的性质问题及如何欣赏自然美的问题。

我觉得，讨论这个问题，讨论山水花鸟画的审美实质问题，不能脱离人的劳动实践来谈。因为只有人类的劳动实践才为自己创造了物质财富和精神财富。人类的劳动实践，扩大了自己的眼界，积累了智慧。在劳动中，人与自然的关系，不断地在改变中。人类的艺术活动，是和劳动实践分不开的。当人们还是在自然的控制之下时，绝大部分的自然现象对人说来还是秘密。这时候，原始的宗教观念笼罩着人类，人们对大部分的自然现象是无法欣赏的。因为那时候的自然界，对人来说还是可怕的东西。于是，我们看到，那时是无法产生山水花鸟画的。可是，当人们能够制造工具，能用自己的劳动来征服自然的时候，人们就能掌握自然的规律，来改造自然。于是，自然对人来说，就逐渐由冷酷可怕的对象变成可亲、可欣赏的对象。大家记得，马克思说过："……人类越是比动物宏阔，那么，他借以生活的非有机的自然底范围也越加广阔。如同植物、动物、石块、空气、阳光等等理论地形成人类意识底一部分，一方面作为自然科学底对象，一方面作为艺术底对象——这是人类为了享受和消化必须首先准备的，他的精神的非有机的自然，精神的生活资料——这样，这些东西也实践地形成了为人类生活和人类活动底一部分。"① 由于人类的劳动，自然界成了艺术的对象。通过劳动，人和自然不仅产生物质的关系，而且产生了审美的关系。马克思又说："劳动产生了美……"② 美是劳动的产物，没有劳动也就没有美，从人类对自然界的审美历史来看，是再清楚不过的了。

通过劳动，人对自然的了解日益深入了，自然和人日益亲密了，愈是了解，就愈加喜爱，于是人不仅把自然当作劳动和对象，并且作为欣赏的对象，同时，人类还按照"美的规律"来改造世界③。

另外一方面，由于人类精神生活的发展，审美对象也扩大了。人类从欣赏公牛那样与原始人生活实用密切相关的对象扩充到与人类生活直接关系不大的野草花卉。普列汉诺夫在《艺术论》里说："在事实上，文明民族的艺术底创作——其被从属于必然性，是不下于原始底东西的。差异之处，只有在文明民族，艺术之于生产的技术和方法，消灭了那直接底凭依。"鲁迅在译序里也说，社会人之看事物和现象，最初是从功利观点，到后来（经过更进一步地掌握自然）才转移到审美观点上去。当然，审美观点的产生，并不像那些唯心主义美学家（以康德为代表），认为是脱离功利观点的，而是在功利观点的基础上，更提高一步。我觉得，审美观念要高出于功利观点，但不能脱离功利观念。所以，虽然一些艺术对象（如羽毛、花卉）和人们的实用没有直接的关系，但不

---

① 《经济学—哲学手稿》，第57页。
② 同上书，第54页。
③ 同上书，第59页。

能说，就脱离了人的功利观点，不能说这些作品就没有阶级性。

于是，从人类对自然的审美历史发展来看，似乎应当说，山水花鸟等自然之美，是和人的劳动实践分不开的，是和人与自然的关系，由劳动实践所决定的客观关系分不开的。

这里，我想还应该指出，人们在劳动实践中的人与人的关系（即社会关系，在阶级社会里是阶级关系），应该是决定人与自然的关系的重要因素。如我们大家所熟知的，地主和农民对待土地的态度（感情）就完全不同。因此，在阶级社会里，人们对待自然的审美观点，是有阶级性的。毛泽东在《实践论》中曾指出，马克思列宁主义哲学有两大特点，一个是它的阶级性，一个就是它的实践性。应当说，马克思列宁主义美学也有这两个特点，即阶级性和实践性，而如我们所指出的，这两个特点是统一的。

有的同志以月亮为例，说明对自然的审美没有阶级性，我们也不妨以此为例。我们知道，月亮是古今中外的诗人、画家吟诵、描绘得最多的对象。可是，又有哪两个是相同的呢？绘画的例子我知道得太少，但至少从诗歌中可以看出诗人吟诵的月亮，不单纯就是月亮的自然属性。面对明月，可以有苏轼的《水调歌头》的浪漫主义幻想，有李白《夜思》的悱恻眷恋，也有冯延巳《三台令》的"明月明月！照得离人愁绝！"的凄戚悲凉。这里明月的自然属性并没有什么不同。而我们也很难给诗人（画家也一样）以一个定格，说你必须如何如何描写才算是揭示了明月的自然之美。关于月亮，清代戏剧家李渔在他的《闲情偶寄》里也曾说过："《中秋赏月》（《琵琶记》）一折，同一月也，出于牛氏之口者，言言欢悦，出于伯喈之口者，字字凄凉。"可见，人对自然的欣赏，是有它的社会内容的，不能光和自然属性有关。如果我们要去评论历来描绘明月的诗篇，那么决不能单从（甚至不能主要的从）是否描绘出明月的自然属性着眼，而是要看他借明月表现了什么思想感情（即思想性如何）以及这个内容与明月的自然属性结合的程度如何（亦即艺术性如何）。

我觉得，山水花鸟画也是有阶级性的。事实上，一切山水画、静物画，都或隐或显地反映了作者对待生活的态度，都在某种程度上或某个方面反映了作者的世界观。郑板桥是最善画兰竹石的，但谁又能说他的画没有阶级性呢？他自己就曾说："凡吾画兰画竹石，用以慰天下之劳人，非以供天下之安享人也。"① 齐白石也曾说过："自己爱愤之气（指在旧社会），能从笔端涌出矣！"②

王国维在《人间词话》里就说过："昔人论诗词，有景语情语之例，不知一切景语皆情语也。"王国维这句话是有一定道理的。虽然，在文艺理论上王国维是唯心主义者、人性论者，他的所谓"情"乃是"赤子之心"，而不是有阶级性的社会意识或感情。早于王国维的李渔，在《闲情偶寄》里说过："凡说人情、物理者，千古相传。""填词义理无穷，说何人肖人，议某事切某事，文章头绪之最繁者，莫填词若矣。予谓总其大纲，则不出'情'、'景'二字。景书所睹，情发所欲言。情自中生，景由外得。二者难易之分，判如霄壤。"这一段和王国维的意思，基本上差不多。当然，李渔的理论也是唯心主义的。所谓"情自中生，景由外得"，把情景看成是没有有机联系的勉强凑合。这是情、景二元论。我觉得，情得自于内外统一。可以说，情开始于景而又不等于景，就像艺术的真实基于生活的真实又不等于它一样（以后还要谈一点）。我觉得，"即景生情"才是审美的心理实质。我们的美感，是由自然物唤起的，不能凭空产生。但一旦产生，它又会通过联想、想象等，去发现这一片自然景象与人类生活的联系，人的社会情感、社会意识在这里起了重要的作用。于是艺术欣赏的社会内容及自然形式就统一起来了。譬如，由于兰竹石的一些自然属性，唤起了艺术家心头的想象，把艺术的感受、对生活的态度寄托在这自然物之上，于是，兰竹石就不光有自然属性，而与人的生活发生了联系。这种欣赏，是人的社会实践和自然物的自然属性的统一。于是，郑板桥才在《题兰竹石，调寄一剪梅》里写道："几枝修竹几枝兰，不畏春残，不怕秋寒，飘逐在碧云端。"

"情景交融"的作品，从来是为评论家所推崇的。王国维主张"词以境界为上"。所谓"境界"，如他在《人间词话补遗》里说的，是意与境的统一，亦即情与景的统一。王国维把意境统一的作品尊为上品。其次或有偏重，但不能偏废。无意之境、无情之景，则是自然主义的，无境之意、无境之情，则是印象主义、抽象主义的。李渔也说："批点传奇者，每遇游山、玩水、赏月、观

---

① 《靳秋田索画》。
② 《齐白石画法与欣赏》，第13页。

花等曲，见其止书所见不及中情者，有十分佳处，只好称得五分；以风云月霞之词，自者尽多，不以此剧始也。善咏物者，妙在即景生情。"

其实，我们和王国维的主要分歧（当然不是全部分歧）还在这个"情"字上。王国维的"情"，是抽象的人性，"赤子之心"。而我们认为这个"情"，不是主观的、抽象的，而是由社会实践所决定的，有阶级内容的社会思想感情。正如普列汉诺夫所说的："在一定时期的艺术作品和文学趣味里都表现着社会心理。"①

这样看来，山水花鸟画之美是在于它的社会思想内容和艺术形式的统一，是社会性和自然性的统一。我们看到，审美的社会内容是起主导作用的，没有社会思想内容，或社会思想内容反动的作品，就不能是美的。但是，在艺术作品里，事物这种自然性和社会性是有机地结合在一起的。自然性在这里不是可有可无的。高山大海，波涛汹涌，可以唤起人雄壮之感，而深山小溪，只能有幽静的气氛。作品的自然性和社会性统一的程度，结合得如何，就显出艺术的艺术水平。因此，艺术家不但对社会生活要有深刻的理解，要有正确的世界观——这是最重要的；但光有了这些还不够，还要观察自然的属性，深入了解自然，抓住自然的特点，然后把这二者结合起来。画家要练习写生、速写，要观察自然的特征。齐白石的虾、蟹，之所以具有浓厚的生活气息，和他对虾、蟹的仔细观察分不开的。徐悲鸿画马，对马的各种姿势甚至肌肉毛纹都有仔细的观察，所以他才叫画家们要"师法自然"。这就是说，自然性是艺术品不可分割的一部分，自然性与社会性是有机地统一的。

进而我们还要谈谈艺术和自然的关系。有的人认为，艺术美永远不能高出于自然美。必须指出，这种观点，一向是机械唯物主义的艺术观点。毛泽东曾经很明确地指出："人类的社会生活虽是文学艺术的唯一源泉，虽是较之后者有不可比拟的生动丰富的内容，但是人民还是不满足于前者而要求后者。这是为什么呢？因为虽然两者都是美，但是文艺作品中反映出来的生活却可以而且应该比普通的实际生活更高，更强烈，更有集中性，更典型，更理想，因此就更带普遍性。"② 有些同志，在接触到艺术的具体问题时，就忘记了毛泽东这

---

① 《从社会学观点论18世纪法国戏剧文学和法国绘画》，《译文》1956年第12期。
② 《在延安文艺座谈会上的讲话》，《毛泽东选集》第三卷，第883页。

一重要的指示，而陷入机械唯物主义的观点。如果真的艺术不能高于自然，那么人们又何必珍惜齐白石的虾、徐悲鸿的马？如果艺术真的低于自然，那么画家只不过是模仿者，而不是创造性的劳动者了。

其实，单纯的自然属性，只能引起人生理上的快感。而要产生美感，还要有社会内容。梅花香气袭人，能引起人生理的快感，但画上的梅花并没有香气。一般说，快感是美感的基础，但不等于美感。譬如螃蟹、虾都是可口美食，但人们在欣赏齐白石的虾、蟹时，却并未想到其好吃。一桌丰盛的筵席，可以令人馋涎欲滴，但碗内的鱼翅、海参在一般情况下并不是美学的对象。牡丹确是好看，画家却把它与一定的社会意识联系起来，名之曰"大富贵"。在欣赏牡丹画时，就不光是生理上的快感，而觉得有华贵富丽的气势。

拉杂写来，外行话不少。我的意思是：山水花鸟画和一切其他艺术品一样，也是社会性和自然性的统一，是通过自然性来表现一定的社会思想内容。因此，这样的作品，仍然有阶级性。在阶级社会里，文学艺术的阶级性乃是普遍规律，没有例外。

（原载《美术》1960年5月号）

"美学"正名

关于美学对象问题，现在还在争论。有的同志认为美学应以现实中的美学现象为主要研究对象，有的同志认为应以艺术中的美学现象为主。从这个争论中，使我想起"美学"这个名称问题了。

按照一般的说法，美学（Aesthetik）这个词，最初的运用者是18世纪德国哲学家鲍姆加登（Alexander Gottlieb Baumgarten）。在鲍姆加登那里，"Aesthetik"这个词是指感性知识的意思。他认为感性知识的对象就是美，于是这个词就带有审美的意思。列夫·托尔斯泰在《艺术论》里说："按照包姆加登的见解，理论知识的对象是真；美学知识（即感性知识）的对象是美。'美'是用感觉认识的'完满'（'绝对'）。"① 对这个问题，车尔尼雪夫斯基在他的《当代美学概念批判》时曾有一番历史的叙述：美学这名词最先见于伏尔夫哲学的继承者鲍姆加登的著作中……鲍姆加登在叙述伏尔夫哲学的引论的时候，发现了一个十分重要的缺点：伏尔夫虽然把认识分为感性认识（通过感觉得来的）和理性认识（属于我们修正感性认识的智力方面的），却只谈及理性认识的规律。照鲍姆加登的意见，研究感性认识的本质和规律是必要的。认识论的第一部分应该是关于感性认识的学说。他把这种学说称为Aesthetik（美学，从希腊文说来，意即"感性学"）。② 接着，车尔尼雪夫斯基指出，鲍姆加登只是讨论美感认识。在车尔尼雪夫斯基看来，美感认识和感

---

① 列夫·托尔斯泰：《艺术论》，人民文学出版社，1958年，第18页。
② 参见《美学论文选》，人民文学出版社，1957年，第36页。

性认识显然是有本质的区别,把美感认识归结为感性认识是不正确的。

我们知道,德国大哲学家康德在他的《纯粹理性批判》(1781年)里,也是按照感性知识这个意义来运用"Aesthetik"这个词的,只是到后来在《判断力批判》(1790年)中才赋予"Aesthetik"以审美的意思。

从这个简单的线索来看,"Aesthetik"这个词最初并没有美学的意思。在希腊原文中只是感性学的意思。而美感固然不能脱离感觉形象,但并不限于感觉形象。所以,就"Aesthetik"这个词的含义的演变来说,美学这门科学的对象本来就是不太确定的。

康德的美学著作《判断力批判》主要限于研究人的审美过程的心理性质(当然他是从主观唯心主义的观点来对待这个问题的)。但是,到了黑格尔,美学这门科学的对象起了一个转折,就是明确地以艺术为研究的主要对象。我们知道,在黑格尔那里,美学是和艺术哲学的含义完全一样的。黑格尔的《美学》的"全书序论"中,就曾认为美学这个概念不如艺术哲学恰当。他认为美学的精确的范围就是艺术,而且是哲学的一个部门。[①]的确,黑格尔的《美学》,是以他自己的客观唯心主义的哲学观点研究了大量的、丰富的艺术问题,几乎涉及到艺术的一切重要的部门(建筑、雕刻、绘画、音乐、诗歌、戏剧),同时以逻辑与历史统一的观点,研究了艺术史及艺术理论的许多重要的问题。黑格尔的《美学》,就其哲学基础来说,是客观唯心主义的,是荒谬的,但在方法上,在运用辩证方法来研究艺术现象上,有极其重要的历史贡献。

在黑格尔以后,法国大文艺批评家泰纳(Hippolyte Adolphe Taine,1828—1893)曾写了一部巨著《艺术哲学》。这是用社会学的观点研究了艺术中的哲学问题,对说明艺术与社会生活的联系,也有着一定的历史作用。

通过上面简单的回溯,按照美学这个名词以及这门科学的发展趋势,可以说它的具体内容就是艺术哲学。美学是研究艺术中的哲学问题,或者说,是从哲学的角度研究艺术问题。因此,把美学叫做艺术哲学似乎更恰当一些。

美学,首先应该研究艺术。因为艺术美是自然美和生活美的集中表现。这样是否就说美学不应研究生活中的美学现象和人审美过程的心理特征了呢?显

---

① 参见黑格尔:《美学》,人民文学出版社,第1卷,第112页。

然不是。美学应以艺术为中心对象，和美学应研究生活中的美学现象、人的审美过程的心理特征，这两者是不矛盾的。即使黑格尔的《美学》，本想把自然美排斥在美学范围以外，但终究不得不承认自然本身的美的因素，而给予一定的篇幅加以论述（当然，与康德美学比较起来，黑格尔美学对人的欣赏过程的审美经验，没有加以研究，而只是研究了艺术的客观美学价值，这也是黑格尔美学的局限性之一）。这首先是因为我们所理解的艺术本身不是脱离生活的。正如毛泽东《在延安文艺座谈会上的讲话》里所指出的：人类的社会生活虽是文学艺术的唯一源泉，虽是较之后者有不可比拟的生动丰富的内容，但是人民还是不满足于前者而要求后者。这是为什么呢？因为虽然两者都是美，但是文艺作品中反映出来的生活却可以而且应该比普通的实际生活更高，更强烈，更有集中性，更典型，更理想，因此就更带普遍性。这样研究艺术本身，也要求不局限于艺术，而要研究艺术的根源——生活。而研究艺术问题，其中不能不包括艺术欣赏问题和形象思维问题。其实，这些问题也必然涉及到人的审美过程的心理特征问题。因此，美学以艺术为中心，是抓住了问题的关键，抓住了主要矛盾。这无疑是正确的。

然而，问题到这里只解决了一半。因为美学不是研究艺术的一切问题，不是一切艺术问题美学都应该研究的。美学只是研究艺术中的哲学问题。或者说，只是从哲学的角度来研究艺术问题。如同《自然辩证法》（《自然哲学》）只研究自然科学中的哲学问题，或从哲学角度来研究自然界的现象一样。

根据这个看法，研究一般艺术现象中的哲学问题，要有一般的美学原理。而对各艺术部门中的哲学问题进行研究的，则有戏剧美学、音乐美学、电影美学等等。如戏剧美学研究戏剧艺术中的哲学问题，研究戏剧真实与历史真实的辩证关系，戏剧冲突（矛盾）问题，研究戏剧欣赏的特殊美感问题（如戏曲中的韵味等），研究演员与角色的辩证关系问题等等。这些问题都应该从哲学的角度来加以研究。

于是，美学不仅要向下看到艺术，而且要向上看到哲学，这两者的结合，就是美学，也就是艺术哲学。

美学固然不能以一般的哲学问题（如一般地谈反映论）来代替对艺术问题的具体分析，也不能以艺术一般理论来代替艺术的哲学分析。现在的美学讨论中，一方面，有的同志以一般的哲学议论来代替对艺术现象（包括艺术欣赏、审美经验）的具体分析，失之于抽象；另一方面，也有以一般艺术理论代替美学的现象。有的文章只是一般谈论艺术理论，或对一个具体部门的技术问题作一般的论述，并没有提到哲学的高度加以研究，也要冠以"美学随笔"之类的标题，是不太恰当的。我并不是说这些文章没有价值，相反的，有的还是很好的文章。但这并不能叫做美学文章。美学有它自己的特点，是不能为一般艺术理论所代替的。

最后，我这篇短文并不是要废除"美学"这个概念，既然已经用熟了，要废除是不可能的，要淘汰也还需要一个过程。不过，即使保留美学这个概念，也应当把它看作是与"艺术哲学"同样的研究对象，是同一门科学。

（原载 1961 年 7 月 4 日《文汇报》）

品

人们常说"品诗"、"品画",我国文学批评史上许多著作,也用一个"品"字,有钟嵘的《诗品》,庾肩吾的《书品》,谢赫的《画品》,又有吕天成的《曲品》等等。用这个"品"字来形容艺术批评特别是艺术欣赏是有深刻的含意的。正确地理解"品"的意义,有助于我们理解艺术欣赏的实质。因此,在"品"字上做点文章,恐怕不能说是白费的。

"品"字的意思很多,但就艺术欣赏来说,大体上是指"品评"的意思。至于"品"字的来源,我不曾研究过,大概是与"品味"有关。譬如我国管喝茶叫"品茶"。但以后用到了艺术批评、艺术欣赏领域里,显然就在这个基础上发展成为具有独特意义的概念。它就是指人们对于现实的艺术欣赏的态度,或者也就是人们常说的是艺术地掌握世界的一种方式。

"品"的第一个也是最重要的含义就是说,人们的艺术欣赏、审美经验是一个体验、回味的过程。这就解决了这样一个问题,就是艺术欣赏不只是直觉的,而还应要有体会、认识的过程。

历史上有一派唯心主义美学,叫做直觉主义,如意大利的克罗齐就是这一派的代表。在克罗齐看来,人们的艺术活动(包括艺术欣赏)完全是直觉的,是和人的逻辑认识完全无关的。他们说,你欣赏一幅画,只是孤立地欣赏它的形象的美,并没有想到它有什么用处,或者要表现什么实际的利益。这种观点,从认识论上说,是割裂了直觉和认识,割裂了艺术和科学,割裂了形象思维和逻辑思维,他们片面地夸大了艺术的形象性、个性,从而否认艺术的共性,否认了艺术是通过个性表现共性,通过有限表现无限。从阶级性来看,这种理论表现了资产阶级的虚伪性。因为这种理论自然都是反对艺术为政治服务,提倡"为艺术而艺术",而实际它们都是为资产阶级的政治服务的。

我们说艺术欣赏的特点在"品",这就是说,艺术欣赏的态度不是与逻辑认识无关的直觉,而是要经过逻辑思维,对欣赏对象加以体会、回味。这样,我们就把艺术欣赏和艺术批评的态度统一起来了。因为在直觉主义者看来,艺术批评是名理的、逻辑的判断;而艺术欣赏则是直觉的,它们两个是完全不同的。而我们所谓"品",则要有一番分析工夫,不光是直觉的形象,而且也要有名理的判断,就像我们说"品"茶的时候,总是指要对茶的滋味作一番回味、分析,不要像猪八戒吃人参果似的"食而不知其味"。

艺术欣赏的这种"品"的态度,是由艺术品的特点、性质所决定的。我们大家知道,原则上讲,艺术品是有限和无限的统一,共性和个性的统一,正如恩格斯在给明娜·考茨基的信中说的:"每个人是典型,然而同时又是明确的个性。"具体来说,艺术品的特点就在形象与思想的统一,"景"与"情"的统一。这是我国历来大部分文艺批评家所肯定了的。当然他们对这个特点的解释,又都受他们时代的局限、阶级的局限,没有看到这两个方面的唯物而又辩证的统一。譬如王国维虽然说:"文学中有二原质焉:曰景,曰情。前者以描写自然及人生之事实为主,后者则吾人对此种事实之精神的态度也。"(《文学小言》)但他认为诗人的"情",不是由长期生活经验(特别是经济地位、阶级立场)培养起来的世界观,而是所谓"赤子之心"。王国维以人性论的观点,要求诗人以"赤子之心"来对待客观现实,而认为只有这种态度,才是"自然"的态度。(见《人间词话》)

我们知道,就创作来说,艺术家不仅要写"景",而且要写"情"。艺术家是用由长期生活经验培养起来的世界观、思想感情——"情"来观察现实生活的。这样,艺术家就不能陷于它所要描写的直接对象中,而是要超出这个直接对象,或者说要透过这个直接描写的对象,看出艺术家的思想感情。这就是说,要透过有限的生活——当前直接描写的对象,展示无限——艺术家的思想感情。这也就是我们所说的世界观指导艺术创作。我们的作家既要有生活的深度,又要有思想的高度。譬如曹雪芹的《红楼梦》,直接描写的只是贾府一家的衰落，但显然这部作品给予人们的就不只是一本家谱，而是透过这一个家庭的没落，敲起了整个封建社会的丧钟。

艺术作品既然是有限与无限的结合，是"景"与"情"的结合，那末艺术欣赏者就不能只欣赏艺术品的"景"，即不能光欣赏艺术品的自然形象，而是要透过这些自然形象，看出艺术家的思想感情，要透过有限的"景"，体会出无限的"情"，这就是所谓"品"。"品"就是要从景与情、有限与无限统一的观点去欣赏艺术品。譬如我们欣赏苏轼的词《望江南》。这首词的前一半写景："春未老，风细柳斜斜。试上超然台上看，半壕春水一城花。烟雨暗千家。"如果直觉主义地去欣赏，那末只有点杨柳，有一个台，下着雨，朦朦胧胧，如此一幅画面而已，最多不过觉得"烟雨暗千家"这一句写得还真切。幸亏下一半是写情："寒食后，酒醒却咨嗟。休对故人思故国，且将新火试新茶，诗酒趁年华。"原来诗人还有一番感慨。其实，前一半也有情，就像后一半也有景一样。如果我们只感到一幅单调的图画，那就是缺乏"品"的态度。

欣赏诗词如此，看画、听戏亦是如此，需要一番"品评"的功夫。

"品"字对艺术欣赏来说，还包含欣赏者的再创造的意思。不但艺术家对客观现实生活不是简单的、直观的反映，而且艺术欣赏与艺术品之间的关系也不是这种直观的反映，而是有一番创造的作用在内。"品"字的意思就是指艺术欣赏者对被欣赏的艺术品要有一番体验、想象的作用。欣赏者总是以艺术形象的基本特征结合自己的生活经验来体会艺术品的。我们的艺术家在创作艺术品时也应注意去启发欣赏者的这种想象、再创造，使欣赏者自己去体验、吟咏、品味。这种补充艺术作品的形象的作用，对艺术欣赏来说是很重要的。白居易《琵琶行》里说："此时无声胜有声"，声音虽断了，但激起了欣赏者的想象、再创造。

艺术欣赏的再创造的性质决定了艺术欣赏的个性。因为虽然欣赏同一件艺术品，形象的基本特征不变，但由于欣赏者生活经验的不同，经过再创造的欣赏者心目中的具体形象，又会有所不同。这种相同的不同，或者说大同中的小异，是艺术欣赏的必然现象，所以人们才说："一百个读者心中有一百个汉姆莱特的形象。"这是由于欣赏者对被欣赏的艺术品又经过了一番体会、品味加工的过程的缘故。

于是我们看到，这个"品"字不但要求欣赏者辨别艺术品的优劣，而且要辨别艺术品的不同的风格。因在诗品、词品、曲品中不但有"上品"、"中品"、"下品"之分，而且有所谓"雅品"、"逸品"、"艳品"等等的区别，有些是不同的艺术风格的区别。如明代祁彪佳《远山堂剧品》把徐翔之《春波影》列为"逸品"，说是"此等轻逸之笔，落纸当有风雨声"。又"逸品"中有冯惟敏之《僧尼共犯》，品道："本俗境而以雅调写之，字句皆独创者，故刻画之极，渐近自然。"可见，所谓"逸品"乃是指艺术家飘逸、自然的风格。我们在进行艺术欣赏时，不但要品第艺术品的优劣、高下，而且要品评艺术品不同的风格、特点，这样的欣赏才是具体、生动的艺术欣赏，才能由欣赏者再创造出生动具体的形象来。

或许有人会说，"品"字不是封建文人常用的吗？那些有闲阶级才"品"什么呢。不错，"品"的内容是有阶级性的，因为人们的艺术欣赏、人们的审美观点是有阶级性。封建文人的那种"品"，是从他们那种"玩世不恭"、"消极无为"的态度来欣赏事物的。但我们并不能因此就说，一提到"品"就全都是剥削阶级、有闲阶级的态度，正如不能因为过去有人把"欣赏"解释成为"对客观生活无利害关系的态度"，而否认无产阶级的艺术欣赏一样。我们还是要进行艺术欣赏，进行"品评"，但这种"品"的含义、内容，它的阶级基础则一定是无产阶级的，是在马克思列宁主义正确的世界观指导下进行的。我们应在正确的世界观的指导下去仔细品评艺术品，从而从艺术品中吸取前进的动力，这才是艺术欣赏的正确态度。而只有用这种态度去欣赏艺术品，艺术品才能更好地起到潜移默化的教育作用。

（原载1961年1月23日《文汇报》）

山水诗的阶级性问题

山水诗的阶级性问题，是涉及到创作和欣赏两个方面的问题。我们知道，不但艺术创作是一种创造性的劳动，艺术欣赏也是具有创造性的。艺术欣赏者心目中的形象虽基本上是根据艺术作品的形象，但又不完全是艺术作品的形象。这里面就有欣赏者的想象。而这种想象又是为欣赏者一定的世界观所决定的，即艺术欣赏者可以对艺术作品的形象有自己的体会。各种艺术形式（小说、戏剧、诗歌、音乐、绘画）给欣赏者的自由想象的范围是不同的。如音乐给欣赏者在视觉形象方面的想象范围就比较大一些，因此音乐的视觉形象就相对地不太确定（当然其基本倾向、基本情调还是确定的），也就是说在具体的视觉形象上可以有差别。这种现象也就是通常所说的审美的差异性。不承认这一点，是不符合客观情况的。山水诗也有类似的情况。某些山水诗给欣赏者的具体感觉可以不同。不同的阶级可以从不同的社会感情去体会同一首山水诗。但无论这个阶级或那个阶级去体会、欣赏，总是带有他们的阶级性。本来艺术欣赏者就有自由创造的余地，他们总是用自己的社会感情去体会艺术作品，何况诗人在创作这首诗时早就带有了一定的阶级感情了。因此，山水诗无论从创作或艺术欣赏来说都是有阶级性的。虽然可能出现不同阶级能欣赏同一首诗的现象，但不能因此就说它没有阶级性。因为不同阶级所欣赏的社会内容是不同的。

但也有不少山水诗人的阶级性并不那么明显，甚至有些比较短小的山水诗很难说它有什么阶级性。这的确是个比较复杂的问题，需要加以具体分析。这里提出一些个人的看法,供大家讨论。

　　首先,我们应当承认有一部分山水诗的阶级性是不明显的。因为山水诗是以自然景物作为自己直接描写的对象,不像小说、戏剧等多以社会生活作为直接描写的对象。题材本身就决定了作者在表现自己的倾向性、阶级性方面会有一定的特殊性。山水诗的阶级倾向、社会内容不是直接表明的,而是通过诗人对自然物的描写而自然流露出来的,因而山水诗的社会内容就需要艺术欣赏者多去体会,多去咀嚼回味。刘大櫆在《论文偶记》里说过:"理不可以直指也,故即物以明理;情不可以显出也,故即事以寓情。"山水诗正是如此。它的社会内容往往是一种"弦外之音"、"言外之意",是要欣赏者去体会的。当然这不是说这些诗的阶级性是欣赏者附加上去的,而是说山水诗的社会内容虽然是客观存在的,但并不是直接表现出来,而是存在于整个艺术形象里。因此,对于这些山水诗,我们必须联系作者的整个世界,才能深刻了解到它的寓意。

　　这样看来,山水诗的社会思想感情比较曲折隐晦,这是事实,也是它的特点。普列汉诺夫在《无产阶级运动和资产阶级艺术》一文里,甚至认为"问题在于人像画往往在各种样式的绘画中间占着特殊的地位。它当然也不是脱离时代的影响的,不过这种影响在人像画上留下的痕迹不太显著"[①]。人像画如此,山水诗画更是如此。

　　但是我们应当看到,有一些所谓山水诗,实质上只是对自然景物的直观的摹写,就很难说它有什么阶级性。(不承认这种现象也是不符合事实的。譬如王维的有些短小的山水诗就有这种情况。怎样解释这种现象呢?)

　　我觉得,我们固然主张艺术是自然的能动的反映,但也不能否认有直观反映的存在,而且应该说,对自然的能动的反映是在直观的反映的基础上进行的。因而我认为这种直观反映的山水诗,严格说来,不能称作艺术,最多只能说是艺术的低级阶段。我认为,只有自然形象和社会思想感情结合起来的作品,才是真正的艺术作品。但这种直观反映的山水诗的存在却是不可抹杀的事实。譬如王维的这样一些诗:"人闲桂花落,夜静春山空。月出惊山鸟,时鸣春涧中。"(《鸟鸣涧》)"清浅白石滩,绿蒲向堪把,家住水东西,浣纱明月

[①] 见《文艺理论丛》,1957年第1期,第136页。

下。"(《白石滩》)等,还有"明月松间照,清泉石上流"(《山居秋暝》)之类的诗,都是自然山水的直观的写照,这里边可能也有感受,但作者只写出一些生理上的感受(视觉、听觉、嗅觉等快感),并没有流露什么社会思想感情。像这样的诗,严格说来,算不上艺术作品。

那么,这种诗能不能欣赏呢?我觉得也可以欣赏。我认为,对艺术的欣赏固然有阶级性,但欣赏的性质却又不尽相同。有些欣赏就没有阶级性,这是因为它不是艺术欣赏,不是审美判断的缘故。应当分别艺术欣赏和非艺术欣赏。譬如我们去看菊花展览,去欣赏菊花,但在观众中不一定每一个人都是在进行艺术欣赏。有的人是嗅嗅香味,有的人是看看五色缤纷的颜色,使耳目为之一新。在这样的欣赏中,菊花给人的只是生理上的快感。要使它达到美感,就必须在快感的基础上进行创造性的想象,把这些生活上的感受(色、香、味)与一定的社会思想感情联系起来。但是这种单纯的生理上的快感对人亦是有益无害的。如同人们吃美味的食品一样,虽然人们很少把美味当作艺术的直接对象,但味觉的享受却仍然是人类生活所必需的。过去有些山水诗的作者正是以能引起生理快感的态度去感受大自然。他们的一些山水诗虽然不是严格意义上的艺术品,却能给人一种享受,所以它仍然能为人们所欣赏,只是这种欣赏不是艺术欣赏,因而是没有阶级性的。正像人们欣赏戏曲,有的是戏与技相结合的欣赏,有的则是单纯技术性的欣赏。这种欣赏虽不失为一种有益的欣赏,但它毕竟不是艺术欣赏。

山水诗中的这一部分短小的诗也是有技巧的。它一方面能真实地刻画自然景象;一方面又能真实地表达作者的一些生理上的感受(快感),并能使读者分享这些感受。如"江清月近人"句,就生动地写出了自然景象和人的视觉经验,使读者感到一股清郁的气氛。至于山水花鸟画更是有技巧在内了。人们欣赏它的光线色彩,和它在平面的画布上所呈现的立体之感。有时,一幅好的花卉甚至会使人觉得它隐隐有香气扑鼻。其实,这都是由于画家的技巧所致。这些技巧自然可以欣赏,但它是没有阶级性的。

这些技术因素应当说都是真正艺术品的必需条件,却不是充足条件。有些直观反映的山水诗只具备这些条件,所以我称它作艺术的低级阶级;就如初学画的人临摹一样,临摹得好的,我们也可以欣赏,但那终究不是创造性的艺术品。我们强调山水诗的阶级性,却并不否认有一部分山水诗没有阶级性,只是作为单纯表现自然景色或是只表现作者对自然景物的生理上的感受(听觉、视觉等)。我认为这部分作品可以欣赏,但这不是艺术欣赏。

我们强调艺术欣赏必须有社会功利,并不等于说一切欣赏都要有社会功利。有许多对自然物的欣赏不具有社会功利,不但是无害的,而且是必需的。因为,人的意识活动是多方面的,有艺术欣赏活动(审美判断),也有其他(如逻辑判断、道德判断、生理上的各种感受)活动。我们可以欣赏真正的艺术品,也可以欣赏技术品。我们可以欣赏《红旗谱》,也可以欣赏"空中飞人"、"空盆变鱼",可以欣赏花鸟之色彩鲜艳、山水之挺拔娟秀,甚至也可以欣赏秦汉的残瓷碎片。这些都是不同内容的欣赏,若把这一切欣赏都归结为艺术欣赏,显然是一种牵强附会的做法。对自然物的欣赏(主要是引起生理上的快感)是艺术欣赏的基础,其本身是没有阶级性的。

(原载《文学评论》1961年第2期)

谈文采

好文章自然是内容第一，没有好的思想内容算不得好文章。但光有好的思想内容也还难保证一定是好文章。特别是对文学作品来说，光有好的构思，好的主题，还不很够，好的文学作品还要求有优美的文字。这就是说，要作家具有高度的文字技巧，写出来的文章要有文采。过去有些人说，文字技巧是"雕虫小技，壮夫不为"。针对只重形式不重内容的形式主义来说这无疑是正确的。但如果因此否认文字技巧的重要性，则是不妥当的了。

我们知道，一切文学作品的美，不仅在于它的内容，也还在于它的形式。美的文艺作品都是内容与形式统一的，既有内容的美，又有形式的美。这样，对于文学家来说，注意一下形式的美，不断地提高写作技巧，研究一下修辞学，就不是多余的了。

凡是有成就的作家，没有一个不是在文字上下过工夫的。我们知道，无产阶级革命导师、马克思主义创始人马克思就是十分重视文字的生动简洁的。他的作品，不但是我们的革命理论的指南，而且在文字上也是我们学习的榜样。恩格斯曾经说过："在我们这个世纪的一些著作家中间，马克思有着最强有力的简洁的文体。"[①] 无产阶级革命文学奠基人高尔基也教导青年作者："您必须掌握诗底形式。只有用合适的优美的外衣装饰了您底思想的时候，人们才会倾听您底诗。"[②] 的确，在我们有了丰富的思想的同时，又具备很好的文字锻炼，

---

① 参见《马克思恩格斯论艺术》，第127页。
② 参见高尔基：《给青年作者》，第2页。

使自己文章文采烁烁，岂不是锦上添花？

　　文字技巧实际上是为表达思想服务的，它是文艺作品不可分割的一部分。所谓善于运用文字，就是善于准确、鲜明、生动地表达作品的内容。文采，就是文字的生动，形象的鲜明。王国维在《人间词话》里说过："红杏枝头春意闹"，"著一'闹'字而境界全出；'云破月来花弄影'，著一'弄'字而境界全出"，用一个"闹"字，用一个"弄"字形象就非常鲜明，可见这一个字真是重要，犹如李笠翁论曲中之"务头"，有它则"全局皆活"了（见《闲情偶寄》）。这不是文字技巧吗？所以，我国历史上的优秀作家，常常为一个字而搜索枯肠。一部好作品，无不是惨淡经营的结果，所谓"一字未安，不欲问世"（《复堂词话》），可见文字技巧之重要。

　　应该说，每个艺术家都要经过两个方面的锻炼。一是思想的锻炼。这是最主要的。艺术家必须具有先进的世界观，对生活的敏锐的观察。另一方面要经过技术的锻炼。这是艺术家的基本训练，是艺术家的手足，没有它，也就很难产生什么艺术品。画家必须练习写生、用笔，音乐家必须练习作曲和锻炼嗓音，戏剧表演家必须练习"四功五法"，学习基本的表演规则。何独文学家就不需要基本锻炼？吴德旋说："章有章法，句有句法，字有字法，到纯熟后，纵笔所知，无非法者。"（《初月楼古文绪论》）可见文字还是有一套技巧的，需要一定的基本训练。

　　怎样才能提高写作技巧呢？首先应该向人民群众的活的语言学习。文字是语言的记载。文学作品本身也是生活的典型化。人民群众的语言是生动、新鲜的，表现力非常强。人们为什么喜欢刘三姐的歌？其中重要的原因不就是她的语言生活气息浓厚吗？

　　但一般说，群众的语言也还有待于文学家的选择和加工。文学语言还要在群众语言上提高一步。这就要求，文学家还应该接受我国历代文学中优秀的文字技巧的经验和传统。不但要继承中国的，而且要借鉴外国的。我国历代许多"文论"中不是常常提到"用笔"、"用字"等技巧吗？这些都值得我们认真地总结和学习。

　　譬如文字的"声韵"。我国部分古典作家都认为，不仅是韵文（诗词歌赋）要求声韵，而且散文也要讲究声韵，这是一条宝贵的经验。《初月楼古文绪论》

说：“刘海峰文最讲音节，有绝好之篇。”李笠翁论曲，不但词曲要有声韵，而宾白也要"声务铿锵"。（见《闲情偶寄》）"铿锵"者，亦声韵也。散文的声韵当然不像韵文那样严格，但也要有抑扬顿挫，声调上有起伏，不能有拗口的现象。因为读者在"看"书时，实际上是在"默读"，如果文字拗口，不久则头昏目眩，不能拜读了。所以契诃夫就尽量避免用不好听的字，他说："我不喜欢有太多咝音和齿音的字，我总是避免用它们。"[①] 可见，散文作家也应该研究一下声韵，研究一下声韵在散文中的运用。

当然，要提高文字水平，最重要的还是要多写作，在写作实践中不断得到提高。"熟能生巧"。所谓"技巧"之"巧"，乃是从"熟"而来。戏曲演员必须每天练功，作家也要经常锻炼自己文字的表达能力，多写多改，自然会得到提高了。

一个作家要有自己独特的风格，就不能不在文字上下一番工夫。文字的风格是作家的艺术风格的重要组成部分。所谓"文如其人"的"文"，当然也包括"文字技巧"在内。许多有成就的文学大师的作品，甚至不必署名，就可以看出是谁的作品，就像有成就的演员一唱，听众就能听出是谁唱的一样。

可见，文字技巧也不是什么"雕虫小技"，而是文学作品的有机部分，美的文学作品，不但要求美的思想内容，而且要有美的文采。

（原载 1961 年 6 月 11 日《文汇报》）

---

① 《契诃夫文学语录》，《文艺理论译丛》1958 年第 2 期。

为欣赏者留有余地

18世纪德国现实主义美学家莱辛在他的名著《拉奥孔》里有这样一段话:"艺术家从永远在变动的自然中只能选用某一顷刻,特别是画家还只能从某一角度选用这一顷刻;而且他们的作品不是让人一看就了事,还要让人玩索,让人长期地反复玩索;所以这一顷刻以及观察这一顷刻的角度就确定无疑地要选择最能产生效果的。而最能产生效果的只有是能让想象可自由活动的。这样我们愈看下去,就一定愈能在里面想出更多的东西来。我们在里面愈想出更多的东西,也就一定愈相信自己所看的。在一种情绪的整个过程里最不能现出这种好处的莫过于它的顶点。到了顶点就到了止境,眼睛就不能朝更远的地方去看,想象就被捆住了翅膀……"(译文见《世界文学》1960年第12期)莱辛这段话本身就值得好好地体会。

莱辛这段话说到了艺术欣赏的一个重要问题,即欣赏者的再创造的问题。这就是说,不仅艺术家在创作作品时是一种创造,而且欣赏者在欣赏艺术品时也是一种创造。于是,这就产生艺术家和欣赏者的关系问题,也就是这两种创造之间的关系问题。

艺术家和欣赏者之间应该是一种什么样的关系呢?在莱辛看来,艺术家既应该为欣赏者提供生动的艺术形象,又应该激起欣赏者的想象力,在欣赏者内心激起一种想象的新形象。这就要求艺术家在自己的作品中不要"把话说绝了",不要把一切都企图一次端给欣赏者,而是要通过自己的作品激起欣赏者的再创造;不要以艺术家的创造来代替欣赏者的创造,而是要为欣赏者留有创造的余地。

艺术家和欣赏者之间的这种辩证的关系，是应该得到肯定的。

高尔基在给李昂诺夫的信中曾经称赞他的《苏维埃河》是"耐人寻味"的。(见《给青年作者》，中国青年出版社1957年版)"不禁会使人想起像贝多芬和巴哈这样的音乐家"，并且一直还在他"心灵的耳朵里回响着"。所谓"耐人寻味"，这个"寻"字，就是艺术家通过艺术作品所激起的欣赏者的想象——欣赏者的再创造。

我国历来的文艺批评家，也常要求艺术作品"言尽而意不尽"，要求艺术家要激起欣赏者探索艺术作品的"弦外之音"、"言外之意"。画家有"意到笔不到"之说，清代大戏剧家李笠翁在《闲情偶寄》里谈到编剧法则时曾说："意则期多，字唯求少。"林纾在《春觉斋论文》里也要求艺术作品要有"味"。他认为，"味者，事理精确处耐人咀嚼之谓"，"使言尽意尽，掩卷之后，毫无余思，奚名为味?"可见，艺术家在创作时一定要注意这个"味"字，要使作品有"弦外之音"、"言外之意"。

其实，欣赏是一种创造，是在客观形象基础上的创造，这是人类审美过程的必然规律，不但在欣赏艺术品时有这种创造，而且在欣赏自然美时也有这种创造。我们知道，人的审美欣赏，不是客观现实的直观的反映，而是一种能动的、革命的反映。这就是说，乃是一种创造性的反映。反映和创造是辩证地统一的，审美、欣赏活动既是反映又是创造，是在反映基础上的创造。正因为如此，所以艺术作品才不是客观现实的单纯的模仿，而是在模仿的基础上进行创造，因为艺术家首先必须是欣赏者。如果只是单纯的反映自然，至多只能引起生理的快感，而不能形成美感。黄莺的鸣声，如果没有激起欣赏者的丰富的想象活动，不是通过欣赏者的世界观，反映一定的社会内容，那它在这个人身上引起的只是"悦耳"的快感。

如果说，自然现象不一定给人以美感，不一定能激起欣赏者的想象的话，那么经过艺术家创造了的艺术形象则就应该更有意识地、更有力地起推动欣赏者的想象。黄莺鸣声的原始的旋律和音乐旋律的根本不同就在于此。

在人们的艺术欣赏经验中，这种再创造的例子是不胜枚举的。譬如欣赏《最后的晚餐》这幅名画，欣赏者可以站在画前提出一系列的问题，如基督在说"你们之中有一个人要出卖我"时心里想什么？犹大心里又想什么？你看犹大的眼睛，他在捣什么鬼？对于这些问题，都能引起一系列的想象。我们坐在戏园子里，台上正演《打渔杀家》，萧恩唱到"猛抬头，见红日坠落西下"，迎着锣鼓的点子，萧恩云手亮相（右手挑髯口，法弧形拉开），观众眼前出现了一幅什么样的画面！观众从萧恩的眼里看到了日落西山，江天相辉的傍晚的景象，而这些景象舞台上是没有的，是由演员激发起来的观众的"内心视象"（用斯坦尼斯拉夫斯基语）。

这里又有一个问题了。这样说来，欣赏者的再创造不就是有区别的、不一致的、互不相同的了吗？因为我可以想象萧恩父女的周围是三面环山、落日透过白云的傍晚景象，你也可以想象是一片江水、一望无垠、天高气爽的傍晚。甚至今天这样想象，明天又那样想象，因为舞台上的形象没有限制你一定要想象有一座山或者其他什么东西。的确，我们应当承认这种现象，这就是我们常说的审美的差异性。欣赏者所创造的形象，虽然不能违背作品的艺术形象，但却可以而且一定会超出作品的形象。这就是说，欣赏者必须接受作品的基本形象——如不能把上面萧恩日落收工的例子变成"夜半钟声到客船"的景象，但却可以在这个基础上想象出不同的、更具体、更生动的形象。

那么，人们不禁又要问，为什么会产生这种审美欣赏的差异性呢？应当说，一方面，这和欣赏者的生活经验、艺术修养有关。因为欣赏者总是用自己的生活经验（在世界观的指导下）来欣赏艺术品的。生活经验不同，文化修养不同，对具体艺术品的欣赏感受就有不同。譬如对于参加过部队和没有参加过部队的人在欣赏军事题材的艺术作品时，感受总是有所不同的。而有历史知识和缺乏历史知识的人在欣赏历史题材的艺术品时，当然也有不同的体会。同时，这也和欣赏者对某个特定艺术部门的修养有关。正如马克思在《经济学—哲学手稿》里说的："最优美的音乐对于非音乐的耳朵没有意义、不是对象。"懂京剧表演艺术的观众和不懂京剧的观众在欣赏京剧时自然有不同的想象，这是从欣赏者主观来看。但造成审美欣赏差异性的另一个重要原因还在艺术形象本身。

这里就又要涉及一个重要的美学问题，即艺术形象的确定性与不确定性结合的问题。有些同志不愿意承认艺术形象的不确定性——是因为许多唯心主义美学家（特别是音乐理论家）都强调艺术形象（特别是音乐形象）的不确定性。不错，不少唯心主义音乐理论家把音乐形象说成是最抽象的、不确定的，从而否认音乐形象是现实形象的反映，这当然是极端错误的。但是我们不能因此就否认了艺术形象的不确定性的一面，正如我们不能因为唯心主义哲学家片面夸大了精神作用就走到另一个极端——片面否认精神的能动作用——一样。对于艺术形象的不确定性，我们应当给予科学的、辩证唯物主义的解释。我们不能像唯心主义美学家那样片面夸大艺术形象的不确定性，也不能像机械论那样否认这种不确定性。我认为，艺术形象是生活形象的真实反映，从根本上说它是明确的。贝多芬第九交响曲的情调绝不会和第六交响曲的情调混同起来，曹操的性格决不会和诸葛亮等同起来。这也就是说，艺术形象的基本特征，是确定的，不可变换的。但艺术形象的具体特征，就是多样的、不确定的。诸葛亮固然是羽扇纶巾，但再往细里问：究竟是穿什么式样的服装，口眼鼻子究竟如何，则就没有刻板的规定了。本来京剧里诸葛亮是穿八卦衣的，现在的《赤壁之战》里他又换上了蓝鹤氅了。我们读柳宗元的《江雪》诗："千山鸟飞绝，万径人踪灭。孤舟蓑笠翁，独钓寒江雪。"景色不可谓不鲜明，活是一幅寒江垂钓的图画。但是又有谁能说，这首诗已经提供了构成一幅图画的一切细节了呢？这首诗透过寒江的一股冷气，激起了读者的想象活动。

当然，艺术形象的不确定性，在不同的艺术部门，又有不同的特殊性，而且在程度上也有差别。譬如音乐形象的不确定性就比较大些，因为它没有歌曲的词意，也没有绘画的实物形象。但它的基本形象还是明确的，它的基本情调还是确定的，因此音乐形象也还是确定性和不确定性的结合。不仅音乐形象在确定性的基础上具有不确定性，而且一切艺术部门的艺术形象都有一定的不确定性。音乐等非造型艺术在听觉形象上比较确定，在视觉形象上就不太确定。绘画、雕刻等造型艺术在视觉形象上比较确定，而在听觉形象上就不太确定。而作为完整的审美形象来说，是要各种感觉形象相结合的。但即使在文学作品如小说剧本里的艺术形象也有其不确定的一面。林黛玉的形象，在《红楼梦》中可说交代得够详细的了。但从各家描绘的黛玉画像来看，并不完全一样。汤显祖《牡丹亭》里的杜丽娘的性格也可说很明确了。但昆曲《游园惊梦》和弋阳腔《还魂记》对杜丽娘这个人物的处理就不一样。前者偏重于端庄而忧郁，而后者则带有大胆而活泼的气息。昆曲《游园》一折，杜丽娘是闷得无聊才懒懒地去游园的，而在弋阳腔的《还魂记》，则多少带着少女对游春的愉快心情去的，形象就比较活泼些。这岂不是昆曲、弋阳腔改编者在欣赏汤显祖原著时有不同的欣赏形象？可见，艺术形象在确定性中还有着不确定性，确定性和不确定性是在辩证的统一之中。

恐怕要算舞台形象最富有确定性了吧，因为它不同于剧本的文学形象，它经过了演员的创造（即所谓第二度的创造）。舞台演出综合了空间艺术和时间艺术的各种特点，但是舞台形象仍然有一定的不确定性。表演艺术里常常有所谓"潜台词"，这就是说这里需要观众自己去体会、想象。

由此可见，欣赏者正是在这种艺术形象某些不确定性的范围内进行自己的再创造。在这个范围内的审美差异性是合乎规律的，而且正是美感经验的特点。而如果超出了这个范围，如把反面形象当作正面形象来欣赏或者把正面形象当作反面形象来嘲笑，就是一种不正确的审美欣赏，就是歪曲的反映。

这种欣赏的再创造，是把作品形象变成欣赏者内心形象的过程，而再创造过程的差异性，正是艺术欣赏"趣味"的来源之一。如果没有这种再创造，如果欣赏者的内心形象只是艺术作品形象的刻板的反映，那么还有什么"趣味"可言？艺术作品怎么谈得上从感情上来教育、感动欣赏者呢？如果观众在走出剧院时不在思索着什么，没有被舞台形象激起丰富的想象活动，那么这种戏又有什么"味儿"呢？

这样，我们还可以解释艺术欣赏的另一个重要现象，即艺术欣赏永远是一种再创造。艺术欣赏就其本质来说是不重复的。同一幅画，今天看它是一种体会，明天看它又是一种体会，虽然基本上相同，但仍有具体的不同。一部有价值的小说，每读一遍都有新的体会，就是这个道理。所谓"百看不厌"，原因就在于此。如果每次欣赏的想象形象都一样，那岂有不厌之理？

不言而喻，欣赏者的再创造过程，也是欣赏者接受艺术教育的过程。艺术教育，不是直接的说理教育，但是通过整个艺术形象和欣赏者的再创造，就能体会到整个艺术作品所教导人们的道理。因此，愈能激起欣赏者的再创造的作品，就愈能发挥文艺作品的教育作用。我们走出电影院，为刚看过的影片《换了人间》所激动，久久不能平静。魏秀兰叫她的小女儿给鲁万春磕头的场面多么动人。我想不出恰当的词汇来形容这个场面,忽然脑子里闪过这样的一个概念——劳动人民、被压迫人民的阶级的爱。对!只有这个词汇还能说明一点点情况。但是,是什么造成他们这种苦难?是吃人的旧社会,是日本帝国主义!于是一个一个镜头都围绕着这些思想贯串起来了。对旧社会、对帝国主义的恨,对被压迫人民的爱,结合着那些电影镜头你去体会吧。那些形象是那样丰富,真是无穷无尽。每想起这些形象都好像有些新的体会,同时又好像还有一些什么没有体会到,需要再咀嚼。因此,所谓感人至深,不就是指欣赏者的再创造吗?感人愈深,不就愈能收到教育的效果吗?

写到这里似乎可以打住了,但是还有一个问题应该交代一下。我们说艺术形象有其不确定的一面,是否就反对艺术家创作鲜明的形象呢?不是。我们认为,艺术形象在某些方面具有不确定性,不但不会使形象模糊,相反地能在欣赏者心中激起更鲜明、更深刻的形象。如果一部小说只是把人物的一些外在特征罗列出来,读者只能得到一个平面的枯燥的形象。而如果写得含蓄一点,激起人的想象,去探索"弦外之音"、"言外之意",那么形象就活动了,不是平面的而是立体的了。可见艺术作品的"含蓄"和"鲜明"也是相辅相成的,不是对立的,"含蓄"是为了"鲜明"。

于是,我们现在可以回到本文最初的莱辛的那段话了,欣赏者愈能有想象活动,就愈能在作品中"想出更多的东西",愈能想出更好的东西,"也就一定愈相信自己所看的",印象就愈深刻。的确,既然欣赏是一种再创造,那么为了激起欣赏者这种再创造,请艺术家写得含蓄一点,给欣赏者的再创造留点余地吧!

(原载《上海文学》1961年第5期)

观剧杂感

最近看到北京人民艺术剧院演出的郭老的话剧《武则天》，有一点外行的感想，不知是否值得提出来谈谈。

戏曲舞台上一直存在着戏曲如何表现现代生活的问题，虽然经过了不少实践的试验和理论的探讨，但仍未能完美地解决。看了《武则天》，忽然感到从艺术探索上看到话剧舞台上似乎也存在着类似的话剧如何表现古代生活的问题，而它们又是相互关联的。当然，话剧在表现现代生活方面有它的优越性，应该很好地运用和发挥这种特长，提出表现古代生活的问题，决不能否定这一点。

话剧是偏重于写实的艺术，按照比较有代表性的流派的意见，它是要在舞台上更深刻地、本质地再现生活，其根本目的是要在舞台上引起真实生活的幻觉，从而感动人的心弦。因此话剧在形式上要尽量接近生活。当然，它在内容上要比现实生活更本质、更理想。这在我看来是符合话剧艺术的基本规律的，是话剧艺术的典型流派。根据这种要求，用话剧来表现古代生活，也就是要在舞台上真实地再现古代生活。于是，我所看到的《武则天》就是尽可能按照唐代生活真实面貌来设计服装、布景等的。像我这样一个对唐代生活缺乏感性知识的人来说，无疑是上了一堂直观教学课。但当舞台上的人物开口说话的时候，我忽然感到有点不太调和，原来台词基本上用的是现代的口语（或接近于现代口语），但为了表现一种古代的气氛，又不得不拉长了声调，于是语言的形式和语音的节奏调子发生了现代和古代的矛盾。怎样来解决这个矛盾呢？我设想有两种办法，一是把语言的形式改成古代的，一是把语音的声调念法改成现代的。这两种办法实行起来，似乎都有一定的困难。

把语言形式改成古代的有两个困难。首先古代人（特别是早到像唐朝那样）的口语究竟怎样。过去没有录音机，虽然有些学者从事这方面的研究，但终于难以捉摸。同时，如果真按照古代语言来写剧本，我想对剧中人物与语言个性的掌握是会有一定限制的，尤其是像郭老这样一位浪漫主义风格比较强的剧作家，总不如用现代口语那样能够尽量表现人物的个性。

第二个办法即把语音的节奏调子也现代化（不拉长调子了）。这个办法"北京人艺"的演出中有时也是采用的，如武则天在下三道诏令时，就念得很快，个性很强，但和全剧的调子又不协调，古代的气氛似乎又减弱了。

语音的问题给我的印象最深，其他如动作等方面，大概也是存在着这个问题的。看起来这些都是形式问题，但我却觉得通过这些小问题反映了现代生活和古代生活的矛盾。

我的话剧知识很少，但我知道，西方的戏剧本来也是载歌载舞的，后来话剧才从这种综合性的戏剧中分化出来。西方出现以再现写实为主的话剧艺术反映了时代趣味的变化。话剧在表现个性方面，比综合性的歌舞剧要优越得多。因此话剧艺术是近代个性发展的产物。话剧艺术便于表现复杂的性格冲突，它没有很多的表演程式，它一变古典主义和谐的美的风格，侧重于个性矛盾的揭露。在这样历史条件下产生的艺术形式，用它来表现古代生活总会存在一定的矛盾。拉长了声调是一种缓慢而和谐的调子，自然适于表现古代生活，而现代的语言节奏就要快得多，程式化的因素也少得多。一句话，个性加强了。用个性较强、节奏较快的语言形式来表现古人这就产生了矛盾。为了缓和这个矛盾，就用拉长调子缓慢的节奏来念现代节奏较快的语言，这个矛盾就愈来愈复杂了。

说到这里，不能不想起戏曲。戏曲艺术是过去社会的产物，在表现古代生活上是有一套办法的。戏曲艺术是戏剧艺术中偏重于写意的一种。它首先明确了真和美的关系。戏曲艺术最终是要在舞台上塑造一种美的境界。因而它在形式上就不完全是生活形式的真实反映，而是把生活形式经过舞蹈化、音乐化，形成一套程式。唐朝人也不一定非穿唐代服装不可。古典戏曲的服装就和它的一切程式一样，适应性是很强的，其原因就在于它是很概括的。戏曲的语言音乐性很强，有一套节奏鲜明而比较缓慢的特殊的语音系统，戏曲歌唱就是在这个语音系统上发展起来的（所谓"因字生腔"）。京剧的字音，保留了少部分古音，又综合一些方音（主要是湖北、安徽、北京的），一方面大部分人都能听懂，感到亲切，一方面又不是一地方言，听起来又有一定距离，这种语音上的距离便于造成古代和现代时间上的距离，使人幻觉台上是古人在说话。即使是京白，在京戏中也是拉长了调子的，也还符合古代人的生活节奏。前者上海京剧院在京演出的京剧《武则天》（童芷苓演武后），在演出形式上就比话剧自然些。因为童芷苓虽用京白，但不脱离京剧传统，气魄就比话剧大些，也比较调和些。

但是，戏曲也有戏曲的局限。要用节奏比较缓慢、载歌载舞的戏曲表现现代复杂的社会生活斗争是不大好办的。戏曲表现现代生活之所以总要碰到不少困难，其重要原因大概就在于此。话剧和戏曲两种不同的戏剧体系，反映了两种不同的社会生活基础，两种不同的趣味（美学体系），这是值得我们进一步深刻地研究的。

话剧如何表现古代生活，和戏曲如何表现现代生活问题联系起来研究的确是很有趣的。话剧内部也有不同流派的剧作家。有些剧作家的历史剧（像肖伯纳的一些历史剧），只是把历史上的某些人物、事件当成材料来表现自己时代的感情，真实性大概很成问题，但这种剧本读起来很有劲，因为没有看过演出，其舞台效果不得而知。郭老的剧本个性是很强的，表现因素很重，但大概为了演出，形式上又写实得很，内容与形式似乎也有一点矛盾。而这个矛盾也反映了再现和表现的矛盾，在剧本里这个矛盾暴露得不太明显，但到了舞台上作为舞台造型艺术就不同了：再现的是古代的生活，表现的是现代人的情感。作为后者来说，话剧是有优越性的，作为前者来说，戏曲有一整套体系。话剧如何表现古代生活？似乎还值得我们更深入地研究。

（原载 1962 年 9 月 28 日《文汇报》）

期待着大演员

中国的戏曲艺术可说是世界上最综合的艺术了。它兼有文学、音乐、舞蹈、绘画、雕塑甚至武术、杂技等种种艺术种类，以这许多艺术的特点灵活运用，集中表现戏剧的内容。在戏剧中，动作与对话是最重要的因素。因此，演员在戏剧艺术中有其突出的重要地位。剧本固可作案头文学作品来读，但作为完整的戏剧艺术而言，非经演员的表演不可。

不仅如此，中国戏曲艺术是编、导、演、音乐、舞美等集体创造，那么这个创造完整地体现在舞台上，是以演员的表演艺术为其核心的。

就中国戏曲的内部关系而言，虽然重视剧本、舞台美术、服装道具等方面的革新、发展，但更强调这一切须为演员的表演服务。为了照顾表演，布景往往是写意的，从而为虚拟的舞蹈化动作提供了广阔的空间，而不向舞台装置的彻底真实化发展。舞台的语言采用富有节奏和韵律的"韵白"和"京白"，铿锵悦耳，也就不必努力模仿真实的生活语言。正由于以演员为核心的艺术创造，把传统的戏曲艺术推向了历史的高峰，极一时之盛。

京剧创始之声我们已听不到了，但我们有幸保存了京剧集大成者谭鑫培的几段录音。去古不远，我们还能依稀构想京剧早期声腔的规模。"时尚黄腔喊似雷，当年昆弋话无媒，而今特重余三胜，年少争传张二奎。"说的是京剧初创时期老三派（程长庚、余三胜、张二奎）与昆弋争霸剧坛的情景。"四海一人谭鑫培，声名卅载轰如雷，如今老矣偶玩世，尚有俊响吹梁埃。"这又活画出京剧昌盛时期谭鑫培的杰出地位。继老生之后，其他如旦、净、丑等各行当，都是凭借一代代好演员创立自己的风格流派，树立一个个的艺术上的里程碑。

我始终不能忘记在《赵氏孤儿》中马派风格向沉稳、坚实方面跨出的一步。如果说，马派艺术在解放前的某些剧目中被某些批评家指责为"油滑"的话，那么马连良在《赵氏孤儿》中所演程婴那种忠耿、富有自我牺牲的形象，凝聚在他的唱、做表演之中，已经具有朴实、深沉的特点，设若以饰程婴著名的余叔岩在世，想必也会颔首称善的。

尤其令人鼓舞的是，解放后出现了一大批新一代的表演艺术家。记得 20 多年前，我在十三陵参加义务劳动，休息时组织了戏校学生演出《秦香莲》，初并不甚注意，及观至《铡刀铡美》一折，我和旁边的一位同志说，咱们且记下那演包公的学生的名字，我看他将来必能成名。那位学生就是后来著名的花脸演员吴钰章同志。解放后各戏校毕业生中涌现了大批优秀演员，犹如雨后春笋。我看到中国戏校一个"同学录"，其中很少不为人知的。

从我们自己看戏的经验来说，也足可看出演员的重要。我们看戏固然要挑剧，甚至剧场、时间，但主要的是要挑演员。同样一出戏，这个演员演就想看，那个演员演就不想看。小时候听老生们唱《文昭关》，比王凤卿的路子还老，据说直接汪桂芬。言菊朋也有这出戏，风格各自不同。后来杨宝森带唱这出戏，他的风格去我原有的"王派"印象可说不啻千里。但如果汪桂芬能与杨宝森同时演这出戏，我很可能都爱看。事实说明，观众到剧场去不仅是要温习剧情给人以教益，而且要欣赏演员的艺术。这个演员的艺术把剧情内容的思想感情，凝结在戏剧性的歌唱与舞蹈之中。观众在声腔的韵律中，在诗的意境中，在虚拟的动作中，在舞蹈的节奏中体会着一种与具体人物感情相结合，而又蕴蓄着我们民族千百年积淀下来的艺术的趣味。这是一种美的享受，文化的熏陶，也是一种民族意识的觉醒和提高。

多年来很少谈论我国戏曲艺术的特色了，很少谈论演员的艺术了。"字正腔圆"、"动静有致"等传统概念在那些年头的"砸烂"、"狠批"的鼓噪声中早已束之高阁，各种流派也已销声匿迹。演员塑造的人物既曰理想的英雄人物，当然只能是一种类型，一个概念的化身（当然又是最"完美"的化身），谁还敢谈演员自己的风格流派？英国演莎士比亚的戏也出现过许多由大演员创造出来的不同风格的哈姆莱特，可是我们在那个年头，一个角色却只能有一种演法。本来《红灯记》中的李玉和是李少春最初塑造的，但是自从被一个"样板演员"演了以后，李少春再演时就必须完全模仿这个演员。裘盛戎好容易得到了演《海港》高志扬的机会，曾请示能否根据自己嗓音条件改动音符（唱词当然不敢改），回答是不许。不得已，只能在"气口"方面加以变动。这样小小的变化，已使演唱的风格别开生面了。演员的创造性被压抑而得不到发挥，我国的戏曲艺术怎能不凋敝呢？

依我看，我国传统的戏曲艺术要讲究演员艺术。而演员艺术除体会人物思想感情外，还要讲究技巧，讲究歌唱声韵和舞蹈动作的形式美。把这种形式美与戏剧的内容、人物性格结合起来，使之声情并茂、情景交融。有了一批大演员，也就有了戏曲艺术的中兴。

（原载《艺术世界》1980 年第 5 期）

第六届国际康德会议简纪

我于1985年8月8日到12日参加了第六届国际康德会议。这次会由德国康德学会和美国宾州州立大学哲学系共同主持，地点就在宾州州立大学内。

一、会议一般情况

这次会议是在美国召开。会上所使用的语言主要是英语，其次是德语。与会者来自四面八方。在100多个正式与会者中，有来自英国的、加拿大的、法国的、土耳其的、苏联的、日本的……，当然来自德国的学者占了相当的比例。中国只有我一个人参加。台湾和香港地区并没有学者参加。

会议开幕式除各方面代表人物的欢迎词外，德国康德学会主席冯克（G. Funke）用德语发表了主题演讲，题目是"哲学之真义"（Was wir im achten Verstande Philosophie nennen konnen），主要强调全面理解哲学，重视"实践理性"之优越性。

以后的会议安排，上午为大会邀请发言，下午为小组发言，晚上还有各种聚会。

大会顾问团中最著名的康德专家、美国罗彻斯特大学名誉教授培克（L. W. Beck）因个人原因未能出席，因此，在做大会报告的知名学者中最为突出的，据我所知，当是自成体系的资深学者塞拉斯（Wilfrid Sellars）。10日上午，塞拉斯发表了"论康德的先验实在主义"的演讲。在演说中，以他自己的实在论哲学立论，指出康德认识论的"再现性"（Representation），强调"实事"与"判断"之间的自然的、图型式的（Pictural）关系。可能出自对他的尊敬和照顾，他发言后，破例无人提出问题。

小组的论文讨论分为八个方面：1. 康德前批判哲学；2. 先验感性和先验分析；3. 先验辩证和先验方法论；4. 科学哲学和数学哲学；5. 实践理性批判；6. 道德和法形而上学；7. 美学、目的论、人类学、历史和宗教学；8. 康德对后来哲学的影响。围绕这些题目共提出论文90多篇。会议还有几项特别的活动。一是德国康德学会举行的纪念马尔丁（G.Martin）的报告会，一是美国皮尔士学会与德国康德学会联合举行的"康德与皮尔士"报告会；在这期间，尚有美国康德学会下属美国北方康德学会成立大会。该会因贝克未到，由孟非斯大学教授、美国北方康德学会主席罗宾生主持。

二、会上我所接触到的问题

总的来说，会议给我这样一个印象：无论德国学者还是美国学者，都注重研究康德著作中对哲学命题的论证。但德国学者更注重论证所针对的问题，而美国学者则更侧重论证过程本身。这可能也反映了欧洲大陆与美国两边主要哲学思想的联系和区别。

美国学者的主要倾向，似乎可以新选美国北方康德学会主席罗宾生为代表。他向会议提出的论文题目为"先验论证的目的"。文章主要用英国斯特劳生的观点批评把先验论证的意义只限于否定怀疑论。斯特劳生说，康德先验论证有三种含义：一是现象学的，一是实在论的，一是意向性的。论文作者认为，最后一种则更符合康德著作的原文。我们知道，斯特劳生的《感觉的界限》这本从纯逻辑论证的角度研究康德的书，在美国影响很大。

华盛顿大学伊文思提出的《谓词可组合性（Predicative Compossibility）和先验逻辑》在这方面也是很典型的。他认为，按照康德的观点，"谓词"不能只是单纯的"知解'（Simple apprehension），因为如果"谓词"只是"知解"，则它和主词之间就不可能有"可组合件"。作者认为，康德的贡献正在于以"概念"的理论补充了"谓词"的所指。谓词固然离不开直觉，但必以经验概念为其构架，这样谓词与主词之间才有"亲和性"。

德国学者对逻辑推论的兴趣常常更多地和他们对哲学理论问题的兴趣结合在一起。哥廷根大学斯图尔曼的论文题目虽说是"论'先验演绎'的论证结构"，但仍然着重讨论了论证中每一步的理论意义。他认为这个演绎的第一步只是进入范畴前的"杂多"，因而只是知识的条件。第二步才进入时空框架，由此进入范畴。他所理解的第一步是人的感官直觉提供的表象的杂多性。这些看法，已不仅仅是逻辑论证的范围了。

当然，这种区别不是绝对的。德国学者中也有对逻辑分析具有很高学养的，如弗莱堡大学的帕劳斯，他对康德物自体所作的意义分析，不论同意与否，具有相当影响。这一次他主持伊文思论文讨论时，曾针锋相对地提出许多逻辑方面问题。而美国学者中也有不少人对哲学基本理论问题有兴趣。

这次会议中，有好几篇论文直接讨论康德的本体论、物自体、形而上学等重要哲学问题，如加州大学的布鲁克尔的论文研究康德如何论证物质对象的存在。她认为康德关于空间的经验现实性这一点非常重要。布朗大学的克莱夫则力图把时空的主体性与物自体概念联系起来。

与这个问题有关，会上还有几篇论文涉及如何理解对"本体"的思维这样一个哲学问题。

明尼苏达大学的波文斯在论文中提出一个问题：是否能有不同于知识范畴的另一种范畴系列？按照康德的理论，范畴只能运用于经验的对象，因而只有一种范畴系列。但论文作者指出，曾有人建议，康德的范畴系列应予以推广，即先天的范畴可以运用到知识（科学）之外。论文作者认为，这种扩展，在康德自己的"先验分析"篇中，找不到根据。作者坚持先天范畴仍只能限于科学知识范围。

然而，康德说过，本体不能认识，但可以思想，那么这种"思想"究竟又有什么特点？海仑学院的山德伯格以"对物自体之思维"为题提出了自己的看法。他指出，康德把对本性之思想叫做"观念"（或"理念"，ideas），这可以理解为"非图式性的范畴"（unschematized Categories）。作者自己还要补充的是：无论"观念"或"非图式性的范畴"，只有借助与现象界（phenomenal world）的类比（analogy），才有可能思考本体。这篇论文的观点引起了热烈的讨论，它提出的问题是很有意义的。按照这种看法，我们似乎可以说，对本体的思想，哲学的思想，仍以科学思维为基础，它与科学思维之间有一种类比的关系，尽管它本身有许多自己的特点。它是一种哲学的思维。

不仅如此，即使在科学思维范围内，同样也含有这种"非图式性的"哲学思维在内。威斯康星大学的胡德提出的有关问题是：发明性的（innovative）科学思维的特点是什么？他说，这种思维的特点是创造性的（creative）。按照康德的观点，广义的"观念"有两类。一类为构造性的（constitutive），一类为规整性的（regulative）。前者为科学知识的领域，后者则为道德（应是哲学）和审美领域。论文作者说，这两种观念因为太丰富，不能有感性直觉（道德、哲学）或知性概念（审美、艺术）与其相适应。而在作者看来，科学知识中创造性、发明性的探索就是这种规整性的观念。这种观念，因其内容丰富，不可能归于图式性的知识，而是一种象征性的表现（Symbolic expression）。

三、关于我向会议提出的论文

我的论文题目为"康德前后"，系套用康德著名演讲《苏格拉底前后》而来。因为我觉得康德与苏格拉底在西方哲学史上的不同的历史时代有类似的重要作用。

我认为康德在近代哲学史上的主要作用是把英、法经验主义的科学精神引入德国，打破莱布尼兹-伏尔夫的哲学体系。因而在当时的德国而言，是引进了一种新的科学思维的思潮，而不在于建立哲学体系。康德以后的哲学发展，分成两大潮流。一是从康德批判哲学演变为现代分析哲学，在这个潮流中，"批判精神"与"分析精神"原为一意。哲学不是作为世界观来理解，而是作为一种方法论，一种武器，以防止思想之偏离科学。故早期维特根斯坦的"语言"，相当于康德之"知识"。"形而上学"被否定为理性（语言）之滥用。我的论文最后部分指出，从康德到黑格尔为另一发展方向。这种思潮，以辩证法与形而上学对立，但并不否定哲学之基本问题。这样就意味着马克思主义变革黑格尔体系是以辩证思维为哲学认识之特点，从而维护了哲学之基本问题，但又承认哲学思维和一般科学思维的区别。

我在论文中引用我国成语"可以意会不可言传"来说明科学形式语言在历史过程中的界限，引起了一些讨论，有人把它与文学性语言联系起来考虑，这当然正是那句成语的始意。会议主持人之一、梅因兹大学的西波恩看出我的意思中有涉及海德格尔的地方，但并未指明，对此我作了一点解释，说明海德格尔的"原始语言"观点虽在历史层次上不真的是"原始的"，但在它的具体含义方面，有值得思考的地方。西波恩觉得我对哲学思维特点的思考中，联系维特根斯坦和海德格尔提出的问题，有启发性。

四、应重视辩证思维的研究

这个会议期间提出的近一百篇论文中，除我本人的外，只有一篇涉及辩证法的，这就是苏联的纳尔斯基。他的论文题目就是"康德先验分析的辩证法"。可惜他本人未能出席会议，只读到他的论文的摘要。从这个摘要看，他认为康德的"知识"既非感性的，也非思想的，而是对立的统一——是非直观的直观，非概念的概念，因而康德在先验分析中从逻辑形式中抽出了内容，而在先验的辩证中又建立了一个新的逻辑形式——二律背反——问题（das Antinomie-probleme）。

我认为，从康德二律背反的角度来进一步研究康德的辩证法的确是一个重要的课题。同时，我还认为，继续研究从古代希腊赫拉克利特朴素的感性辩证法、经由智者后期命题（语言）辩证法到苏格拉底（柏拉图）理念（观念）辩证法的发展，下溯康德、黑格尔以及当代西方哲学主要流派对辩证法的忽视，不仅是一个重要的哲学史课题，而且对于理解哲学思维的特点也有重要的意义。

（原载《哲学研究》1985年第11期）

欧洲形而上学的历史命运
——记 1987 年斯图加特国际黑格尔哲学大会

应德意志联邦共和国研究基金会的邀请，中国社会科学院哲学考察团在团长汝信同志率领下，参加了今年在斯图加特市召开的国际黑格尔哲学大会。会议为期四天（1987年7月18日—7月21日），参加者有来自世界各国的学者1000多人，在各种会议上发言的有60多人，其中包括世界最为知名的学者，如德国的伽达默尔、法国的利科和德翁特（D'Hondt）、英国的斯特劳生、美国的普特南（H. Putnam）等。

这次黑格尔哲学大会之所以吸引了不同国家和不同学派的许多学者，是因为它讨论的主题在当代西方哲学的历史发展中具有相当的关键性的地位，这次大会的中心议题是："康德以后的形而上学？"这个议题以问号形式出现，说明了它的复杂性，也说明对它的探讨尚在进行过程之中。

传统的"形而上学"的欧洲，近代以来是备受攻击的主要目标。康德划清知识"范畴"和"理念"的界限，指出传统形而上学企图以知识范畴把握本原理念的"物自身"，是为"理性之僭妄"，从而揭示了传统形而上学之不合适（不合法）性。康德对传统形而上学的这种批判，被后来的哲学家所普遍肯定，认为是哲学思考的基本立足点之一。然而，康德哲学本身是否是一种不同于传统的新型的"形而上学"，则是一个长期有争议的论题。

事实上，康德以后，传统的形而上学继续受到批判。就古典哲学范围内，批判传统形而上学最为有力的是黑格尔。因为，康德对传统形而上学的批判，主要着力于将形而上学的"问题"（如"最为本质之存在"、"经验之全"、"世界作为一个整体"以及"无限之时间"、"第一因"等）从科学知识领域中"排除"了出去，从而否定"形而上学"为一种合法的、真正的知识形态。然而黑格尔却以"思辨"的概念和范畴把理念与经验知识统一起来，从而重新确立了"哲学"作为一种"知识"和"科学"形态的地位，指出"哲学"作为一种"绝对知识"、"思辨概念和范畴体系"的合法性。这样，与康德不同，黑格尔的哲学，接纳了传统形而上学所提出过的"问题"，而作了思辨的、辩证的把握。他的哲学是辩证的逻辑体系。于是，问题就进一步明确地提了出来：这样一种哲学知识体系，是否是一种新型的、不同于传统的"形而上学"？

从这个基本特点出发，就形成了这样一种局面：当代西方的哲学，无论分析学派或人文学派，都把黑格尔绝对哲学当作最大的"形而上学"的代表来批判。这个批判，在富有人文精神传统的德国，特别是经过海德格尔，达到了一个高峰。海德格尔以由 Dasein 使之显现出来的 Sein 为自己思想的出发点，并以 Existenz 的立场来理解 Dasein，以历史性的"思"取代包括黑格尔辩证和思辨概念在内的一切传统的抽象性思想方式，使欧洲哲学的历史发展的内在矛盾进一步得到了揭示，从而使胡塞尔晚年更为深刻地感到欧洲哲学思想的深刻"危机"。

这次大会的中心议题，就是在这样一种哲学思想发展的历史背景下提出来的，所以，"康德以后的形而上学？"这个题目有着复杂的含义。它意味着：黑格尔哲学是否是一种（新型的）"形而上学"？"形而上学"是否已然结束自己的使命？当代哲学应以何种态度来对待"形而上学"？等等。总之，围绕着对黑格尔哲学的研究，抓住"形而上学"这个核心问题，展开各自的观点，是这次大会的主旨。

大会这个主旨，在大会的主持者亨利希教授的思想中是酝酿已久的。亨利希教授说，围绕黑格尔哲学的这个主题，已经开过两次国际性大会。本次大会的思想，与上两次是一脉相承的。1975 年斯图加特国际黑格尔大会的主要思想是要讨论一种系统性的哲学是否可能的问题；1981 年大会的主题是进一步对这种系统性哲学的历史和现状的探讨；本届大会则将这个问题集中于与德国古典哲学密切相联的"形而上学"问题。亨利希教授告诉我们，经过这三次大会的讨论，他认为，对于当代是否应寻求一种途径来"重建"一个"我们时代的""形而上学"这个问题，似乎可以有一个合理的答案了。亨利希教授自己并没有明确地向我们表明他的答案，虽然也许他已在致力于建立这样一种"新"的"形而上学"，但他自己的体系，如果有的话，也还需等待一个时期，而会议则是一个公开讨论的场所。

不言而喻，当前分析学派最大的代表人物之一、牛津大学教授斯特劳生是不会真正同意建立一个"我们时代的形而上学"的，尽管他自己的思想和学说是很有系统性的。他在会上发言的题目也是"康德在形而上学领域中的变革"，但如大家都知道的，他对康德的研究，侧重于康德在批判传统形而上学时所运用的推理逻辑工具的分析，至于康德是否立意建立一个新形而上学体系，或康德哲学本身是否也是形而上学，则不是他讨论的主要议题。斯特劳生认为，康德的工作和维特根斯坦在某个方面有共同点，即他们都要努力把能说的说清楚，而把不能说、不可知的归于另一个精神领域。然而，如果斯特劳生教授还承认康德肯定那不可知的理念仍有一个系统的话，那么美国的普特南教授的分析主义立场，似乎就更为纯正一些。他在这次大会上的发言题目为"在形而上学以后，是什么？"虽然由于会场分布原因，我们未能听到他的发言，但从题目中我们可以体会到一种"分析时代已经开始"的意味。

现代对"形而上学"的攻击，当然不仅来自分析主义、当代人文主义系统。大家知道，由胡塞尔开创的现象学，反对黑格尔哲学的绝对主义，力主自身直接（向人）"显现"的世界，为"生活的世界"、"本源的世界"，从而提出建立以这个活的世界为（意向性）"对象"的"人文科学"。而胡塞尔的学生海德格尔把丹麦哲学家克尔凯郭尔的 Existenz 引进现象学，使现象学成为存在论（本体论）。海德格尔以"存在"代替"知识"，从而使具有知识形态的"形而上学"最终被"克服"。

我们知道，海德格尔的学说仍然在左右联邦德国当前的哲学界和思想界。但从较晚近的发展趋势来看，海德格尔思想最初的那种摧毁性特点正在逐渐消失。海德格尔的学生伽达默尔倡导的"解释学"，把欧洲的思想又重新纳入一种建设性的轨道，力图建立一种新的"学科"来替代传统的形而上学。伽达默尔在这次会上作了"一种终结性形而上学的问题"的发言，这个题目可以理解为"形而上学"如何"终结"的问题。在这个发言中，伽达默尔以八秩之高龄，意气昂扬地批判现代工业社会的机械性，强调人的"教养"和"历史性意识"的重要性，引起了与会学者，特别是青年学者的不少议论。

事实上，我们看到，伽达默尔的"解释学"固然和他的老师海德格尔一样，相当鲜明地反对和批判了传统形而上学知识体系，但他的学说，比起他的老师来，却更多地回到了欧洲思想的传统上来。

伽达默尔在海德格尔存在论的立场上，发挥"解释学"原则，以"意义"来理解"人"与"自然"的特殊关系，指出历史性的、体验性的"理解"是保持和扩展那种既非（人的）感觉印象又非抽象概念的"意义"的独特方式，从而把海德格尔的存在论与胡塞尔的知识论沟通起来。"解释学"是一个"体系"，一门"学问"。但它既不同于以感觉为对象的物理学和心理学，也不同于以抽象概念为对象的逻辑学。因而它恰恰正是胡塞尔多年向往、晚年更竭力倡导的"严格科学"即"人文科学"。

我们知道，这门学问不仅德国的伽达默尔在做，法国的利科也在做。按照这次大会的日程表，利科在"形而上学与宗教"专题讨论上，有一个关于黑格尔宗教哲学的发言，也是因为时间安排关系，我们未能听到。但是利科在把"解释学"作为一门"学科"或"科学"来建设这方面，贡献不在伽达默尔之下。利科是根据法国哲学的传统，一方面以胡塞尔、海德格尔诸家为基础，同时以法国的结构主义、存在主义为背景，用"符号学"使"解释学"充实起来。这样，就为在更大程度上与分析的精神（如语义学）相沟通开辟了自己的途径。这就是说，"解释学"在利科那里，似乎终于找到了一种非抽象性的而是直接体验性的"符号"作为把握"解释学"所要"理解"的"意义"的模式。以这种"符号"的结构和体系为特征的"解释学"，就更具有科学的形态。

然而，人们现在的问题是："解释学"作为一门"人文科学"本身是否为一种新型的"形而上学"？或者如大会主持者亨利希教授所说的"我们时代的形而上学"？当代欧洲哲学的最新动向，使我们不能回避这个人们不太愿意面对的问题。

"我们时代的形而上学"，当然不是传统意义上的"形而上学"，不是"原物理学"，把"存在""实体化"；也不是"原心理学"，把"概念""绝对化"。

但是它却也有自己的系统和思考，也有自己的学说"体系"。这个学说体系，既然不是像经验科学、自然科学那样建立在纯形式的推理的逻辑基础上，那么只能是一种辩证的体系。于是，过去曾是主要攻击目标，现在又被多数西方哲学家不屑一顾的黑格尔的思辨哲学体系的意义，突然又显得重要起来。事实上，与他们的前辈不尽相同，伽达默尔就十分重视黑格尔的思辨逻辑，对黑格尔辩证法作过专门的研究；在法国，重视黑格尔的人就更加多一些。这一切，似乎都促成了亨利希教授在当代西方学术界倡导研究黑格尔思辨哲学的重要契机。

当然，作为西方的一次国际学术会议，会上的发言自然是各唱各的调子的。也许，相当多的与会者并没有也不必去领会主持者的开会宗旨。主持者当然也不会把自己的想法强加于大会。譬如大会的发言中就有联邦德国著名的康德哲学研究专家帕劳斯（G. Prauss），他曾以分析康德"物自身"有多种含义而著称。他的研究方法是比较典型的分析的方法。这一点似乎比之牛津的斯特劳生还有过之而无不及。他在会上的发言，就与亨利希的会议主旨不太相关。

无论在会上的发言或会下的交谈中，亨利希教授都倡导一种"新的"、"我们时代的"、"形而上学"的思想是明显的。然而我们知道，这个问题早在与海德格尔同时的雅斯贝斯那里已然提出，而且为之奋斗过。雅斯贝斯以"存在哲学"为基础，生化出一整套哲学思想，与海德格尔形成尖锐的对立。他明确地为"哲学"的存在而辩护，相当尖锐地指出否定"哲学"就是否定思想的"自由"，从而使"存在"（Existenz）的学说与整个欧洲传统思想接续起来，使"哲学"有所发展，"传统"有所更新。他努力的目标是要建立一个"解码"性的"形而上学"哲学体系。其中的"解码"思想，对法国萨特、利科诸家有极深刻的影响，但他们都回避了雅斯贝斯的"形而上学"体系。

我们还不很清楚亨利希教授对这种"解码"式的形而上学有什么看法。但如果认真地提出一种"辩证的""形而上学"，那么即使就黑格尔哲学的范围来看，至少这种概念上的看法似乎也难以逃脱应得的批评。德国和法国的"解释学"，固然重视并利用黑格尔的辩证思想，但并未以此为基础来建立自己的学说体系。这可能正是亨利希教授不满于当代"解释学"的主要原因。

于是，问题又回到了海德格尔。海德格尔确实是从以黑格尔为集大成者的西方古典哲学思想这个传统中走了出来的代表人物，凡在当代要想以现代的精神与古典传统结合起来的任何尝试，都必须考虑到海德格尔的反驳。所以亨利希教授的意图当然也不会不遇到阻力。在会上，联邦德国黑格尔档案馆馆长波格勒（O. Pöggeler）有一个题为"海德格尔关于作为问题的形而上学"的发言，自然就引起了与会者的重视。至于波格勒教授是否认为在海德格尔那里"形而上学"永远只能是"问题"，而不能成为"学说"，则等到大会发言作为文集印行以后经过仔细研究就会更加清楚。

（原载《哲学研究》1987 年第 10 期）

未来总是好的

在哲学界,"哲学有没有进步"这个问题似乎闹得最凶。哲学面对"永恒",讨论来讨论去,似乎还是那些问题,有什么"进步"可言呢?人们不是还在讨论柏拉图、亚里士多德讨论的问题吗?

哲学有没有"进步"?我看是有的。譬如说,欧洲大陆哲学,20世纪出了胡塞尔和海德格尔,胡氏直接柏拉图,海氏直追亚里士多德,前者变革了"ideas",后者变革了"beings"。至少,这两位都是把柏拉图或亚里士多德想说而没有说好的问题,说得更好了一些。先是胡氏把"ideas"与"理性的直观"、"直观的理性"结合起来,但并不是黑格尔的"绝对",然后又被海德格尔的变革逼到了"生活的世界",这样进入与黑格尔迥然不同的现代现象学;而海氏从这个现象学走了出来,进入一个更为深沉的世界——"存在"。应该说,欧陆哲学到了胡、海二氏,西方哲学中"(这)是什么"的问题,的确是更明朗、更清楚、更丰富了一些。"什么"与"是",都不是概念性的,而是生活性的,进而"什么"和"是"又不可分。知识论与存在论不可分,客体与主体也不可分。而"这"这个"主体(词)",原本是与"是什么"同一的。这样,黑格尔在《精神现象学》里说的道理,不就从"天上"(纯思、绝对)回到了地上、人间(生活)来了吗?

随着交往媒体的发展,20世纪以来,多种出版物、杂志、学术会议等等迅速地多了起来。哲学家不仅用"独白"的方式去写书,似乎又可以在更广泛、更系统的层次上回复到希腊的那种以谈话、讨论的方式来谈哲学问题了。

如今,国内的、国际的学术会议越来越多。多种杂志上也有许多相当重要的学术争论。这种短兵相接的讨论风气,似乎在英美分析学派那里开得早一些。但欧陆方面也可以举出一些举足轻重的交锋,如早年海德格尔与卡西勒的争论,后来哈伯马斯与伽德默尔(即伽达默尔——编者)的争论,以及德里达与伽德默尔诸人的争论等等。这种方式是康德那个时代不可想象的。哲学家不光要会写(大部头)书,而更要紧的是要会想问题,谈问题,讨论问题。哲学家从"制作"(大部头)、"著作"(书、体系)的框框中解脱出来,会是什么样子?古代虽有典范在,但仍要看下一个世纪的实际情形了。不管怎样,写书也好,写文章也好,对话、讨论也好,哲学的存在方式是变化了、扩大了、丰富了,参加的人,也一定会更多起来。

未来的情形不可能预测得很详细。21世纪哲学的情形,要看现在的青年人对哲学问题怎样想、怎样做。但到底会是什么样子,我们不可能、不必要也不应该看得很清楚。为什么?因为,如果要他们完完全全地按照我们规定的路子走,才能非常清楚地"预测"到下个世纪会是个什么样子,而这是不可能的。就我们这一代人来说,对于下一代的事,只要看出一个大概就很好。而这个"大概"是很确定的:下一代肯定比我们这一代更好。那些"更好"的因素,就在现在的年轻人的身上。我们对于"未来"不可能有十分确切的知识,但却可以有十分坚实的信念。

(原载香港《二十一世纪》1991年第7期)

《无尽的学与思》（台湾版）前言

"我是做什么的?"这个问题包括了"我会做什么"、"我在做什么"和"我还会做什么"——一个"是"，包括了"过去"、"现在"、"未来"。可见，关于"是"——"存在"的学问是很有概括性的。说它有"概括性"，主要是它可以把动词的"时态"虚拟起来，但要将它后面那个"什么"展开，而不限于答一句"我是做哲学的"，则就要涉及到"过去"、"现在"、"未来"的时间。下面就是我做哲学的"时序"。

"做"是在广泛的意义下使用的，就我和哲学的关系言，包括了"学"、"想"和"写"。

我"学"哲学是很偶然的。我的智力开发得很晚，小时候很不用功，但也并不淘气。那时候到底是个什么情形，现在我自己也说不清楚。混到了考大学的时候，适逢院系调整第一年，扩大招生，而似乎当时生源不足，那些在班上比我还糊涂的同学，也都上了大学。至于为何报了哲学系，那是因为我中学的几何学老师是从德国学哲学回来的，从他那里我才知道世上有"哲学"这门学问，觉得顶神秘，就填了这个志愿，居然也录取了，那时只有北京大学有哲学系，所以自自然然地就进了这个学府。

别看我学习不用功，可我却爱写作，中学时写点小通讯，暑期还到报社去义务帮忙。说也奇怪，我闻到那油墨味道，会有说不出的愉快。当时我觉得"写作"似乎就是"文学"之事，所以我自以为我喜欢"文学"。入了哲学系，我发现有一个沟通哲学与文学的环节叫"美学"，所以我"决定"要对美学感兴趣。我这个"决定"在学校里并未受到鼓励，因为当时北大哲学系没有美学专业，也没有人讲授美学，但很长时期来，我自己一直在坚持着做美学方面的事。

在美学方面，起初我的一些做法是很不明智的。我过于热衷于文学、艺术的细节性、专业性的问题。我一方面读黑格尔的美学讲演，一方面却写文章讲"京剧音韵"。这个做法，固然使我在某些专门的问题上，有一定的发言权，不致将美学架空，但毕竟不容易把一个非常具体的专业问题马上与哲学性问题结合起来，我感到在这两种兴趣之间必得有所取舍。

把我从过于专业化的道路上拉回到哲学上来的，竟是在编一本叫做《美学概论》的高校教材的过程中。那是 1961—1964 年的事。这个教材编写组，在王朝闻领导下，集中了不少人才，互相讨论，有一种相当自由的学术空气。在那天天都有的争论、辩论中，触动我最大的是：我感到美学的根本问题，还在哲学，许多的争论，都要从哲学上来寻求根据。这种触动多了、久了，于是我就又"决定"回过来认真学哲学。我利用那时比较自由的时间，不再死抱住康德《判断力批判》中"审美"部分不放，而也去仔细读他的《纯粹理性批判》和《实践理性批判》，甚至还写了一篇论述康德道德哲学的文章。从这篇文章起，我的哲学老师们，至少郑昕先生，才有点觉得"孺子可教"了。

哲学的兴趣，实际上是思考的兴趣。思考首先要有点怀疑的精神，否定的精神，凡事需要打个"问号"。我们不能说真的要"怀疑一切"，但使一切现成的东西成为"问题"，却是哲学的出发点。当然，哲学并不停留在否定、怀疑的层面上，哲学不光是对这个现实的世界说一声"不"。在哲学中，凡事要问个"为什么?"而"为什么?"就有个"理"的意思在内。哲学要问一个"理由"，所以哲学不光要有"精神"（Geist），而且要有"理性"（Vernunft）。自从我又回到哲学后，就更喜欢问"为什么"了，但很快我就遇到了一个不许问"为什么"的时期，那就是"文化大革命"时期。

在这个时期，"哲学"变成了"语录"，要人人都得背熟，成了真正意义上的"教条"。一切活生生的"理性"的问题变成了死记硬背的"知识"就成了"教条"，自觉性变成了盲目性，智慧成了愚昧。"哲学"被歪曲，真正做哲学的都无事可做。这个时期我做的事不是哲学的，这许多年中，我除了做一些别人要我做而不得不做的事外，主要是学外语和写字，一西一中，也算是中西结合了。就是这两件事也是偷偷做的。好在各种文字的"语录"和毛主席诗词，可以为我做这些事打掩护。

学外语学到了希腊文，那时同院罗念生先生借我一个希腊文课本，后面有他做好的习题答案，我可以做了对照着改；由学希腊文自然就学希腊哲学，学这种很古代的哲学，当时有一种安全感，因为它离现实太远了，又是外国的专门学问，大体上可以避免"被批判"的麻烦。所以，我在70年代中期开始的希腊哲学研究，同样是专业性的，思想性就差些。

我意识到了这个问题，想加以克服，在做关于希腊哲学的第二本书（《苏格拉底及其哲学思想》）时，对理论分析方面有所加强。在做这件事时，我体会到，为做好哲学史的研究，关键不仅仅在于掌握历史的材料，而且要深入思考哲学的问题，而我这方面的训练事实上还很差。

好在这时已是改革开放的年代，大多数做哲学的，又都可以相当自由地思考哲学性的问题了，我还得到了一个机会，去美国进修了两年。在这两年，一方面我凭着在国内的古典哲学的训练基础，和一些朋友讨论问题，另一方面努力吸收一些新的思想，阅读过去未曾注意过的比较新的著作。这两个方面都使我大开了眼界，于是我"决定"读新书，想新问题，认为这个"浪头"非赶不可。

我先读维特根斯坦的书，被他那明快敏捷的思路所吸引，也为他那追求真理、自我否定的勇气所震撼。不过，这方面的事我没有做下去，因为我觉得应该在对逻辑学有相当的补习之后再来做它，才不会事倍功半。于是我转而读胡塞尔的书。

胡塞尔是欧洲现代现象学的创始者，他的书很难读，读他的《逻辑研究》，使我想起当年在北大跟郑昕先生读康德时的情形，那时我一点也读不懂康德的原著，靠着桑木严翼那本很浅的书，才知道康德哲学的ABC，如今胡塞尔的书我也是靠劳尔那《主体性的胜利》才把他的思路理出了一个头绪；读海德格尔的书倒没有感到有多大隔阂，他的《存在与时间》我读得很顺当。

海德格尔研究这几年在中国很为流行，许多青年学者喜欢谈他，我想这是一个很值得研究的独特的现象。1987年我随团在德国访问，与一位德国哲学教授谈到海德格尔，那位教授说海德格尔的书很难读，我说也许中国人读起来反而容易些，那位教授大为惊讶。我说的是实话，中国人比德国人更容易理解海德格尔。因为海德格尔要从西方哲学的传统中挣脱出来，比较容易地会碰到东方的思想，或者自发地会出现一些东方式的想法。不过我也不赞成把海德格尔完全东方化，他的思想毕竟是西方的，所以从他那里，才开出了伽达默尔的"解释学"，还有那非常激进的"后现代派"；海德格尔思想之树上，结不出东方思想的果子。

胡塞尔、海德格尔和西方哲学的传统仍有千丝万缕的联系，在他们的思想中，仍有西方古典哲学的灵魂在，要深入理解他们，仍需学习西方的古典哲学。

近几年我做事，常处在"新"、"旧"矛盾之中。一方面我渴望读新书，觉得自己所知太少，另一方面又迫切地想重读旧书，从柏拉图到黑格尔，都想读，因为感到我不仅所知太少，而且所思太浅。

可能与我从哲学史入手并长期做哲学史的工作有关，我所谓深、浅，常与挖掘的历史层次有关。我总觉得对问题（主要指哲学的问题）深入乃是能将古今贯串起来思考的那种融会贯通的思想境界，在这里，理论地思考与历史地思考是统一的。

从实际情况来说，特别就哲学问题的探讨来说，我们并不能保证后人就一定比前人思考得深入和透彻。西方哲学的历史发展，有一个"理念论"传统，也有一个"存在论"传统，现代自海德格尔以后，"存在论"在西方流行，而"理念论"则有被冷淡的趋势。实际上"理念"自柏拉图提出后，历经两千年，特别是通过康德、黑格尔，已有相当深刻的内涵，它将"理论"与"实践"相统一的特色，也是在柏拉图就已明确了的。如今西方的哲学家，舍弃了"理念"，也舍弃了只有在"理念"中才表现得最有特色的"辩证法"，以及与"理念"不可分的"理性"（Vernunft）。胡塞尔看到，讲"现象学"必定要讲"理念"，"理念"在"现象"（phenomena）中，则才不至于光是单纯的"思想的"（noumena）；但他的"理念"带有"直接性"，而不是"辩证性"，遂削弱了他的"理念"的"实践性"，使他自己的哲学限于"主体性"，不能由此而进入"客体性"。从这个意思来说，"哲学"离不开"辩证法"，离不开"理性"。"理性"的"论辩"，乃是古代希腊哲学成熟了的形态，而要了解此种"理性"的"辩证法"，黑格尔则是非常重要的环节。

当然，不是说"存在论"不重要，"是什么"的"是"和"什么"两个部分都不可缺少。"什么"也不"是"的"是"，和不"存在"（是）的"什么"，都可能流于抽象"概念"。哲学要问的正是：总会是"什么"的"存在"（existence）和那总会"存在"（是）的"什么"（ideas）；"现实"是"理想"的，"理想"也是"现实"的。这是从柏拉图以来的西方哲学传统的核心思想。现代西方一些哲学的流派，不愿意直接讨论这个问题，似乎这个问题业已"过时"，但只要是认真严肃的学派，都是不能绕过这个问题的。

又要学新知识，又要温习老问题，而一个人的生命是有限的，这也是一个不可克服的矛盾。我们人类既然不能全知全能，在新旧矛盾中我自己觉得还得以古典的、传统的学问为基础，尤其对哲学言，更应是如此。

有限的生命面对无限的知识可能性，哲学所采用的方法可以将"无限"理解为"不受限制"的"自由"，从而在"有限"中感受到那"不受限制"的"自由"，而不至于在"无限"的"长河"中疲于奔命。这是黑格尔在批评"恶的无限"时发展出来的一种观念。这就是说，我们不必"放弃"自身的"自由"，把自己交付给"上帝"，就可以在现实生活中享受着"自由"，也体验着"无限"；这个尘世的世界就是我自己的"归宿"，是"理性"的"家园"。"我"不必穷尽一切知识——不必把自己变成"上帝"，就可以有所"归宿"，甚至不必设定一个全知、全能的"上帝"，就可以有"安身立命"之处。"哲学"作为一门学问，就在于它教人如何在不能（或不必）全知的条件下得到那种"无限"，因而"哲学"——或"哲学性"的"工作"，或一切"人文性"的工作，是我们有死的人类所能真正掌握"无限"的工作，也就是说，我们有死的人类通过"哲学性"的工作——纯哲学的思考与研究、艺术的创作与欣赏等，不仅能将那无穷无尽的"知识""悬搁"起来，而且能在那无边无沿的"知识"的"汪洋大海"中"自由""游泳""仰俯"于"天地之间"，而不必带着"负罪"感把自己"奉献"给"上帝"，以求虚幻的"安全"。

当然，我绝不轻视宗教，我手边正在做的课题就是研究"科学"和"宗教"作为两种思想方式在西方哲学中的特点和作用。我觉得，宗教不光是"想象"出来的,说到底,宗教和哲学一样,甚至是"不可想象"的。宗教和哲学都是一种"非对象性"的思想方式的产物,也就是说,是纯"理论"的产物。从思想根源说,西方的基督教,来源于对人与人之间关系的一种理解。"人"是自由的,每个人都是"自由的",如何调节各"自由者"之间的关系?平时靠社会,大家协商(契约论),也可靠领袖的裁决,但都不是最后的,最高的;为要使各"自由者"相安无事,则"必定"要有一个"最后的"、"最高的""自由者",或不是相对的,而是"绝对的自由者",这就是"上帝"。因为"上帝"也是"自由者",所以是"人格"的,它不能有"另一个""自由者"来"限制"它的"自由",所以它是"唯一的","上帝"只能是"一"。我们看到,这些都是由"道理"——你可以不同意这个"道理"——推论出来的,不全是"想象"出来的。相比之下,"科学"倒比"宗教"更需要"想象",因为"科学"是一种"对象性"的思想方式,没有"想象",就没有"科学"的工作。

"宗教"是利用有"道理"的"信仰",而"哲学"则是利用有"道理"的"辩论"。"信仰"不容"辩论",所以"哲学"和"宗教"是不相容的,"哲学"占据着"宗教"的地盘。然而,"哲学"是一门"学问";"信仰",则不需要专门的学术训练。"哲学"不容易真正"代替""宗教",更不能"代替""艺术"。黑格尔把"哲学"放在"理性"的最高层次,可以说是一种"偏爱",但他说"宗教"、"艺术"也都是"理性"的环节,而不是纯幻想的产物,则仍有真知灼见在内。

近几年来我对中国哲学的问题也偶尔写一两篇文章。有人问"你是不是要搞中国哲学?"每次我都答之以"谈何容易?"意思是说,非不为也,乃不能也。我对中国之学问缺乏最基本的训练,偶一为之,难免贻笑大方。这些文章只表明我的一种态度:无论中国的,外国的,既然大家都在谈哲学,就必有可沟通之处。"沟通"不光是互相传授"知识",而是互相讨论问题,为传播"知识",光是语言"翻译"就行,为了"沟通"就还得注意"说话方式"。"说话方式"不仅仅是用词遣句问题,实际是一个"思想方式"问题。这几年我写的关于西方哲学的文章,努力用现代中国人的"说话方式"来表达,这个倾向,被一位青年朋友点破了,他认为很有意思;而我偶尔写的几篇有关中国传统哲学的文章,则尽量用现代中国人的"说话方式"和西方哲学对同类问题的思考方式来讨论，我想，这些文章如能译成外文，或许外国人就更容易理解些，他们会感到，原来中国人也在思考和他们相同或类似的问题。类似或相同的问题，中国有中国的思考方式，而西方更有西方的思考方式，初不在简单的对比（比较），更不是"新旧"、"中外"名词概念的转换。

谈到这里，我似乎已把"我做过什么"、"在做什么"和"想做什么"的问题，谈了个大概，而"我是做哲学的"这个回答，也就比较地具体了。

（原载《无尽的学与思》，台湾仰哲出版社1994年5月版）

《无尽的学与思》（台湾版）后记

我是一个不善于回忆的人，只想着还要做什么事，对过去做过的事，比较的不注意，所以也没有把旧文章合来辑集出版的强烈愿望；不过近几年来倒有一些师友想看我过去写的文章，而查找、复印又较麻烦，遂萌生出版文集的意思，初非为树碑立传，主要为了查找方便。

此次承辅仁大学丁原植先生盛意，愿意在他主持编务的"仰哲"出版社先印行这个集子，并有章建刚、陈静贤伉俪，在百忙中，以现代化的速度做好辑集工作，再由我室同事郭良先生作计算机处理，在这个阶段，我倒反而是坐享其成了，所以我对他们的感谢，是不能不说的。

趁这个集子面世之际，关于写文章，我补充一些意见。

一位前几年曾在伽达默尔身边工作过的同事告诉我，伽达默尔说过，不要轻视论文，一个人的思想，有一篇不大的文章就能说清楚了。我们知道，德国人善于写大部头著作，伽达默尔本人的《真理与方法》部头也不小，可是他的体会却是如此。

我不是说，写大部头著作不重要，我自己也想写大一点的书，但我觉得，即使写大书，其中主要的部分，甚至绝大部分，都要像写论文那样写，即都要像论文那样，有独立发表的价值，而不允许有些部分"搭配"汇合，敷衍了事。当然，大书要把那许多能独立成篇的文章用一个统一的思路贯串起来，是需要很大的功力的，所以以同样高标准来要求，大书当然要比论文难。

文章也分大小，这个集子里除了学术性较强的论文外，还收了些小文章，在我心目中，并不因为这些文章篇幅小而轻视它们，我曾对《读书》杂志的赵丽雅女士说，给你们写文章最难，别看几千字，要酝酿很久，才敢动笔，有些生题目，可以作学术论文，要写几千字给你们，就写不出来。写短文章必须是熟题目，但熟题目又有新意，就很难；好在"熟能生巧"，真是"熟"透了的题目，则必会有些新意，写不出新意来还是不够"熟"，不够"透"的缘故。

当然，绝不是说我这里的文章就"熟透"了。我现在还在工作、读书、写作，还有许多事想做，正是因为自觉有许多很不熟、很不透的问题，等待研究、思考。

1994年4月4日，于中国社会科学院哲学研究所
（原载《无尽的学与思》，台湾仰哲出版社1994年5月版）

读书注意少而精

藏书要博，多多益善；读书则要约，要注意少而精。

古人已经知道知识之无涯，如今信息社会，就光出版物而言，已不知积累了多少，要想穷尽，绝不可能，再加上其他传播媒介所提供的信息量，真是"大爆炸"了。我常想，如今的文人，如果听任"信息"之袭击，则必得"信息性""神经官能症"，再加上"天人感应"式的"自然"传来的"信息"，则就更加惶惶不可终日。所以我总觉得，当今文人要练一点"抗干扰"的功夫，对传来的"信息"，要能有所选择，有所抵制。

这"功夫"从哪里来？我侧重于强调阅读"古典著作"的重要性。

什么叫"古典著作"？"古典著作"又叫"经典著作"，西文"Classic (Classical)"指"第一流的"、"高雅的"、"标准的"这类意思。classic 来自 class，为"等级"、"班级"、"阶层"的意思，这样，classic 或许是指"够级别""够格"，或许也有"够作""教材"的意思。总之，它是那些经过时间考验、"够格的"、"第一流的"著作。

譬如我们哲学类，就能数出一大串来：像西方柏拉图的书，亚里士多德的书，这是古代的；近代还有培根的，笛卡尔、康德、黑格尔的，中国有孔子、老子的及《易经》等书。这些书加到一起，数量也很多，但比起那"流行的"、"等而下之"的书来，毕竟少了许多，有选择，有重点地精读一批，就是力所能及的事了。

年轻人不愿意精读康德特别是黑格尔的书，暗含着一个想法：它们"过时了"。殊不知,"古典著作"尽管不"流行",但绝不会"过时"的。现在国内年轻人喜欢谈海德格尔,其实海德格尔自己很重视康德、黑格尔,也重视马克思,尽管观点不同,但他并不认为他们的书"过时"了。

最近我读到法国德罗兹(Gilles Deleuze)写的《康德的批判哲学》,很有点感触。德罗兹是当今法国很活跃的哲学家,他与人合著的《反欧底浦斯(情结)——资本主义和精神分裂症》(*L'Anti-Œdipe—Capitalisme et Schizophrénie*,与 Felix Guattari 合著)使他成为哲学的"先锋"人物之一,但他也重视读康德的书。应该说,他这本篇幅甚小(不足 100 页)的《论康德的批判哲学》囊括了康德的三大《批判》,把主要问题说得清清楚楚,而且很有新意,实在是一本非常好的书。

何以知道某本书为"古典著作"?我想唯一的办法是请教"他人"。一本书够不够得上"古典著作",不是"你"说了算,更不是"我"说了算,而是"他"说了算。关于学术的知识,是老师、前辈学者,还有众多的历史书"教"给我们的。也就是说,"古典著作"是"历史"(时间)"审订"的。此种"审订",当然也可能出偏差,但我们唯有先"信"他们的"审订",认真去读,通过精读,再作出自己的判断。一般的情况,你可以不同意那些著作里的观点,就像我们如今不再同意康德的先验主义、黑格尔的绝对主义……一样,但只要你在学术上是认真的,你就会感到,尽管你反对它们,但它们是值得你读的,而且值得你反复去读。

说读书要注意少而精,并非真的反对博览群书,绝不反对"多读书",而只是说,"书"跟"书"不一样,有些书要精读,有些书可以浏览,有些书时间不够可以不读,有些书甚至要加以抵制等等。在事实上做不到"无书不读"的条件下,要采取一种适当的态度。

换一个角度说,我说以读"古典著作"为主,这个"古典著作"数量上看要比其他的书"少",但就内容质量上看,却可能是更"多"。称得上"古典著作"的书大都"博大精深"。一方面它所讨论的问题更广泛,更深刻;另一方面是跟许多杰出的人物"讨论"、"对话"的结果。还以康德的书为例,他的三大《批判》,从问题讲包括了"知识"、"道德"、"合目的性"等问题,他提出的"人能够(可以被允许)知道什么","人应该做什么"、"人能够希望什么"，汇总为"人是什么"这些问题，至今仍属西方哲学界讨论的"热点"方面；他的著作内容所及，上自天文，下到地理，所谓"天"、"地"、"人"、"神"都在他视野之中，而和他"讨论"的，则古有柏拉图、亚里士多德，今有贝克莱、休谟、莱布尼兹……几乎包容一部西方哲学史，所以他的书，数量上虽然"约"，但内容上却"博"得很。

也正因为此种书"约"中见"博"，所以才能经得起反复阅读的考验。我二十岁时为做毕业论文读康德的书，如今四十年过去了，我还要读他的书，甚至在做柏拉图、亚里士多德的专门的研究时，也想读他的书，看看他到底是怎样和这些先哲讨论的。

1995年6月29日于中国社会科学院哲学研究所
（原载1995年10月2日《济南日报》）

京剧要出大演员、大评论家

作为知识分子观众,我有两个要求:希望出大演员;希望出大评论家。

为什么人们那么重视梅兰芳和周信芳?因为他们是不可抗拒的。无论中外,无论懂戏或不懂戏、喜欢还是不喜欢戏,你只要看他们的戏,就还想看,看多了,不喜欢的也就喜欢了,这就是不可抗拒。

我在上海长大,周信芳的戏看了不少。后来在北大,看梅兰芳、谭富英的《御碑亭》,半夜排着队买票。有些情况,戏剧界圈里的人不一定知道,譬如,我的老师辈的教授们大部分都喜欢京戏,有些是搞西洋的,喜欢得很。钱穆在他写的书里也提到京戏,他说,那个时候他坐黄包车去学校教课,走在路上,听路旁商店里的无线电放京戏,那是最大的享受。已故的贺麟先生,他是西方哲学史和黑格尔哲学专家。他并不懂戏,但梅兰芳的《舞台生活四十年》,他看过两遍。我说那里面谈表演谈得很细,他说,他读里面连贯的意思,在怎样做人、怎样做工作,以及如何体现传统文化上,对他有启发。北大的教授,除了齐良骥(他是齐燕铭的堂弟,懂戏,会唱昆曲)外,像任华是搞古希腊哲学的,也会唱一些。有个姓杨的教授,他是校过叔本华的书,年轻时长期在国外,他特别喜欢京戏,能学两口杨小楼。还有个姓温的教授在美国16年,归国后研究古希腊,他后悔当年在北大没钱买票看戏。而现在又总是抱怨电台播放戏曲的时间太少。有一位搞语言学的朋友,唱花脸,会武场,在干校时唱样板戏他是总指挥。但现在不看戏,电视里的戏也不看,他认为没有好演员。

现在的京戏演员不大讲究表演技巧,老戏迷也不大愿意看了。京剧要振兴就要出不能抗拒的大演员，使得你必须看。以前谁要是不知道梅兰芳，人家说你没文化。

　　要出大评论家。五六十年代我们喜欢京戏，看在座各位的文章我们受益不浅。现在的戏剧界，理论批评不活跃，要有领衔的评论家。这出戏经他评了，人家就信服，这就能带动相当一大批知识分子观众，因为他们平常都要看文章么。这方面的工作，戏曲界做得不如书法界。书法界是新起来的，现在搞得不错，他们的理论也很活跃。他们有一批人，大学里教书的，或者是做研究的，书协还有个研究部。他们的材料很丰富，他们从新的心理学、文艺学、文学批评，还有一些比较现代化一点的，如解释学、结构主义，用各种思路去理解传统书法艺术。当然也有一些问题，但这是一个起步。他们也有争论，争论很激烈。曾经有中国的书法所谓抽象、具象之争。有人说是抽象艺术，其实不是，后来逐渐闹清楚了。我们中国根本就不大分抽象、具象。书法界有个计划，他们请了搞美学的人开了会，还请了搞文学的人开会，就怎么理解我们的书法座谈。据说，他们还要请搞心理学、社会学的谈谈。我们戏剧界的评论赶不上，包括研究梅、周的，好像没有太多有分量的东西。

　　要有专门的研究，有活跃的讨论，各方面协作，互相交流。演员不大愿意听我们讲，我们讲得太抽象。有一次也是讨论梅兰芳，讲着讲着就收到几个条子，说你要多讲梅兰芳。梅兰芳我讲不了太多，只能讲讲边边沿沿。演员不爱听，他们说，我们不懂理论，只知道演戏。这很好，但我们也要考虑观众，观众看戏是去理解你。怎么培养观众呢？当然首先得靠演员本身，然后还要看理论，靠评论去引导观众，提高观众的兴趣和理解力。

　　西方的艺术，我了解得很少，但像音乐界就有阿多诺这样的人，他是哲学家，又懂音乐，他把音乐带进哲学界，影响哲学。勋伯格的音乐很新，他 12 音系谁懂啊？也不悦耳。有些人帮他讲，阿多诺帮他讲，讲得有道理，人们慢慢觉得这是创新，同"新古典主义"不一样，这是比较成功的经验。当然音乐界本身也喜欢理论，也写一些文章。绘画界也一样，比如理解凡高，都是通过一些评论家、哲学家，如海德格尔等的介绍、讨论、研究，中国也有哲学家探讨他的画，读了这些文章，再去看凡高的作品，体会就不一样了。

　　扩大戏曲的影响，第一需要大演员，第二需要大评论家，你评了这个戏，我就放心了,你说好的,我要是不太懂,不能领略这出戏的好处,但我又相信你的评论比我强,于是我再去看,再去体会它,这就是评论家的威信。

(原载《中国戏剧》1995年第1期)

谈写读书笔记

谈一个具体的学习方法,就是做读书笔记。

我刚到哲学所工作时——那是快 40 年前的事了——贺(麟)先生并不布置具体的研究任务,就让读西方哲学史的原著,读一本写一篇读书笔记,短则两三千字,长则五六千字,写好了交他看。他再找你谈他的意见。开头,我作为完成任务去做,后来觉得是个很好的方法。

哲学是思想性的科学,哲学史是历史性的科学。哲学也离不开哲学史,因为要学会自己思想,总要知道别人怎样思想。学哲学史,读别人的书,就是要了解历史上那些思想能力强的人是如何思想的,以便使自己的思想走在一个正确的轨道上,有所依据,而不是没有根据地"胡思"。这也是一种"接轨"——"思想接轨"。

要了解别人的(哲学)思想,主要靠读别人的书。哲学书很难读,有的部头很大,初读时常有茫然无绪之感,订一个写读书笔记的目标,可以迫使你更用心地去读,多读几遍,把书中的主要立意和论证过程理清楚,用自己的话写出来,也就是说,大体上是"跟着"别人的思路自己再想一遍。这样,你就"懂得"了他的主要意思,再把这些意思写下来,巩固下来,日后还可以参考。贺先生常说,一种哲学思想,如果你真的"理解"了它,也就是"征服"了它。后来我逐渐体会到,果真你懂了他的意思,你自己的意思也自然就出来了。而这样出来的"自己的意思",就是有"根据"的,不是"乱想"。真是这样出来的意思,对方(他人)就得重视,要迎接你的挑战,不能置之不理。费希特于康德如此,谢林、黑格尔于费希特亦如此。

做读书笔记还有一个好处,就是能抓住所读著作的主要思想脉络,而不过于被个别词句所吸引。现在一些哲学家不讲"体系",但哲学史上大多数哲学家却是讲"体系"的。"哲学"被当作一个"思想"的"系统工程"来做。在一个体系中,每一个环节都与总体有关系,先注意某一个环节,往往不能真正把握其意义。譬如60年代我做美学方面的研究,读康德的《判断力批判》和黑格尔的《美学讲演》,当时被他们精彩的片段吸引住,觉得有些话说得很漂亮,殊不知这些话不仅仅是思想的"机智",而且是有一个大的思想工程(体系)在维护它的;弄懂整体的思想,不仅你觉得精彩的片段变得更加深刻,就连你本觉得不好懂的地方,有时也会精彩起来。所以,写读书笔记,主要是写大关节目、片段的体会,也力求与整体联系起来,这对训练自己的思想"系统化"是有好处的。我们不一定要创造一个新"哲学体系",但研究哲学的一定要使自己的思想"有系统",即不一定制造一个"思想"的"系统",但一定要"系统"地"思想"——这是一位德国哲学教授说的,我觉得很有道理。

哪些书可以浏览,哪些书要精读,哪些书要做读书笔记,一方面靠自己的选择,但在学习期间更要靠老师的指导和他人的建议。一般说,我们应该选那些称得上"经典"、"原著"的书来精读,来做笔记。这些书不但学习期间要认真读,就是以后工作了——在做学术工作时也要经常反复读。所以,有些重要著作的读书笔记,不会只是一篇。其中有写得比较好的笔记,也可以作文章发表出来。当年贺先生就曾这样鼓励过,可惜我的读书笔记一篇也没达到发表的水平。

写读书笔记这种方法,作为作业可能不是国家教委规定课程中的一项,但对于文科——特别是哲学学科来说,我觉得是很重要的,也是我们从我们的师长们那里得来的行之有效的学习方法。

(原载《中国社会科学院研究生院学报》1996年第1期)

"舞蹈"进入"哲学"的视野

我热爱艺术，有些艺术门类我有所接触，但对舞蹈艺术却很外行。欧建平同志常送他出版的著述和翻译来启我的蒙。不久前又送来他和宁玲同志合译的弗里曼著《当代西方舞蹈美学》，虽说书名上加了"第一卷"的括号，但实际上是合编了一个作者两部完整的著作——《舞者与观众：审美距离说》和《舞者与其他审美对象》，而据建平在"译者后记"介绍，第二卷将是另一位作者的作品，所以这个第一卷就已经表现了弗里曼的完整的舞蹈美学思想。

又据欧建平介绍，弗里曼先生原是学"人类学"的，获得过这个领域里的硕士学位，而从他的书中我们可以看出，他除了舞蹈艺术方面的专门知识和体会外，学识很渊博，书中涉及绘画、音乐、戏剧、文学诸多部门的材料，尤其是提到并讨论过的哲学家有苏珊·兰格、柯林伍德等，以及还有一些我国很少知道的新进人物。可见，舞蹈艺术已不可阻挡地进入到哲学家思考的领域，这种趋势对舞蹈艺术及哲学研究两方面的促进作用，从弗里曼的书中已经可以清楚地看出来。

我们很有兴趣地看到，弗里曼先生在本书"前言"中很明确地指出：此书"尽管提了我自己的以及他人的一些观点，但完全是围绕着'审美距离说'对我的影响来建构的，这套理论是早些时候由爱德华·布洛（Edward Bullough，1880—1934年，瑞士心理学家和语言学家）形成的，并取名为'心理距离说'（Psychical Distance）"。弗里曼书中不仅以布洛心理距离说为主线，而且还多处有专门的段落介绍、讨论这个学说。

提起布洛的心理距离说，中国的读者并不陌生。早在 30 年代，朱光潜先生就在他的《文艺心理学》中系统介绍了布洛的这个学说——这本书系统介绍的学派还有克罗齐的"直觉说"和立普斯的"移情说"。把这三种学说连贯起来讲很不容易，布洛和立普斯两家说的是审美心理过程特点的事，而克罗齐的"直觉"则是哲学方面的问题，不是心理学里的"感觉"；布洛的"距离说"和立普斯的"移情说"表面上看又似乎是"相反"的：一个要"离""出来"，一个则要"移""进去"。可是朱先生以他深刻的思考和至今不易企及的文笔把这三家的学说深入浅出地介绍了出来，并以渊博的文艺学识非常自然地联系到古今中外的文艺作品，使这本书在我国的知识界有着持久的影响，至今读来，仍兴味盎然。

朱先生这本书的影响，还因为一个很特别的原因更加扩大了。朱先生这本书，以及他后来在 50 年代"美学争论"中所持的观点，一起受到了有计划的"批判"。为了"批判"，不少人又重新阅读朱先生的书，特别是他的《文艺心理学》。应该说，朱先生介绍这三家的学说并不是不能"批评（批判）""讨论"的，哲学、理论原本要在"批评"、"讨论（否定）"中发展。克罗齐自己就批评了黑格尔，而他的学说，也有不少人一直在批评它，只是当时主导倾向是在政治上，理论重点也在分清唯物、唯心，有一些成了政治性帽子，就不利于学术的探讨了。

然而，布洛所揭示的"心理距离"，始终是一个审美心理的实际现象，是不容易否定的。问题在于如何理解、解释此种特殊现象。

我没有作仔细的研究，我感到布洛的"心理距离说"来自于康德的"无功利说"。这也是常常引起我们"批判"的观点。近几年有些学者对这个观点作了比较客观的评价，使讨论有个良好的基础。

"距离"、"不涉功利"、"超脱（不关切）"等等，说的是一种心理的状态，我把它理解为摆脱当下实用态度的一种观照。并不是说这种观照中就没有任何"功利"，康德还曾说过"美是善的象征"，而从这个意义反倒可以理解为："摆脱"当下的"小功利"，则更有长久的"大功利"在。譬如我们做科学实验，并不马上投产，看起来一时没有"功利"——不赚钱，但搞好了以后可能赚大钱——有"大功利"。当然，这是一个很不恰当的比方，有辱斯文，但理解有可参考的地方。

在功利性上布洛说得更灵活。他只说要用各种"技巧"（设计）来保持一定的"距离"，而这个距离又是可大可小，是有伸缩性的，比起"无功利"来，这的确宽松得多了。

弗里曼先生以布洛"距离说"贯串对舞蹈艺术的理解，的确也是有理由的。观众看舞蹈，显然不能有一种"实用"的关系，而是一种"欣赏"的关系。舞蹈以"人体"（body）为艺术媒介，舞者的"身体"是绝不能被允许"实用"起来的，也就是说，不能被观者"消耗（费）"掉。这是一个最基本的常识，但人们要真正注意、重视、思考、理解这种习以为常的事，还是要作些努力的。

因为有了"距离"，观者就不会因舞者"美"而被吸引（physical attract），也不会因舞者"丑"而被吓跑（extract escape），所以弗里曼先生书中就有"美与快乐不必是艺术的唯一功能"、"审美对象不必美"、"放弃思考丑，不可原谅！"这类小标题。

弗里曼先生还说："任何物体都能唤起某种审美的经验"，这是很对的，说明"保持一定的距离"原本是人生常见的一种基本态度。当然，"没有"或"消除""距离"的"功利"态度对人生同样也是基本的。所以艺术、科技、实业等等都在人生的"基本"的度中，连黑格尔的"绝对理念"中都还有艺术、宗教、哲学三个层次，而不是一个层次。

舞蹈以"人体"为媒介。作为艺术，此时"人（体）"不仅是劳动力，不仅是"运动员"（第32页上小标题虽有"舞者就是运动员"，但正文内容似乎仍在说舞者不仅是运动员），而是"精心提炼和理想化的结果"。当然，更不是引起感性欲望的什么"对象"。

舞者的身体充满了"灵气"。它就像"诗"的"语言"一样，不仅仅是解决当下"实际问题"的"交往"，而且是"心灵"的"交流"。在"诗"的"语言"中一切日常实际语言中的"命令"、"祈使"、"描述"、"推理"……功能都被"升华"了，被"扩大"了，它不"让"观者马上做些什么，但都可较长时间地影响观者去做些什么。它也不马上让观者"明白"（懂得）"什么"（如科学教学书），但却较长时间地令人"思索"什么。"诗人"要有一定的"技巧"

发挥"语言"(思想)的这种升华了、扩大了的持久功能,舞者也要有"技巧"使自己的"身体"发挥此种功能。

"人"与"人"之间本来总是有"距离"的,因为大家都是有"灵性"的,都是"自由"的,只是在实际的"交往"中,有时要努力"消除"某些"距离",以"合作""共同""做事"。譬如"我""让"(请、令)"你""进(门)来",但进不进来总是"你"的事,"你"如果"合作",就"进来"了,"距离""消除"了;但如果"你"不"进来",以显示"你"的"自由",则保持着"我"和"你"的"距离"。"距离"是两个"自由者"之间必定会有的特性。艺术就是要把"自由者"之间的关系特性展示出来。"你"果真不"进来",则"我"就要"研究""你"、"捉摸""你",而艺术品也就正是要你(观者)"研究"、"捉摸"、"思索"。

"舞蹈"是"自由"的艺术。一切艺术都是"自由"的,但我觉得"舞蹈"更具"自由性"。什么叫"自由"?"自由"就是要"摆脱""什么",所以"自由"的重点在说"不是""什么"。"舞蹈"不是"音乐"——尽管它常伴有音乐,因为舞蹈本身是沉默的;舞蹈不是"戏剧"——尽管像"芭蕾"伴有情节,但舞蹈可以没有情节——像弗里曼先生介绍的美国表演家默斯·堪宁汉那样"先锋",那样"抽象"。

"舞蹈"不是"雕塑",尽管"舞蹈"中有许多"雕塑性"场面,"舞蹈"是"动"的,"舞蹈"是"时间"的艺术。"时间"是很奇妙的现象,"时间"中的一切都在"流变",原"是""什么"的,都会成为"不是""什么",在这个意义上,"时间"保证了"自由",保证了原"是""什么"的东西,可以成为"不是""什么"。日月沧桑,富贵穷通,都不是一成不变。"时间"为"人"提供(贡献)了"希望"和"失望","时间"为"人"的"历史","人"的"命运";但"时间"为"自由"。"时间"为"自由者"的"历史命运","自由者"的"悲欢离合"。

"舞蹈"艺术把"自由"展现在观者的面前,"舞蹈"是"自由的","观者"也是"自由的"。"舞蹈"把"自由者"的"历史命运"展示出来,供奉(贡献)给"另一个""自由者"——"观者"。

虽然弗里曼先生没有明说,但我们可以体会得出来。在弗里曼先生看来,不但"观者"与"舞蹈"的关系是有"距离"的，而且"舞者"与"舞蹈"的关系同样是有"距离"的。在本书"上卷"中，弗里曼先生对演员的日常生活与作为表演艺术家的舞者作了区分，并讽刺那些热衷于演员私生活的"追星族"；在下卷集中论"舞者"时更明确指出"舞蹈，而非舞者，才是艺术品"。

我没有研究过原始舞蹈，从远古希腊"庆""舞者"的"迷狂"（inspiration，"神附体"）状态来看，那时候可能是一种忘"我"的境界，所谓"如痴如醉"，是一种放纵的狂欢场面。"观者"与"舞者"界限并不分明，围观者随时可以参与进去。这时的"距离"表面在与"我"的关系上，"（狂）舞者"对"舞"来说是一种"进（投）入"（enthusiasm），而对"我"来说，则是一种"出神'（ecstasy）。

"观者"与"他（者）"保持"距离""舞者"——"艺术家"则还要与"我（者）"保持"距离"。与"他"保持"距离"易，而与"我"也要保持"距离"则难。"艺术家"不仅对"他"是"自由"的，而且对"我（自身）"也是"自由"的，"艺术家"能打破"我（自身）"的局限，"进入""他者"，所以"艺术家"是"天才"（genuis）。在这个意义上说，"艺术家""高于""观众"。

"观众"带着"我（自身）"的教养、爱好……进入剧场，或多或少地以此来鉴赏、评判"艺术"，但"艺术家"的教养、爱好……都要用来"摆脱""我（自身）"而进入"艺术"，或者"帮助""我（自身）"来"进入""艺术""艺术家"甚至还要用自己的作品（就舞蹈说是"表演"）来使"观者"也"进入""艺术"——意味着"观者"也要或多或少地"摆脱""我（自身）"。

所以，所谓"心理距离"并不是要各方顽固地保持各自的"自我"，而是共同"投入""艺术"。这就是"心灵性"、"精神性"的"交流"（exchange），而不是实用性、实际性的"交往"（communication）。"交往"趋向于"一"、"同"，而"交往"则保持着"自由者"的多样性和丰富性。

由于实际上弗里曼先生已经把握住了这里的分寸，所以才能说得出"把自己看作是舞者，就意味着将自我抛给了舞蹈"这样深刻的话来。在这句之前，弗里曼先生还引用了一位叫西奥兰的话："每个作品都会与作者背道而驰：诗歌会压倒诗人，哲学体系会压倒哲学家，事件会压倒行为者。""作品"（事件）"大于""作者"（肇事者），无论"背道而驰"与否都是存在的，只因为出现了

"背道而驰"才把这种真相揭示得更清楚。

这里,使我们想起海德格尔在《艺术之本源》里一开始就讨论的到底是艺术家使"作品"成为"艺术品",还是"艺术品"使"作者"成为"艺术家"这样一个循环的问题。

于是,我们从"舞蹈"艺术问题进入到哲学的问题。

包括"艺术"的"事"都是"人""做"的,但"人""做"出来的"事",却"大于""做""事"的"人","艺术"(舞蹈)"大于""舞者"。"人"因"事"而进入"历史";"艺术家"以其"艺术"——"舞蹈家"以其"舞蹈"而"存在"。

"人""做""事"从根本上说是"自由"的,我们没有最后的理由说"无可选择"。"人"本应可以"不是""什么",但"人"所做之"事"却"迫使""人"非"是""什么"不可。"人"要"做"事,就使"人"作为"自由者"进入一个历史的"必然"系列,"自由者""选择"自己的"历史",乃是"自由者"的"命运"。在这个意义上,"艺术"揭示"人"的"历史命运",所以它是"自由"的,又是"必然"的。"自由"原本是"无限制"的,但"自由"必定要进入"必然",所以又是"有限制"的。远古原始舞者的放纵、迷狂,也是有限制的,"人"毕竟不是"神"。现代的舞蹈同样也是"有规则"的,"自由"的"灵气"蕴含、运行于"肉体"之中,好像"身体"原本是有"灵气",有"精神"的,"身体""限制"、"规范"着"灵气"和"精神"。

"是什么"和"不是什么"的统一,乃是海德格尔想要说的那个"在"(Sein)。"在"是"不是什么"的"什么"。"艺术"正是要把作为"(本可以)不是什么的什么""揭示"出来,展现出来,这是海德格尔《艺术之本源》的基本思想,也是法国列维纳说的"il y a(there is)"为"艺术"要表现的东西这个意思。

"(本可以)不是什么的什么"就是"自由"的"必然",也是"必然"的"自由",是"历史的""必然"与"历史的""自由"。"历史"由"事件"(event,Ereignis)组成,这些"事件"从实证科学眼光来看,是已发生(做)的"事实"(facts),它们是客观的,不依人的意志为转移的,"是什么"就"是""什么";然而,如果从当时"做事"的活生生的"人"来看,他们原本是"自由"的,他们也可以"不做"这些"事",从而没有这些"事",没有这些"什么",不过他们已作出了选择,作出了决定,使之成为了"什么"。意识到(发现出,befinden)这一点,而且从这一点着眼,那么"历史"呈现出另一种"意义"。现在的"人"固然不能"进入"(回到)"历史""改变"其"事实"——改变"事实"的"意义",则是另一回事——萨特以此来"扩大"人的"自由",则会产生新的困难;但却可以而且必然作用于"未来",使"人"们慎重地运用自己的"自由",因为这种"自由"并不是放任无度,而是要"使"某些"什么""存在"的。

面对"自由(者)",其间必有一个"距离",面对"必然(者)",同样也会有一个"距离"。"自由(者)"你"奈何"不得它,"必然(者)"你同样"奈何"不得它,此种"距离"使你只得采取"思考"、"研究"、"鉴赏"的态度,去"理解"它。

海德格尔在《论"物"(事)》("Das Ding",收 *Vortrage und Aufsatze* 中)中真的说到过"距离"问题。他说现代通讯手段可以把远处和远古的事物展现到眼前来,像电话、电影等等,但他说这种机巧装置并没有使这些东西离我们更"近"些;他说离我们最"近"的莫过于"事物"了,然后他就分析那"事物"之所以成为"事物"的根据,亦即"事物""本身"之特性,批评康德"物自身""不可知",而主张没有比这个"事物本身"更亲切、更贴"近"的了。然而,"事物本身"作为"(本可以)不是什么的什么"、作为(在变化、时间中的)Sein,对我们 Dasein 仍有"距离","近"并不是"一","近"而有"间"。我们进入剧场、进入展览厅,使我们贴近了"存在",贴近了"真理"——因为变化中、时间中的"存在",才是"真""存在",也贴近了"历史的必然"和"时间的自由";但我们与"历史"、"自由"、"必然"、"存在"仍然有"间"(距离)。甚至我们还可以说,正因为有这种艺术的、心理的——在海德格尔是"存在性的""距离",我们才更加贴近"真理"、"历史""自由"和"必然"。这也许就是弗里曼先生说的"距离的悖论现象",他说:"分离(separation)能够导致心灵沟通感(a feeling of communion)的保持。"

无论如何,"舞蹈"和"哲学"倒是更"贴近"了。这种"贴近"不能不归功于现代科技的发展。现代科技固然不能直接保证对包括"舞蹈"在内的

"艺术"有更"贴近"的理解，而必须要有康德、黑格尔、胡塞尔、海德格尔这些思想家、哲学家，从正、反不同的方面启发人们对于"事物本身"的"真理"有更贴近的"思考"，但先进的科技发展毕竟提供了可能的、便捷的客观条件，使人们能够更加经常方便地"观赏"各种"艺术"，而已不必像弗里曼在1976年说的"必须等待着施行演出的舞团或演出季上才露面的舞团"，现在我们大体上能像"雕塑、绘画、建筑、戏剧、电影、歌剧和诗歌的崇拜者"那样经常地接触舞蹈演出的"复制品"（原书，《前言与致谢》），于是"哲学"对"舞蹈"艺术的思考，也必将得到更进一步的深入。而此种深入，不仅有利于"舞蹈"艺术的理解，而且对"哲学"的思考，也会有促进作用。这一点我在本文一开始就强调出来了。

1996年4月19日于中国社会科学院哲学研究所

（原载《读书》1997年第4期）

《袖珍美学丛书》重印前言

《袖珍美学丛书》出版以来，已经过了六个年头了。在这期间，我国的学术界、著作界又有许多的进步。要重印这套书，本应作适当的修改，但因种种客观原因，只能改些错别字，所以趁重印之际，重写一个前言，表示这几年来个人对于美学的一点想法。

尽管这些年我不太专门做美学方面的工作，但却一直关心着我所喜爱的这个领域，只是随着自己主要工作的进展，我的这种关注更侧重在为美学以及各门艺术寻求一个坚实的哲学基础，从而从一个更为广阔的哲学和文化的视角来思考美学和艺术的问题。

采取这样一个思考角度，是有相当的难度的，因为它很可能使你的思想过于抽象，脱离了艺术的实践，这是研究美学很犯忌的事，而这套丛书分门别类地来研讨各种艺术部类，原本也是要克服美学研究中的空谈倾向。当然，从另一个角度来说，一般谈论艺术的具体问题，也还是有别于美学，美学需要有一定的哲学基础，在美学中，哲学与艺术的结合是必需的。这样，我们研究美学，就至少须有两个方面的功夫：一是哲学方面，一是艺术方面。当然，美学作为一门学科言，还需与社会学、心理学等科学相联系，所以，多年来我深深感到，做美学方面的研究，并不是一件容易的事。

扩大开来说，做任何的学问，任何的学术工作，都不是一件容易的事，学术工作最忌的是急功近利的浮躁作风。譬如哲学是很"抽象"的，但认真说来，哲学又不仅仅是"抽象"的，而且是很"具体"的。只有浅薄的人才真的

"抽象"地思考问题,而任何深入的思考都要具有相当的"具体"性。"学问"(见闻,知识)使我们的思想"具体"起来。所以即使是哲学,也不仅仅讲"超越",而同时也要讲"经验",讲"历史"——这就是从康德、黑格尔以来的德国古典哲学所着重告诉我们的道理,而他们自己的哲学工作也为从"经验"看"超越"、从"现象"看"本质"树立了好的榜样。在美学这领域里,当我们感到过于"抽象"时,并不是哲学太多了,而是哲学的功力不够、哲学的学问不够的表现。

当然,作为美学来说,"艺术"是我们研究的主要对象,自然是非常重要的,当初我们设计这套丛书的宗旨,也是努力把美学研究和具体的艺术现象的研究结合起来,而不使"美学"流于空谈,同时也使艺术现象得到深入理解的一种尝试。

随着政治、经济、科学、技术等社会生活各个方面的发展,各种艺术形式已经越来越显示它们不仅仅是一些娱乐的工具,而且是使自己具有更大的欣赏性和研究性。这就是说"思想"的视野日益扩大,深入到社会生活的方方面面,深入到各个艺术部类的内在特性,从而各艺术部类已不仅仅是大众的娱乐方式,而且也逐渐成为哲学家、文化学家思考、理解的"对象"。"工具"——而且包括各"娱乐性工具",已不只是生活实用而必需的或调节性的、点缀性的,而且是一种独特的"存在方式"——"生活方式",人们不仅要"利用"它,而且要"思考"它,"理解"它,这样,各种的艺术的"形式"(品种,部类),就越来越具有"学术性"。

譬如中国的"诗艺"发展得很早,口传心授,广为流传,自印刷术发明之后,更趋文人学士案头之物,所以"诗论"在中国有深厚的传统,很高的水平;相对来说,中国的"戏剧"究其源头固然很早,但完整的形式上的发展却比较晚,加上时间、空间的限制,其表演艺术久久不能成为"案头之物",文人学士注意力较少集中于它,所以中国的"剧论"相对"诗论""文论"、"画论"来说,在数量上显得少一些;如今录音录像技术的发展,已经使戏剧表演艺术作品进入寻常百姓家,必定会有更多学者、文人置之案头,经常欣赏,思考,也将会从各自的学术专业发表各自的议论,此时中国的"剧论"必有大的跃进,是可以想见的事。

此种情形，在西方也是类似的。西方的哲学家，艺术方面长期以来也集中自己的注意力在诗、文学方面，但因为古代希腊戏剧作为节日庆典活动，十分发达，所以有亚里士多德的《诗学》；文艺复兴以后，学者注意力集中在雕塑等造型艺术上，希腊的造型艺术有温克尔曼的整理、研究，扩大了影响，引起了谢林、黑格尔的重视。黑格尔《美学》分析希腊悲剧、造型艺术非常精彩，当然还有对德国浪漫派戏剧的研究，从哲学的角度来说，是很深入的，但一般也还限于"戏剧文学"方面，涉及演员"表演"及"舞台艺术"的较少，而其"音乐"部分，则相对较弱。把"音乐"置于哲学之核心地位的是叔本华，因为他喜欢瓦格纳的"乐剧"，尼采也是如此；而现今的哲学家和美学家，如法国的杜弗朗，在他的著作中涉及音乐的地方就多了起来，这不能不说和当代的录音技术的发展有关——"音乐"（不仅是"乐谱"）也可以成为哲学家、文人学士"案头之物"，"表演艺术"（performing arts）进入了学术的视野，则无论对于"学术"或"艺术"来说，都是十分有意义的事。而这种情形的出现，又不能不感谢科学、技术的进步——印刷技术、录音技术、录像技术以及正在迅速发展的"信息"技术。科学和技术并不使我们"疏离"艺术，而是使我们"靠近"艺术。

正是在这种条件下，我们很高兴本丛书在重印时增加了一本欧建平写的《舞蹈美学》。"舞蹈"是技术性很强的表演艺术，国外已有不少学者（包括舞蹈家本人）作了研究，对此，欧建平已做了大量的翻译、介绍工作，现在在这个基础上写出了自己的著作——可能是中国学者写的第一本以"舞蹈美学"为名的书。

视野的扩大意味着学术的深入。康德对"艺术"并不十分内行，但恰恰正是那"艺术"的问题——以及由"艺术"眼光看世界的"目的论"问题，构成了他的第三批判的基石，从而在他的《纯粹理性批判》和《实践理性批判》之间有了一个桥梁。"艺术性"的"世界"正是那希腊人所谓的"诗"（"做"，ποιέω)的世界，这种"诗意"地"做"，既非"理论的"(theoretical)，也非"实践的"(practical)，在这个意义上，很近似于我们现在说的"(表)演(习)"(performing)。"戏剧"、"舞蹈"这些"表演艺术"进入哲学的视野对于我们理解其他的艺术——譬如本丛书涉及到的中国"书法"艺术，会有很大的启发作用。既非单纯"认知",又非单纯"实践",而是一种"诗意"地"活动"(表演、演习)成为思考、理解的"对象"(问题),从这个角度,我们重新重视康德的第三批判并直追古代希腊哲人"理论"(θεωρία)、"实践"(πρᾶξις)和"诗意作品"(παίημα)之三个方面,下接海德格尔关于人"诗意地存在着"的思想,如此思索下去,岂非很有兴味的吗?

趁重印之际,发表一点感想,主要是感到这套丛书在写作、编辑上态度是严肃的,内容是有价值的,所以也值得重印,以便更多的人能读到。此前,本丛书在台湾由伍南出版社用繁体字印过一次,台湾的读者也已读到。这一切当然要感谢出版社的朋友们的关心和支持,希望以后能有再版的机会,届时当会请作者们做些修改,并希望再扩充一些艺术部门进去。

(原载《袖珍美学丛书》东方出版社,1997年重印版)

到剧场去看什么

到剧场去看什么？回答似乎是明确的：到剧场当然是去看"戏"。那么，所谓"戏"又是什么意思？所以，一个看来最普通的问题，却并不简单。它涉及到艺术的相当根本的层次。

什么叫"戏"，是一个深刻的理论问题，可以做一大篇文章。"戏"，可以指"戏剧"（drama），也可以指"游戏"（play，game），而这两种意思，都与"审美"、"艺术"有关，美学理论中有"游戏说"。

作为"戏剧"，则也有角色、剧本、舞台、故事情节等等。中国戏剧更有音乐、舞蹈，以及绘画、雕塑，甚至武术技艺，将这些综合在一起，成为一个完整的艺术门类。

这样，观众到剧场去就有多种的可能性：或去看剧情故事，或去看服装道具，或去看灯光布景，或去看演员表演……可有各种不同的侧重点。问题是在这些不同的侧面中，最为主要的核心是什么？我想说，在诸多因素中，演员的表演是最为主要、最为核心的。所有舞台上的剧情、故事、灯光、布景等等，虽自己都有独特之特点，但也都可以透过（通过）演员的表演在不同层次上显示出来。所以，古希腊的戏剧也以"动作"为主。这从亚里士多德的《诗学》中可以看出。而希腊文的"戏剧"（$\delta\rho\alpha\mu\alpha$，$\delta\rho\alpha\omega$）也就是"动作"、"做"这类的意思。不过，我认为我们中国戏曲在这方面表现得就更为突出。

中国戏曲载歌载舞，就"戏剧"而言，我常说是由歌唱性对话和舞蹈性动作组成。这样就增加了演员表演的难度和力度——不是说西方的戏剧表演容易，它们有不同的难度——因为有歌舞的衬托，可以更多地吸引观众的注意力，观赏演员的歌唱艺术和舞蹈艺术。

于是，我们可以说，观众到剧场去看的是"戏"，而"戏"则是演员在舞台上"做"的一件"事"——一件有特殊性的"事"，一件艺术的、审美的"事"。这样，观众到剧场去就是去看演员在舞台上如何"做"这件审美的、艺术的"事"。所以我说，如果舞台上是梅兰芳在演《贵妃醉酒》，那么，观众到剧场去，既不是去看梅兰芳这个演员，不是去看杨贵妃这个历史人物，甚至也不完全是要去看有关的历史故事，因为要知道这一段历史事实，看历史文献更确切、更明白；观众中不乏深通历史的博学之士，对于剧中之历史情节，可能会有一些批评，但并不影响他们欣赏演员的表演艺术，赞赏梅大师的精湛表演。之所以如此，乃是大师在"做""表现（表演）杨贵妃在特定条件下的特殊心态"这件"事"时，显示出了如此高超的艺术水平。它吸引、"迫使"观众（包括历史学家）去欣赏、去回味……

从这个意义来说，演员所做的艺术上的"事"，和剧情所表现的历史的"事"（故事），有重叠的关系。而就美学方面来说，艺术上的"事"相对于历史故事的"事"，会有一种"超越"的关系。观众主要注意力在那"超越"的部分。这种"超越"态度，使艺术的欣赏者（观众），也有一种升华的情操。我想，正因为如此，审美的艺术态度才可达到哲学的层次。

于是，我们可以说，观众到剧场去是看那演员在舞台上所做的那件艺术的、审美的、具有"超越"性的"事"。这件"事"做得好与坏，取决于演员的思想和艺术水平。观众到剧场去要看看演员在舞台上"如何"做这件"事"，从"如何"中显出水平来。

其实，在我看来，不仅中国的戏曲艺术本质上是"表演艺术"，甚至中国的其他传统艺术，也都在不同程度上具有"表演性"。所以"七步成诗"（临场赋诗）才成为"诗才"的一个标志；"临场作画"、"当场写字"等等，也不失为"技巧"的表现，而这在西洋艺术创作中，是并未得到提倡的。

（原载 1997 年 6 月 19 日《戏剧电影报》）

缓称"梅学"

前两年一次会上，听到一位先生呼吁建立"梅（兰芳）学"，当时觉得很振奋人心，想起而发言支持。但转念一想，又保持了沉默，原因是我心中有疑虑。

如今传媒界和学界，新事物层出不穷。许多要推广的事，都努力冠以"文化"或"工程"的名义，以提高档次。用滥了，连"鬼文化"这类东西都出来了。用"学"来名之的，则倒也不敢造次，早一些的有"红学"，新近的有"钱（钟书）学"。"梅学"之倡，可使"京剧文化"更上一层楼，进入"学界"，又有什么可以迟疑的？

窃以为，凡称得上"学"者，必要有两个方面的条件：一是"学"所研究之对象，经得起推敲，内涵丰富，值得称之为"学"。这一点，梅大师自然当之无愧，他的艺术博大精深，黄佐临称梅兰芳与斯坦尼斯拉夫斯基、布莱希特鼎足而立，为世界之大表演体系。当然是很值得、很应该研究的。但还有第二个条件：凡称得上"学"者，必得有一些或一批学者从多个系统方面作深入的研究，有了相当的成果，能得到学界的认同，由此身登"学"界，而不至于是一个空名，成为一时的"新闻"。

《红楼梦》之所以能够"生"出"红学"来，一方面小说本身有价值，不光有文学价值，而且有丰富的社会价值。另方面也有一批大学者从文学、社会等多方面挖掘了它的价值。对《红楼梦》的研究，涉及到了文学、历史、社会、政治、经济等诸多方面的"学问"。这样综合起来，才成为了一门独特的

"学问"——"红学"。从文学、历史、社会、政治及哲学等方面去开发《红楼梦》的意义，需要一大批学者去做。我们看到早年有王国维、胡适之、顾颉刚、俞平伯等等，现在这方面的专家学者就更多，他们当中有文学家、史学家，还有政治家。可见，研究《红楼梦》，不光是小说家的事。因为有如此众多的专家学者关心它、研究它，于是蔚然成"学"。

中国戏剧（戏曲）的艺术水平应在世界之前列，它载歌载舞，把歌唱和舞蹈凝聚在"戏剧"之中。其内涵及涵盖性最为博大，其开发人物内心世界的程度，最为精深。然而，我国戏剧之研究工作，相对地比较后进。西方因古代希腊戏剧之繁荣，遂有亚里士多德的《诗学》奠定了基础，戏剧理论源远流长。相对说，中国戏剧理论起步也慢。早年有王国维的开篇宏著，其后人才辈出，但通史的工作归了日本人青木正儿接续，直到1949年建立新中国后，戏剧的历史和理论研究工作才受到各方面更多的重视。尽管戏剧历史和理论的研究尚存不少值得改进的地方，但已是"学问"、"学术"的一个部分。"剧学"之名可当之无愧地立于中国"学术"之林。

"剧学"之研究，应是"梅学"研究的一个基础，就像文学是红学研究的一个基础一样。"剧学"研究得不够，影响到"梅学"的研究。然而，如红学之研究可以补充文学之研究，"梅学"的研究同样可以促进"剧学"的研究。问题还是在于"研究"的工作做得够不够。

说到梅兰芳研究，自然会想到齐如山。齐如山对中国戏剧，特别是京剧的研究是有很大贡献的。当然，我们还希望有更多的学者，从更广泛的方面来研究梅兰芳的艺术。这样汇集起来，就会成为一个专门的、独特的学问。

扩大开来说，中国戏剧、京剧需要吸引更多的学者来关心。我的印象中，过去许多学者都十分喜爱京剧，譬如我国近代专业哲学的一大家：冯友兰、金岳霖、贺麟。从书上读到，钱穆也觉得欣赏京剧为一大享受。还有在广州的陈寅恪因看京剧演出写了不少诗。当然，他们不专门研究京剧，不过这样的学者多了，其中或许就有有些人要来研究研究，那时他们发挥自己专业的长处，其研究成果，当大裨益于我们对京剧的理解。譬如过去社会学家潘光旦，研究过中国伶人的谱系，尽管不一定要同意他的观点，但毕竟很有参考价值。

这样说来，京剧、梅兰芳艺术要真正成为一门"学问"，关键不全在艺本身，同时也在艺术之外。要成为一门"学问"，是要有学界的关心，要有社会的关心，"功夫在诗外"。但艺术要吸引各界来关心，这一点当然是基础性的。

（原载 1997 年 10 月 9 日《戏剧电影报》）

继往开来话"商务"
——商务印书馆百年

商务印书馆创办已一百年了。在风云变幻的中国近代史上,一个大出版社能维持一百年,太不容易了。我出生晚,解放前"商务"的情形是作为中国文化史知识来学习的。但自从1956年我毕业以来,"商务"离我就越来越近了。

解放初在当时领导层英明决策下,商务印书馆接纳、保护了一批饱学之士,包括有些当时不太合时宜的学者在编辑部工作。他们有一项重要任务:组织西方学术著作的翻译、出版。这些翻译著作,后来大都收入了"汉译世界学术名著"丛书中。这套丛书对于我国学术文化建设的重大作用,是大家公认的。

就我们哲学专业来说,正因为有商务这样的出版社,我的许多老师,也才有了发挥特长、才能的用武之地——他们翻译的西方哲学古典著作,有了出版的保障。

我的老师们在做西方古典哲学著作翻译工作时,真是倾注了他们的全部学识、智慧,是全力以赴的。他们的译作,实际上是他们研究的结晶。我还记得当年王玖兴先生怎样与贺麟先生合作译黑格尔的《精神现象学》。王先生经常去对面胡同贺先生家讨论译稿,然后路过前院在我那里小坐,叙谈他们讨论中的事,常常是为一句话互相改来改去,要多次的修改才能完稿。我也还记得杨一之先生和我说他译的黑格尔《大逻辑》,比法文译本好。杨先生精通法语,曾经要教我读雨果的诗,可惜我的程度太浅,体会不出他朗读时的韵味来。我也没有对照法译本读《大逻辑》。但黑格尔著作的英译,除《精神现象学》外,大都不够理想,所以我相信杨先生的评估是对的。

关于西方古典哲学的翻译,我认为我的老师们的工作成果是"空前"的,就是说,解放前的翻译固然有很好的,但大多不如他们的好。这是各种条件综合起来的,比如审稿制度以及他们自己的时间、精力之集中等等,解放前这些条件不齐全,不容易出好译本。至于是否会"绝后",我想大概是不会的。随着改革开放的深入,成熟了的社会主义市场经济的领导人会像老一代的领导人那样把我们的大学问家、大翻译家——特别是古典学术著作的翻译家"保护"起来的。过去主要在政治上把他们保护起来,以后可能主要在经济上把他们"保养"起来了。无论如何,商务仍会是一大批学问家、翻译家的"保护伞",这是无疑的。

改革开放以来,我和商务的接触日益增多。我在翻译方面没有长处,但我做了好几年的《外国美学》集刊的责任编委,我们合作得很愉快。不是老王卖瓜,《外国美学》这个集刊在学风上是比较严谨的,在美学和哲学、艺术理论方面的影响,也是良好的。除了这个集刊外,商务还出版了其他几个集刊,可能都像《外国美学》那样赔钱,但对学术建设都是有益的。

几个研究集刊的出版,说明商务不仅出辞典、译著,而且也要出学术性研究著作。这原本也是商务的传统,只是在不同的时期重点有所不同。如今商务的朋友们也一再强调出版学术性研究著作的必要性和重要性,我是很支持的。

在已有的厚实的翻译、介绍西方学术文化工作基础上,商务出版的学术研究著作,自然也会侧重在中西文化交流这个方面。所谓"交流"、"汇通"……并不一定有"比较"的名称和做法。研究中国传统文化,如果站在更加开放的立场,有现代的、广泛的视野,即使不把苏格拉底拉来与孔子对比,也是一种"交流";同样,研究西方文化,而又不离开中国文化传统的根基,从中国人的学术眼光看西方,也是一种交流。举凡此种研究,都应在商务出版范围之内,而不必拘泥研究题目中、西之分。

当然,商务出版的研究著作,同样也要有严谨的学术作用,就像商务出版的译著一样。商务出版的译著,在读者中有很高的威信,而经商务出版的研究著作,也要有这种信誉才好。套用现在市场经济的话来说,商务出版的书,无论翻译、研究或是辞书等等，都是"商务"的"名牌"。

解放前商务还有一个刊物叫《东方杂志》，也有一定的影响。听说60年代初胡乔木同志曾要当时学部的《新建设》杂志吸收老《东方杂志》的优点，所以一度《新建设》也发表点诗作、画作。我想，如果商务使这个杂志复刊，也是一件好事。届时商务当又是新时期的"三名三高"，名辞典、名著作（包括翻译和研究）和名刊物，至于"三高"，大概应是高质量（学术内容），高包装（书籍装帧、设计），而"高报酬"也可以量力做一点，以资鼓励。

（原载1997年6月11日《中华读书报》）

京剧的编导演

京剧是演员的艺术。当然,并不是说京剧艺术中剧作家和导演都不重要,只是说编剧和导演都要充分考虑到如何发挥演员的表演。

京剧不像昆曲,京剧剧本没有昆曲剧本那样高的文学性,那样富有诗意;昆曲的剧本可以作案头的诗作来读。京剧剧本也不是小说,没有那样多的故事情节,有些可能原有比较复杂的情节,后来常演的是几个折子戏,重在演员表演,不在故事情节的引人入胜。这是京剧的特点,是一个艺术部门和一个剧种成熟的表现,不能以一般的优缺点来看待的。譬如做学问也一样,人们并不要求做哲学研究的一定要讲出许多的故事来。也不要求做小说的一定要说出一大套理论来。人们并不以哲学著作没有故事为"缺点",也不以小说作品没有长篇大论而为"不足"。所以,人们也不应以京剧剧本不易被单独欣赏而责怪它"文学性不高"或"不够诗意"。欣赏京剧一定要通过演员的表演。

其实,从表演的角度来看剧本正是评判京剧剧本优劣的一个重要视角,而不仅仅看它故事编得如何或文辞有无诗意。

最近看电视台播出京剧音配像《问樵闹府·打棍出箱》,谭富英录音,谭元寿配像。这个戏五六十年代看过多次,表演难度很大,如今难为了已是高龄的谭元寿为其配像,在身段、扮相方面自不能完全恢复当年的面貌了。不过当年看这出戏,是"浑然一体"来欣赏,如今看电视录像,突然感到这个戏"编"得是如此之好,怎么过去未曾注意过?

《问樵闹府》情节再简单不过了。"问樵"一折，合上只有两个人，一个是疯疯癫癫的书呆子，一个是年迈苍苍的老樵夫。可是编剧的人却让这折戏演得"热热闹闹"、"有声有色"，甚至真的"疯疯癫癫"，使人想到，这位编剧一定是位高手。设想，这折戏如果不看演出，先读剧本，一定会觉得有许多"重复"的台词，来回地两人对说，而且台词也是大白话，没有什么"深刻"的含义在内。我想，先读这个剧本一定是很枯燥的，什么"诗意"也没有的。但是，到了舞台上，经过演员一表演，真的就"浑然一体"地"热闹"、"疯癫"起来了。在这个意义上，这个戏可以说是编"绝"了。那几句台词就是要让它"颠三倒四"地来回说。如果不说那重复的词儿，光是演员在台上转，或者多打几个滚，不一定能显得如此的有声有色呢。

从这里，我又想到，这位编剧高手一定自己会演戏，或许本身就是一个演员，一个有文化的演员，或是懂得演员艺术的文人。这两方面的经验缺一不可。或者，甚至还可以极端一点说，懂得演员艺术是更为重要的。有些戏，也许就是演员自编自演的。

当然，有文学修养的剧作家也是很重要的。五六十年代有些新编的戏，是在剧情、文学和表演上都兼顾到的好戏，其中我最喜欢《赵氏孤儿》。这出戏有很好的、逐渐展开的"戏剧冲突"，剧情能吸引人，故事也较完整，而演员的表演艺术又发挥得相当充分，可说是珠联璧合的好戏。不过，我想说，这样的戏也不是很多，而在那几年的条件下，观众本期望着有更多的新编保留节目出现的。有些新编的戏之所以"编"不过传统的保留剧目，原因当然很多，而"表演艺术""演员艺术"的观念不够明确也应是一条。有的剧似乎没有"戏"，光在"说故事"，把情节交待了，就算完成任务；演员只是表达"情节"的"工具"，则自身没有"生命"。

应该说，有的传统剧目就剧情来看并没有特别大的意思，譬如《打侄上坟》，本是一般"劝善"之作，但几位演员演得有声有色，观众看（听）得也有滋有味，这出戏成了名剧。编剧编到这个程度，的确堪称"高手"、"大师"了。

就京剧艺术来说，演员不是剧作家手中的"木偶"，它该有自己的"生命"。它的"生命"在"表演"。即使是"木偶戏",提线者也要使自己手中的"木偶""活"起来。"木偶戏"的"编剧者",也要按照"木偶"的表演特点来编剧。

(原载1997年2月20日《戏剧电影报》)

京剧流派的再思考

艺术史上有许多大艺术家为艺术立则。有了"则",就有一批艺术家"学习"、"继承",于是形成一个个艺术流派。由大艺术家创建的各艺术流派,就成为艺术史上重要的内容。这种情形,中外皆然。不过,应该说,中国京剧的流派,比较起来,更为繁荣,更为璀璨。

我从 60 年代起,就觉得京剧流派现象,是很值得从理论上加以探讨的。

艺术贵"创造",而流派却强调"继承";艺术讲"个性",而流派却总有一个"共同性"的准则。对此,我们也可以用"个性与共性统一"、"继承与创造统一"这些道理来解释,当然也是正确的,但总觉得还要加以阐释。

艺术是生命的外扩。人生活在现实的世界中,有所感,有所思,则外扩为一个理想的、思想的、精神的世界;这个外扩的精神世界,又是生命的延续。因为这个世界的生命长于人的实际的具体生命。人的实际寿命以百年计,而艺术的生命,则以千年计。

"生命"固总是有限的,但也是"绵延"的,不可能割断的,在有限的过程中,不可分割;"生命"是独特的,每个人都不相同,但也是有"交往"的,可以而且必须"沟通"的,"绝对孤立"的"生命",就等于"死亡"。

这样,从艺术为生命的外扩来看,艺术需要有流派,以延续自身的生命,以便以其独特艺术风格立于艺林而与其他艺术风格"交流"、"沟通"。

于是,不仅是京剧有流派,各种艺术,在其一定的发展历史时期——往往是繁荣时期,都有许多流派。西洋绘画有许许多多"画派"、"主义",受其影响,西洋音乐也有竟然大体相应的流派。不仅是绘画、音乐技术要求高,以一些特殊技法而形成各自的流派;实在也是生命延续、扩充之需要。

中国艺术思想一向强调"继承"、"传统",这与整个中国文化传统特点有关,而其根源,也在于中国传统更加强调"生命"之"延续性",所以,中国文化历经数千年而命脉运行依然强健有力。

所谓"强健"、"有力",因其虽"旧"犹"新"。今日之我,当是昨日之我的"延续",但今日之我又是一个"新"的"开始",故是为"新我"。

证之以京剧流派,亦复如是。"余派"出于"谭派",但又是一个新流派,是"继承",也是"创造"、"发展";而"杨(宝森)派"则又是"余派"的"继承"、"创造"、"发展"。与人的生命过程一样,在艺术的生命中,"继承"和"创新"原来不可分。无"继承",则生命被切断,虽"生"而无根基,生命力不强,"行之不远",谓之"不寿";无"创造",则"生命"同样无活力,无奋进,或谓"虽生犹死"。

从这个角度来看,京剧艺术始终重视各个"流派"的继承和发展,实在是很符合艺术发展规律的,因为他符合"生命"的发展的规律,实在是艺术之"可持续发展"的一个好例证。

(原载 1997 年《戏剧电影报》)

来一个"昆乱不挡"

早年，人们赞誉京剧演员之词中有"文武昆乱不挡"之说。这个说法，或许反映了其时京、昆两家已经有了明显的分工，而一般演员已不再兼演二者，有人能兼，则自可嘉奖。京、昆分开，文、武分开，对各自专业的专门发展，当然很有好处，可以精益求精，充分发挥自己的特点。

京、昆本各有自己的特点。京剧并不是完全由昆曲发展出来的，而是自己先形成、发展起来，再更多地吸收昆曲的优点，来提高、充实自己的。我总是觉得，在唱法上，昆曲和京剧是相当不同的。且不说语音、音乐的不同，就是演唱的原则，也是有区别的。昆曲讲究的"字重腔轻"在京剧就不甚明显，而是把它调整为"字正腔圆"，唱出的韵味自是不同。在舞蹈动作上，也有繁简之别，动作与唱词之配合，也各不相同。

然而，京、昆各自发展到现在，我建议是否可以再来一次"综合"、"交融"：京剧演员学一些昆曲，也演一些昆曲。我认为，这样对当前两个剧种，都有好处。

这当然不是一个新意思。京剧史上许多大演员都很重视兼演京、昆，所以才有"昆乱不挡"的说法。早年的"四大徽班"，大概都保留有不少昆曲剧目，后来才逐渐减少，直至梅兰芳大师又大力提倡昆曲，其中最有名的像《游园惊梦》等，已是脍炙人口。京剧武生中保留的昆曲剧目就更多。记得几十年前看厉慧良的《钟馗嫁妹》，行腔、舞蹈之美，怪不得理论家赞叹"钟馗不丑"。不久前我购得厉慧良这个录像（VCD），录于80年代，其时厉慧良年事已高，但典范犹存。像如此优美、俊雅的风格，可以说，甚至不容其它剧种（包括京剧）来"替代"、"改编"，但现在的演员也不大演了。

  昆曲实在是我国戏剧史上的一个大高峰。它的文学价值很高，这是公认的。在咬字行腔、舞蹈动作方面自有优点。程砚秋吸收到京剧旦角中，丰富了自己的流派艺术。然而，昆曲也有一些限制，譬如唱词太古雅，行腔太曲折，现在看是有点曲高和寡，离现在的生活节奏比较远。而一经改变，演唱现代题材的戏，则似乎又不易充分体现昆曲作为古典艺术的韵味。这样，昆曲的保留节目就显得较少。我认为，在同时发展昆曲的前提下，不妨考虑进一步发展与京剧"合作"、"共融"的传统，使之进一步相互沟通。京剧演员演一些昆曲剧目，昆曲演员也演些京剧剧目，相互支持，相互补充，相得益彰，或许可开出一番新局面来，或许还会有更多的"昆乱不挡"的大演员出现，也未可知。

（原载 1997 年 5 月 15 日《戏剧电影报》）

论中国戏剧中的歌舞

就传统来说,中国戏剧一直保留着歌舞成分。"载歌载舞",成为中国戏剧的不可分割的部分,所以中国戏剧也概括称为"戏曲"。"戏"为其"舞蹈"、"动作"部分,而"曲"则是其"歌唱"部分,从"诗"、"词"发展而来,而"诗"、"词"原本也是要"唱"出来的。

西方的戏剧,原来本也是有歌舞的。这个特点我们可以从保留下来的有关希腊古代戏剧节的资料中看出来,从留下的剧本作品中也可以看到有"合唱"的部分,类似我国川剧的伴唱,但是这种歌舞的因素后来逐渐地弱化了,慢慢地归于消失,并又由音调铿锵的"诗剧",演变成所谓的"话剧",则只是"模仿"实际生活上的"对话"(dialogue)了。

东西双方在戏剧艺术形式上的发展分歧,过去常以社会的、历史的原因去解释,这当然是很重要的,很值得继续深入地研究下去;不过同时,我觉得还有艺术上甚至是思想传统上的因素应该考虑进去。

在中西艺术的比较方面,过去我们常说,西方艺术重"再现"(representation),中国艺术则强调"表现"(expression),这也都有相当的道理;不过,并不是因为中国艺术重"表现",就特别强调"自我",恰恰相反,在中国的思想传统中,像西方近代的那种"自我",是不很突出的,但中国艺术的确又并不强调"再现"、"模仿"(imitation),故中国艺术(包括中国戏剧)的特点要另寻思路。我们从中国戏剧一直保留了浓厚的歌舞成分这个事实中似乎可以得到一点启发。

"戏剧"是多层次的艺术，有"故事情节"，有"人物性格"，当然也有"演员表演"等等。这样就有多种选择的可能性，有强调"故事情节"的，有强调"人物性格"的，也会有强调"演员表演"的。就世界各民族艺术历史发展来看，随他们各自的思想倾向，侧重点也会有所不同。我想，我们中国的传统是侧重在"演员表演"的，而最能发挥演员表演的，莫过于歌舞。

中国"戏剧"中的"歌舞"，把戏剧中的"故事情节"、"人物性格"以及"演员"的"自我"都涵盖进去了，我觉得，这个作用是非常重大的。

一方面，戏剧中的歌舞可以把"故事情节"、"人物性格""烘托"出来，使它们"有声有色"，使"演员"也有更充分的"表现"的机会。然而从另一方面来看，戏剧中的歌舞对"故事情节"、"人物性格"甚至"演员表演"又都有一种"限制"、"规范"作用。因为有"歌舞"因素的"制约"，"故事情节"（戏剧侧重在"矛盾冲突"）不能（不必）过于细节性地展开，"人物性格"往往会有"类型化"的趋向，就连"演员表演"也因有"歌舞""程式"的规范，不能充分"表现""自我"。就某种意义说，中国戏剧中的"歌舞"因素，"淡化"了"故事情节"、"人物性格"甚至"演员表演"。

我想说，中国戏剧中"歌舞"的"淡化"作用，并不完全是消极的。有"被淡化"的，就有"被强化"的。中国戏剧"淡化"了"故事情节"、"人物性格"以及"演员自我"，那么，"被强化"的又是些什么？

我觉得，中国戏剧在"淡化"、"弱化"了"故事情节"、"人物性格"、"演员自我"之后，"强化"了艺术的"气韵"、"韵味"、"气象"、"境界"、"意境"，这些对中国艺术来说是最精髓的东西。我把这些（"范畴"）叫做艺术的"超越"的部分，恰恰是这些部分才最能体现中国艺术的"形而上"的意义。

譬如，我们常说，余叔岩的演唱最具"韵味"。这里所谓"韵味"并非只是指一种"快感"，不只是"感觉"的，而且也是"思想"的。于是，"韵味"（有味儿）并不只是"悦耳"，而且也"赏心"。"韵味"是"超出""故事情节"、"人物性格"甚至"演员自我"部分之外的东西。又譬如，我们说，杨小楼的武生演得是"气象万千"。这里的"气象"，也显然不是指"天气预报"，而是"超出"了"冷暖"、"寒暑"之外的一种"审美"的"感受（感应）"，不仅涉及"感觉"，而且涉及"思想（心思）"。

其实，中国的一切艺术，如诗、词、歌、赋以及绘画、雕塑等等，无不具有或强调这种"形而上"的"意味"，只是在中国的戏剧里，以"歌舞"的形式把它固定下来，使之更加突出，更具"程式化"的特点。从这个方面来说，中国艺术的"超越"意义，不在那"看不见"、"摸不着"的"思想"之中，而在那些"可视""可听"的"歌舞""表演"之中。

从中国戏剧的"载歌载舞"的特点看，也许我们可以进一步说，中国艺术的"超越"的"形而上"的意义，又不是很"玄（暗）"的，而是在"明"处的。中国的艺术传统比较地强调通过可视、可听的形式（譬如歌舞）来表达"超乎""形"、"器"之"上"、之"外"的"意味"的。

这样，中国戏剧就不但是"诗"、"史"、"思"的结合，而且还是通过"歌舞"来使这三者结合起来的。从这个意思来看，"歌舞"在中国戏剧里的重要意义是确定无疑了。所以，中国戏剧不但一直保留而且大力去发扬这种"载歌载舞"的形式，也就不仅是外在条件决定的，而且是有深刻的思想和艺术的理由的。

1997 年 5 月 22 日于中国社会科学院哲学研究所

（原载 1997 年 7 月 17 日《戏剧电影报》）

我的神父朋友张振东

我第一次见到振东兄大概是在香港的一次学术会上。我生性疏懒，不愿开会，不过那时毕竟年轻些，如有境外开会的机会，派到了我，还是愿意去的；又因为我是学西方哲学的，派我去的大多是洋人参加的会，华人的集会，记得那是我第一次，所以傅伟勋问我以前参加过国际学术会没有。就是在那次会上，我和振东兄有点一见如故，特别谈得来，虽然他比我要年长七八岁。那时我知道他是台湾辅仁大学文学院院长兼哲学研究所所长，但不知道他是神父，因为辅仁许多教授不是神职人员。

那次去香港后，我结识了不少海外的华人学者，振东兄则是其中联系较多的一位。

1993年，我随团参加在台北开的一个大型哲学学术研讨会，振东先生当然在座。那次我不但知道他在台湾哲学界是桃李满门，同时也知道了有神职在身。但那次开会时间匆忙，三天后就离开台北，到外地参观去了。

今年年初，应台湾"联合报系文化基金会"的邀请，在台湾访问研究有近一个半月的时间，与振东兄有较多时间见面。我到辅大哲学研究所演讲，其时他因年事已大，正要卸任辅大副校长的职务，仍亲自主持介绍，使我觉得特别荣幸。

接触多了，慢慢地原来一些感性的东西，理性化了。我意识到我之所以与振东先生谈得来，是因为他朴实。一点不错，就是这个"朴实"二字，最能代表他的个性。

按理说，我比他年轻，应该我去拜访他，可是恰恰都是他来看我。辅仁离我所住师大学人招待所很远，他每次都是乘公车来找我，弄得我很过意不去。有一次，我说我给你要辆计程车回辅大，他坚决不肯，说他习惯坐公车，而且70岁一过，有免费优待。

正是我还住在师大学人招待所的时候，他又来看我，说我们到对面的"学生书局"去买他写的书送我。于是我们出门过了马路。"学生书局"的人看到张教授来了，热情招待到后面小歇。振东说明来意，书店小姐说，正好张教授还有一笔版税，可以从中扣掉书款。振东他忘了还有版税在这里，小姐开了一句玩笑，说"你不缺钱"。于是引起振东说，一次他请会计查查他这多年来向教会奉献的薪金共有多少，会计一查告诉他，有3000多万（新台币，合人民币1000多万）。振东随便一说，我却大吃一惊。出得书店门来，我忍不住地问道："你每月薪金全部交了？"他说，全都交。我问："你又何以为生？"他告诉我，教会包了他的生老病死，衣食住行全不用操心。我又问："难道一点零用钱也不留？"他指着手里的版税说，这就够零花的，有时还有演讲费等等。说着，过了马路，又到了公车站，上了车，回辅仁去了。

因为课题的关系，这几年我也注意了解基督教新旧两派的宗教问题，不过只是着重理论的，对于其中内部的制度规矩，所知甚少，只知道他们当中有些人是不允许结婚而已，所以听了张兄这些话，大受刺激，回到招待所久久不能平静。就我本人来说，当然属于少见多怪的类型，不过就事情本身看，或许尚有思考的意义。

一来张先生能在台湾那种环境下，过着清贫的生活，实在太不容易。我们知道，台北的生活，有点像旧社会的上海，可谓灯红酒绿，纸醉金迷，物质的诱惑力是很大的。现在台湾一个教授的薪水是比较高的，更不用说像张先生这样知名的学者了。他居然能够全部奉献，不是一年两年，而是很多年，是一辈子放弃。张兄也说，他没有家庭，有家庭就困难；可是这个没有家庭也主要是自己的选择，因为要组建一个家庭自非难事。所以，归根到底，还是把金钱看得淡泊才能做得到。不瞒大家说，张公在领取版税时我偷偷看了一眼，大概也就是9000新台币，合人民币3000元左右，而他奉献的则是3000万新台币。

再说，我突然想到，在1949年初，我们这里还实行供给制度，其用意当是让人各安其位，全身心地做好自己的本职工作，而自家的衣食住行，以至生老病死，都有公家包了，不用自己操心，原来不也是很好的意思、很好的想法吗？但实际上却没有行通。我不是社会学家，其中的道理我不太清楚。或许是在特定的范围、特定的人（譬如共同的宗教信仰）中可行，而扩大到全社会就太复杂，譬如要有家庭等等，就行不通了？

不管怎样，我觉得，或许在少部分人中，在很小的范围内，有这样一些人在，也还是有意义的。尤其是如今讲究开放，全社会是一个大市场，绝大多数人都围绕着市场运作，如有这样一些人在，反倒有一种物以稀为贵的感觉。

就学术工作来说，因为它的特殊性质，不易纳入市场运作，不易参加市场竞争，似乎更需要有这样一些人，一方面有社会保障他们的基本生活条件，另一方面他们自身也淡泊名利，专心做学术工作。在我们的社会，当然不会要求这些人信宗教，也不必放弃家庭，但的确会损失一部分物质的享受。这样的一些人来做学术工作，或许对学术的基本建设会有好处。我时常感到，西方一些国家的学术状况不太好，近年来没有多少有分量的著作问世，也是因为受到经济的冲击，而有些大部头的学术著作，也出自教会人士之手。

说起学术著作，张振东教授也是很多的。那天他给了我四大部书，一部《西洋哲学导论》，三部《士林哲学基本概念》。尤其是后三部，对我的帮助是很大的。张先生这些书有一个很大的优点，就是基础很扎实，不说没有根据的话，所以读他的书很放心，不会被误导。相比而言，有些书可能见解很新，或许材料也不少，但你不大敢信它，不大敢用它，就连有些翻译的书，你也不大敢用它。因为在这些书中，有些是为市场表面的需要制作出来的，不是潜心研究的结果。这种产品，你也难说是"伪"，是"劣"，因它本也是以"普及"的面貌出现的。张兄这几本书，想来原也是教材，学生也可以读懂的，但的确是可读、可信的教材，因为它是建立在扎实、认真的学风上写成的，学生自可以放心去读。对张教授学术的肯定，也不是我的偏袒。在台北见到一位学长，他一向严厉，但他也说我们张兄确是"不错"。

自从那天与张公在"学生书局"分手后，他还来看过我。每次来当然还是坐公车。我回北京后，他还把报上有关我的文章剪下寄来。不知怎的，我一想到他，总有一种"自叹弗如"的感觉。一般说来，我不是个贪婪的人，或许也有人觉得我是比较淡泊的人,不过要我做到张兄那样的程度——不是宗教上的,而是金钱上的,我想我做不到。因为我做不到,则更感到张兄的难能可贵。

也许我们真的太穷了,或许还因为社会分配不公允,使我们变得更计较起来。不过无论如何,学者的天职在于严格治学,对这一点"穷"、"富"的看法却不能动摇。

1997 年 10 月 3 日于中国社会科学院哲学研究所

(原载 1997 年 11 月 7 日《中国经济时报》)

再谈学者的使命

几年前我以这个题目写过一篇文章,那是那个时候的背景,现在再写这个题目,有现在的想法。

顾名思义,学者是做学问的。什么叫"学问"?"学问"就是"学"加上"问"。"学"是要知道"什么"(what),"问"就是要问个"为什么"(why),当然也包括问"什么"在内,但主要是问"为什么";"什么"和"为什么"这两方面又是不可分的。"what"很重要,"why"也很重要。"what"和"why"加起来,就是"how",把握了"how"则把握了"规律",而"把握规律"乃是做"学问"所追求的目标,尽管这个目标是要"学者"终其一生去努力的。

天下的"什么"(what)多不胜数,学者们也不能尽知;不仅如此,学者所研究的"what"或许竟是人人皆知的,譬如研究"苍蝇"、"蚊子",学者的"使命"就不在于指出"这是苍蝇"、"这是蚊子",而要告诉人们它们的"内部结构"。知道了事物的"内部结构",对这个事物的理解也就深入了,"what"还是那个"what",对普通人和对学者(科学家),则竟然会有不同的意义。这就是说,知道了"why"(how),这个"what"也会有另一种面貌。

所以学者(科学工作者)的"使命"大部分还在于弄通这个"why",而教育人们对我们的世界有更深入的了解。

这样,学者的使命就在于——用我们常说的话来说——把"感性认识"提高到"理性认识"的层次来。在这个意义上,学者、科学家当然首先要跟着感觉走,要以感性世界为依据,但不要忘了那个"走"字,人们并没有说,"躺在那里""不走",而是要你"走"。"走"到哪里去?"走"向"理性"。人往"高处""走"嘛。

我心里有这样一些想法——这些想法也许不对——再来看有些学者的文章,就会产生一些不同的意见,尽管其中有的是我非常尊敬的前辈老师,有的则是前途无量的青年学者。

譬如,最近我读到一篇文章,说中国思想方式是"综合"的,西方则是"分析"的,并以做饭的"菜谱"为例,说有人按"菜谱"死做,饭吃不得,是"上了西方哲学的当"。这个说法即使就文学的笔法来说,也是过于调侃了。

先说"综合"与"分析"的问题,原本是人家"西方哲学"讨论得很多的问题,他们有强调"分析"的,也有强调"综合"的,亚里斯多德说综合、归纳,说得不少;近代培根对"归纳"、"综合"的倡导,可谓不遗余力。再说得深一点,康德有著名的"先天综合判断"之说,尽管要批评它,但它毕竟既讲了"分析",又讲了"综合",这个传统一直到黑格尔,他的哲学体系,也是既有"分析",又有"综合"的。我们几十年来在学习马克思主义哲学同时,对于十九世纪德国古典哲学是有基本的了解的。怎么能随便说那样的话呢?

或许我们辩解说,大体上可以说中国(传统)思维是"综合"的,而西方是"分析"的;我这里也有一辩:大体、一般可以的事,学者则还要进一步去做,做着做着也许原先以为的"什么(what)",会显得"不是什么(非-什么)"了。就科学的层面说,问题就没有那么简单了。

又譬如,前一阵有种说法,说中国思维是"整体性"的——对应西方思维是什么?"个体性"? 其实要说"整体性",西方"形而上学"传统讲"无限",对于"无限"的思维,没有"整体性"怎么能行? 还有流行的说法,说西方哲学讲天人、主客分离,中国讲天人、主客统一,等等,又不知道把黑格尔这些西方大哲学家置于何地。

我不是说,作这种区分全错了;恰恰相反,我认为这些说法是说中了一些方面的,我只是想强调,仅仅指出这一些,离"学术"、"科学"还相当远。

我想中西的区别,莫过于"中国人皮肤是黄的","西方人皮肤是白的"了,不过大概没有人以指出这一点作为学问,或者是一个大发现,因为这种区别一眼就能看出来。然而如果是人种学家,或人类学家,他们就会有更深入的说法，或有一系列的说法，而不是一句话就以为说透了，也许，在这些科学家、学问家做了大量研究之后，"黄的"、"白的"仍是"黄的"、"白的"，但意义就更丰富了；更不排斥在科学研究之后，纠正感觉之虚妄的可能。譬如印度人虽不白，但却是亚里安人种，等等。

许多事一眼看穿的，有时并非真理，更不是学问。

又比如，过去不少前辈学者认为西方哲学强调"真理"，重视"认识论"，而中国哲学强调"伦理"，重视"伦理学"，泾渭分明，清清楚楚，甚至连西方人也承认他们只重功利，不重人伦。然而，难道西方真的不重视"伦理学"？中国人就真的不重视"认识论"？西方古代希腊七贤留下不少道德格言，亚里士多德有专门的"伦理学"著作，更不用说康德的《实践理性批判》了。或谓，只是相对讲重视程度而言，并非说绝对意义上西方没有；话说到这里，似乎也到了"一言以蔽之"的地步，跟"一眼以看穿"差不多，不能再说下去了。这种做法，亦并非科学所要求的。科学的态度，总是要不断地探索、追问，"所以然"的问题是无穷尽的，"学"和"问"也是无穷尽的，所以上述"一眼看穿"、"一言蔽之"的说法，并不能平息"科学"的追问。

不是有些学者说中国哲学重"直觉"、西方哲学重"推理"吗？如果是，我倒觉得这正是中国哲学要向西方哲学学习的地方。

"直觉"不是"感觉"，在哲学上是有很高层次的意义的。中国哲学在这方面有深厚的传统；西方哲学也不是不讲"直觉"，像克罗齐、柏格森讲得很厉害，我们应该研究他们，看看和我们的有何种关系，何种异同，何处可沟通，何处不可沟通。研究之后或许我们可以发现，他们的"直觉"要面对强大的"推理"的传统，要把那"推理"的程序也要容纳进去，才能"取而代之"，只是"一言蔽之"说些"一眼看穿"的事，显然敌不过那"分析"、"推理"、"逻辑"的传统。在这种条件下，西方的"直觉"观念，同样也有"理论"的形态，也有"论证"、"推理"，甚至也有"体系"，所以有"直觉主义"。这不值得我们重视吗？不仅如此，为了研究西方的"直觉主义"，我们还得研究与其对立的"理性（推理）主义"传统，这样，作为"学者"要做的工作就很多了，而这大量的科学工作，绝不是可以"一言以蔽之"的。

最近读罗尔纲先生早年写的《师门五年记》，其中有一段记胡适关于他的

《新湘军志计划》的,很有感触。胡适给罗先生的信说:

"你的《新湘军志计划》乃是湘军小史,而不是湘军军制的研究。依此计划做去,只是一篇通俗的杂志文章而已。其中第二、三、四章尤为近于通俗报章文字。"(三联书店,1995,第62页)胡适信中所说"报章"、"杂志",或许是他当时的实情,如今我们的报刊杂志,则常有学术性很高的文章,自不可同日而语;但是他信中向罗尔纲提的意见却仍值得我们重视,它表明了"学者"在"学术"上应有的基本任务,同时也说明,并非凡做"学术"题目,或谈"学术"问题的文章,都是"学术",更不是做这事的人都是"学者"或"学者"所当为。也就是说,并不是凡做文章者都是"学者"。

在这封信中,胡适向罗尔纲提出十方面的工作要他去做。看来,研究一个具体的问题要做多少调查研究的工作,要有多少学养来支持它,的确不是一件容易的事。

或许又有人说,你这样把"学术"定为一格,殊不知"学术"也多种多样,有大部头,大块文章,也有小品,你自己不也写过这类文章吗?你甚至还说过小文章比大论文更难写这样的话呢。

的确,文章不论长短,有内容就是好文章。不过所谓"内容",就是要有"学养",言之有理,言之有据。还以胡适那封信的提议来说,你的科研成果,不必都按那十条来,来一个"调查报告";你可以写得很长,也可以写得短些,但都要体现你丰富、扎实的"养"来。我的短文章写不好,但有时我很爱看一些人写的小品,能见出思想,见出学养,的确不比大块论文好做。记得有一次朋友聚会,说起学者的短文,我说那应是"学术后"或"后学术"。也就是说,短文应是在大量的学术、科研工作之后提炼出来的东西,这样的东西仍有许多的学养在支持它,所以同样经得住推敲,经得住追问。学者的小品——或者"学术小品"一般忌讳写生冷的东西,因为你自己还没弄清楚,如何要别人在短短文章中体会清楚?我们说"深入浅出",只有"深入"了,才能"浅出"得来。所以我常感到,有些题目我可以做大论文——收集、整理有关材料,加以消化,原原本本写出来就是了,但不敢写学术小品。学术小品应是我相当熟悉的题目,在"熟能生巧"中又有些新的意思,这才敢动笔。"巧思"是从"熟练"中来。因其比较"熟练",所以仍有相当的"学养"在支持它,才不会是"信口开河"。

　　记得以前学哲学史——西方哲学史时,学到黑格尔与谢林的关系,觉得黑格尔也没有什么了不起,许多的工作谢林已经做了,譬如那个"绝对",谢林也已把它提到"主义"的地步,发挥得很充分,黑格尔只是拿过来用了,发挥得更淋漓尽致而已;后来慢慢地体会到黑格尔对谢林的批评,具有深刻的意义。黑格尔说谢林的"绝对",是直接的,没有经过艰苦的劳作——没有矛盾、斗争、发展的辩证环节;而他自己的"绝对(精神)",要经过全部的发展过程——整个历史的进程,才回到自身。当年贺麟先生在讲这一段时,常强调黑格尔批评谢林的一句话,叫做"夜间观牛,其色皆黑",意思是说谢林的"绝对",是一个"混沌"的东西,朦胧的东西,只有经过艰苦的奋斗,努力的劳作,"绝对"才"开显"出来。"混沌"、"朦胧",自有其自身的价值,是"诗人"、"艺术家"喜欢的东西;但学术的进步,科学的发展,却是要人一步步"走"向"明亮",而在这个道路上每"走"一步,都要付出艰苦的劳动。在这个意义上,科学的精神,学术的精神,也就是艰苦奋斗的精神。

　　试想,如果人们满足于"中国人皮肤是黄的,欧洲人皮肤是白的"这样一种"一眼看穿"、"一言蔽之"的"知识",何来人种学、人类学?如果人们满足于"杯水中之棒是弯的"这种感觉,则何来光线折射的知识?

　　在我看来,学者的使命在做学术性、科学性的工作,当我们年事渐高,不易继续像以前那样工作时,也要倡导科学的、学术的精神,因为这毕竟是人类为之付出长期艰苦劳动而成绩卓著的伟大传统,我们每个人,作为学术工作者,都在这个传统之中。坚持这个传统,自应老而弥笃。

1997年9月19日于中国社会科学院哲学研究所

(原载1997年11月26日《中华读书报》)

郑元者《艺术之根》序

郑元者《艺术之根——关于艺术的起源》一书即将出版。蒋孔阳先生嘱我为他的学生的书写几句话，我很愿意。一来是，这个题目我感兴趣，二来蒋先生让做的事，我总是努力去做。我生性疏懒，不愿开会，所以我和蒋先生竟然没有见过面。但蒋先生的为人、为学在美学界是无人不称赞的。我读蒋先生的书，对先生的学问和品格，也有深切的了解。我回想了一下，这几年审阅的"博士论文"竟以蒋先生门下的最多。

元者的这本书，三年前也是作为"博士论文"送来审阅的。当时我就觉得写得不错，如今经过三年的进一步的研究、修改，成为一本学术专著。其间的辛劳，是可想而见的。

"艺术起源"问题的研究难度极大。前人和时人、中外学者都有不少研究成果，要把这些成果加以梳理，已非易事，更何况，还有大量的实证考古材料，也要有所掌握，就更加困难。元者的书，在这两方面都下了很大的功夫，整理、研究了大量的材料，在这个基础上，提出自己的看法，就显得言之有据，同时，读者也可以借助书中提供的材料，自己去思考，作进一步的研究，得出自己的结论来。这样，元者的书又是下一步研究的基础。

不仅如此，"艺术起源"的研究，不但是材料的，而且是理论的；不但是历史的，而且是哲学的。

就经验材料来说，"艺术起源"问题要上溯到历史的"源头"，找出"第一件"艺术品和"第一个"艺术家来。然而，这个工作就像哲学上要找"第一因"那样，是不可能的。经验的无限的连续性，阻抑了这项工作的进行。然而，人们追根寻源的活力并未被遏止。于是，人们在明确了问题不在于找出时间上"第一个"艺术家、"第一件"艺术品来，而在于如何就在时间的绵延中"看出"这个"第一"来。

我们看来，这里所谓"第一（性）"，也就是通常所说的"创造性"、"原创性"的意思。从理论的观点来看，所谓"创造性"、"原创性"，不一定非要去找那历史上、时间上的"第一个"不可，而在我们当下实际的"创作"活动中，就能"看出"那个"第一"来。这个意思在胡塞尔的《几何学之起源》中就着重指出过了。胡塞尔说，要探求"几何学的"起源，不必去找历史上"第一个"几何学家，而每一个人在解几何题时，都是"创始者"。这就是说，在胡塞尔看来，真正的"求知者"，都是"创始者"。当然，这里所谓的"知"，乃是指他的"严格的科学（知识）（streng Wissenschaft），而不是一般意义上的经验知识。

海德格尔有一篇重要的论文叫《论艺术的起源》。元者的书中已有评价。当然，海德格尔这篇论文的意思，也不是要找出历史上"第一个"艺术家或"第一件"艺术品，而是把"起源"问题和"本质"、"真理"、"存在"问题紧密结合起来考虑，因而这篇论文不是艺术的论文，而是哲学的论文。

在哲学的意义下，"艺术的起源"这个问题就不是问"艺术"在"时间"上，产生于"何时"，而是问：在什么情形下，在什么条件下，"艺术"才成为"艺术"，"艺术""起于"什么"条件"——亦即"艺术"的"本质"何在；什么条件下"艺术"才成为"真正"的"艺术"——"艺术"的"真理（Wahrheit）何在？我们看到，这个"真理"、"条件"问题，同样是个"起源"问题，但已不是历史的时间问题，而是哲学的理论问题。解决这个问题主要不是需要"考据"，而是"思考"。

我们还注意到，海德格尔在他的《形而上学导论》中，说到广义的"诗"时，曾指出，"诗"里说到的"事物"，似乎都是"第一次"出现似的。不难看出，海德格尔这个意思对于理解艺术的"创造性"、"原始性"是非常重要的。这就是说，从经验的意义上看，一切事物都是连续的，没有一个"头"和"尾"。"人"是"猴子""变"来的，"猴子"当然又是从别的"物种""变"来的。如此追问下去，绝不会追问到"第一个""物种"。但是，在人们的"创造性"的活动中，如"艺术的创造"中，人们却有一种使连续性"中断"的能力，使它所"创造"的"事物"，具有一种"原始性"即"好像是第一次出现似的"。这样，在艺术作品中的"事物"，才有那常青、常新的活力和吸引力，而不会"褪色"，不会变得"陈旧"。譬如，《三国演义》里的"故事"，我们都是非常熟悉的。但是当我们欣赏京剧舞台上的《群英会》时，对这些家喻户晓的"故事"一点也没有"陈旧"之感。在欣赏演员的创造性艺术表演时，似乎是"第一次""知道"这些"事"似的，看得那样津津有味。我想，这就是"艺术创造"的力量。正是这种力量，才使"艺术"百看不厌，永葆青春——永远是"第一次"，永远为"原始"、起源"。

不仅"艺术"需要这种"原创性"，"哲学"同样需要思想的"创造性"。和"艺术"有"艺术史"一样，"哲学"也有"哲学史"。"哲学思想"有其"继承"的方面。忽视这一点，当然是错误的。但是，哲学思想最重要的应是一种"创造性"的思想。大哲学家的书，就像大艺术家的艺术品一样，书中的思想好像是它"第一次"提出来的一样。

同样的，这里所谓"第一次"，并不是指事实上没有来源，世界上没有事实上的"第一因"。这里强调"第一次"，是有一种哲学上的意味。这就是说，它不是在经验事实上来说，而是在"超越性"的"自由"上来说的，是指这种"创造性"的作品，是一种"自由性"的工作（活动）的"作品"，而不仅仅是指"因果"系列中的一个"环节"。

所谓"自由因"，不是说它真的是从天上掉下来的。就事实的眼光来看，它仍是经验"因果"的一个"环节"。任何大艺术家的"作品"，就经验事实来看，仍是一个"物品"。只是就"艺术品"来说，人们强调的它"创造性"的一面。它是艺术家"自由创造"的"作品"，似乎完全出自他"自己"，而"无所依傍"。"自由因"就是"出自其自身"，发自其"内在"，而无需借助"外在"的条件——并非真的不要"外在"条件，而是说不受"外在"条件的"决定"，不受"外在"条件的"支配"。相反，大艺术家还能表现出有"克服""外在"条件的巨大的能力，在"克服""外在"条件中表现出他的"自由"。在这个意义下，我们看到，所谓"自由（因）"，是要在"斗争"、"拼搏"中体现出来的。

从这里，我们可以看到，强调艺术的"创造性"，并不是在事实上不要"传统"。恰恰相反，"传统"越强大，"自由"的力度也就表现得越大。没有"传统"的"自由"则是空的，无根基的。以此来看哲学思想亦复如是。哲学的"自由"的"思"，并不是不读书、不交流，只是"闭目塞听"地"自己""想"一通，或者"自"以为"自己""直接""发现"了什么"问题"，又"自"以为"是"地想出一套办法来"解决"——这当然也是一种"自由"。不过这是一种根基很浅、水平很低的"自由"。强调这种"自由"，乃是"自由"的误导。不错，这种人往往很聪明，很有"创造性"，但因根基太浅，又觉得多读书会"限制"自己的"自由"，所以不肯加厚这个根基。这样长期下去，养成一种肤浅而又狂妄的习惯，到头来，会像一个"武士"，在那空无一人的旷野里称"英雄"、"好汉"一样。

元者是一个很勤奋的学者，多年来孜孜以求解决艺术起源这个难题。这种治学态度我是很欣赏的。我感到，现在学术界有一种浮躁的作风，似乎几千年来有许多才智之士讨论的问题，我只要一两篇文章就全解决了，并由此轻易地宣布前人全错了。"初生之犊不怕虎"是很可贵的品质，不过这个"犊"也要锻炼自己的"本领"以求"制服""虎"，才能真正显示自己"制虎"的"自由"度，才能成为真正的"打虎英雄"。

元者的书要出版了，趁这个机会一方面表示祝贺，一方面借题发挥，说一点感想，仅供参考。

1997 年 5 月 18 日于中国社会科学院哲学研究所

（原载 1997 年 10 月 20 日《人民政协报》）

中国书法

中国书法是"书写的艺术"(the art of hand-writing)。"书写"之所以在中国能成为真正的艺术(fine art),乃植根于中国传统之思维方式。中国文字,从其产生的时代起,就不仅仅是传达文字的意义,而有多种的功能,其所传递的"信息"(meaning),有哲学、伦理的内容,而且在笔画运行上有审美情趣(aesthetic judgement)在内。相传古人观鸟兽之迹、云彩之变幻而悟出"书写"之技艺,都说明中国书法有"超越""文字"内容的"形而上"的意义。

根据目前的资料,中国书法大成于商代。商代甲骨文保存了大量的书法艺术资料。甲骨文为占卜之记录,是宗教活动的一部分。但就当时刀刻及笔画痕迹来看,在笔法与刻法上也已有一定的技巧,而骨片上文字之布局,已有疏密比例的考虑;这种书写技巧,到周代形成全盛时期。

周代是中国礼乐大成时期,原本是实用器皿的钟鼎彝器,成为"王权"、"神权"以及社会地位的象征。在这些器皿上刻文字以记述主人之事功,成为流传数千年的特殊书法体裁——"钟鼎文"。"钟鼎文"凝重而敦厚,与"甲骨文"之诡谲、奇特形成对比。在书写技术上,"钟鼎文"的笔法尚圆,而"甲骨文"多为尖笔。传世的周鼎像"毛公鼎"、"散氏盘"等,是中国书法史上的瑰宝。周鼎字体,史称"篆书"。

周代衰落,春秋战国期间,中国文字多不统一,秦始皇在政治上统一中国,文字亦归一致,是为小篆。小篆以规范的笔画来书写,便于提高书写技术,但也减少了变化多端的可能;不过,秦代出现了新字体——隶书,可能是为官方行政文书的简便而创造的。隶书书写简捷,将中国毛笔的功能充分地发挥了出来,使"运笔"的重要性,更加突出,开辟了中国书法艺术的广阔前景。

隶书在汉代得到进一步发展,书写技巧已成为文化阶层值得称道的技能,被载入史册的"善书者",逐渐增多,其中有皇帝、宰相、文人、学者,"书法"和文学、绘画、音乐一样,成为社会公认的"艺术"。

随着行政公文的增多,汉代书法出现了"章草",将隶书简化,更加快了书写的速度。在这种趋势下,出现了东汉的大书法家张芝,进一步发挥了"草"的功能,以抒发"书者"的情绪,增加了书法的艺术、审美特性。"草书"这种倾向,当时曾遭到批评,但因为它突出了书写的艺术性,而为社会所肯定,并在唐代有了更大的发展。

从汉代经魏晋到隋唐,是中国书法艺术发展的关键时期。在这个时期中,中国书法体裁中,出现了楷书和行书。这样,中国书法艺术的基本体裁,遂告大成;而行书和楷书是魏晋、隋唐以来,中国文字用得最多的书体。

晋代王羲之,被称为中国的"书圣"。他在中国书法艺术史上的影响具有决定性的意义。尽管现在我们能看到的他的作品,都是仿制品。在中国的学术和艺术精神中,"最近的"也许正是"最远的"。王羲之主要作品《兰亭序》,有多种临本、复制本传世,风格并不尽同,但影响唐宋以下,未曾中断。王羲之的儿子王献之,在书法艺术上另有一格,书史上并称"二王"。

唐朝在中国历史上可谓发达、昌盛,在书法艺术上也很繁荣。这期间,真、草、隶、篆各种书体都有代表人物,都有杰出的艺术成就。隋唐交替之际,有虞世南、褚遂良,中唐有颜真卿、柳公权,在大草方面有张旭、僧怀素,他们在中国书法艺术史上,名声显赫,成就辉煌。

中国书法进入宋代,进一步加重了"文人"(人文)气习,苏轼、黄庭坚等都是大诗人,大文学家,他们在行书方面作出了很大的贡献,可谓直接"二王"的传统和精神。

这种文人风格,到了元代,又有变化,文人的潇洒,和庙堂的气象,结合了起来,而在双方都有所折中。于是元代产生了赵子昂。在赵字的点来说,虽有贵族气,但被文人的飘逸冲淡了,不够厚重;而虽有文人气,但也被贵族的富贵心遮蔽了,因此他的风格常常受到后世的批评。但就中国书法整体发展来看,他提倡复兴篆书和章草,无疑是有贡献的。

明、清两代,特别是清代,是中国书法综合发展的时代。随着"小学"的兴起,中国书法出现了"古典回归"的现象。一方面,在行书上,基本追踪"二王",另一方面,力倡北魏碑和篆、隶,并逐渐将其引入行、楷,在晚清出现了像邓石如这样的大家。

中国社会进入现代,虽有经济、政治等基础因素的变化,在文化方面受到了西方的严重冲击。然而在这种压力下,中国书法艺术像中流砥柱一样,岿然不动,屹立于艺术之林。因为中华民族是唯一将"书写"提高到真正"艺术"水平的民族。

中国人在进行书法艺术创作的同时,也对此中艺术进行了思考,有不少理论著作传世。中国不仅有"诗论"、"画论"、"乐论"、"剧论",而且有"书论"。

中国书法是一种动态的艺术,一种纸上的舞蹈,空间的音乐。中国历代书家重视从现实世界中的飞动的韵律中,获取灵感,在书法的美学理论中,也强调"点画顾盼"的关系,而反对"平直如算子"。

中国书法理论非常丰富,最著名的有孙过庭的《书谱》、魏衡的《四体书势》、米芾的《书史》及清代包世臣的《艺舟双辑》和康有为的《广双艺舟双辑》等。这些理论著作,都是在对具体作品的评判基础上提炼出来的,理论家往往本身就是艺术家。当然,这是和中国文化传统的哲学观念密切相关:着重在具体的字形中显现超越的气象和韵律。

书法作为艺术观,中国书家强调"运笔"和"结体",相比之下,"运笔"重于"结体"。"结体"是空间性的,而"运笔"是时间性的。中国书法是在空间性"结体"中,见出时间性"运笔"来。

从远古以来,中国书法主要运用毛笔来书写,当然也伴随着铭刻的技法。而中国书法的"运笔",犹如小提琴的"运弓",通过"弓"和"弦"的韵律,演奏出美妙的音乐来。中国书法以"运弓"为核心,通过纸、墨、笔、砚所谓"文房四宝"写出美妙的字形来。

从这方面来看,中国书法艺术可称为"类- semi 表演艺术",所以它也和中国戏曲艺术那样，表现出流派纷呈的局面。"流派"一方面表现出"个性"，同样也具有一定的普遍性，有一批"追随者"（foll）。书法艺术中的流派称为"体"，如唐朝的"颜体"、"柳体"，元朝的"赵体"，还有宋徽宗的"瘦金体"等。称得上"体"的，一般都可以作为入门学习书法的范本。

随着书写工具的变化，人们经常用钢笔、圆珠笔书写，于是近年出现了"硬笔书法"。人们按原有书法艺术的特点，克服硬笔的局限，成为现代更具普及性的书写艺术。

近代以来，中国书法处于新的社会条件下，得到了新的发展，也出现了新的问题。

由于中国书法艺术在自身的系统中，发展得相当成熟。书法作为艺术的创新，就遇到较大的问题。一部分书法家尝试发挥中国文字"象形"的特点，使书法向绘画靠拢，于是遂有"先锋书体"的出现。

另一方面，中国书又日益"专业化"，从而提出如何保持和提高专业水平的问题。中国古代长期以来，书法艺术是以广大文人学士的普遍的工作作为自己的存在方式，而非专业的工作；然而在现代分工的条件下，特别是在"电脑"写作普及以后，文人学士亲自书写的机会减少，书法艺术逐渐成为专业人员的事。而有些职业书家，其艺术或许尚未达到前辈非专业书家的水平，于是人们将从日益精良的印刷复制品中，得到更为高级的艺术满足，这是中国书法——同时也是其他中国传统艺术所面临的一个问题。

1997年9月10日于中国社会科学院哲学研究所
（此文是一本英文百科辞条之中文稿）

从无到有和从有到无
——胡孚琛《道学通论》前言

胡孚琛先生嘱为其力作《道学通论》作序，我对中国的学术，正在学习阶段，尝自戒少作妄语，怎奈孚琛坚持，却之不得，权作一次学习机会可也。

长期以来，我很重视孚琛的研究工作，因为我觉得他具备研究道家和道教的学术知识条件。他学过化学，学过哲学，做过乡间医生，然后又师从我所王明先生研习道藏，在中国古文字考据方面，有扎实的功夫，有这些条件集于一身，可谓研究道家、道教的最佳人选，所以我们都以有这样的人才而高兴。

近年来，孚琛除切实做了大量有关道家、道教的学术工作外，还留心西方哲学的情形，努力使自己的工作多一个参考系，这样，遂使我们平时的接触，就由我单向地向他学习，变成双向的交流。今他大著完成，让我写个前言，也是想从研究西方哲学的角度听听意见。

我尝说，在哲学的最源头，西方哲学只有古代希腊泰利士的一句话："万物的始基是水"，而我们《老子》书有五千言，我说泰利士这一句无论如何顶不过老子"半万句"。然而西方人的哲学发展成为众多的哲学体系，蔚为大观，而我们的哲学，虽不能说没有发展，却也不能说按比例已超过西方"半万倍"。就中国传统哲学来说，我总觉得，老祖宗对得起我们，问题出在子孙们身上。

胡孚琛将通常所谓的道家、道教、仙学合称为"道学"，为区别于宋儒的学术，先有一番正名。这是史学的功夫。就哲学而论，重点常在道家。老子这五千言，的确有深刻的哲学理路。

譬如我们哲学里常讨论"有"与"无",非常抽象,非常难懂。黑格尔以此立论,讲"有"、"无"、"变",但他在"逻辑学"里讲这三个概念,而在《精神现象学》里反倒不大讲;海德格尔以胡塞尔现象学为基础,提出自己的学说,而其思想之核心,则在于对"有""无"有一个新视角。这个问题,我曾有过讨论,今结合道家思想,有一点补充。

平常我们思考"有""无"问题,常侧重在其"从无到有"的意思,而我体会老子思考这个问题的重点是在"从有到无"。

当然,《老子》书开宗明义第一章就说:"无,名天地之始;有,名万物之母。故常无,欲以观其妙,常有,欲以观其徼。此两者同出而异名,同谓之玄,玄之又玄,众妙之门。"

为什么要给一个"事情"起两个名字?我相信古人在这里不是玩诡辩,"故弄玄虚"。那么,又该如何理解?我们说过,如果我们把这个"事情"理解为一个"过程",而不是一成不变的、抽象的"物",则就可以将理路顺下来。我们设想一件"事"(事情、事件)是有"始",有"终"的,于是,对这同一件事,我们既可以说是"始"的过程,也可以说,是"终"的过程。譬如一个人的一世,我们可以说是他的"生"的过程,也可以说是他的"死"的过程。这样,我们清清楚楚地看到,这"同一"的"事",如作"过程"观,则的确有两个名字,一个是"有",一个是"无"。古人的确未曾欺我。

我们看到,老子这一思想在哲学上的伟大意义是怎样评价都不会过分的。黑格尔说,一切"有限的东西"是都要消亡的。在这个意义上,一切"有限事物",都有两个名字,一个叫"有",一个叫"无"。就其"形成"过程言,为"有";就其"消亡"过程而言,为"无"。至此,我们的老子的思想达到了何等高超的哲学层次,不是很值得一切不抱偏见的西方哲学家体味的吗?

不仅如此。从《老子》书所体现出来的倾向来看,老子在"有"、"无"两个名字中,特别强调的是那个"无"。不是说老子不要"有",恰恰相反,在老子的思想中,认为只有"守住"那个"无",才能不断"(拥)有";"有"了,就"成"了,也就"完"了,只有"无"才会"有"。所以老子说"无为",意思是说,只有"无为",才会"无不为"。我们常说,"功遂身退",不是不作"功",而是只有"退"出来才会"立新功"。

人生在世，也要"守住"那个"无"。世界上有了"人"，并非多了一"物"。萨特说，"人"给"世界"增加一个"无"。茫茫世界，原本"万有"，哪里来的"无"？就连那最纯净的"真空"中，也"有"些什么在。万物之消长，也不过是那物质形态之转换，现在据说又有新的科学理论出来，但一般是这样教导我们的。

然而，谁也不会满意地说，"人"只为世界增加了一个"物种"。而说到最后，"人"对于"有"，却什么也没有"增加"，因为世间一切皆为"万有"，没有可能有所"增添"。在这个意义上，"人"本身恰就是那"无"。我们以前说过，"人"作为 existence，这个"ex"乃是"出来"之意，出来了什么？出来了一个"无"；而"人"作为 Dasein，这个"Da"，也是"无"。这样，"人"竟然是一个"无"，岂不太惨了些？

不然。我们老子说，"人"作为"无"，不但一点也不惨，而且是他的最伟大、最可贵之处。"人"要用各种办法时时"守住"它。"守住""无"，正是"守住""人"，不"失去""人"自己。

于是，我们有"静"、"谷"、"虚"、"盅"等思想，以"空（无）""容"万物，以"无"致"有"，"从无到有"。而为避免"有了"就"完了"，为使其"没完"，"没了"，则要"守住"那个"无"。所以，在老子思想中，不仅"从无到有"重要，而"从有到无"同样重要，其重要性在于：既然"从无"才能"到有"，那么只有让那个"有"仍回到"无"，才能有"新"一轮的"从无到有"。

甚至"人"的"生死"也可作如是观。一方面，"生"是"有"，"死"是"无"，而人之"在世"，既是"生"（有）的过程又是"死"（无）的过程。这个意思我以前说过了。但如换一个视角，既然"人"为"无"，则"生"为"无"，而"死"反倒为"有"。此话怎讲？

其实，这是一个很普通的经验的道理。我们常说，"死"是"物化"，是"回归自然"，"物"和"自然"当然是"有"，所以这些话的意思就是说，"死"乃是"失去"了那个作为"人"的特性的"无"。"死"了，就是永远的"有"，再也没有机会作新一轮的"从无到有"了。于是"人"就失去了"生命力"，失去了"创造性"。

在这个意义上,"人生在世"的过程,是一个"有"的过程。你去立功、立言、立德,等到了"功成名就",真的"有"了,你也就"了"此一生,你的"一生"也就"了"了。所以,老子告诫,"人"要能"功成身退",退出"有",进入"无",退出"死",进入"生"。所谓"出生入死"而又"置之死地而后生",要有开始重新一轮"从无到有"的能力,必须有"从有到无"的功夫。

我觉得,老子的学术,致力于"从有到无"者多多,因为"从无到有"在不同程度上,人人都在做,而"从有到无"的见识和修养,则远非人人都具备的。

按胡孚琛的研究,《老子》书同时也是道教、仙学的原典,所以不仅是哲学书,还包括了宗教、养生等学问。我们做哲学的,相信在宗教、内丹养生方面,仍有哲学的问题在,所以也很重视孚琛从科学的观点实事求是地探讨这些方面的研究成果,对这些成果也要认真学习思考,以求哲学理路之贯通。不过这方面我就没有发言权了。

胡孚琛在书里提出一个很有意思的见解:道学主张"身国同构",而儒家则重"家国同构"。果如是,我们可以看出,道家将社会看成一个生命体,而儒家则看成多个生命体之间的关系。一个生命体当然也有各部分的关系需要协调,但多种生命体则更多伦理、道德关系,所以这两家才形成中华文化的大支柱。

1998 年 7 月 1 日于中国社会科学院哲学研究所

(原载 1998 年 9 月 28 日《人民政协报》)

读书与写书

我喜爱音乐,但完全不求甚解。有时边听边看乐曲的说明书,看完就忘,更不去着意弄懂它。有一次,我在一份说明书上,看到介绍俄罗斯作曲家普洛克菲耶夫说,他在作曲时时常想到,如果海顿、莫扎特活到现在,对于这个题材会怎样写曲子。说明书还说了其他许多事,都忘记了,但这个意思却牢牢记住了。我很惊讶,普洛克菲耶夫作曲怎么也有我写书如此相同的体会!

"写书"为什么要先"读书"?不"读书"为什么写不好书?古代写"第一"本书的"作者"无书可读,所以凡有"创造性"的人则应效法"第一者",只"读"天地、社会的大书,不必读那世人写的小书,这样才能保证自己不受世俗的影响而成为"创始者"。

首先应该说,读天地社会的大书的确是很重要的,学者的思想的确不能仅限于写在"书"上的小书,要面对活生生的现实问题。读天地社会的大书、联系实际的问题,亦即胡塞尔说的,"回到事物自身","回到原始",而不纠缠于语言之表象意义。

然而,即使在最基础的意义上来说,我们还免不了"读书",读大书也是"读书",从根本上来说,是更为重要的"读书";因而是"读书"之后才"写书",不是不读书就"写书"。海德格尔说,"人"是先"听"了才"说"的,也就是说,先"读"了才"写"的。先体会出天地社会的"意思",然后才"写(说)"你自己的"意思"的。

再说,你"读"天地社会的"书",他人也"读",古人也"读"。在那历史的长河中,在那茫茫人海中,总有人比我聪明的,"读书"(不管大书或是小书)读得比我好的,写出来的意思比我高明的,如果我不去读他们写的(小)书,难保有"智者千虑,必有一失"的情形。

可见,"写书"和"写曲子"道理是相通的。普洛克菲耶夫感到他要作曲,必须先"听"海顿、莫扎特的曲子,体会他们在他们的时代是怎样作的,然后努力以这种精神来指导自己作曲,设想自己就是现时代的海顿、莫扎特。

显然,这就不是在现时代"模仿"海顿、莫扎特。我们听普洛克菲耶夫的曲子,没有哪一首是"像"海顿、莫扎特的;普洛克菲耶夫的曲子是很"新潮"的,有时还挺"怪",但他却是"设想"海顿、莫扎特两位古典大师如果和他同时就会和他作相同风格的曲子。你可以对普氏的曲子有这样那样的看法,但他这个想法,他这种精神,至少是值得尊重的。

我有时也"写书",说说我对天地社会问题的感受。但我特别注意的是想弄清楚,如果古代一些大哲人活到现在,他们对这些问题会有什么看法,他们会怎样说,怎样写。为此,我在"写书"之前就必先"读"他们的"书",读一遍当然不行,有的书还得翻来覆去地读。读得"熟"了,就好像他们还"活着那样,你来"替"他们"活"着,"替"他们"说话"。这时候你说出来的"话",当然是你"自己"的,但也有他们的意思在内。这样,你的"话"(书),就既是"新"的,"创造性"的,又是"继承"了的,有所本的,有传统的。

我一直努力在这样做,但得到的成绩却是很不理想的。我毕竟不是普洛克菲耶夫那种有天赋的人。

1998 年 6 月 12 日于中国社会科学院哲学研究所

古今中外，有分有合

中国自近代门户开放以来，西学东渐，时而竟如激流涌进，蔚为大观。中国学人出于各种原因，致力于西学的研究，已有百年以上之经验，确有自己的成绩，至于未能为西方学者充分重视，当别有缘故，不全是学术本身的原因。

不过，就中国学者来说，研究西方的学术文化，又具有学术本身要求的意义在内。

从更远的历史来看，中国学者大体是不很保守的，真正保守顽固的是少数。盖因学术本身就要求兼容并蓄，博采众长，才能求得学术的进步；闭门造车，抱残守缺的态度，向为学者所不取。有时我们看到历史上一些有大才能的人，也有偏颇激烈的态度，则往往掺杂了别的原因，而不纯为学术故。譬如董仲舒之罢黜百家，自是从政治立意，更有韩愈《原道》之论，如非别有原因，则现今后学小子又该如何理解？

所幸中华学术数千年的历史，已将儒、道、佛诸家糅合为一。分可为专学研讨，合则为中华学术灵魂之一体而不可分割；料想东西之学术，前景亦必如此，其汇通和合之趋势，已不可阻遏。

学术的汇合，是世界交往趋于一体自然的大形势下的一个方面，要将这个方面的事做好，则学子们又责无旁贷。于是检讨我们的治学方法就有了重要的意义。

学术的分殊很多，我们的研讨在于哲学方面，而这个方面或可说是学术文化的灵魂部分。

一

说到哲学，大家马上会联想它的发源地希腊。不错，哲学作为一个学科形态来说，起源于古代希腊，所以在这个意义上说，哲学本来源于西方，因此我们理应多多向西方学习；不过我们却不宜说中国的传统里就没有哲学问题。学科形态不同，但问题是相通的。所以我们才在原则上可以说，西方的哲学传统和中国的学术传统是可以沟通的。

学术上的沟通，当与实际上的沟通密不可分。实际的沟通为学术的沟通创造了客观的条件。但学术上的沟通，又有自己艰巨的任务。

兵法上说，知己知彼，百战不殆。治学犹如治军，"知己知彼"也是一个重要原则。可是，学术上的"知"，是很难的事，理解上也会有不同。

譬如人们会觉得，既谓学西方哲学，则学务求新，一时间，新思潮、新名词犹如潮涌，或有"追踪"不上者，遂自惭形秽，大有落后之感。回想80年代初期，"存在主义"满天飞，言非"萨特"而不著，语非"尼采"而不显。风气初开，在所难免，对于人心也有激励的作用，但尚须进一步向学术深化。

求"新"自有其学理上的理由。"新"者，为我们尚未"知"的事物。既尚未知，则要去学它。但学术上的"知"，不仅仅要知其然，而且要知其所以然。

学术上介绍新思潮，使人们知道有这么一回事，当然是重要的，但只是极初步的；就学术来说，如果只知道有这么回事，还不能说真的知道了这件事。所以，所谓"知"，有各种层次的意思在内。

我的意思是说，就我们研究西方哲学来说，不要只注意现代的思潮，而忘掉了哲学史的学习和研究。就现在我国研究西方哲学的现状看，有必要提醒一下。

就我近几年接触的情况来看，我感到我们对西方哲学史的研究正在萎缩。我们研究所设有专门的"西方哲学史"研究室，过去在贺麟先生领导下以黑格尔和德国古典哲学为重点，不夸大地说，是我国这方面研究的重镇。然而近十多年来，这个研究室真正研究"史"的，很少了。我们很少研究西方古代哲学，中古哲学也后继无人，原有的古典哲学的优势，渐渐丧失殆尽。我们已没有这方面的专门人才。就科研工作看，西方哲学史的题目很少人做，做了也很少有人注意；这些题目，只是在研究生的博士、硕士论文里偶尔可以见到。

且不说这种情形与我国数千年文明古国的身份极不相称，就是对西方哲学新思潮理解本身，也是不利的。我感到，对一件事情如果缺乏历史的考察工夫，就不能说已真正知道了它。对于西方的哲学这件事，更是如此。

不错，西方哲学的确有一个"反传统"的"传统"。从亚里士多德开始，就倡导"吾爱吾师，吾犹爱真理"之说。他在《形而上学》里评点前贤，尤其对柏拉图的理念说多有批评，开了科学批判的风气，可谓功莫大矣。

西方哲学这个"反传统"的"传统"，发展到近代，逐渐凝聚为"反形而上学"的思路，反的正是由亚里士多德创立的"形而上学"这个传统，这对于亚里士多德来说，多少有点讽刺的意味。

在西方近代，首先发难批判亚里士多德的是英国的培根，他的侧重点在揭示亚里士多德"工具论"的不周全，遂倡"归纳逻辑"，强调哲学之经验性，开英国经验主义的先河，至休谟产生了怀疑论，引发出德国康德的哲学变革。康德哲学的矛头仍指向"形而上学"，因德国哲学从莱布尼兹到沃尔夫，又走向了体系性的"形而上学"。

康德从一个强有力的基础上对"形而上学"进行攻击，动摇了这个传统的根基。康德清楚地指出，从亚里士多德以来的形而上学，特别是沃尔夫学派的形而上学，企图以只适用于经验范围的范畴体系解决超越经验以外的"形而上"问题，是劳而无功。康德这方面的工作，后来无人敢于忽略不计。黑格尔寻此思路向前推进，要在经验范畴之上建立一个"思辨"（Spekulativ）的范畴体系，为"哲学-形而上学"设一安身立命之处，遂使自己成了近代最大的"形而上学者"。

黑格尔哲学成为本世纪以来的众矢之的。英国的经验论者如 G.E.摩尔如此，大陆的超越论者如叔本华、尼采，亦复如是。只是为反这个形而上学传统，人们不必远求亚里士多德作靶子，只须近取黑格尔，就可囊括此种传统于一体。

此种反形而上学之特点，直到胡塞尔、海德格尔以及当前"后现代派"诸公，都十分鲜明。在这个"反形而上学"的大旗下，当然又有各种的具体学派、学说，但他们都认为前人或别人都反得不够彻底。

在这样一种"反"字当头的潮流中，很容易有一种错觉，似乎西方的哲学家都是在努力"舍弃"历史的，似乎把历史"切断"了，人们才能"自由"发挥自己的思想，才有"创造性"。或许他们当中有人真的是这么说的。但我觉得不管这么说的动机如何，这种说法多少带有一些欺骗性。事实上，他们当中反形而上学反得卓有成效的，往往竟是很博学的大学者。

我们可以不以海德格尔为例，因为他虽反形而上学很彻底，但他自己的学说是强调"历史性"的。或许我们以富柯为例。他把"知识"埋在了"考古"的"层面"里，成了"断裂层"，真的有点"隔断""历史"的味道了。

不过我们读富柯的书，同样会感到他是一个博学的人，就像一个真正的考古学家必是一个博学的历史学家一样。富柯强调历史文化的断裂层，就要对这些断裂层做大量的调查研究，要读许多书，甚至读一些生冷的书，以便思考一些生冷的问题。似乎他觉得透过这些问题，更容易把他的独特的想法阐述清楚。于是，他对某些病人的病案、古代罪犯的案例等等从未被哲学家注意过的材料，做了认真的研究。如今这些材料已出版一些，确可以补传统哲学的不足。也正因为这些做学问方面的特点，当人们尚未完全了解富柯在哲学方面的贡献时，都认为他是"历史家"、"文化史家"。

还有一位脱胎于现象学、海德格尔而又深受富柯影响的德里达，以激进的"后现代""解构主义"著称。他的"de（解）"好似一根大棒，遇见什么就打什么，的确是"所向披靡"。因为任何哲学的"体系"，都不会"天衣无缝"，都架不住"三斧头"，任何"结构"起来的东西，也都有"解法"。德里达的解法是把"时间"的东西拉到"空间"来。"时间"被认为不可解——真的是像"原子"一样"无缝"的，只是原认为与"时间"一脉相承的东西，确仍是在"空间"层面里存身的，仍是在"断裂层"中。这是德里达"解构学"的理路。但是我们看到，在这个理路下，德里达在具体做"解"的工作时，倒也十分的仔细，有时竟近乎繁琐——要"解"一个"体系"必须摸清那个体系的内部结构，才能"揭示"（解）它的矛盾，要像我们古代"庖丁解牛"那样，对"牛"的"结构"，有确切的知识，才能做到"迎刃而解"。所以，德里达也是博学的，甚至是"杂学"的。更不用说，他自己的学问自有师承。他早年注释胡塞尔《几何学起源》的书，直到最近自己还在强调不要被遗忘。而在这本书里，他的确是在认认真真地读胡塞尔的书。他的注释部分比胡塞尔的原文多得多，而要真正了解德里达的思想，这本书的确是个关键。

二

就我个人的工作体会来说，我也愿意提请青年学者注意西方哲学史的研究，切莫以为柏拉图、亚里士多德这些人只有历史的价值而对现实的哲学没有多大的关系了。我认为，大凡历史上的大哲学家的学问，都不仅仅可以引发历史的兴趣，而且同样可以对现实哲学所关心的问题有启发作用；也就是说，他们的学术，仍然有"活"的东西。

我原是搞西方哲学史的。一个时期我侧重在德国古典哲学，特别是康德哲学，后来对古希腊哲学发生兴趣。最近这么多年，我对欧洲的当代现象学系统做过一点工作，特别是海德格尔，我比较重视，花了不少的精力来读他的书，我觉得收获很大。

然而，我越读现在人写的书，就越觉得我的哲学史基础不够，就越想从头至尾好好再读西方哲学史上的原著。

历史上有些名著是必须经常读的，譬如康德、黑格尔的书，要读得滚瓜烂熟才好。海德格尔在《存在与时间》里说这只是一个引论，预告还要写下去；但他第二本书是《康德与形而上学问题》。我们读海德格尔这第二本书，感觉到他对康德哲学的认真、仔细甚至是虔诚的态度，这在海德格尔的著作中是极少有的。在这里，海德格尔当然也是发挥他自己的思想，批评康德的哲学，但看得出来他是在认真地做学问，而不是以康德为靶子来借题发挥，所以西方学界说海德格尔这本书是"学术性"的，够"学术的"（scholastic）水平，而他大量谈论古代希腊哲学的文章却鲜为西方古典学者认可，足见海德格尔对康德的重视态度。这就是说，我们在研读海德格尔的著作时，同时也要注意读康德的书。

从学理上来说，海德格尔和黑格尔也有非常密切的关系。海德格尔的思想的直接来源是他的老师胡塞尔。他自己说过，他始终没有离开过"现象学"系统，这是有他的学说为证的，不是敷衍的话。胡塞尔"现象学"和黑格尔的《精神现象学》据说没有史料证明有多大关系，不过我总觉得在思想影响上是不可能没有关系的。胡塞尔的现象学是康德、黑格尔哲学的现代发展。康德的"理念"是不显现的，而黑格尔的"理念"是"显现"出来的。这一点胡塞尔很像黑格尔。但黑格尔在"存在论"方面的思想，胡塞尔没有，这方面是海德格尔发展了，所以海德格尔更接近黑格尔。这样，我最近在做海德格尔关于"有"、"无"问题时，就一定要再读黑格尔的书。

问题也绝不限于德国古典哲学的著作。

学哲学的一般都学过西方哲学史，有的不只学过一遍，至于经典原著也会多少念过一些。我现在想说的是：哲学史上的经典名著，几乎每一部都值得我们认真读它多遍的，而且保证每读一遍，都会有收获。这些著作是常青的。

譬如斯宾诺莎的《伦理学》，是贺（麟）先生从拉丁原文译出的。贺先生签名送给了研究室的每位同事。我的确还对照拉丁文本读过，书上个别地方标有拉丁原文。去年我为研究宗教问题，拿出来看看斯宾诺莎是怎样论证"神"的"存在"的。过去我也读过安色美的论证，对这个问题应不陌生；可是当我重读斯宾诺莎《伦理学》时，我大为惊讶，我感到我以前似乎没有读过，书上的一切对我是那样的新鲜，而那些词句明明我是记得的。譬如开头斯宾诺莎就讲"自因"，这个问题我绝对是知道的，但我却没有把握住书中论证的精神，这种论证在它自己的系统内，竟然有如此的力量，一环扣一环，把问题说得如此彻底，而一点含糊的地方也没有，这在以前我是没有意识到的。《伦理学》第一段不长，但却非常坚实，道理说得非常透彻。读这一段，可以感染到斯宾诺莎作为哲学家思考问题的明快、彻底的一丝不苟精神，所得的就不仅仅是对"自因"这个问题的具体理解，而且有一种方法论的意义在内。就凭所受到的这种感染，就足可以让人认认真真地把这本书从头至尾地读一遍。

为了研究宗教问题，当然不能放过英国那位巴克莱。这位大主教因为说了"存在是被感知"而臭名远扬，狄德罗斥之为"发疯的钢琴"；我听说对这句话现在也有一些新的理解，于是，我也找出巴克莱的书读起来。应该承认，这本《人类知识原理》我过去没有念过，因为觉得它太简单了，已经不值得费心思去读。现在我感到这个态度明显地错了。当然，至今我还觉得巴克莱这句话是错的，但它的意思并非简单地认为一切尚未感知到的东西都不存在。它的意思是说，存在总是可感的。所谓不可感的"绝对"、"抽象"的东西，不是存在。这本是中世纪"唯名论"的一种说法，旨在否定抽象"观念"的存在性。同时，巴克莱也并不是说，"我"没有"感到"的东西就不存在了，但他既然说了"存在是被感知"，在"我"感到与不感到的问题上就会遇到困难，巴克莱倒也没有回避这个难题，而是利用这个问题引出了"神"的问题来。他说，我们之所以不能说"我"没有"感到"的事物就不存在，乃是因为还有"神"在"感知"它们。这个理路，我们尽可以而且应该批判它，但倒也不可以在学理的意义上说它是发疯了；狄德罗当然是在一种讽刺的、艺术比喻的意义上才说那句话的。这样，巴克莱的主观唯心主义尽管所当然地受到包括康德、黑格尔在内的严厉批判，而他的书还是应该而且值得读的。

如果说，巴克莱的"存在是被感知"已是现代现象学讨论的一个问题，那么笛卡尔的"我思故我在"则在现象学中就占有更重要的地位了。于是，笛卡尔的书就更要重新读过。笛卡尔的书也是不仅给人以问题上的启发，而且给人一种精神上的感染。笛卡尔与胡塞尔在学风上息息相通，他们对问题都有一种不断探索的精神，从不轻易相信什么，但他们的目标是要达到一个绝对可靠的基点。笛卡尔被认为是怀疑论、二元论者。胡塞尔对自己的学说经常处于修改之中。但他们一旦认准了，则毫不动摇，坚定不移。他们都有所信，有所不信。无论信与疑，都要根据理路来。哲学的思维，绝对排除盲目性，这是哲学的生命所在，也是它不同于宗教的地方。真正的哲学家，无论信与不信，都要问出个"理"来，笛卡尔的"我思故我在"就是要替"在"找出一个"理由"来。因为万千品类，朗朗乾坤，从感觉上这个世界的存在是无可怀疑的；但正如古代希腊哲人已经指出过的，"飞矢不动"乃是"理路"上的必然结论。而大千世界，又是过眼云烟，甚至转瞬即逝。"存在"又"在"哪里？你不能光"指出"（维特根斯坦的 zeigen）一些锅、碗、瓢、勺来就算完事，请你"证明"给我看看！"存在"的"根据"（理由）何在？笛卡尔说，"在"的根据是"思"，以"思""证""在"。你可以不同意这个理路，但你必须重视它。

表面上看，胡塞尔的思路和笛卡尔很不相同，但是胡塞尔的现象学让"事物"自己显现出来。这个"事物"就不是感觉的，而是"理念"的，是"纯心"、"纯思"的产物。"理念"不是"感觉"。它不是过眼云烟,而是永恒不变的,坚定不移的,永远地"在"那儿,绝不允许半点的"怀疑"。我们看到,胡塞尔和笛卡尔一样,同是以"思""证""在"。同时我们也可以说,无论胡塞尔还是笛卡尔,他们"求"的是一个"证"字。哲学家的任务就是要对那难以"证"的问题思考出一个"证明"的路数来,从"疑"而到"不疑",这是一条——或是许多条艰苦的道路。

所谓"道路"就不是一个"点"。我们在继续走前人的"路"。我们会发现前人没有走过的新路。"路"也不会是笔直的,有向上的路,也有向下的路,更有那弯弯曲曲的路。无论如何,这是"路"。既是"路",就有"前途"。在中文里,"前途"有两个意思:一是指"过去"的"路",一是指"未来"的"路"。

我们既然"在路上",我们就不可避免地要走一段前人的路。我们"在路上",我们就"有"一个"过去"和"未来",我们"有""前途"。人生不是转瞬即逝的过眼云烟。就哲学的工作来说,我们正在把前人想过的问题重新再想一遍(或多遍)。既然是"再"思,"再"想——"再"走,就会有不同,就会有自己的特色。但这个"特色",这个"自己",也是"在""历史"中,"在"路上,而不是在一个瞬间的"点"上。

三

做哲学,我主张与古今中外各位哲学家进行"对话"、"讨论"、"辩论"。我这个意思并没有什么新东西。事实上,任何称得上"哲学家"的,都在不同程度上、以不同方式进行对话。自己的独创性,是在与他人对话、讨论、辩论的基础上开发出来的。

历史上许多大哲学家生活的时代不同,如何让他们讨论起来,即使是现今尚活着的哲学家,要他们聚到一起来讨论学术问题,也有实际的困难。这时候,"我"的作用就出来了。就我个人的工作习惯来说,我常常是把一些哲学家"邀请"到我的"书斋"——在所里是我的"写作间"——来,由我做临时"召集人",敦请各位发言讨论。当然,他们的发言稿,都是我"替"他们拟的,我此时又是一个"秘书"。这个"秘书"不好当,"替"人说话要符合人家的意思，所以必须先把人家的书读懂；又不能照搬书上的话，要针对问题说出相应的话来，这是很不容易的事。更何况，"我"一个人要"替"好几个人说话，还要让他们针对问题辩论起来，再加上来的都是大学问家，"主持"这个研讨会的难度就可想而知了。不过，这样的研讨会倒也不会劳而无功，往往是颇有收获的呢。譬如，根据档案的材料，胡塞尔跟黑格尔没有多少讨论，那么，我来请他们讨论讨论。几次研讨会一开，我这个"召集人"得益匪浅。当然，这样的研讨会，法国的一些学者已经召集过多次。他们相信胡塞尔的现象学与黑格尔的精神现象学有相当的关系。

我把这种方法叫做"让六经自注"。

我们中国传统的学问中有"六经注我"与"我注六经"的区别。表面上看，前者突出"我"，后者突出"六经"，实际上都离不开一个"我"字。"我注六经"似乎"我"都是根据"六经"说话，但弄不好也会把"六经"作为工具来为"我"服务，而"六经注我"则也要看"你"是怎样的一个学问根基，如果强调的是按照"我"的意思强加于"六经"，弄不好也会变成"歪批三国"；不过，看来二者都会设定一个强手的"我"。我们这里说的"让六经自注"，则只要一个中等人才的"我"就能做到，而我感到，我们大部分从事学术工作的人不是天才，所以我这个工作方式具有更普遍的可行性。当然，用这个方法，"主体性"的"我"就不能那样"张扬"，的确有点不过瘾；不过我想这对于大多数学术工作者来说，却不失为成才之道。

"让六经自注"倒也不完全是无"我"，那么，"我""在"哪里？"我"正"在"那"让"字中。正是在那"让"六经自注的讨论中，"我"才成为"我""自己"。

"我"不是一个抽象的概念，也不是"命定"了就是这样、那样。就学术的"我"来说，更不是天生的。不是说有一个天生的、有学问的"我"来"注"六经，也不是捡那六经中对"我"有用的东西为"我"锦上添花。学术的"我"，是"我""让"六经反复讨论的"结果"。"我"的"创造性"，"我"的独特性，"我"之所以成为"自己"，全是"在"这个"结果"中。

"结果"、"成绩"会有大有小。如果成绩大了，"六经"就会变成"七经"、"八经"、"九经"、"十经"，"我"也就成了"大哲学家"、"大儒"；即使成绩小些，做个一般的学者，在某个方面对学术有些贡献，也是好事。我感到，总比那流产了的"天才"好些。

事实上，我们学术界，早就拥有了成千上百的"经"。古今中外称得上"经"（经典）的著作，不知有人统计过没有，当然绝对不止六部。这些"经"要它们自己讨论、辩论起来，召集这样的研讨会，实在是个大工程。这里的"我"，就只能是个复数形态了。

我们不但要让中国的"经"自己讨论，让外国的"经"自己讨论，而且还要让中外的"经"互相讨论起来，所以我们的任务当然是非常艰巨的。

四

中西文化的交流，由来已久。当今的世界，谈论孤立的文化圈，已毫无意义。但这并不意味着各个文明、文化的特色终将泯灭。正如六经的汇通，不等于汇为一经，而经过交流讨论，各种文化的特色也会更加丰富，更加充实。

现在研究中国的学术，大都重视以西方的学术为参考系；但研究西方学术的往往不很重视以中国学术作参考系。不但西方的学者研究他们的学问时置中国相关学问于不顾，即使中国的学者研究西方哲学的，也很少涉及中国的相关学说。所以我在这里首先要说的，是提请我国西方哲学的专家也要注意研究中国的传统哲学。

现在，我国研究中国传统哲学的专家已经相当重视同时了解西方哲学的问题，尽管有时有些勉强，或者简单类比，或者知之不甚确切，但只要向这个方向努力，必定会有成绩。问题在于我们研究西方哲学的，长期不重视研究中国哲学，是相当不可取的一种态度。

这种态度的持续，其实为时并不很久，但我们这一代人研究西方哲学的，大都有点这种倾向。究其原因，无非是觉得中国传统的思想，哲学味道不够，没有西方哲学的那种形而上学的深刻性，也没有西方知识论的那种逻辑性。甚至至今还有人认为，中国没有形而上学，当然认识论也不成体系。在很长一个时期，我也持这个意见，只是没有发表出来而已。

随着时间的推移，慢慢地感到，这种态度虽有其一定的原因，但过于偏激了。

我们先不必从"哲学"这个学科名字来考虑，因为这个名字不仅在古代希腊，就是在近代，西方人的用法也是不完全一致的。譬如，英美人和德国人就有差别，从专业的趋向上我们也可以看出一些区别。英美学者似乎可以把那些讨论基础理论问题的学问都称作"哲学"。我们先放下（悬搁）这个问题，而看"哲学"最普遍的意义。在这个意义上，我粗浅地有这样一个感觉：我们中国传统的思想，就古代的原典来说，一点也不比古代希腊早期的残篇逊色多少。我常想，我们有什么理由说泰利士"万物始基为水"这一句话要比我们《老子》的五千言就一定高明多少！

当然，柏拉图的《对话》比孔子的《论语》在问题的分门别类的讨论上要系统些，清楚些。不过，细想柏拉图（苏格拉底）的"理念论"和孔子的"仁论"，却也有不少可沟通的地方。我想，其原意都是"各就各位"的意思。柏拉图说世间万物都要"附合（分享）"自身的"理念"。孔子的"仁"，也是要人守住自己的"位置"来发挥自己的作用。"仁"就是"核心"、"中心"，就是"自己"。而这个"自己"又是从各种"关系"中出来的，如"君君臣臣父父子子"。孔子"安仁"，这是"按仁"，就是柏拉图的"附合（分享、按照）理念"。当然，在具体的说法上，有许多的差别，需要仔细的研究，不过我觉得在立意和宗旨方面，是相当一致的。大家都在考虑世上万物各自（自己，self, Selbst）的"位"，以求世界、宇宙的合理、和谐。

不仅如此。我还觉得，无论古代中国或希腊的哲人，都已考虑到事物各自的"理想"的"位"，具有"超越性"。世间万物纷呈，变化万端，人间的理想模式是在"天"上。天上的日月星辰，遵循着一定的规则，周而复始，"周行而不殆"，真正做到了"各就各位"，实为人世之楷模。上天以其"合规律性"的韵律，庄严、肃穆而神秘，吸引着古代哲人的遐思，中外概莫能出其外。

我想，问题大概出在后来。随着时间的推移，中西哲学逐渐产生出越来越深刻的区别。西方的哲学，作为越来越成熟、独立的学科，逐渐形成了自己的范畴、问题的逻辑思想体系，而中国哲学的独立性发展则比西方要缓慢，道路也不尽相同。

西方哲学，从古代的"始基"、柏拉图的"理念"、亚里士多德的"实体"，把人们的思想吸引到"(事物)自己"这个核心问题上来。哲学家协助人们追问"如何理解事物自己本身",如何理解事物的"本质"。为此哲学家构思了一套一套的哲学体系。这种情形直到康德才有所改变。康德指出了"物自体"(Dinge an sich)"不可知",这对西方哲学的传统实在是一个很大的冲击。他所谓哲学里的"哥白尼革命"应是指这一点才更加合适。原来,人们两千年来所作的努力都只有反面的意义。"事物"的这个"自己(自体、自身)"并非经验科学所能企及的一个"对象",而只能是人们在道德实践领域里"悬设"(postulate)的一个"理念"。于是,从柏拉图以来的"理念论"有了新的含义,而亚里士多德的"实体",则成了问题。"理念"和"实体"重新结合,由黑格尔发展成一个新的、辩证历史的哲学体系。

看来,康德的"物自体"的问题重点不在"物",而在这个"自体(自己、自身 sich, Selbst)"。

我觉得,这个问题到了海德格尔,又有一个新的局面。海德格尔似乎把这个"自己"的问题和"人"作为"Dasein"的"有限性"、"有时限性"联系起来,亦即,"人"是"会死的"(mortal, sterblish)。我们看到,世上万物,作物理的存在者来看,都是相互渗透的,我中有你,你中有我;似乎只有"人"之"死"完完全全是"自己"的事,是任何"他者"代替不了的。在这个意义上,我们可以说,是"人"作为"Dasein"才会"追问""自己"这个问题,"(物)自体"的问题,只对作为"Dasein"的"人"才开显出来。而同时,所谓"自己",与所谓"自由"(自己决定自己)的问题又密不可分,"自由"也只有在"Dasein"的"有限性"、"会死性"这个意义上来理解,才有存在论的意义,而不是空洞的"任意性"。

我们看到,在康德那里,"物自体"不可知的问题,虽然也是和"自由"的问题联系在一起的,但又的确是对"有限的理智者-人"才存在的,对于"无限的理智者-神",则因其"全知全能",不会产生这个问题。于是,海德格尔的思路,就既是有渊源的,又是有很大的创造性的。海德格尔不是从传统的一个设定——"人是有限的理智者"——出发,而是从一个经验必然的事实出发,引向一个"超越"的"(物)自己",从而使这个"超越"的问题,不仅仅是理智推论的,而且是切身可以体验到的。在海德格尔的学说里,既有逻辑推理的必然性，又有情感体验的直接性。

中国传统的思想发展，固然有与西方哲学史的对应关系。但由于中国实际历史发展的特点，将这个哲学上的"自己"的问题，将"仁"的问题，主要地集中在社会政治伦理方面，而"形而上"的问题似乎又限于"道学"。"仁学"在哲学层次上让位于"道学"，遂使中国的哲学似乎始终悬挂在"天上"，而没有真正回到"人间"。我总觉得，就中国传统的后来发展来看，我们慢慢地失去了"人"作为"Dasein"这个"度"，或者这个"有限的"、"自己的"、"自由的""Dasein"的"度"相对地比较孱弱。因为"Dasein"这个"自己"、"自由"、"自因"的度开发得不很够，所以与其相应的"他者（Other）"，也就不很突出。也就是说，中国传统的思想的发展，对于"自己"和"他者"的分门别类的考虑，比起西方哲学后来的发展，在深度和广度上都嫌软弱；但中国的传统，在另一个方面却也有西方哲学所考虑不周的地方，这就是关于"中"的问题。

如前所述，在春秋的时代，特别在孔子的思想中，"中"和"仁"不可分。《论语》也记录了孔子对"中庸"的重视。后来，这种从"仁学"发展出来的"中庸之道"，为宋儒所发扬光大的"中庸"，成了"儒学"、"仁学"的重要内容。

如何理解"中庸"，是研究中国传统哲学的大问题。"中"的内容很丰富，"庸"字则更为难解，为什么"庸"这个常带贬义的词，在这里却有如此崇高的意味？

"庸"是个多义词，有"得"、"用"、"常"等意思。"中庸"二字可分可合，分开来，"庸"与别的词搭配，常是坏的意思，如"庸才"、"平庸"、"庸俗"；而这里的"庸"，也是取其"中等"的意思，言其"水平一般"、"中等水平"、"平平常常"。甚至"中庸"在日常的语言中——非学术的语言中，也会有贬抑之意，我们居然也可以说"中庸之材"这样的话而并不指他是个"君子"。

为宋儒们强调的学术意义上的"中庸"或许就是"中"的意思的加强，"庸"也是"中"的意思，所以有"居庸"之说，"居庸"即"安仁"。

参考海德格尔的办法，凡事从动求静。"Sein"作为名词仍保留着"动"词的意义。或许我们也要首先从"动态"方面来理解"中"的意义。"中"者，

"中（去声）"也。凡事莫不中的谓之"中"（平声），而这个"的"，即"事物""该"是"什么"就是"什么"，就是"不偏不倚"地是"什么"。这样，如前所说，"中"即"各得其所"，同样也有"各得""自己"的意思。

不过既曰"中庸"，当有避免"极端"的意思在内，这个"自己"，也不是极端的、绝对的"我"，当然也非极端的、绝对的"他"，而是居中的"你"。

于是，我们看到，马丁·布伯努力寻求的那个"你"，在中国传统的"仁学"、"中庸之学"中，能找到更多的体会。

西方哲学因为柏拉图把万物之"位"定于"理念"，后世稍不审慎，就会从抽象的"概念"方面去理解。这样，久而久之，除非个别例外，一般就把思想和现实、一般与个别坚决地对立起来，真的成了"两极"。于是，原本要指明事物"正身"（identity）、"自己"的具体性，却转化成一个抽象的"概念"；"杯子""自己""正身"是"杯子"的"概念"、"理念"；而与其对立的具体的"杯子"，则瞬息万变，竟保持不住其"自身"。这种倾向，到了近世受到了严厉的批评，问题的重心又从"一般"转移到与其对立的"个别"——individuality。如果说，"一般性"为"他"，则"个别性"为"我"。于是，在"人"的"格"、"位"上，又强调"我""位"。"我"就是"我"，是绝对的"个性"，绝对的"自己"。由于这样一种"两极分化"，不但"物自体"，就连"我自体（我自己）"也是"不可知"的了。"我"成了最神秘的东西，遂有"我是谁？""谁是我？"之问。

看来，我国传统的"中庸"、"中道"，根植于"仁学"，居其中而兼顾"二者（人）"，居"你""位"而兼顾"我"、"他"，岂不灵活得多？

五

当然，我并不是说，中国的传统学问对这个问题已经开发得很好，后人只要拿过来就行了；恰恰是因为我们这些传统的思想，缺乏西方那种"两极分化"的分门别类的个案探讨，所以显得不够清楚，不够彻底，不够系统，这时西方哲学正是一个很好的参考系。我只是想强调，研究中国哲学的，要注重研究西方哲学；研究西方哲学的，也要注重研究中国哲学，不要觉得中国哲学表面上不太像"哲学",就不予重视。我认为这是一种偏见,是应该克服的。

其实,做任何学问都不应失去"自己",哲学亦然;只是这个"自己"不是抽象的,也不是天生的。"自己"是在"历史"、"时间"中"完成"的,是一个"过程"。在这个"过程"中,"自己"不断地吸收、消化"异己"来"完善""自己"。而"自己"的"同一性"(身份,identity)离不开"异己"的"消解"(de-)。中国在数千年的历史中,"化解"了各种"异己"因素,丰富、完善了"自己"。"儒"、"道"两家,已成"互补",而两家又"联手"将"佛家""兼并"、"消化",如今三家已成中华文化不可分割的组成部分,相信在不久的将来,随着"全球一体化"的大趋势,我中华文化将会吸取世界各文化之精髓,更加丰富、充实"自己",使中华文化"自己(自身)"进入一个新的阶段。

在推进中华文化"自身"发展的历史进程中,亦会有我们研究西方哲学专家们的成绩在。我们不仅要引进、介绍(包括翻译)西方哲学各个流派,供研究中国哲学的专家们参考;而且同时也结合研究中国的哲学,主动地做这方面的沟通工作,一方面使自己的研究工作自觉地有助于推进中国哲学的传统,同时也为使自己研究西方哲学更加具有特色,而不仅仅停留在介绍、引进的阶段。

以中国哲学为参考系来研究西方哲学,不仅可以使自己的研究有特色,而且对哲学问题的深入,也是有益处的。

因为种种复杂的原因,过去西方的哲学家对中国传统哲学不了解、有偏见,一般来说是可以理解的。譬如黑格尔,对于中国哲学,特别是对于孔子的思想,诸多贬抑,那是他的偏见。但我们中国的学者并不因此而排斥他,而是实事求是地同样尊重他。实际上,如果他客观一些,或者多了解一些中国的学问,他就会发现,原来孔子的思想,和康德有相当的可沟通之处,这方面的工作,我们中国的学者做过一些,特别是牟宗三的工作,还是很深入的,可惜没有译成外文,不能有更多的影响。就我们后人来评论,康德将"实践理性"放在了哲学体系的宝塔尖上,的确有其与黑格尔哲学体系不相同的旨趣,这方面我们如果参考法国列维纳的工作,也会有所启发。列维纳认为,"伦理学"在"本体论"(ontology)之前,是真正的"形而上学"(metaphysics,元物理学,超越物理学);然而列维纳也认为西方人不必到东方寻求这种伦理的传统,似乎也有一些偏颇。中国人凭着儒、道互补,凭着儒、佛、道诸家汇合,维系着中华文化数千年的大系统,这对于"伦理"、"道德"——"实践理性"问题的思索、开发,当有其深入的地方。如果被忽视,自是别有原因,而绝非学术本身的缘故。

事实上,西方哲学家中,也有一些大哲学家对东方、中国的传统比较重视的,譬如像莱布尼兹对《周易》的推崇,叔本华对印度哲学的研究,对他们本人的哲学思想,程度不同地有着影响。更不用说,现代以来,世界交往的广度和深度日益扩大,亚洲地区的重要性大大增加,中国综合国力也逐渐增大,东方和中国的文化传统也日益受到世界的重视,在哲学上的东西方的互补,也将不可阻挡。

我始终相信,凡大学问家,莫不是胸襟开阔,兼容并蓄的,他的独创性总是包含了广大的内容,他的"自己(自我)"莫不"兼并"了大量的"异己"。他们的"大度",并非全为个人品格,同时也是学术之需要。如果光讲"独特性",那么人人皆然,每个人都是"不可替代"的,但我们并不因此说人人都是学问家,人人都是哲学家。"学问家"、"哲学家"当看他"兼容"的"历史"程度。"自己"是"历史"的;学问家、哲学家的"自己"是学问、哲学的历史形成的。大学问家莫不有开阔的心胸(open mind)。试看海德格尔,他从胡塞尔的现象学出发,几乎兼容、消化了整个欧洲的哲学史。他仔细研究过古代希腊哲学,研究过康德的哲学,研究过尼采思想,对于欧洲宗教文化有很高的学养,而在他思想早已成熟后,接触到东方、中国哲学所表现出来的兴趣,体现了追求真理的大家风度,全不是那抱残守缺、妄自尊大者所能望其项背的。

中西哲学文化的融会贯通,当然先从中国的学者做起。无论从理论的角度还是从已有的实际经验角度看,我们都有一个坚强的信念,就是:中西哲学的沟通不但是必要的,而且是可能的。事实上这种沟通工作早已开始,而且也有相当的成绩。我们记得,王国维以他对康德、叔本华哲学的理解来阐发《红楼梦》的意义。早年贺麟先生把宋明理学和新黑格尔主义结合起来考虑,陈康先生以中国传统文化为背景来理解柏拉图的理念论,宗白华先生以德国浪漫主义精神来阐述中国诗、绘画的意趣,及至后来牟宗三先生所做的工作,等等,不仅以西方哲学文化为参考，对中国传统哲学文化多有阐发，同时也以中国哲学文化为背景，对西方的哲学文化提出了具有中国特色的理解方式。贺先生翻译了大量的西方哲学古典著作，特别是黑格尔的著作，渗透了他对这些著作的理解和研究；牟先生晚年致力于康德三大批判的翻译，也表现了他对康德哲学的独特的理解方式。我认为，他们的译著，对于相关的研究工作来说，是跨越语言、文学意义的必读参考书。

我感到，对于这些前辈来说，他们所要做的工作，并不完全是分门别类的"中国哲学"或"西方哲学"，他们的使命主要在研究"哲学"，思考"哲学"问题，而时无分古今，地无分中西。这样，专业的学问可以有所分殊，而在学理上都是应该贯通的。

时至今日，关起门来谈中国哲学而全不顾西方这个参考系，固已显得寡陋，不堪言学术。但我相信，要不了多久，当西方的哲学教授谈论哲学问题时，如果完全对中国哲学的意见不予参考，或许也会感到自惭形秽。

（原载《中国社会科学院研究生院学报》1998 年第 5 期）

怀念哲学所图书馆

如今属于中国社会科学院的哲学研究所图书馆仍安然存身于科研大楼九楼。"怀念"二字从何说起？不错，这个图书馆还在那里，但已经不是原来那种情形。所谓"怀念"乃是"怀念"原来的那种"情形"，而不是"图书馆"这个"实物"。

那么，这个图书馆"原来"的"情形"又有什么值得怀念的？

我们这个研究所成立于1955年，当时属中国科学院管。随着研究所的成立，也就有了图书馆。这是科研单位的基本条件。我是1956年到哲学所来工作的，当时图书馆的规模很小。我看那时的西文书中有许多上面有张东荪先生图章，特别是一批"Loeb"古典丛书，全是张先生的。后来我们读希腊哲学的原文著作，一直靠这些书。

哲学所的图书馆和我从那里毕业的北京大学图书馆很不一样。就藏书量来说，当然要少得多。但因为它是专业图书馆，单位也不大，所以它显得很贴近我们。

读书人大多爱书，同时也就爱和他关系贴近的图书馆。这样，我们所的图书馆就成了我几十年来最熟悉、最关心的地方。

多年来，我们哲学所有相当一些研究人员，不但从我们图书馆借书、借杂志，而且主动替图书馆选书、购书，当然包括圈选中图进出口公司的图书目录。记得我到所不久，就和梁存秀兄一起到前辈学者傅铜先生家去挑书。那次收获不小。我自己还"假公济私"地买了两本喜欢的书。此后，我们图书馆还立了一条规矩：所里的研究人员可以替所图书馆在外面的书店挑选书籍，先存放书店，再由所图书馆人员去结账。在这条政策下，我在逛中国书店时经常选了一些我自己买不起的外文旧书，让图书馆的同志去拿。应该说，那时的旧书店有许多有价值的书可供挑选，每次都会有收获。

经过大家长期的努力，哲学所的图书馆在我们的专业内，大概是国内藏书最丰的、最著名的了；再加上有一个时期经费尚算可以，我们订的西文专业杂志更是相当齐全，显得格外瞩目，引得北大的一些老师也从西郊来我们这里借阅西文哲学杂志，最常来的大概要数齐良骥老师了。

不仅中国的哲学工作者重视我们的图书馆，就连国外或境外的学者，凡来所访问、参观的，也无不称赞我们图书馆收藏之多，所订杂志之全。前几年台湾辅仁大学张振东、邬昆如教授来，在我们图书馆书库巡视良久，只听他们细声赞叹，连连说"他们有这"，"他们有那"。

我们哲学所的研究人员都以有这样一个图书馆而感到自豪，同时也感到幸运。这个图书馆与研究人员的亲密关系使得它的图书使用起来非常方便。

一般图书馆要进书库是比较麻烦的。我刚到所时因私自让陈启伟入库被狠狠批评了一顿。后来与这个馆的关系熟了，入库查书就不是问题了。读书的人都能体会到，入库查书和查目录卡片以及现在的计算机索引，其感觉和作用都是不一样的。还有那品类繁多的中外文杂志，常常是在随手翻阅之间就会发现意外的收获。

那时候，因为我们图书馆的杂志丰富多彩，所以不但有目标借阅的很多，浏览者更不乏其人。特别是每到聚会的日子，杂志阅览室里挤满了人，要找人，在这个地方八成能找到。我的兴趣很杂，翻阅杂志，是最有趣的事。后来事情多了起来，竟没有时间浏览每年的各类杂志。好几年曾为此而感到不安，发誓一定要补救过来，如今竟是"积重难返"了。

我们研究哲学的，其中也有各种特殊的学科，有的必须掌握大量的最新信息，阅读杂志是必不可少的。也有的学科侧重在理解，有时候一本古典著作要啃许多日子，而且还得翻来覆去地读。于是，反正有书可读，有问题可想，对于新的杂志，如果方便，很愿意浏览，如果不方便，只能往后放一放了。这是人之常情，读书人也难免。

如今这种方便是没有了。而代之以更集中、更科学的管理方法，"得"当然是主要的，"失"掉的过去那种方便当然是很小的，所以这才引起一种"怀念"。"怀念"那被更科学的、更集中的管理冲击掉了的一点点，也许是个人习惯上的方便和亲密的感情。

现在我们哲学所的图书馆只是一个地方的名字了。据说只是因为所的领导的抵制，我们书库的藏书才尚未被重新分配。但书还在，库已死，再也不进新书了。当然新书还是进的，只是统一由院的图书中心进，自然也就入了另库。新书陈列两个月后，当然也可以外借。社科院管的学科很广。选书的事当然还得请各所的专家并热心的人来做。所以，图书中心还成立了图书顾问，每年开一次会，以联络感情，沟通情况。不过总是机构大了，感觉上就离得远点，改变这种习惯也要有些时日，往往是，会开完了，顾问的工作也大体完了。

图书的集中管理当然是有很充分的理由的。一是集中可以避免重复，节省经费，减少浪费，这是非常过硬的理由。有硬梆梆的统计数在那里，谁也不能否认。当然，还有科学管理方面的理由，这是我们非专业人员要学习的。

经费的原因是最能让人明白的。万一经费再紧张，或者世界性书籍再涨价，说不定还要在更大的范围内集中使用图书资源。好在现在有计算机联网，解决起来不成问题。

读书人的确要有充分思想准备应付各种情形。譬如在前二三十年内，我们所图书馆被封闭了许多年，不许借书，因为那时我们的全部业务也都停止了，集中精力搞"运动"。要借专业书怎么办？于是只得改变习惯，上北京图书馆去借，幸好那时北图还开，允许一次借书量虽少，但聊胜于无。我做《前苏格拉底哲学》这个题目时，主要靠的是北图。后来"运动"渐渐搞不下去了，上下都很松劲，凭着我所图书馆"有史以来"的这点交情，图书馆人员冒着一点风险让我们这些人进库偷偷拿书回去读。那时相互讲义气，从未有把书"密"起来的事发生。图书馆被勒令搬过几次家。有些拉丁文的书丢拉在地上好多天，看着直让人"眼馋"，但还是送回了图书馆。

当然，现在的情形和那时候完全不同，而且是绝对相反的，因为现在是为了更科学地管理，更好、更合理地为科研服务。我只是想说明，我们科研人员是可以也有能力适应各种管理方法的。只要是课题必需的而馆藏又有的，是一定要去借读的。

　　有时候人们感到，现在图书利用率大不如以前。这当然并不全是一个院一个所的风气，它和整个的社会风气有关。尽管有关部门大力提倡读书，各报纸也大都有"读书"版，图书出版发行量迅速增加，但真正读书的，增加速度相对地慢得多。也许我们甚至要说，在一定的范围内，现在是写书的多于读书的。对于那些不读书而爱写书的人来说，书就是送到他面前，他也未必读。不过，相信绝大多数的学者还是努力读书以后才写作的。至于读书多少，和自己的主动以及图书来源的方便有关。现在的管理方式，当然也是从这方面考虑的。这一点，是毫无疑问的。

　　正因为如今这个更合理、更集中、更科学的办法大大强于过去那种小里小气的手工作坊办法，所以那种办法是一去不复返了。我想，所谓"怀念"，也就是对那历史上曾经有过的、已不可再得的美好事物的回忆，所以甘冒"科研遗老"之讥，特作此文，以志纪念。

（原载 1998 年 4 月 15 日《中华读书报》）

"思潮"与"学术"

20世纪快速过去，我们面临着新世纪的到来。在我研究的西方哲学领域，思前想后，我有一个大概的印象，特别是对欧洲大陆哲学，可以说我有一个自己的看法。但对我们自己的哲学学术情况，却说不出多少话来，应了那句俗话，叫"说别人容易，说自己难"。

我们自己的学术情况，可以追溯到1949年，也可以再往上追，到近、现代中国哲学学术的特殊情形，再往上，可以直接中国文化历史的大传统，这本身就是一个历史性的大题目，做起来当然更难。现在，我们只着眼于改革开放以来从80年代到90年代，这十多年的时间，谈一点非常肤浅的感想。

回顾一下80年代的学术界，其活跃的局面总是令人鼓舞、兴奋的。那时中国的社会从"文革"的压抑和阴影中解脱出来，百废待兴、百废俱兴，思想活跃的程度，是多少年来没有的，的确是百花争艳的景象。

在这种活跃的场景中，最为突出的是西学在中国的再次受到重视。这也是很自然的，因为改革开放的社会，面对的是一个更为广大开阔的天地。随着政治、经济的交往，学术文化的交流日益增多，在思想学说上也竞相"引进"西方的各种新老学说，一时间尼采、萨特、存在主义……成为哲学文章中常见的名字，随后也有一些专门的著作问世，在不同程度上提高了这种"引进"的学术水平。

时间进入90年代，中国社会改革开放的大势头在继续向前发展，但具体的情况有所不同。就学术界来说，由"引进"西方的学说，进入更加侧重弘扬、反思中国固有的传统文化，于是有"国学"的再次提倡。之所以形成这个趋势，我觉得是有多种因素促成的。一方面当然是政府领导的倡导，在弘扬中国传统民族文化的旗帜下，许多传统的学问得到复兴。就学界自身情形看，我们扩大了交流的范围，也有一定的关系。90年代以来，我们加强了与台湾的民间交流，与经济的相互吸引同时，学术文化交流逐渐增多。而在这种交流中，中国传统文化，显然是最为重要的基础和纽带，再加上香港、欧美的华裔学者，连同韩国、日本的学者，都在中国传统文化这个领域，找到了共同的题目。中国的各种传统学问，成为90年代的显学，而西方哲学的"引进"和"研究"，相对地就不如80年代那样热闹。

应该说，无论80年代的"西学热"，或现在90年代的"国学热"，对我们这个民族思想文化今后的发展都是有益的，尽管对这两种"热"都有来自不同方面的批评。我想说的是另一个层面的问题。

既然叫"热"，我想是指有了一定的"流行"的程度，才"热"得起来，而"流行"的"热"主要是一种社会的"思潮"，而不局限于"学术"。"学术"一般"热"不起来。

我们做学术工作的，着眼点主要在于"学术"。当然，"学术"不是说与"思潮"没有关系，或者不重视"思潮"；恰恰相反，"思潮"是"学术"更广泛的基础，它可以推动"学术"，但它本身还不是"学术"。80年代、90年代的"热"，其中也有不少有学术分量的研究作品，但也有不少学术上软一点但社会影响大的作品。"思潮"与"学术"有深刻的内在联系但又各有各的作用。我们做学术工作的，希望借助"思潮"的力量，来提高我们工作的社会效益和自身的社会意义，也希望把"思潮"中涌现出的问题，作更加深入的学理上的探讨，提高和深化这些思想的学术水平。

譬如，90年代以来，研究西方哲学的，沉静下来了，我们不仅进一步研究了萨特，我们还研究了海德格尔，还研究了胡塞尔，从学理上研究多种学说的关系，然后我们对于"后现代"、"后结构"，在小热了一些日子后，很快就有了比较深入的了解。我们对于现今比较活跃的法国哲学，也有了更多的了解和研究。当然，这些还远远不够，但毕竟不满足于一时的"热"，或只从某些眼前的社会需要出发，"引进"一些"耀眼"的新学说，而是沉静下来探讨它们的理路。这样，我们作为学术工作者，才能不仅仅限于谈论一般"思潮"。而进入到学术研究、学术探讨的深入层次。"思潮"的影响是广泛的，而学术的作用是深刻的。

只有深入下去，我们自己的独立的见解才能出得来，而不只停留在"介绍"、"引进"的层面上，或发一些貌似新鲜但不着边际的议论。中国的学者，无论对于中国古代的学术或外国现代的学术，都应有自己的独立的、创造性的见解。我们要有自己的独特的学说。这是每个学术工作者都在追求的目标。学术工作原本是创造性的工作。然而，我们自己的见解，应是有根有据的，是深入研究思考的结果，而不是凭空出来的。从"思潮"到"学术"，尤其是哲学性的学术，当然要强调"思考"。但"想"总要"想"些"什么"。这些"什么"的"材料"，是要"学"而后知的。更何况，你在思考，别人也在思考，要确切地、深入地了解别人——特别是大哲学家是怎样"思考"的，应是哲学作为学术的基本训练。哲学史上的确也有一些天才式的哲学家、思想家，只着重于自己想，而不大研究别人确切是怎样想的。或者有的学者发现，维特根斯坦在论述问题时，有的地方像康德，有的地方像叔本华，但又都不很确切地是，这是很特别的。维特根斯坦不是念了大量的书之后才出来自己的学问的，也不是钻研某些学派的学说后才出来自己的思想的。我想，这种天才式的人物是历史的特例。我们一般的人，有普通能力的人，不能完全以此为榜样。同时，我们也不必先把自己设定为那种天才式的人，早早就以此方式来工作，而不妨降一下格，先从普通的事做起，认真读书，认真思考，果有天才，总会发挥出来的。我甚至觉得，未来的开放社会，"天才"不容易被"埋没"，而倒容易"流产"。

近十来年中国人着重弘扬中国自己的学问，真是一件大好事。中国传统的学问，过去长期以来也是处于被压制的地位，常常用"封建主义"、"唯心主义"这类的帽子来简单对待。所以，尽管中国学者对自己传统学问有着非常深厚的学养基础，这种天然的优势不是研究西方学问的学者所能具有的。但无论在继承和分析研究方面也还有一些问题，就"思潮"来说，需要自上而下的弘扬，而就"学术"来说，也有进一步加深的必要。因而就中国学问领域言，同样也有一个由"思潮"到"学术"的深化过程，不能因为我们有前人的深厚的学术基础，就掉以轻心。

在如今快要告别20世纪的现时代，我们来弘扬传统的优秀道德文化，使之成为一种"思潮"，发生广泛的社会积极影响，或者深入进行"学术"研究，使之进入现代中国人的内心深处，的确要有个分析研究的态度。在一般"思潮"中，会泥沙俱下，而在研究"学术"中也有个方法问题。

有些学者认为，研究现代的中国哲学，离不开与西方哲学文化的关系这个问题，不能孤立地谈中国哲学的问题。我想这个意见是对的。中国的现代社会，总是在不同的方式下，或不同的程度上和西方的世界产生各种交流、交往。西方的学术文化冲击着我国传统的学术文化，我国传统文化迎接着西方文化的挑战，这是谁也不能否认的大形势、大事实。这种文化上的撞击，加重了中国学者的任务：研究中国学问的，要懂得西方学问，研究西方学问的，也要懂得中国学问。而两边的学问都是浩如烟海，源远流长，现今的学者比起古人来，有着双倍任务。实际上，我们的老师这一代学者，像冯友兰先生、金岳霖先生、贺麟先生等，都是学通中西、兼学中西的。

学术和生活一样，都有个"现代化"的问题。西方的学者也很注意如何对传统有一个新的、现代视角的阐释的问题。胡塞尔说，他的理念论正是说了柏拉图想说而没有说清楚的话。海德格尔也说，他要把古人想说而没有说清楚的地方说清楚。古人因为时代的限制，有些问题他们"感觉"到了，但没有"想"得很清楚。今人的条件变了，经验积累了，或现实生活某个方面突出了，有些问题的方面比古人的感受更深、更突出，"想"得也更多，因而可以把古人的思想阐发得更清楚。譬如希腊人也讲"自由"，但不很突出，算不上是哲学的主要范畴，但到了康德，"自由"则是他的哲学的"顶尖"概念。20世纪以来，西方哲学的反传统的势头越来越大，其实也是从"现代"的视角看"传统"的一种方式。就我研究西方哲学的体会来说，我觉得他们的"传统"不断在"现代化"，而他们的"传统"也"经得住""现代化"，"值得"加以"现代化"。

我想，我们中国学术的"传统"同样"需要"而且"经得住"、"值得"我们去"现代化"它。中国哲学学术的确博大精深，比起老子的《道德经》来，"前苏格拉底"哲学真是"残篇"，而《易经》是一个天、地、人的大哲学体系，真正可以说是古代的"爱智学"。《论语》和柏拉图的《对话》，在哲学精神上不相同，但因儒家关于"仁"（以及与此有关）的学说，却蕴含了古代希腊人所没有或未曾深究的人生哲理在内。我们甚至有一种感觉：在西方现代一些大哲人"反出"他们的西方"传统"之后他们提出了某些新思想，有些成了20世纪西方哲学不同于上个世纪的特点，而在这个背景中来思考我们中国传统哲学的问题，竟会觉得我们的传统比他们的传统更接近现代。当然，并不是说，我们的传统就已经是现代的，不需要新的阐发，而是说，我们确实可以从自己的传统中开发出新意来。

所谓"传统"的"现代化"，西方的学术当然是一个重要的参考系数。中西哲学之交流、汇通、和合，是一个重要的课题。他们之间的交往，不限于一些外在的比较，找出表面的异同，甚至也不仅仅是简单的对话、交谈（各说各的），而是针对"问题"的相互的讨论、辩论。我总觉得，中西哲学、文化、学术固然有很大的差异，但所思考的"问题"在大的方面是一致的，不是风马牛不相及。所以我们可以"理解"他们的思想，他们同样也可以"理解"我们的思想。在这个大前提下，双方对"问题"的"说法"（思想方式）上的不同，正可以互相研发，使对"问题"的"理解"更深入，更全面。

要做到对"问题"的深入探讨，就不能满足于"思潮"的热闹，还要做到"学术"的深化。"国学热"为深入探讨中国哲学、文化的学术工作开创了很好的局面。学术工作者要抓住这个时机，使中国的传统学问有一个现代的、新的启发，要使西方的哲学工作者在思考哲学问题时，不能忽视或轻视中国（哲学）的"说法"。这不仅仅是个语言文字的障碍问题。德国人、法国人、英美人会从基尔克特用丹麦文写的著作中发现出新的意义来，相信也会从中文的著作中发现出新意义来。

从传统中阐发新的意义首先是我们自己的任务。我们的祖先为我们留下了如此丰富的文化遗产，总体来说是很对得起我们的，我们也要做对得起祖先的事。我们要使祖先的思想在现代也发出它应有的光芒，使他们的思想、"说法"，与现代生活融为一体，而不仅是在一定的时候"热"一阵了事。学术工作正是要把这种"思潮"的热度，保存、积聚起来，经过扎实、艰苦的思考、研究工作，使之成为一种深入持久的"力量"，随时都可以发挥出来。中国的哲学家承继着自己数千年哲学文化传统，对于哲学的"问题"，终归会有自己的独特的"说法"。届时，中国的哲学家将更加辉煌地立足于世界哲学之林，对人类哲学事业作出更大的贡献。

（原载《学术思想评论》，辽宁大学出版社 1998 年版）

王治河《福柯哲学思想述评》序

王治河同志研究福柯思想已有好多年了。我还记得他向我借一本《福柯选集》时的情形。如今,他的研究成果要出版了(将于湖南教育出版社出版),嘱我写几句,因为我也写过一篇论福柯的文章,算是比较早的谈福柯的学术论文。不过我已好久没有读福柯的书了。现在研究福柯的水平大大提高,我的确落后了许多,已没有多少发言权。

没有调查研究就没有发言权。这是做事——不仅做学术的事,而是做一切的事的基本原则。但这个历来提倡的原则有时似乎失灵了,似乎越知道得少,就越有发言权。因为知道的少,就可以"自由想象",就更有"创造性"。于是就有作家说,我的剧,就是要气死历史学家,还有荆轲刺秦王的许多花花絮絮,文艺家如此,有的学者也学,明明不是自己的专业,也敢写推荐;本不该置一词的事,竟然大发议论,真的摆出一副"精神之父"的架式。譬如还有一个道理也很有理:读书越多越愚蠢,知识分子最没知识。这原是"文革"里的说法,似乎没人再说了,但变相的说法还是有的。据说,做哲学不用念多少书,主要是联系实际考虑实际问题,不知道这些"实际问题"又是怎样提出来的;前些时候出过几本"画说哲学"的书,作为普及哲学当然还是有作用的,其中有的文字也写得不错,但哲学能否用绘画的方式来表达是很有问题的。西方哲学传统讲"无限",全用"形象"来"画"哲学,在原则上不可行;中国哲学传统也讲"大象无形",古代"象"和"形"是有区别的,如何"画""无形"之"象"?所以那些书的"画",也只是一些"插图"。

好几年前，有人主张"哲学"要向"艺术"靠拢，据说这还是伽达默尔的意思。我觉得"哲学"还是要坚持它的"科学"形态，而不是"艺术创作"。这里当然绝无褒贬之意在内，只是辨明各自的"天职"。"边界"可以而且"应该"打破，但不会是"无差别境界"，更不能对"文学"以"哲学"自居，对"哲学"则以"文学"自居。这种心态，我也是"过来人"。那时我做点美学方面的工作。对"艺术"，我标以"哲学"，对"哲学"，我又标以"艺术"。这种心态，除了别的原因外，实在是对自己的本职学术工作缺乏毅力和信心的表现。当今世界，无论"哲学"还是"艺术"，光靠"灵感"、"聪明"已远远不够。

学术该怎样做？我还是相信马克思说的，没有捷径，只有老老实实地做调查研究，包括读书在内，多下苦功夫，来不得半点投机取巧——我不知道所谓"市场规律"是不是就等于"投机取巧"。如果是，学术的规律就是"反市场规律"的；不过我想，"市场规律"不会就等于"投机取巧"。

就学术领域来看，幸好还有许许多多踏实做学问的人在。尽管一时间没"制作"热闹，但功夫下去了，自然就有成果出来。有成果，不一定就抱个金娃娃，不一定"一鸣惊人"，对别人的研究工作有帮助，就很好。

福柯是法国本世纪的重要大家，他的书很难读。我起初读他的书很不得要领。他的《知识考古学》我读了好几遍，仍把握不住，那时参考书也少——王治河的书那时写出来就好了——靠自己慢慢捉摸。回想我读胡塞尔、德里达的书都有这种情形。说来奇怪，读海德格尔的书好一点，但也不断遇到困难的问题，有时还需要和别人讨论。

自己读不懂的书，不要轻易去否定它，不要轻易下断语，因为读不懂，不一定是书的问题，有时是自己的问题。一般说，应先考虑是不是自己没有弄懂。尤其是对待重要的书，应有个谦虚的态度，更不要说是古典著作了。当然，这些著作不是不许批评，不是要人做没有创造性的书呆子。但"创造性"，并不是悬在空中的。悬在空中的"创造性"，或许有些"聪明"，却还谈不到"学问"。

王治河是做学问的人。他这本讨论福柯的书是下了很大功夫的。他从福柯的生平、著作入手，讨论了福柯的"考古学"、"谱系（书中用'系谱'）学"、理性与非理性的关系、人道主义的问题、话语与权力,以及福柯和海德格尔的关系等,所涉及的都是难度很大的、对中国学术界来说是相当新的问题,过去研究得不太够,大概就世界范围说也是相当"先锋"(前卫)的。讨论起来要有相当的功力,研究性是很强的。但治河的书名却用了一个非常平实的"述评"二字。"述评"做书名现在很少有人愿意用,因为它老实得有点"傻气"。但它让人想起贺麟先生、郑昕先生的书。他们都用过类似的书名,并不影响人们对他们的尊敬。如今的书名有时也吓人,可能是为了扩大销路,不过有时也适得其反,书名大而无当或不知所云,也会把顾客吓回去的,倒不如老老实实的题目,让那真关心这个题目的读者来买。

　　福柯是个堪称学问渊博的人。我在读他的书时,有一种感觉,他是想替哲学开辟出另一个侧面来。过去,哲学侧重讨论的是人的"正常"的一面。他则要探讨"非正常"的一面,由此揭示过去哲学如何受时代、时尚、权力——统治阶级的统治意识左右的。因为这些被掩盖着的哲学的特点,在"非正常"的问题中,暴露得更清楚。我们看到,光指出这一点,已非易事。而作为学术,福柯还做了大量的调查研究工作。而像"病"、"疯"、"罪"等问题,是过去哲学家很少注意的,可借鉴的材料甚少,福柯得从头做起,其难度可以想见。所以做哲学不光是要脑子灵活,而且也要做深入细致的调查研究,对于所涉学科,要有"发言权",才会被有关专家重视、认可,而不至于以一笑置之。福柯的思想有其很独特的地方,或许说是相当"怪"的,但能得到重视,不只是因为他"怪",还因为他的言之有理,言之有据。

　　法国的哲学思想有自己的传统,也深受德国哲学的影响。法、德两国哲学可说是在相互影响之中。治河书中特辟专节讨论福柯如何受海德格尔的影响,是很有意义的工作。本世纪欧陆哲学,海德格尔是一个关键性的人物。他一方面很正规地接受了胡塞尔现象学的训练,在哲学上可以说是有传授的。另一方面他又把这个传统引向了另一个方向。表面上看,海德格尔只是恢复了"存在"在哲学中的地位,而不专注于"理念"的探索。但他在20世纪重提"存在"不是简单重复,而是为"存在"中灌注了新的内容,即将"时间"、"历史"的内容灌注于"存在"观念之中,这样才有可能出现福柯的所谓"知识考古学"。这就是说,"知识"的"时间性"才不是任意的,而是有坚实的"存在"作其基础的。只有在"有限"的"时间"、"历史"中，"知识"才能有"考古""起源"（arche）的问题。这是一个很深入的哲学问题，讨论起来是极有兴味的。福柯关于"文献"和"文物"的关系，给人以很大的启发。过去我有些想法，现在觉得"文物"和"文献"原本又是不可分的。而"文物"（博物）的问题，对理解海德格尔的"存在"竟有很大的参考作用。这在我最近一篇文章中有一些讨论，这里就不多谈了。

对于福柯这样"前卫"、"先锋"的学者的研究，仍然在起步阶段，有许多问题等待深入探讨。治河这本书的出版，对于这项工作，是很有益的。

1997年12月21日于中国社会科学院哲学研究所

（原载1998年2月4日《中国经济时报》）

我爱辞书
——写在《后现代主义辞典》出版之际

说到辞书,我是最喜欢不过的,无论是语词类的,还是百科类的,我都喜欢。

记得几十年前,我曾疯狂地买过书,主要是外文书,其中相当一部分是字典和百科类辞书。那时候比现在更没钱,大部头、多卷本买不起,错过很多好书、好字典,至今还觉得遗憾。

譬如希腊文字典,我有希-英大小各一,还有希腊-拉丁、希-德、希-法(小的)、希-俄。最得意的,我还有一本1804年伦敦出的希-英圣经字典,前面有简易的希腊文法,那印刷、字体、装帧古色古香,是我的宝贝之一。

我有一些特别的字典,如《牛津古典字典》是我从美国买来的新版。我在过去的"中国书店"门市部还买到一部1881年纽约出的希腊罗马古典字典,因为它破碎了,我还将它裱糊一番。有人说,字典总是越新越好,买旧的干什么?这话也有理,不过新的当比旧的解释更可靠,而旧的则可能比新的更详细,可以知道过去曾有多种说法。我这两本古典字典就各有用处。新的查不到的,或许旧的有,且不说它的收藏价值了。

我还有一些"引语"字典,其中有一本有关希腊-罗马的古典引语字典,很有用,曾帮不少人解决过问题。

改革开放初期,那时候做死学问的人比较多,常有人到我的小写作间来问这问那,并不是我有多少学问,更不是我"博闻强记",我的记性出名的差,只是我有一些图书馆没有的字典，可以帮着查查，往往还真能解决问题。

中国学问方面当然更有许多辞书很有用，像诗词戏曲方面，就有一些很好的字典，可惜因为经济的实力太差，有的就顾不上了。

喜欢字典辞书，我想，跟我是学哲学的有关。爱辞书就是爱知识，爱智慧。人不可能全知，但学哲学的又什么都想知道。这是一个矛盾，于是就需要别人的帮助，需要大众的帮助。好的辞书能给你很大的帮助，让你从不知道到知道，从不确切到比较确切，所以我敢说，凡爱知识的都会爱辞书。

然而，编写辞书却又是另外一回事，我怕编辞书，甚至怕给辞书写条目。

记得多年前汪子嵩老师让我写一些大百科哲学卷里的条目，我实在是非常紧张的。辞书最重要的是"准确性"，做到这一点太不容易了。首先你的学问得到相当的程度才能胜任，同时还不能瞎发议论。作为学术研究，好发议论是优点，但写辞书条目就要力求精确，简练。这件事我是做了，但心里不是很踏实的。

或有一说，天下文章一大抄，更何况辞书！当然编辞书不会不参考别的同类的辞书，所以在国外编字典是一些专门的人员在做；但专业性的辞书就一定要有专业的专家参加不可。专门家的水平越高，辞书的质量就越有保证。

王治河主编的《后现代主义辞典》的条目作者，都是多年来研究"后现代"有素的专门家，有的在国外多年，研究有关的题目，材料是确切、可靠的，像张汝伦用德国洪堡基金专门做研究，杜小真可以说是当代法国哲学通，而于奇智也在法国多年，硕士论文、博士论文都是福柯，他说出来的福柯可靠性就比较大些。

编辞典难，编有关新学科、新学术的辞典更难，但我们都很需要这类的辞书。因为新学说比较容易误解、误读。有一年我在英国遇到一位中国访问学者，她傻乎乎地把我们出版的介绍西方哲学书中一部分译成英文给英国学者看，英国人说你们说的怎么跟我们理解的不一样？这当然是早些年的事，现在对西方的新学问也逐渐熟悉起来，但难免有不少弄错、弄乱的地方，就像他们也常弄错我们的意思一样。学术毕竟是很难、很专门的事。现在由一些有专门的研究的学者来编写一本很新的学说的辞典，对于读者当然是会有很大的帮助，也会对不专门做这方面研究的学者带来一定的方便，因为学者不会"万能"，人人都需要"工具-工具书"。

当然，做学术工作不能只靠"工具书"，读者如要进一步了解"后现代"的思想和学说，还得读他们自己写的书，但这本辞典在你读原著的时候，也能起到帮助的作用，正如我们在念柏拉图著作时那本牛津古典字典会对你有帮助一样。

1998年1月11日于中国社会科学院哲学研究所

（原载1998年2月15日《济南日报》）

我说"开卷有益"

这里所谓"开卷有益"是我自己的体会。"卷"是经过我自己的选择的,而不是说任何的"卷"都会"有益"。如今信息大爆炸,有些"卷",的确说不上是"有益"的。这首先要说清楚。

我的兴趣很广泛。除了自己的专业以外,我有各种业余爱好,像写字、听戏、听音乐等等,如今更爱看"闲书"。其实,我感到,爱看闲书是一种衰老的表现。记得以前我没有多少时间得闲,所以也没有多少时间享受看"闲书"的乐趣。那时我把一天的时间分成好几段:有读哲学书的,有读历史书的,有学外语的,到晚上临睡时是看小语种书的时候,所以一天的时间都排得满满的,都是为专业服务的。随着年纪的增长,每天时间的安排就松动多了。到了最近这几年,我觉得一天下来,躺在床上看一本闲书,是最美的事。

我看的闲书五花八门,什么书都有。但最爱看纪实的历史书,尤以近现代的纪实故事最感兴趣。我是研究哲学理论的,着重想的是一些抽象、玄奥的问题。但我也很喜欢弄清楚细节的真实,这也许是一种调节吧。在这种兴趣支配下,我有时看一些有关清朝的故事,也是因为它可以说得很细。

弄清楚细节,当然无关哲学的大道理;但哲学讲的是一个理路上的"通"字,而这些故事,讲的则是事实细节上的"通"字,"理"、"事"虽是不同,但其"通"一也。

前些日子读闲书,有时就有事实上"通"的感受,试举一例。

过去我是个戏迷,会哼几段戏词。大家最熟悉的《四郎探母》里杨延辉一开头定场引子，第一句就好懂："金井锁梧桐（长叹空随一阵风）"。这个"金井"是个什么东西，不大容易弄清楚，记得似乎有的人还主张改掉它，并以此说明京剧剧词常有不妥的地方。今偶翻阅文史资料出版社出版《晚清宫廷生活见闻》（1982 年），其中载杜如松问《民初修建清室崇陵和光绪"奉安"实况》一文提到，勘定"万年吉地"（皇帝的墓地）的方法是：首先根据"二十四山间"用罗盘测定一块祥瑞土地，做出标志，谓之"点穴"。然后在这个"穴"位上掘成一个磨盘大小的圆坑，谓之"破土"，坑名曰"金井"……（138 页）

可见，"金井"自有出处，只是年代稍久，知者日少，这个引子就不好懂了。《四郎探母》乃晚清流行的京剧，编者当对宫中习俗有所耳闻，用"金井锁梧桐"来形容杨延辉的心情，如"金井"围住"梧桐"，虽生犹死；彼时观众，当亦了解此中情形，聆听这个引子，也不觉唏嘘，不若后世吾辈，茫然不知所指，实非编者之过也。

这种读书体会，当然无关道德文章，不是什么大事；但体会出来，也是一得之见，也有一份喜悦。曾电告一位前辈学者，嘱我记录下来，积少成多，异日或可有用。无奈读闲书的时间毕竟很少，而读了有所体会、触类旁通的，则更加的少，于是乎不能"批发"，只能"零售"了。

小体会之所以也公布出来，只想说明读"闲书"也会有益处。

（原载 1998 年 3 月 17 日《齐鲁晚报》）

"悠闲出智慧"说

今年三月，一个偶然的机会，随外单位去希腊参加学术会议，主题是"苏格拉底与孔子"。我在七十年代末开始做一点古代希腊哲学的研究工作，近年对我国古代哲学也加紧了学习，这个会议我当然很愿意参加。再说，希腊是欧洲文明的摇篮，更是哲学作为一门学科的发源地，自是值得学者们朝拜的圣地。我为有这样一个机会而感到高兴。

在希腊一个星期，我们一直住在雅典。

到达的第二天，先游德尔菲神庙。这个地方使学哲学的首先想起的是苏格拉底加以发挥的格言"认识你自己"。这句话和另一句话"勿要过分"据说是写在一面墙上的，现在已经连墙带字全都没有了，似乎也没有任何地方揭示有过这句话的痕迹。这同我们中国一样，希腊的宝贝太多了。

雅典自是不凡。雅典卫城的帕塞农庙正在陆续修缮。在残墙断柱中，自有另一番情趣，也许是一种"夕阳无限好"的情趣吧。

我不是学考古的，对于雅典城随处可见的名胜古迹，只觉得应接不暇；在沉醉于"发思古之幽情"的同时，我突然感到一丝寒气袭来，眼前出现苏东坡咏赤壁的那句问话：而今安在哉？

对于现在希腊的国情，我毫无所知。我们在那里的时间，遇到希腊货币贬值，商人们损失不少。回来后看到电视里说，因为希腊穷，似乎欧元国不要它参加。

那么，这个哲学的故乡，如今哲学如何？

很多年以来，中国人如果要出国学哲学，必去美、英、德、法诸国，后来尚有去加拿大、澳大利亚的，极少有人去希腊。就连进修古希腊哲学的，也很少有人想到去希腊。这似乎可以说，古代希腊的学问，不在现在的希腊。

当然古代希腊的哲学，早已是全人类的文化瑰宝，其他国家出现有超出本国水平的大学者，自当无条件地欢迎；不过对本国的学者来说，也应是个鞭策。

当我走在雅典的长街上，观赏着现代的商店和古代遗迹的融和共处时，我想到古代希腊那句著名的格言"悠闲出智慧"。我们曾对这句话作过社会的、哲理的、人性的多方面的解释，自是至理名言。那么，在现在的条件下，如何理解这句话的意思？

据说这句话出自亚里士多德的《形而上学》。查《形而上学》开头说到"技术"、"经验"、"知识"之间的一些很有意思的联系和区别。他说，"技术"来自"经验"，"经验"来自"记忆"，"记忆"来自"感觉"。从感觉到技术，是一个从个别上升到普遍的过程。在亚里士多德看来，技术之所以高于经验，是因为后者只适用于个别，而前者就有更大的普遍性。由这个路线继续上升，亚里士多德推崇一种没有直接实用功利的最为普遍，因而也是最为抽象的知识。掌握这种知识，他认为需要一个"有闲阶层"。所以他说：

> 最初，人们之所以惊赞超越寻常感觉的技术，或许并非仅因为其实用价值，是因其有不同寻常的智慧；随着此种技术之积累，其中有的为适应需要（必须），有的则是适应休闲，而后者总被认为比前者在智慧上要高，因为它不是为了有用。一旦在这些技术充分发展后，那些既非为了必需，又非为了愉快的知识就会出现，而此种知识首先会在人们有闲暇的地方出现。因此，关于数学的技术，首先在埃及出现，因为那里的僧侣享有闲暇。（981b）。

这是我们在亚里士多德那里读到的关于"智慧"与"闲暇"关系的一段话。从这段话里，我们可以看到有几点意思要注意的。

首先，这里说的是无眼前实用功利的技术，既非必需，又非（为了愉快的）游戏，而是一种"智慧"。

其次，这里的"智慧"是要在各种有用（包括必需和游戏）的技术、知识积累之后，才能发展的。

再次，亚里士多德这里特别提出数学的技术作为一种智慧，为有闲的埃及僧侣所发展，也颇令人深思。

先说"智慧"与各种实用技术、知识的区别，这是古代希腊人普遍的观念，由哲人们发展成一个哲学理论，成为哲学中一大传统问题。

古代希腊哲人认为，"智慧"在"知识"中是最高级的。严格来说，只有"神"才有。而凡人充其量只是"爱智"，努力去追求"智慧"。他们把人的"爱智"结构成一门"学问"，叫"爱智学"，也就是"哲学"。亚里士多德将其凝聚为"形而上学"。

"形而上学"在希腊文有"超越"的意思。这就是说，其他一切知识都是经验范围以内的，而形而上学则是超越的，是超出经验范围以外的。

在这个意义上，上引亚里士多德关于"有闲阶层"的那段话，不仅针对"数学"，而且也是针对"形而上学"的。顺便说一句，亚里士多德对"数学"有自己的看法。他在《形而上学》中把着重研究"数学"的毕达哥拉斯学派放在"自然科学（物理学，生长学）学派"之外，或许他认为"数学"也具有相当的"超越性"，而需要更具有"宗教性"的毕达哥拉斯学派这些人来研究。

"闲暇"对于从事超越性思考的人重要，不等于说，从事经验科学研究的人不需要。任何研究，作为集中精力的工作来说，都需要暂时摆脱实际生活的负担，有一部分闲暇的时间。而闲暇对于从事超越性思考（如哲学性思考）的研究者来说，尤为重要。我们可以把从事经验科学技术的研究工作，看作实际生活的一个部分。它们是不可分的，而从事哲学研究的人则往往因更容易脱离实际生活而要更多的警惕性。

我曾想，世界上任何的民族，不管它是多么少数的人群，都有一定生活技能，也会积累一定的经验和知识，当然他们也或多或少想一些宇宙人生的根本问题。但使这些问题成为一个系统，从而建构成一门学问，在古代西方是希腊，而东方是中国。这两大民族在古代是最富有"形而上"精神的民族。这就是说，他们的闲暇时的精力，主要未曾消耗在宗教的修炼上，而用在了哲学-

形而上问题的思考上了。

按亚里士多德，古代埃及给神职人员以闲暇，其超越的学问带有较多宗教性。古代希腊给城市公民以闲暇，在自由的讨论中探究确定之真理；古代中国给巫史以闲暇，使之占有大量历史文献，从历史之得失中，思考世间大义。

于是，从某个意义上说，我们要感谢古人所提供的闲暇，使其中聪明才智之士，为我们留下了宝贵的遗产，使我们在科学、历史、宗教的超越性思考方面有了深厚的传统。

然而，闲暇不一定保证会出智慧。按亚里士多德，这里"智慧"也还和为了"愉快（娱乐）"的知识不同，所以，有了闲暇而用于嬉戏，所出来的知识，不是这里所说的"智慧"。

我们看到，现代人的娱乐、游戏方式日益繁多，也说明了文明的进步。如今相当一部分人享受着5天工作制，每周两天的闲暇，当然用来研究哲学是不够的，所以要有专业的人来做这个工作。这里只是说，闲暇为智慧提供了必要条件，而不是充分条件。

过去的社会，等级森严，贫富悬殊，有不少游手好闲的贵族，整日价无所事事，并没有出多少哲学家。闲暇为他们提供了享乐、懒惰的客观条件。

智慧来于思考。思考也是一种劳动，也要"作功"，要动脑筋，费脑子。尤其是历史发展到了今天，积累了大量的"思想""资料"，作思考的"功"。要知道，你在思考，别人也在思考。要知道别人怎样思考，只有多读书。而书的量又很大。所以，真正的"思考"，是一项艰苦的劳动。"智慧"不是"懒惰"出来的。

如今是高科技时代，生活节奏加快。一方面，生活的必需品有时会有"轻而易举"之感；另一方面，保证这种生活得以持续的技术知识，又是如此的专门、艰深，非专门训练不能维持。忙闲的分化，弄不好会有知识的分化。在逐渐增加的闲暇阶层中会滋长一种惰性。他们当中当然不乏聪明才智之士，但因缺乏脑力的劳动，知识水平不够，产生不出有水平、有价值的思想，而多有空洞的愤世嫉俗，或自鸣得意之"创造"，其实只是聪明人的一种掩盖其懒惰的方式。

超越性的思考——哲学，不是一般的"娱乐"。而"娱乐"作为社会工作来做，也是很严肃的事业。哲学或超越于经验科学，或超越于经验历史，或超越于经验宗教，都是一门学问，学问是要"做"的。"超越"者乃是"出自"某某"之上"或"之外"的意思。"哲学"之"思"，仍得要来自科学和历史。当今哲学如何面对高科技的问题，是一个新课题，并非一句"忽视人文"就可以骂倒的。以"人文"批评"科技之过分泛滥"，同样是很严肃，很艰巨的"工作"。前人也有许多的成果不容忽视。而不是你强调"自然"，我就来强调"人"这样简单的事。或者说，就在这样"简单"的道理之中，蕴藏着大量的劳动。

过去人们常批评那种脱离实际的"哲学家"为"精神贵族"，是有片面性的。因为既曰贵族总是少数，比旁人更高贵。而真正的哲学家不可能是多数，他们的确是高贵的，可贵的。但"贵族"还有一种意思，即他们往往是懒散而又具有优越感的人。这样，在这个意义上的"精神贵族"是不应该提倡的。至少，他们的懒惰，他们的无所事事，他们的无病呻吟，他们的自以为是，是不应该受到鼓励的。

"悠闲出智慧"，但"智慧"不是"懒"出来的。古代希腊的哲学家都是很勤奋的人。苏格拉底不光跟人讨论，而且也读书，至少他自己说他读过阿那克萨哥拉的书。亚里士多德是百科全书式的学者。他的"形而上学"的确是从众多的经验科学那里"超越"出来的。他们都是很勤奋地利用了社会为他们提供的闲暇，结出了智慧之果。

现代的科技，既然为人们提供了更多的闲暇时间，则理应更加警惕一个"懒"字。如果说，古人常为争取更多的闲暇而努力，向往着"悠闲出智慧"，现代人似乎更应以"戒懒"来补充"悠闲出智慧"这一名言，庶几减少带着"懒汉精神"的"精神贵族"之人数。

1998 年 7 月 13 日于中国社会科学院哲学研究所
（原载《方法》1998 年第 9 期）

欲罢不能之读

夜晚睡前卧床看书，有违健康之道，无奈多年恶习，改也难。刚看完一本回忆京剧演员的书，随手拿出一本《警世通言》放在床头。

近年老眼昏花，晚间已不复做专业性很强的事，看完新闻联播，就有点昏昏然，但总要策励自己，做点、读点什么；而往往旨在作自我安慰，觉得一天三段时间，都有事干就心安理得，至于"成败利钝"，真的在所不计了。

终于熬到可解衣就寝而不觉遗憾的时候。于是乎拿起那本《警世通言》，原以为看上两行，也就会迷迷糊糊地睡着了，因为每晚似乎都是这样过来的。

然而这会儿却大大地错了。

这本书第一篇是"俞伯牙摔琴谢知音"。故事是太熟悉了。小时候听父母、老师讲过，后来听过大鼓词，似乎我爱人就会唱，是白云鹏派还是刘宝全派的，大概都有这个段子。本想跳过去，挑那不知道的故事看。不曾想，看了第一段以后，下面的段落，却由不得你。于是，真的不是"我"看"书"，而是"书"让（逼）"我"看了。

是不知道情节吗？当然不是。是故事"说"得太好了，文章"写"得太好了。我真是孤陋寡闻之极，为什么不知道有这样的好文章？！

现在写文章，以新鲜的事为主，为读者提供新信息——新事、新理。这当然很重要。写作的方式方法是第二位的。不过，如果太不注意写作方法，似乎人人都是"作家"，从而也就没有"作家"了。

记得好几年前，读王蒙一篇短文，是由电话坏了引发出来的一些议论。

"电话坏了"这件事我也有过,也有一些感触,但我承认,我写不出他那样精彩的文章。我感到,他真是我们需要的作家。一般人说不好的事,由他来说。这才是大家的"喉舌"、"代言人"。

而更多的是另一种感受。往往在读了一些也很有名的作家的文章后,竟然有一种狂妄的感觉:这个事要我来说,或许说得会比他好。再说,天下事哪能件件都知的?

然而,竟有那熟知的、家喻户晓的事,却也能做出好文章来。

我们的戏曲、曲艺不是有许多的传统剧目吗?那些故事情节不知看了多少遍了,但遇到有好演员演,还要去看。"看戏"是看演员"演","读书"是读作者所"写"。同样的故事情节,如何"写",就大有讲究了。"写"到你非看下去不可,欲罢不能,才是名副其实的"写家(作家)"。

我告诉大家,那晚我只敢看一个故事,而且规定每晚只看一个。好在我没有失眠的毛病。

(原载1998年5月5日《齐鲁晚报》)

中国人研究西方哲学

中国人研究西方哲学困难当然很大。语言、材料、文化背景等等，都不大容易把握。那么，中国做西方哲学方面的工作是不是只能做介绍、翻译这些方面的工作呢？我觉得不完全如此。

翻译、介绍的工作对于文化建设是绝对重要的，对于理解原著也是重要的环节。我的意思是，我们还有别的研究工作做。中国人做西方哲学（扩大开来说，包括一切西方文化），可以有、可以发挥自己的特点和优势。

首先，我们这几十年来，大力提倡学习马克思主义哲学，其间的确也出现过很多偏差和错误。但是这个长时间的学习工夫，也是有丰富的收获的。马克思主义哲学是从批判西方哲学的传统中发展出来的。它离不开西方哲学的历史以及它们的优秀成果。因此，学习马克思主义哲学，对我们理解西方哲学，不但是必需的，而且是重要的。

我们都知道，从康德到黑格尔的德国古典唯心主义哲学是马克思主义哲学的来源。长期以来，我国哲学界，在学习马克思主义哲学的同时，也很重视研究德国古典唯心主义哲学。在这方面我国有许多专家，有强大的研究力量。有这个基础和背景，来研究西方哲学，是非常有利的，特别是研究欧陆现代哲学。我认为是不可缺少的。现在大家都深刻地感到，当我们研究福柯、德里达、利科等人时，时常要温习康德、黑格尔甚至柏拉图、亚里士多德的书来弄清他们的意思，更不用说研究胡塞尔、海德格尔。如果没有包括德国古典唯心主义在内的德国哲学背景，则无法深入下去。

据我所了解的情况来看,我觉得西方一般的大学哲学教育,对于19世纪德国古典唯心主义,不是很重视的。哲学系开康德哲学课的不多,开黑格尔哲学课的就更少。此种情形,虽不可一概而论,但大体如此。我想,也许这是他们也觉得海德格尔很难懂的原因之一吧。

此外,我们中国人还有数千年的文化传统,其中包涵了哲学思想传统在内,这就我们研究西方哲学来说,也是有发扬的一大优势。

过去,由于分工的关系,做西方哲学的不大做中国哲学方面的工作。最近这几年情况有所改变。不少长期研究西方哲学的专家,关心中国哲学的研究,有的在阐释中国哲学方面,做了系统的思考,提出了有价值的观点,是很可喜的变化。

我常想,就哲学的源头来看,西方最早只留下一句话:万物的"始基"为"水"。而我们《老子》书有五千言,文化渊源的厚薄、深浅,应是一目了然的,也许我们的问题出在以后没有开发好。如果我们好好去开发,中国哲学的内涵,绝对是非常丰富的。

当务之急,我觉得是把中西哲学结合起来研究。应该说,这方面传统我们也是很深厚的。中国自近代以来,就不断迎接西方思潮的挑战,学者们亦然。我们的先辈学者像蔡元培、王国维、鲁迅、胡适之等等,还有我们的老师们,像贺麟、金岳霖等先生,都主张把中西哲学结合起来研究,而且身体力行,在这种结合的研究中,做出了很多的贡献。

同时,我们还看到,近几十年在海外的一些学者,结合他们所处的文化背景,在这种中西哲学相结合的研究中,取得了值得注意的成绩。譬如牟宗三先生,他对于中国传统哲学的阐发,除对中国哲学本身的深厚功力外,也得力于他的西方哲学特别是康德哲学的基础。他对康德哲学的理解,虽有可以商榷的地方,但仍是应该重视的。我一直认为,我们应该把金先生、贺先生、牟先生等诸位先生的书,挑选有代表性的,译成外文(至少译成英文)出版,相信西方严肃的学者,是会承认他们的劳绩的。

我这些想法,来自中、西哲学思想在原则上具有可沟通性这样一个信心。我相信,做中国哲学的,可以以西方哲学作为一个参考系来研究中国哲学;我也相信,做西方哲学的,也可以以中国哲学作为一个参考系,来研究西方哲学。我相信，这样的沟通，双方都会相得益彰。

我曾经有一个想法：做中国哲学的要使西方人懂你的工作，做西方哲学的要使中国人懂你的工作，这还不够具体，我们还要设想：中国人现在做的中国哲学的工作，要设想如果康德、黑格尔或者海德格尔在你面前，也能懂你的意思；中国人现在做的西方哲学的工作，如果设想孔子、孟子在你面前，也要能懂你的意思，这样才能说你的工作做"通"了。

1997年5月17日于中国社会科学院哲学研究所
（原载《博导晚谈录》，天津人民出版社1998年2月版）

后 记

这个文集校阅已毕,即将印刷出版之际,我作为作者感慨良多。

我在哲学这个领域里工作了几十年,拿出这些不成样子的东西来亵渎读者的视听,不但面红耳赤,而且于心不安;好在我还有做得好些的机会,我还在工作,还在读书写作,有一些新写的文章,来不及收进去了,但愿以后有机会再出一个"续集"之类的,看看质量是否会好一些。

同时我要表示感谢的是这个集子如果没有我的一些青年朋友的帮助,一定也是出不来的。前两年我连续去美国,在女儿家一住几个月,集子的前期工作全是吴国盛组织做的;等到校样来了,更是有黄裕生、李红艳、吴国盛在暑热难当的三伏天分头校看的。

我自己当然也校看了一部分。我把全书引用古代希腊文的地方仔细校改了一遍。引用较多的是《前苏格拉底哲学研究》和《苏格拉底及其哲学思想》,而这两本书的原出版社——人民出版社——当时花了很大的工夫来排印希腊文,错误率很少,偶尔有的,这次也尽量改正了;后来的一些著作和文章的希腊文引文,因为排印条件问题,错误就较多些,这次趁这个机会都尽量改正了。我觉得,国内希腊原文材料不太容易找,我把它们校得仔细点,可以减少以后读者的麻烦。这个工作费点事也是值得的。

细心的读者可能已经看出来,关于古代希腊哲学的研究,我已经做了两遍了,这里收进去的有巴门尼德、毕达哥拉斯、原子论以及希腊神话、亚里士多德等以前没有做过的部分。尚有柏拉图的一小部分,也已经发表,但来不及收进去了。现在这两部分既然放在了一个集子里，我希望有兴趣的读者比较着来读，看看有什么变化，有什么进步没有。

第一次做这方面研究时，着重在材料的梳理方面，虽然也尽力地发挥一些自己的想法，提出自己的意见，但看得出来，"自己"的底子太薄，哲学的素养差，当时就感到理论的阐述不够，所谓"底气不足"，"捉襟见肘"。有些话说的倒是很凶，但架不住三问，就会语塞。

第二次再做这个题目，角度不太一样。为做"西方哲学中科学与宗教两种思想方法"这个课题，侧重在"思想方法"，但此时离第一次做已经快十来年了。在这个期间，我做过胡塞尔现象学的研究，出版过这里收了的《思·史·诗》，还写过一些现代法国哲学的文章，从古代一下子跳到现代来，然后再回到古代，重读古代希腊哲学的材料，感想就自然不太一样了。有朋友开玩笑说，你这叫"上蹿下跳"。

我觉得这种"上蹿下跳"的办法对于研究哲学史来说，是相当重要的。你来回这样"蹿"、"跳"几次，我保证你是会有进步的。

孔夫子说"学而时习之，不亦说乎"。老夫子这句话的意思，我有一个解释，大家可以从这个集子里读到；这句话的通常意思当然包括"熟能生巧"在内。读书要反复读，尤其对于那经典性的书，更应该反复读，读着读着，就会有自己的意思出来了。在一个阶段里反复读，过一个阶段后，更要反复读，因为你在这一个阶段内，有了别的营养的补充，再来读的时候，体会又有不同。所以我常感到，要做一门学问，功夫有时在这门学问之外；要做好希腊哲学的研究，功夫在希腊哲学之外。

所谓"内"、"外"，也是一种表面的区分。严格说起来，一切都在"哲学""之内"。你做胡塞尔，做黑格尔，做海德格尔，好像是一些专门的课题，但都和希腊哲学有关。它们是相通的。

我曾经说过，"哲学"是一门"通学"。在所有的"学科（科学）"中，比较起来，"哲学"是"专业性"较弱的一门。这样说，并不是否认"哲学"是一门"科学（学科）"。"哲学"当然是一门"科学"或"学科"，而且我还不大赞成将"哲学"向"诗"和"艺术"靠拢，尽管这种做法过去有，现在仍然有。在西方，"哲学"从古希腊创始起，至今也有数千年的历史。虽然不乏用诗、戏剧或寓言等手法来写哲学著作的，但大体说，它也有自己一套格式，或用现在的话说，叫"学术规范"。这是约定俗成的形式。至于内容，则随着历史的发展，"哲学"也有自己的特殊的问题，有自己的特殊层面，不是随手抓来都可以是"哲学问题"的。所以谢林有一种把"哲学"归结为"诗"、"艺术"的倾向，受到黑格尔的批评和嘲笑；胡塞尔甚至说"哲学"是"（最）严格的科学"，而海德格尔也是把"哲学"和他强调的"诗"做了区分的。

然而，"哲学"在"专业性"方面的确有其特殊性，而这种"特殊性"就在其"普遍性"、"涵盖性"中。"哲学"是一门"通学"。

所谓"通学"，并不是"万金油"。"万金油"自有用处，但它只管表层的，皮肤的。"哲学"作为"通学"，恰恰是管"内里"的。

"哲学"是讲"理"的学问。我们学哲学的，越学到后来，越有这样一种信念：哲学的"理"，是无往而不"通"的。

这也并不是说，学哲学的人，先"得了"一个（或一套）"理"，就往各处去硬灌、硬套，这种做法，多大的本事也会碰得头破血流；而是坚信各种学科尽管各自都结构严谨、系统完备，好像是"铜墙铁壁"，但在"哲学"的"理路"面前，都要"敞开自己的大门"，接纳"哲学"进去。这就是说，"哲学"的"理"，在各门学科中都是"通行无阻"的，因为各门学科的自身的道理，原都有哲学的理路在里面，就看你发现得了发现不了，看看你的哲学的功力够不够，深不深了。

于是，读者在这个集子里可以看到我不但在时间跨度上"上蹿下跳"，而且在空间维度上"横冲直撞"。

学哲学的人兴趣都比较"杂"。亚里士多德说哲学起于"好奇心"，自有一说。学哲学的"好奇心"的确是比较的大，什么问题都想碰碰，想拦也拦不住。

我在五六十年代喜欢艺术，立志要研究美学。这个集子里许多美学文章是那个时期的产物。在艺术领域里，我重点是喜欢中国戏剧，但实际上我什么艺术都喜欢，中国的、外国的、古代的、现代的，以及"超现代"的等等，都想知道。

后来我感到艺术问题要深入下去，还得回到哲学来，于是又回过头来读西方哲学史的书，考虑哲学问题。后来我逐渐地做美学少了，偶尔写一些，也是哲学性的。这个特点，读者可以从这里收的《美的哲学》一书看出来。

我在刚接"西方哲学中科学与宗教两种思想方式"课题时以为"科学"部分比较好办，殊不知这方面我也缺少基本训练。有一阵子，我对"数学"很感兴趣，找来有关数学史、数学哲学方面的书来读，也想把胡塞尔对于"数"的理论弄弄清楚；又有一阵我对爱因斯坦的相对论有兴趣，把他和一个人合作的一本通俗读物特别认真地读了。不料想，这些都太难了，至今只知道一点点皮毛，我的"哲学"修养在这里只能当"万金油"用用了。

还有那个与哲学和数学有密切关系的"逻辑"，我一直是要"进去"的。我重视收存各种逻辑书籍，准备以后好好阅读，甚至要下决心做做逻辑练习。在这个基础上，我要研究研究英美的分析哲学系统，来还我在《思·史·诗》后记里的"愿"。不过至今我所做的只是把亚里士多德的工具论做了一点讨论，而没有回避它，我已经觉得够"心安理得"的了。在这个"后记"里，我还要再一次"许愿"：对于分析哲学这个系统，我要从头学起。

因为要做"科学与宗教"这个课题，这几年我还着手了解宗教——西方基督教系统的一些问题，从哲学的角度写了几篇文章，收到了这里。应该说，我们中国研究西方哲学的学者，对于西方宗教的知识了解的是比较少的，当初定这个课题原意也是要补这一课。这方面当然也是一门专业性很强的学问，不投入时间去掌握，也是不得其门而入的。不过正如前面说过的，我们学哲学的，总是相信，就像宗教这样和科学对立的思想形态，哲学同样也是可以打进去的。西方从中世纪以来，"宗教"一直在"寻求""哲学"的"庇护"，把"哲学"当作它的"工具"、"婢女"；而"哲学"也努力在"化解""宗教"的问题，成为自己思想系统中的一个环节。从康德开始的德国十八、十九世纪古典哲学就是这样做的。这里收了我讲康德如何"化解"宗教问题的文章，也算是一个开始。

这里还收了我近几年写的有关中国传统哲学的几篇文章，算是这方面的学习心得。我之所以开始做这个题目，同样基于上述的信念。我相信西方哲学和我国传统哲学是可以沟通的，双方的大门都是敞开的。从原则来讲，中国哲学欢迎西方哲学进来——而事实上它已经进入了很多年了；西方哲学也会欢迎中国哲学进去——它们不邀请我们，或有人邀请有人不邀请，我们就自己进去。我们进去，当然不完全是"做客"，人家把你当客人招待一下，这当然也很好，但不够，我们要坐下来和他们讨论，不仅亮出观点，各说各的，而且真的要互相探讨问题。我们要努力做到：不但中国哲学家真的感到需要和西方哲学家讨论问题，而且也要让西方哲学家真的感到需要和中国哲学家讨论问题。

然而，中国传统的学问浩如烟海，你要请人家进来，你自己必须已经在里面才行。于是又有多少书要读，有的书还得翻来覆去地读，要做的事太多了。

我深深感到，学哲学很有兴味，也很辛苦。读者会反问，做什么学问不辛苦？的确，各行各业都有自己的辛苦，但哲学确有些不太相同之处。譬如我们做物理学，当然可以废寝忘食、夜以继日地工作，不过他总有离开"工作"的时候，他有"闲暇"，而哲学则要你在"闲暇"的时候也要"出智慧"；而当"出智慧"成了你的"工作"（专业）时，你就没有了"闲暇"，处处成了你的"工作"。我想，各种行业里，可能文学家、艺术家跟哲学家差不多，但他们的行业毕竟比哲学带有更多的"愉悦性"，而较少专业的"枯燥性"的一面。

况且，哲学（问题）无所不在，想躲也不容易躲掉。所以，就是在这个意义上，"哲学"也就有资格被称作"生活方式"（维特根斯坦语）。请想一想，"生活方式"和"工作方式"成了一个东西了，又是多么的可怕。

我说这些偏激的体会，并不是要想吓倒后来的年轻人，而是强调做哲学要更多的"献身"精神，要全身心地投入进去。这样，哲学才不会仅仅是"工作"，而且也是"兴趣"。这样，即使"哲学"竟然也成了"生活方式"，那也是一种"有趣的生活方式"。

"哲学"倾听"生活"的"呼唤"。至于你听到了什么"声音"（话），那是你的"听力"问题。学哲学的，要为提高自己的"听力"而努力。

叶秀山
1999年8月7日于中国社会科学院哲学研究所

| 说"写字" |

我写了大半辈子字,因为写不好,不敢言"书法",只敢说"写字"。

一

我喜欢写字,确实是家庭影响,从小受父母教育的结果。

我并不是什么"书香门第"出身。我生在江苏一个介于扬州和镇江之间的小洲上,叫扬中。从报上看,现在已经建设得很好了,过去是个小地方。这是我母亲家。父亲家在镇江。祖父母早丧,父亲很年轻就到上海去混生活,于是我和母亲也就在上海落户。

我父亲少年失怙,没有上过什么学,但在经商之余却雅好书画,自己写字也很用功,虽然也谈不到书法,但在生意人里,算是写得好的。他老人家有此兴趣,自然就希望他的儿子能从小就练字,将来能把字写好。现在回想起来,他对我的教育,从来就抓两件事,一是督促我学英文,另一件就是练字。我和一般小孩子一样,大人管什么,就烦什么。我小时候最头疼的正是写字和念英文。

小时候我没有兄弟姐妹,和表哥、表姐住在一个石库门里,他们也常在我父亲监督下练字。和我住在一起的表兄、表姐兄妹二人都很聪明,也很用功,所以成绩大大超过了我,我常因字写得不如他们而被父母训斥。

当然,我也有露脸的时候。有一阵子,我临欧阳询的《九成宫》很用功,

作者父亲叶中培

父亲高兴了，叫我在宣纸上临，挑其中好的，裱了一个立轴，挂在墙上时常评论优劣。这大概是我第一次"发表""书法作品"，可惜它在"文革"中被母亲因害怕"抄家"给烧掉了。

我有一个姨父，在扬中开照相馆，因为写得一手好字，我父亲就请他来上海做账房先生，并专管回复来往客商信件，以他的字，为自己商店增光。我这个姨父自己无儿无女，待我如同己出，常指导我写字，并讲些写字的方法道理给我听。他是一个平和、风趣的人，所以我的写字的兴趣，跟他很有关系。

实在说起来，我父亲和姨父对待"书法"的态度很不相同。我父亲是要规规矩矩地临习碑帖，主张写字要有传授，要有来历；我姨父则相反。我没有看他临什么碑帖，老看他闭着眼睛而手不停地画。他跟我说，"临字"不如"看字"。原来，他看过的字都在他脑子里，然后化到他手上去，不是"对临"，而是"心临"，不是"死临"，而是"活临"。他是拿他心里有的字做楷模来练的。我听父亲说，他这样练，也非常刻苦、用功。在扬中时他每天挑一担水，在大青砖上写、画，冬天的时候水都结了冰，手都冻僵了，还坚持练。

所以，我姨父的字，按我父亲的眼光，是功夫大得很，但传授少些，有些写法，是他自己别出心裁体会出来的，有的并不对。譬如，写行书"门（門）"字，一般先写左边的一"竖"，然后写上面的几"点"，在这几"点"（一般是四个"点"）中，先写左边两"点"的右边一"点"，我姨父则先写左边这一"竖"，然后上去连着点一排的"点"，这个写法我总觉得是体会错了。或许他在什么地方看到有人这样写过，觉得很好，就记住了；但一般说起来，就缺少了点"根据"了。

我还有姨父留下的一些字，现在看起来还觉得笔力十分遒劲，因为他的字大半是他自己揣摩出来的，所以也颇有自己的风格。怪不得当年父亲说，他的字是缺少有钱有势的人捧，如果有人捧，也能成名的。我现在也相信这话。

二

我小的时候不记得都临过什么帖了，大概不外乎颜、柳、欧、苏之类通行的字帖。那时似乎没有听父亲说过颜、柳、欧、虞的说法，更没有提到过北碑。我入手大概是颜真卿的《多宝塔》或《家庙碑》，因为我父亲很推崇颜，自己也临颜；不过他要作古正经地写大正楷才是颜体，而平时的小行书却一点也不像颜。现在可以肯定他没有临过颜的《争座位》，所以写出行书来跟何绍基、舒同的完全不同。

这样，按有些人的说法，我学字的入手就不高，因为我没有从北魏碑开始，而是从唐朝的楷书入门，门坎就低得多了。

我学颜字，从用笔的"中锋"学起。我父亲教我悬肘藏锋，横画两端都要圆的；当然也告诉我，笔法有多种多样，譬如欧（阳询）字（其实应叫"欧阳字"）就常常不藏锋，柳（公权）字则时藏时不藏，即使是颜字，也不是一藏到底，也有出锋的时候，等等。这些，我倒也记了一些，临帖时养成了注意笔锋运行的习惯。

在我的印象中，我小时候家里没有多少碑帖，我父亲买碑帖反倒是"文革"后期我母亲去世以后一段时间里的事。我小的时候，父亲经常买一些字画，把它们挂在墙上，常对着它们呆望着，现在知道这叫"观赏"。有时候也跟我说这些字画的优点和缺点，还讲解一些字画作者们的事情，我知道一些书画家的名字，也是从这里开始的。

现在我能够体会出当时我父亲购买字画时的心情。

我们家大概连"中产阶级"都不一定算得上。父亲做生意似乎没有"发财"。我闹不清楚他到底是做什么买卖的，好像是替外地的商号在上海代购什么的。据说这个生意早先还不错，到我父亲来做时就衰落了，加之蒋经国金圆

大唐西京千福寺多寶佛塔感應碑文
南陽岑勛撰
朝議郎judge尚書武部員外郎琅邪顏真卿書
朝散大

颜真卿书《多宝塔》

券政策失败，百业都很困难，大概也没有多少余力来"收藏"字画；不过我们家占了一个便宜：我们是小家庭，我祖父母早故，而我们到上海后，外祖父母也相继去世，我还隐约记得外婆是什么样子，外祖父我就连见也没有见过了。我们只有一家三口人，用现在的话来说，是负担比较轻的，大概就这样，父亲才能买一点字画收藏。

父亲收藏字画似乎也有他自己的标准。他买字画不完全看名气，要他真喜欢才买。我记忆中有几个时期字画的卖价是很便宜的，可是他偏偏不去买那人人都知道的大名家的作品，却买些江南如扬州的一些人们不太知道的画家的画，这些画家，不到上海（家里）去查看画，我现在都说不上名字来。在这方面，可以说，他一点"市场观念""商业眼光"也没有，否则，我们这些后辈，也可以到拍卖行去风光一番了。

当然，他也收藏一些时贤的作品，在书法方面，他很喜欢谭延闿的颜字，不过他的字可不是小民们所能得到的，所幸他有一个弟弟，叫谭泽闿，以字行世，上海许多商店都请他写招牌，有正式"润格"，已经投入市场，就可以出钱买他的字。于是我们家就有了一些谭泽闿的字。据我父亲评论，哥哥的字比弟弟的好得多，我当然看不出来，因为他们两人的字实在像得很，说是一个人写的都有人信。我看大概也是哥哥的字求之不易，所以才觉得难得的可贵了。

我父亲也很喜欢沈尹默的字，家里有他不少的立轴、扇面。我在家时，父亲经常指着尹默的行书条幅对我说，你看，他的字每行都好像有一条直线贯穿其中，这就叫"贯气"。我再一看，真的有那种感觉。以后每看到尹默的字，我都会想起父亲的话来，去重新体验一番，竟然屡试不爽。

我家里还有白蕉、马公愚、邓散木的一些字，也都是我父亲喜欢的，当然也时有些褒贬，譬如觉得马公愚的商店招牌写得稍嫌呆滞些；不过，平心而论，如今写得出他那样的店铺匾额的也很少了。

在我记忆当中父亲有一把吴湖帆写的扇面算是他的珍品了。可惜，也许因为吴老先生名气太大，一把扇子上写了很少的字，我小时候不喜欢，觉得它跟别的扇面不一样，太草率了点，有点端架子。不过实在说，这几个字写得的确是很精彩，何况，也许人家就爱写大一点的字呢。

说到扇子，我父亲似乎特别喜欢，其实也不是为了夏天扇风用的，大半是拿着扇子来回看那两面的字和画。大概光看这些字和画也能有"去暑"的作用。

我小时候是个不懂事的孩子，许多事都糊里糊涂，但我知道这些字画是父亲的命根子。记得有一次邻居家着火，别的我拿不动，搬起两盒扇子往外跑。这个行动，母亲逢人便夸，好像夸救火英雄似的。

那时候我练字，不讲究笔、墨、纸、砚，父亲似乎也没有什么好的写字工具，不是他不知道要好的，我想大半也是经济的原因，力不能及了。我们练字，都用元书纸，随练随扔，很难得用白宣纸。墨是最普通的"松烟"，父亲说，"松烟"虽少些光泽，但显得深沉、厚重，当然，相当一部分时间我们用当时学生常用的"五百斤油"。笔、砚也都是学生一般用的，也记不起都用了些什么牌子了，也许根本就没有牌子。

就这样，从小养成一个不良习惯，写字不论书写工具，也不具备这方面的知识。现在我写字一直用墨汁，常用的是一方我爱人家里传下来的砚台，也有朋友送来更好一些的，我都没有用。我不买笔，大半是父亲生前留给我的，一支笔用许多年，"小大由之"，所以加上朋友送一些，这一辈子大概够用的了。宣纸当然是必需的，过去我自己也买一些，挑那最便宜的单宣买。前年我爱人从一位书家那里抱了一捆宣纸来，足够用一阵子的了。

三

我十七岁那年离开上海到北京大学上哲学系，有相当一个阶段练字中断了。一来大学课程我很不适应，前两年觉得很吃力，那时的课堂讨论我几乎没有主动发过言；二来当时的"书法"似乎没有现在那样"热"。那时候校园里有各种社团，似乎没有书法方面的学生业余组织。我在校期间参加过"京剧社"，但没有书法方面的活动。

那时候社会上书法艺术似乎也没有"专业"化，没有专门的组织，也没有人专门靠它为生。这一点似乎跟我小时候在上海的情形又不同。那时的确有一些书家有明码实价，以卖字为生，到我上大学时，书法艺术又成了文人学士、政治家的风流韵事，不以此谋生。且不说这种情况的优劣，想来也是功过参半，风格方面可能高些，功力方面可能欠些。

我入学时正值院系调整第一年，我们上海考生报到晚，从上海到北京时学校已从城里沙滩旧址迁往西郊，进一次城不容易，偶尔在城里王府井荣宝斋——那时王府井有一个荣宝斋，现在似乎改为珠宝店了——还能看到有白蕉等人的字卖，价钱很便宜，大概两三块钱一张。

从北大哲学系毕业后，我被分配到刚成立一年的哲学研究所。工作是研究性的，相对地较为宽松，但社会并不平静，"树欲静而风不止"嘛。我到哲学所之后不久就展开了反右派斗争。这个运动在哲学所一搞就是一年。然后就是下放劳动。从下放劳动中解脱回所后，有一段好一点的日子。似乎也就是在那段日子里，读了几年书。

正是在这个期间，我参加了由周扬总体主持的全国高等教材"美学概论"编写组的工作。那是一段美好的时光。现在回想起来，如果允许把"时间""空间"化，可以说，简直是沙漠里的一片绿洲。

在那种宽松的环境中，我又想起了练字。

我以编美学教材为由，从所图书馆搬来早年日本人编的《书道大全》，其实我是拿来临帖用的。不过这个阶段我练字谈不上用功，原因同样是我不大适应这个编写组的水平，我在工作上要做较大的努力才能跟得上。

那时这个编写组真可谓人才济济，而且当时大多数还是翩翩少年，是各编写组中平均年龄最小的一个组。记得我刚去时是在西城石附马大街高教部招待所。因为我们这个组要去，让一个编中学教材的组腾出了较好一些的房间给我们住，等我们进驻之后，他们大不服气。因为他们以为编大学教材一定是些老先生，一看尽是些年轻人，后悔不已。

在这样一群青年学者中，我显得特别的幼稚，要学的东西太多了；同时，名利心也就滋长起来。因为这些人中，主编当然知名度很高，其他人也有已经很有名的，所以我自然不甘落后，要多写点文章，要在社会上有所影响才好。说实在的，当时的人对"利"（指金钱，不是广义的"利"）看得似乎较轻些，而对于"名"，却看得很重，而所谓的"名"大概也专指"知名度"，而不是广义的"名誉"。

人一有了"急功近利"之心，做事就不会踏实了；尤其是要做一些"高雅"的事，就更不踏实。当时的世道，既不以"字"取人，"书家"亦必为学问家或政治家或其他什么家，才能名重于世，所以必先在自己的本职专业方面取得成就，你的字才能被社会重视，真所谓"功夫在字外"。于是，学子们岂敢荒废自己之"正业"而求"书法"为世人所重乎？如今"书法"既成正业，则自当别论了。

那个期间，我经常在晚上用旧报纸来练字，有时近乎乱画，谈不到用心临习，更无所长进。

我们编的是美学教材，期间亦组织一些学术报告，有一次是关于西洋绘画方面的，有一次是关于文艺心理学方面的，还有一次是请启功先生讲中国书法。那是60年代的背景，但我们主编很尊敬启先生，很称赞他的学问，我很为我们主编的开放（当时没有这个词）感到高兴。可惜，那次启先生讲什么我记不清了，只记得他带来一些碑帖来示范，会后我问启先生能否借两本字帖给我临习，他很为难地说这些都是图书馆借来的，事后我觉得自己过于唐突了，幼稚得有点可笑。

不过，我居然有了借帖临字的机会了，而且这个机会竟然会在"文革"期间。

四

谁也没有想到，"文革"会是我练字的机会，当然是"文革"后期。

我们这一代人谈到"文革"至今还心有余悸，可谓"谈革色变"。

"文革"开始时，我正随团在江西搞"四清"。我已经搞了两次"四清"了，第一次在湖北襄樊，这一次在江西丰城。我们奉命回京时已是"大字报"的天下。从学部（社科院前身）到所的领导全都"打倒"了。我赶上亲眼看见学部一位领导怎样当场给"揪出来""打倒"的，而所里的，我没赶上，早已经趴下了。至今我还纳闷，学部这位领导怎么说着说着就被赶下了主席台，而在台下的一位也不算年轻、在所里也是领导的就敞开中山服、两手叉腰地上了台，声嘶声竭地"批判"开了。我真的弄不懂，这个"台上""台下"就这么容易地颠倒过来了。

当其时，大概除少数人外，多数人全蒙了。现在回想起来，对多数人来说，这个运动的特点大概就在于这个"蒙"字。随着运动的深入，参加运动的人越来越"蒙"。原来自以为清楚的，运动一进行，也发起"蒙"来。这一部分人"醒"了，那一部分人"蒙"了；原来"醒"过的人"蒙"了，于是所有的人都"蒙"过了，都尝到了"蒙"的滋味，从而所有的人又都"醒"了。不管真"醒"，假"醒"，终于都"醒"了。

我就是在大家都不管真假地"醒"了之后，又开始练字了。

要说"文革"中练字真是"大好时机"，天时、地利、人和，加上自己的主观状态，简直是"好"，"就是好"。

先说客观上，有抄写大字报、刷大标语的需要，谁敢说不让写毛笔字？为了"革命"，也得练字。于是，练字几乎成了"革命需要"，连工（军）宣队也不敢过问。

抄大字报对于写字的确是一个考验。这个大字报还真不容易抄好。大字报是横写的。中国书法传统除匾额外大都是竖写，大篇的横写字，要写好看了，不是件容易的事。于是还得练，琢磨着如何写得好看。大标语固然可以写美术字，但比较慢，赶不上"革命的需要"，而手写体的大标语则更难藏拙。

于是，还得练字。这回可得认认真真地用心练。你还有什么指望？且不说"名利"思想已成"过街老鼠"，文章也只许几个人写，你写了也没有地方发表，索性省省心，不写了。就连读书，也受限制。如果你想在读语录、"老三篇"之余，读点专业书，当然得偷偷地读，一旦被发现，则免不了一顿批评。我们学部的工（军）宣队批评起来倒也有"学部"的特点，他问你，毛主席著作你都领会透了吗？谁敢说都领会透了？那么你凭什么要念别的书？被批评者语塞，"口服心服"，乖乖地拿起语录来。

练字就好得多了。记得当时还能买到几本新字帖，像《为人民服务》等都有字帖问世，可以公开练习。那时候我还学了一种字体，叫"新魏体"，是从张裕钊那里化出来的，很适合写大字报的标题或大标语。这种字体现在还在用。

当然，如果你要临旧帖，就得躲着点宣传队。

五

工（军）宣队进驻之前，我着实地逍遥了一阵子。

我出身不好。虽然小时候家里并没有钱，但一来是父亲有点好夸大的毛病，老说自己是"当老板的"。当"老板"，自然是"资本家"，是地道的"资产阶级"。二来过去填表，就"高"，不就"低"，在"家庭出身"栏填上一个"资产阶级"，表示自己改造的决心，所以长期以来，人们以"资产阶级家庭出身"目我，断无成为"红卫兵"之理，我也很有自知之明，在一次性试探失败后，安居"逍遥派"。

"逍遥"也有"逍遥"之道。我立刻就加强了书法之练习。我练习得如此认真，一度曾经到了废寝忘食的地步。天天写，日日写，无时无刻不在想着写字。

那个时候我占有的碑帖甚少，有一套从爱人天津家里带来的《晚香堂》苏（东坡）帖，这个帖收刻了不少苏东坡的字，大小全有，正行具备，我当然时常临习。我觉得苏字得自颜的笔法，而掺入二王的结体，有文人学士的潇洒，也有经世大吏的雄浑，只是为什么他的字都有点偏斜，不得其解。后来读到一本书上说，苏东坡执笔像现在拿钢笔那样，也许这就是他的字有点"一边倒"的原因了。

有一阵子，我的字帖来源不是图书馆，因为那时图书馆已然停顿，无人借书。我的来头（源）说来很大。我和书画鉴定大师徐邦达的公子徐书城友善，他从老先生书柜里常带一些碑帖来，供我临摹，有此靠山，我的书艺"大进"了。

我和书城兄相识于北大读书期间，我们同一火车从上海来入学，但不久他却被退出北大学籍。原来他老兄已是浙大外语系的注册学生，可能其时他父亲已来北京任职，所以他也想来北京读书，考入北大历史系，后来被查出了"双重学籍"，让他回浙大接着上学，他自然不愿意，于是就辍学留在北京。起先，我们都互不知道消息；我毕业后进入哲学所，1958年哲学所迁入建国门内，我住东城干面胡同，他那时大概住得离我不远，就找来，"恢复了关系"。那时他没有结婚,每星期必定要来我家一次,是我家的老朋友。

当其时他因为尚未结婚,和他父亲住在一起,也就能比较方便地从老先生那里拿点字帖来借我,而且正在"文革"期间,这些字帖例属"四旧",大概因此老先生对儿子的行径也就一眼睁,一眼闭了。不过,我虽没与老先生有更多的接触,只是编教材期间在中央美术学院听过老先生一次学术报告,但想起这件事,我还是充满感激之情。

我从这批字帖中的确受益匪浅。

我记得,其中有王羲之的《十七帖》、《圣教序》,孙过庭的《书谱》,还有李北海的一些碑拓影印件,其中最有帮助的要算一本智永和尚《真草千字文》了。

因为那个时候我不但不会写草字,连认都认不清楚,这当然是"书家"的奇耻大辱,非要学会不可。不过这个草书竟然像外文那样,怎么也记不住,有了这本《千字文》,正草对照,就像英汉对照的语录那样方便;当然,你还得去临,临几遍这些草字你就认得了。所以当时我非常体会"要知道梨子的滋味就要亲自尝一下"这个道理,要认识草字,就得亲自去写它。

智永《真草千字文》提高了我对草书的兴趣,于是借了孙过庭的《书谱》来临,还有他那本《景福殿赋》,和《书谱》的风格很不一样,我也很喜欢。多年以后,一位朋友写一本书法方面的书,谈到明朝张瑞图的渊源,觉得不可考,我说颇像孙过庭《景福殿赋》,得到这位先生的肯定。后来写草书的除了遵从张旭、怀素外,多受《书谱》的影响,连

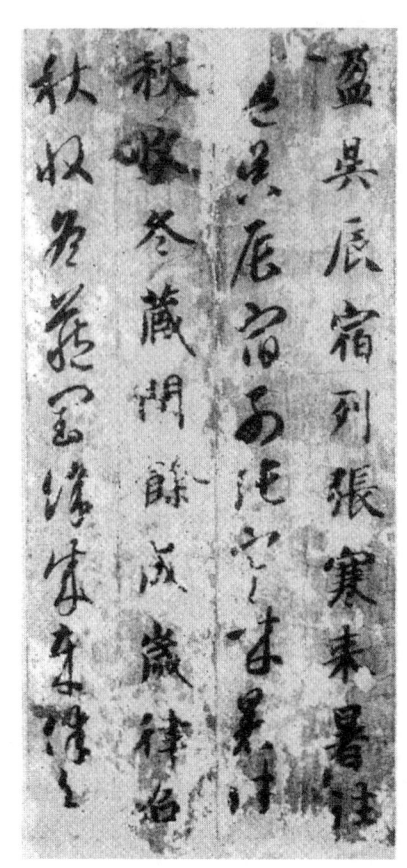

智永书《真草千字文》

力求创新而欲开一代之风气的于右任，也能看出《书谱》的底子来。《景福殿赋》可能太怪，学的人少，但我很喜欢它的粗犷放纵，用现在的话说，有一种"原始"的意境。当然，我自己绝不能驾驭如此高难度的技巧，只能嘴上说说罢了。

六

不错，在各种书体中，我偏好草书。我在干校期间，利用早晨"天天读"的时间偷偷写过一篇关于书法艺术的文章，改革开放初期得到了发表的机会。在这篇文章中我说，中国书法艺术的特点在草书中表现得最为突出。当时是用黑格尔的办法去套，好像先有一个"书法的精神"，这种"精神"在各种书体里有不同的体现，而在草书里体现得最充分。如此而已。

我这样说，并不意味我轻视别的书体。事实上，我不敢写草书，因为我的行、楷的底子不厚，笔力柔弱，以这种水平写草书，只能是以"乱"欺人。所以我一直重视练大小楷书，而练得比较多的是行书。

"文革"期间，我一度集中临过北魏碑。有些是从徐老先生那里借来的，有些是一位朋友给我的，他觉得这些东西对我有用，就给了我，可惜我只知实用，不知爱惜，把它们剪下来胡乱贴在旧杂志上，以便临习，却毁了原件，现在恢复起来也很不容易了。

说实在的，我临过的北碑的确也不少，像《始平公》、《张猛龙》、《张黑女》、《杨大眼》等我都临过多遍，后来还临过一些隋碑，风格也相当硬。还参照着当时的"新魏体"，写过一些大字报标题，和用彩色写的"最新指示"报头。特别是在河南干校后期，办一期墙报真是一件喜事，用各种颜料画的画，写的字，花花绿绿，给干校后期无所事事而又要做出"大批判"剑拔弩张的气氛增添了一点真正的喜悦。新墙报贴出的日子，总有不少人"围观"，指指点点，大加评论。其中最引人注目的自然是那一大张语录，是用好纸、好颜料精心写成的，而大概每一张都是我的"书法作品"。不用说，当时的"围观者"是只看"形式"不看"内容"的，他们只"看"，不"读"。

不过，临着临着，我觉得我不大容易进入北碑的境界。我甚至觉得，有

《张猛龙》碑

些北碑只能观赏，是不能做范本临习的。它们之中也有些是当时文化不太高的人写的或刻的，有一些是离了谱的错字。这些作为"文物"来欣赏，会有很高的价值，从中体会一些刀刻的特殊笔法，也能增加书法艺术的趣味，但不能由此入手。这个意思当然和晚清以来的前贤的教导相悖。不过我想他们的说法是针对当时一种弊端，是有针对性的，而且唐代的碑，被拓得太多了，原石磨损，翻刻的水平下降，也是提倡北碑的一个原因。正是在这个期间，我读到《文史资料》一篇回忆康有为的文章，说他老先生到晚年，又说唐楷重要了。可惜我早忘记了哪一期、哪一篇了，但这个意思保证有的。

于是，在临过一阵北碑之后，又广泛地大临特临起各种碑帖来了。

七

还在工（军）宣队进驻前，我母亲病重，我回到上海。因为在北京反正也是"逍遥派"，就在上海一住三个月。这期间，除了替母亲挂号，陪母亲看病外，还跟我那位姨父学会了裱字画，一时间满屋子贴满了我写的各式各样的语录、毛主席和鲁迅的诗。我母亲起初还挺高兴，后来很伤心，说她病成这样，你们还有心思这样大干特干。我和父亲都觉得很不应该，就收敛多了。

在上海伺候了几个月母亲的病，在册的干部不可能长此"闲置"下去，终于"盼到"了工（军）宣队的到来。于是连夜赶回北京，迎接新生活降临。

从此以后，"逍遥"不再，天天"上班"是当然的。"上班"之所以要打引号，乃是名不副实、有特别的意思的缘故。在"班"上，不得再做自己的研究工作，各研究组室俱已解散，更换了"班""排""连"的军事编制，或许这正是"班"的"本源性"意思呢，就我做哲学论文的习惯，更应打上引号了。

作军事编制，意味着"要准备打仗"。"打"谁？"打"那些地、富、反、坏、右、资、黑，其中"重点在整那些混入党内的走资本主义道路的当权派"。当然，当时的军事行动，倒不是真的拿着枪冲锋，真的举着刀刺杀，而是"开会"。

"会"是万能的，也是很奇妙的，有一种神秘的力量。一切"牛鬼蛇神"，无论你职务多高，能耐多大，"会"上一"批判"，一"宣布"，绝对地能打倒，而且"永世不得翻身"，"万劫不复"。

当然，过去也不少开会。不过"会"的"魔力"，莫过于此时了。此时"会"在形式上也有不同。最突出的是"主持人"换了。不再是过去的各级领导，也不再是同级的同事，而是外来的工人、军人，"旧貌换新颜"。

不但"容颜"变了，连"声音"也变了；不仅从慢条斯理、细声细气，变得实大声宏、气势慑人，最令我思之不已的是"口（语）音"变了。

我自来对语音感兴趣，中国的，外国的，都有点敏感。我想，如果有人研究一下中国历代领导的乡音变化也很有意思。余生也晚，没有赶上"万岁爷"的时代，从京剧和现在电视剧的情形看（听）起来，当时大小官员都以说一口京片子为荣。所以，我猜想，当时"会议主持人"多说"京白"。辛亥之后，大概以广东官话为多；至蒋以后，江浙一带的官话或可在各级"会"上听到。

到我工作以后，主持高级的会议，大概说湖南、四川话的居多。周总理是江苏人，乡音无改。当然他们主持的会，我这样的干部绝无资格参加；只是1958年被派去为人代会江苏组做过一次记录，得窥一二。

我们所里各级主持会的，可以听到江苏话、山东话、四川话、广东官话、东北话，等等，恰恰没有所在地的北京话。难怪当工宣队师傅一登上"会"（没有"议"，只有"会"）的"主持人"座位时，听到那一口的京音，是如此的亲切而又如此的特别，真是"别是一番滋味在心头"了。

军（工）宣队进驻学部，有大事要抓，倒也不管我练字，而且练字对抄大字报、刷写大标语有用，慢慢地我这个人才被发现，成了抄、刷的"骨干"了。

进驻初没有多大问题的都是下班就回家的，在家里，我临习的就不是语录帖，而是那些该作"四旧"销毁的东西。那时候，在家里听戏、听音乐，是很危险的，因为还没有"随身听"，而声音是捂不住的；写字则比较安全，因为它不出声。这样，我临了一阵子旧帖。

然而，好景不长，宣传队有了新的作战部署，要向敌人发起更为猛烈的攻势，平时一律在学部集中住，无事不许请假，每星期六晚放回家，星期日下午回学部。就这样，我的临旧帖的事也就处于"危险"的边缘了。

有一天晚饭后，别人散步去了，我偷偷拿出一本《书谱》来临，碰巧进来了工宣队一位中级领导师傅，他看到我临一本他一个字不认得的字帖，说出一句惊人的话，就冲这句话，这位师傅的觉悟和水平再加上即兴的机智，也足可载入史册。当其时，他严肃地对我说："干吗要学他？我看你写的字比他好多了；再学他，他就会把你害了。"

我听这句话，就像他看《书谱》一样不懂，不过他能看出那是"字"，我也能听出那是"批评"，就赶紧收了起来，搭讪着说些别的大家都懂的话了。

八

我们学部，属于问题复杂、严重的单位，所以下干校反倒比较晚，但也在劫难逃，卷铺盖下到河南息县，一边种地，一边搞运动去了。

为适应干校的条件，我练字的方式也要做些调整。用旧报纸写大字不行了，没有那大地方。我们每个人床前摆上箱子，就算是桌子了。于是就改练小楷。

我始终觉得，蝇头小楷和撒窝大字有同等的难度。写大字要有腕力，写小字同样要腕力。所谓"腕力"，就是"运笔"的力度，要它往东，不能往西，要它细，不能粗，要它停，不能行。这方面，大字难，小字也难。在北京时，没有耐心练小字，到干校正好补这一课。

干校当然以干农活为主，天没有大亮就下地了；晚上下工已是精疲力竭，再说那时农村没有电灯，煤油还得省下来看点书呢。练字的时间只能安排在中午。那时候，午饭后，有一点休息时间，利用同屋饭后正在调整说笑的时间，我每天临上三行小楷。

也许那时候同事中每个人屁股上都有点"屎"，我这个特别的习惯大家都很理解，没有人向工（军）宣队报告，工（军）宣队也从不到我们的住处来，我每天练字的行为没有被揭发出来。不但被掩盖着、被保护着，还受到鼓励呢。我们的排长，是一位出身很好的干部，他有一次竟对我说："我看到你写字时候那种全神贯注的样子，真像一个艺术家在进行创作。"试想当年的情形，听到这句话，心里暖洋洋的，所以他本人可能早忘记了，我却一直记得这句话。

我集中学小楷也是从《灵飞经》入手。我先有一印本，后来北京的邻居送我一个拓片本，现在当然有后出的很好的拓片影印本。《灵飞经》是唐人写经的佼佼者，好印件的笔锋、笔法看得相当清楚。有人可能觉得《灵飞经》过于妩媚，练不出笔力来。的确是有这种可能。所以，不能光临一种帖。

任何一种艺术风格，它的优点往往也是缺点，因为风格是有个性的，而个性就不会面面俱到。光临一种帖，光写一种体，往往写不好，要多临几种，才能"纠偏",才能"互补"。

临帖为什么需要"互补"和"纠偏"?因为古人在写出某种风格时,并不是一开始就有了这种风格的,他也是先广泛地学习,然后慢慢形成自己的特点,因而他的"特点",是融合了许多"非特点"而成的。譬如颜真卿的风格,看他的《麻姑仙坛》或者《家庙碑》,好像前无古人,自出机杼似的,再看他的《多宝塔》,则他和初唐虞世南、欧阳询、褚遂良的关系,就较清楚,他是从这些字体中化出来的。我们后人学颜,如果光学他那圆乎乎、胖墩墩的劲头,就不能说得其精神,而他的书法的神髓正隐藏在圆乎乎、胖墩墩的用笔和结体里,不易一眼看穿,你只感觉你临的字和他本人的字只是"形似",未能

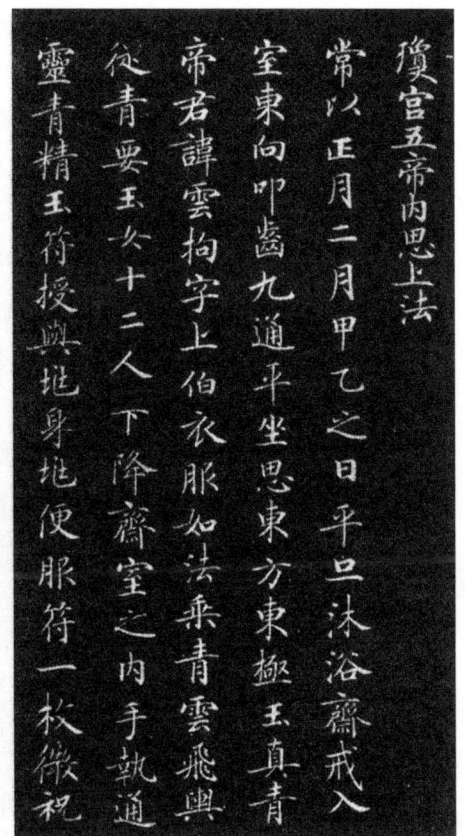

钟绍京书《灵飞经》

"神似";只有当你自己也临过虞、欧、褚诸家后,才恍然大悟,原来颜字的"支柱"表面上似乎看不出来,因为并不在他最明显的"形状"中。我想,这个艺术上的道理都是通着的。譬如我们学唱京剧"麒(麟童)派",我小时候在上海听到一些票友尽往"哑嗓子"方面去模仿,而不知道"麒派"唱法,固然让人有"声嘶"之感,但却决不"力竭",不是"嚷",而是"唱"。听周信芳的演唱,能感觉出来,他的"气",好像"用不完"似的,这是我听一切大演员表演时共同的感受,这是一种"基础性"的"功力",特殊的"风格"是从这个"基础"上"生长"出来的;而这个"基础"又不是"单一"的,而是"综合"的。不是一门子地把嗓子憋哑,就练成了"麒派",而是要学多种流派的技巧,各种腔调都能应用自如,不显得"气促"而"捉襟见肘"。有了这个"基础",或许

你的灵气不够,出不来什么"新风格",成不了"大气候",那么,也算是下过功夫的,也算"身有一技之长",可以立身于社会,不至于"憎世"。

我想,学艺、写字、读书做学问,大概都是一个理。我们不能说,大多数人都会唱戏,但我们却可以说,大多数人都会"说话",而知识分子又都会读书写字。"说话"要成艺术,就得比一般人嘴皮子有"功夫"。相声演员说、学、逗、唱,不是天生的。现在有个别相声演员似乎没有什么嘴上的功夫,也俨然"笑星",号称"大师"。其实,听他们的相声,如果是好段子,还不如买个本子自己回家读来得有趣,因为或许静下心来可以"想象"侯宝林他们如果说这个段子会怎样。

我写字也遵循这个原则,我不胡乱瞎写,而必定要老老实实地临帖;也不死临一种帖,而是一个阶段一个阶段地换着临,根据"互补""纠偏"的原则换着临。好在我不以卖字为生,不着急出自己的独特风格,这辈子都出不来也没有关系,只要人家说一句"他是学过字的",就很满意了。其实,就连靠以谋生的"学术工作",又何尝不如此。我觉得所谓创新的独特思想、观点,要它自己从读书、思考中自然而然地出来才好。我相信,只要你读书是用了心的,也就是说,是用了自己的脑子思考的,那么你自己的独特思想就自然会出来;万一出不来,怎么办?现在我要补充说,即使作为谋生手段的学术,一辈子出不来大思想,没有大创造,也就认了。等到"盖棺论定"那一天,人们说一句"他读书还用功,还是有学问的",大可以闭眼了。

九

我在干校期间临的小楷帖不少,除《灵飞经》外,像相传为王羲之的《曹娥碑》,颜真卿的《小字家庙碑》,都是我很喜欢的,其他还有赵子昂、文徵明、祝枝山、王宠等人的一些帖,我也临过。不过那时候毕竟时间少,到了大夏天,就要"封笔",因为中午实在太热了。每次收工吃了中午饭后,浑身的汗都集中流到塑料凉鞋上,感觉特别明显;所以,饭后的第一件事是要到旁边的小河沟里"冰一冰",顾不上写字了。也算有失有得,我就是在干校期间,学会了游泳。

干校的冬天，同样有活干，当然利有"农闲"大搞"运动"也是一定的。所以，冬天似乎更加忙，白天少干一点活，晚上的"批斗会"则加倍地进行，同事们暗中叫苦不迭。

这时候我却得到了一个美差。

许多人还记忆犹新，那是一个大唱"样板戏"的时代。绝大多数演员都在干校劳动，不唱戏了，可是我们这些原本不唱戏的却要天天唱、日日唱。我们宣传队说，"唱得好不好是技术问题，唱不唱就是态度问题了"。于是，围绕着"会"的开始和终结，不但要念语录，而且要唱戏。一般来说，会开始时常唱"我们是工农子弟兵"，结束时就改唱"大海航行"了。这一年（忘了哪一年了）冬天，干校总部——忘了是"师"还是"团"的编制了——成立了一个宣传样板戏的剧团，就驻扎在息县城里。我因为会蹭几下京胡，光荣入选，引得同事们羡慕不已。县城里生活条件好，此其一也，二来免去地里的劳动，体力得到休息，也是一乐；不过我猜最主要的还在于不用在大小"批判""会"上没词找词，说些言不由衷的话，这才是主要"羡慕"之点呢。

要说那个"剧团"当时叫什么，忘了，也许是什么"宣传队"之类的，其时确实是个"乐园"。从负责的到成员，全是原学部的人，大家命运差不多，相互理解，有共同语言。当时息县不富，但县城里市场上鱼、肉、鸡、虾，倒也一应齐全，加之我们当中有一位做得一手好菜，他姓单，在"剧团"内部"单家菜"颇为知名，至今提起来还令人垂涎。

利用这一片乐土，我当然更保持并发展了写字的传统。起初，仍是每日临三行小字。后来，我们当中一位武场上的，是考古所管挖掘的老师傅，很有一些老传统的训练，他看我只临三行小字，认为远远不够，有他这句话，我也逐渐加量练习，除小楷外还临一点小行书。

十

说到行书，实在是我临习得最多的一种书体。

行书是最常写、最常用的一种书体，也是最见功力，最见性格、最不能藏拙的一种书体；实用性强，审美性也很强。

从形式来看，行书在楷书和草书之间；从来源看，或许是楷书和草书的结合，因为它们各自有自己的来源。行书与楷书的关系，似乎还有一种说法，认为楷书是从行书发展出来的，而草书从隶书-章草衍化出来，是隶书的系统，这两股书势汇合起来，成了行书。不管怎么说，写行书要有楷书和草书两方面的功底，缺一不可。所以我想，从临习的角度来看，不宜一上来就临行书，或者说，临行书也要时常回过头来再临楷书、草书。当然，这只是一种理念，实际上我临帖，没有一定之规，常是乱临一气的。

有一个阶段，我常临王羲之的《圣教序》。《圣教序》虽然是集字刻本，但在王字中是相当挺拔、遒劲的。另外我爱临它还有一个原因，就是它含的字多，不像《十七帖》收的都是短篇。字多了，可遵行的楷模就多，用处也就大。所以我爱临字多的帖，像陆柬之的《文赋》，苏东坡自己以及赵子昂等人写的前（后）《赤壁赋》等，都是我喜欢的。

当然还有那颠扑不破而又有争议的《兰亭序》。《兰亭》真伪之议不从郭沫若起，但由郭发起的争论带有一些政治性。对于我们习字的来说，只要是好字，就值得去临。在那次争论中，好像只有一位发表宏论说《兰亭》的字也丑得不行，这大概既非史学眼光问题，也非审美趣味问题，而是政治品位问题了。

其实，不论《兰亭序》是不是王羲之本人的作品，它在行书方面对后世的影响，是有目共睹的。《文赋》很像《兰亭》，我常常把它们合在一起临，当一本帖临，以增加《兰亭》的字数。当然，《文赋》敦厚些，是唐人的字，《兰亭》飘逸些，是晋人的风格，可是在结体上有相当的共同处。赵子昂后来在为《兰亭》作跋时说，结体随时而异，用笔则千古不变，在《兰亭》和《文赋》的对比中，似乎是结体近似，而用笔迥异，所以才有精神面貌上的差别出来。

要临习行书，赵孟頫当然是一大家。不过从小我父亲就告诫我赵字学不得，多学赵，笔力就会显得柔弱，字就"站不起来"。为遵父命长期以来我不敢临赵，只是作为观赏看看而已。说也奇怪，尽管我躲着它，可是不少人看到我的字时，劈头就说，"你是学赵的"，弄得我很丧气。也许天生"笔性"如此？也许不知不觉地受了影响？

终于我也想通了，学赵就学赵。我临过赵的大楷书，像《妙严寺》、《仇锷碑》等，还有一些中楷，如《御服碑》、《张总管墓志》等。我承认，赵的大楷书真的"少儿不宜"。赵的大字过于柔媚，他自己有李北海等大底子，写出来尚欠力度，何况年轻人缺少功底，就以它来入手，以它来打基础，这个基础就不会很牢固。就入门打基础的功夫来说，过于柔弱的，或过于走偏锋的，即个性过于突出的，都不太相宜。

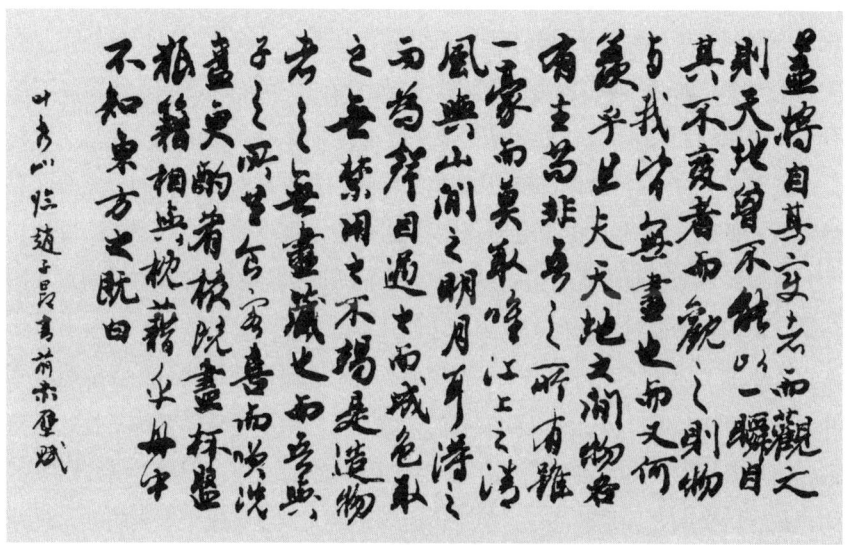

作者临赵子昂书《前赤壁赋》

批评赵字的人很多，小时候父亲不让学，反映了当时一般的意见。这一点尚有一"旁证"值得一提。那还是"文革"中军（工）宣队进驻初期，我们已集中住于学部大院，但还未下干校。我们所原常务副所长、已被康生指使揪出的"黑帮走资派"陈冷写了一份交代材料，不知怎的会被我看到了，也许小组里未被揪出的革命群众都有资格轮着看，我看着看着，差一点就要乐出声来了。这位老革命写了一份自传，从小写起，一直写到如何成了"走资派"，上了"黑船"的。从小写起，也是从小就"批判"起。他说他小时候的错误之一就是没有临习难度大的欧字、柳字，而是贪图容易，临了赵字，造成了以后写字没有骨架子，软绵绵的没有朝气，等等。尽管不少人批评赵字，但赵孟頫决想不到学他的字也会作为"罪状"被交代出来。

说起我们这位老领导，后来的遭遇是很可怜的。他原本在广州工作，当过地方宣传部长，当过一个电影制片厂的厂长。"文革"前大概为提拔他，先到中央党校学习，然后到我们所当副所长，管常务。那时的中央党校校长是杨献珍，这样，作为学员的陈冷当然就被分配上了杨的"船"，这只"船"很快"黑"了，陈冷自然也跟着"黑"了。

他老先生在位时，他是领导，我是白丁，他知道我见他老躲着，有一次还说他很理解青年人躲着领导的心理；"文革"中这个"领导"与"被领导"的关系没有了，而实际位置却倒过来了，我大小是个"革命群众"，他则是"黑帮"，这样我们反倒比较接近起来。他实际上是个文人，爱读书，爱写字，我们很谈得来。有一次他要我借他几本字帖临临，我支吾着拖延时间，竟然没有借给他。不是舍不得，我知道他一定有借有还，也不是怕犯（传播"四旧"的）错误，我知道他决不会去揭发我，而是他那时肺部和肝部都有了病，我怕传染。现在想想很对不起他，我应该送他几本就是了。都过去了。他后来果然病重，住进了协和医院，我们常去看望他。有一次他伸手给我，让我给他号号脉，我哪里懂什么脉象，说几句安慰的话罢了。其实，他真需要的不是这几句话，而是康生的一句替他"平反"的话。因为他的"案"是康生亲自"定"的，虽然后来问题算是解决了，但解铃还得系铃人，没有康生本人的话，总好像欠缺了什么似的；他哪里知道，康生那时大概已经说不出什么人话来了，陈冷终于没有能等到康生为他"平反"说的话，遗憾地走了。有一阵我想，这一下，陈冷可以在另一个世界问问康生到底是怎么回事，后来我否定了这个想法，倒不是因为从科学上讲根本没有这"另一个世界"，而是觉得如果真有那个"世界"，一定是至公、至正、至清的，在那样的世界，陈冷一定找不到康生的，因为康生根本进不了那个世界。

十一

要说我们同事当中，特别是老师当中，确实有一些是很喜欢也很懂书法艺术的，有的自己还写得一手好字。

首先是我们西方哲学史组（室）的创建者贺麟先生。贺先生是我国著名的大学者，他对中外的哲学有深入的研究，这是大家都知道的。1949年以后他对于西方古典哲学特别是黑格尔哲学的翻译和研究，有很大的成绩和贡献，这也是公认的。我要说的是，他还是一个非常有情趣的人，对于文学艺术、诗歌绘画等有很高的修养，书法艺术同样也在他的关注之内。从他身上，我们可以体会到一个哲学的专门家和广博的文化修养的关系。

贺麟

"文革"以前，我知道贺先生喜欢读诗，读文学作品，但不太知道贺先生也很喜欢书法艺术。我做学生时在贺先生家里看到挂有朱熹写的一副对联，那是贺先生已故夫人刘自芳仿绣出来的，因为原件太珍贵了，舍不得挂。搬到城里干面胡同后，还在客厅挂过，其时刘自芳已经过世了。

"文革"前我还知道贺先生很爱听京剧和昆曲。刘自芳去世后，由罗念生先生夫人马婉仪介绍贺先生娶了新夫人黄人道。黄先生一直活跃于昆曲研习社，这个社过去是俞平伯先生为社长，现在是楼宇烈兄继位。有段时间，黄先生每星期日请一位笛师李老先生到家里吊嗓子。一天我上楼找贺先生，正好遇到，我居然随笛声唱了一大段《闻铃》，其实我是刚从宇烈那里趸来的；后来还跟徐书城学过一点《游园惊梦》，可惜没有学完就"文革"了。

我知道贺先生藏书很丰富，中外古今的书收藏了不少；"文革"中才知道他也喜欢购买碑帖、字画，而他知道我在习字临帖后，就把他买重了的碑帖送给了我。贺先生送过我一本珂罗版精印的宋人书札，自然收有苏、黄、米、蔡的一些书信，好像两个蔡（蔡襄、蔡京）都有，从中可以看出有宋一代文人写字的总体风格。

过去我常说，中国的艺术强调"共性"，西洋的艺术则重"个性"，这个说法当然是很片面的，因为西洋艺术强调"个性"本身就是一定时代的一种观念和风气。我们知道,希腊古代的雕塑,是很"人性"的,而那时的"人性"也还重在"人"的"理想"的一面。正像莱辛研究的,"丑"在希腊古典雕塑里是受控制的;虽然后来发现的《拉奥孔》塑像的膀臂接上后并不像莱辛想象的那样优美,但古代希腊人对"人"的确有一种理想主义的想法,不允许过于丑陋的形象进入艺术,这是和现代派或超现代派(达达主义、超现实主义,甚至印象派)的想法,截然不同的,要说"个性"的话,后者才是,而希腊的仍是一种"理想"的"共性";更不用说欧洲中世纪时代的绘画、雕塑了。

不过就中国艺术的传统来看,似乎是很自然地在一种"大气候"下形成自己的风格的。一个时代有一个时代的书风。晋人有晋人的字,唐人有唐人的字,接下来宋、元、明、清都有各自的典型风格,在这种"大风格"下形成书家自己的"小风格";有大才的,得风气之先,自己的风格就会开一代之"大风气",中才以下,则只以自己的"独特"的"小风格"为人欣赏。

这种情形之所以说它"自然",乃是因为一代人有一代人大体相同的"基础"、"立足点"和"起点"。譬如宋代的人,从小习字大体要从唐诸家入手。所以蔡襄不离鲁公规范,至苏东坡痕迹可辨。唐代颜、柳并称,柳的影响在米(芾)身上明显些,而蔡京的字,则绝类米字,他们的行书出自二王,我想与前朝唐太宗的推崇和提倡有关。再大的书家也非天生,都要从小临习,这个临习的范本,就是"基础",它在一定程度上反映了那个时代人们的选择,反映了一个时代的风气。从某种意义上说,这个风气(对一个小孩子来说),是不可抗拒的,"抗拒""反潮流""后现代""解构"是以后的事。只是随着时间之推移,积累的范本多了,选择的余地就大了,这样时代的风气就越来越多样化,这时候,"个性"问题就更加突出起来。

写字如此,做学问何尝不如此。譬如我们搞哲学的都承认康德是很有个性的,在西方哲学史上开了一代之风气;但他的具有独特个性的哲学并不是生下来就形成了的,他也得上学读书,学当时一般的课程。就哲学来说,他也得读老师教他或社会推荐给他的前人的书籍。当时德国大学里流行莱布尼兹-沃尔夫学派的思想,这两个人的书当是康德的基础读物;此外,他读过柏拉图、亚里士多德的书自是没有问题;他读过英国经验主义者洛克、休谟的书,还有法国卢梭的书,再加上中世纪的各种宗教书,马丁·路德新教的书等等,这些都是他的学问基础。我们要研究他的独特思想，把握这些独特思想的来龙去脉，对他的"基础"，必得有一个深切的了解，才会知道他的"个性"（思想的独创性）是怎样出来的。这样，如果我们没有相应的西方哲学的历史知识，要想真正把握某个大哲学家的独创思想，或许是不可能的。因为任何一位称得上大家的哲学家，他的思想都几乎要融会了整个的哲学史。

同样，无论多么有"个性"的大书家，在他的字的"独创性"中，也都几乎融会了全部的书史。我们在苏字里看到了二王，看到了颜、柳，而也看到了他同时代人的互相渗透。我这话可能说得绝对了点，但如果光说"个性"，我看几乎人人都有，而没有"历史"的"个性"才是"抽象"的"个性"。所以，"个性"在"历史"中，"历史"在"个性"中，二者本不可分。

十二

在贺先生送我的碑帖中，还有一部装帧得非常精美的虞世南的《夫子庙堂碑》。这本《庙堂碑》，是碑拓裱本，不是碑拓影印下来的裱本，因为装帧好，看上去颇有凹凸之感。《庙堂碑》是个大碑，符合我"字多"的要求，和我当时临的颜师古的《等慈寺》一样。笔画和结体都非常整齐、规范，临习它，可以训练将字写得规规矩矩。在那"史无前例"的"文革"中，还有一个好处，就是它们似乎是汉字手写体中最适合抄大字报的一种。

在"文革"中，抄大字报虽然非大"积极分子"、大"革命骨干"所为，却也不是"牛鬼蛇神"所能做的事，而只有那些不配当"骨干"，但又找不出什么大问题，或虽有材料一时尚顾不上整治的人才能被委以此任。当然，字也要写得稍微好一点的。要符合这些条件，我算一个，还有是一些年纪大一点的人。在这些人中，当然要排除那些"问题"很大的人，像贺先生自然绝不在此列，那位用赵字打基础的陈冷，也没有资格参加。在抄大字报的人中，有我们研究组（室）的温锡增先生、管世宾先生、杨一之先生和王玖兴先生，中国哲学史组（室）的王明先生也抄过不少大字报。

现在，上述这几位先生除王玖兴先生尚健在外，都已经过世多年了，每想起当时抄大字报的情景，就像是在眼前一样。

温锡增先生是 1957 年从美国回来的老留学生，其时他在美国一个大学当副教授，在祖国的召唤下，回国参加社会主义建设。可是他回来不久就赶上反右派斗争。他刚回国，当然没有什么"问题"，但懵里懵懂地开了近一年的会，因为我们哲学所的反右派运动哩哩啦啦搞了一年，在这前后大概就搞不成什么专业的学术工作了。起初，他老先生很生气，想不通，时间一长，也只得认头了。

温锡增与余丽嫦（左）、作者

温先生的学问是很扎实的，古今中外的哲学和文化，都有相当好的基础。他的英语可以和金岳霖先生并驾齐驱，而金先生的英文好是出了名的。因为金先生年纪太大了，一个时期，我们所里是温先生英文第一，现在但愿有人已超过了他。他在美国住了十六年，不但能说一口流利、地道的美国英语，而且能写一手漂亮的英文文章。温先生是河北人，但说起英文来没有家乡的口音，可见他下功夫之深。

温先生对中国的传统哲学和文化也有很高的修养，不但对中国哲学有专精的研究，而且雅好京剧、书法。他常跟我感叹，年轻时在北大当学生，正是杨小楼、余叔岩等名角经常登台献艺的时候，但因为没有钱，一次也没有看过，错过机会，引为终生遗憾。直到改革开放以后，他还经常抱怨，我们的广播电台播放老唱片的时间太少。

温先生自己的字，大概得自李北海，抄出来的大字报有碑的味道，因为李北海曾以行书刻碑，将行书放大开来写，李北海的《云麾碑》是很好的参考材料。温先生当然早就临过，只是他没有料到现在派上了大用场了。

有一天，当然是"文革"后期，我们已经回城以后的事，他看到我在读潘伯鹰的《中国书法简论》，非常坚持地要借去，我看他老先生真要读，就借给了他；过了些日子，他还了回来，又非常诚恳地说："很感谢你借我读这样好的书！"潘伯鹰这本书当然很好，不过当时这类书很少，所以温先生才有大旱逢甘霖之感。

和其他一切"老先生"一样，温锡增先生回国后主要做翻译工作，他译了斯宾诺莎、罗素的著作，据说他早已把罗素插图本西方哲学史译完交稿，但至今尚未出版问世，而温先生却已过世多年了。

我们研究组（室）的杨一之先生和温先生在出身上不太相同。杨先生出身名门，家学渊源，据说他的祖母自己出过诗集，所以杨先生大概从很小的时候就受到深厚的传统文化的熏陶，作起诗来得心应手，在格律和用典上很讲究。年轻时出洋留学于欧洲各国，所以在中外的学问和外语的修养上，又和温先生相同。在语言方面，杨先生最擅长的是法语、德语，后来我听过他讲英语，也是不错的。杨先生一直从事德国古典哲学的研究，翻译了难度很大的黑格尔《大逻辑》，德语的功夫当然很深。我要补充的是杨先生大概对法语有特殊的感情。我刚到所里不久听过杨先生讲法语，觉得很好听；"文革"后期流行看"内部参考片"，我和杨先生看过法文原版片，那部片子没有同声翻译，而他老先生也有几十年不说、不听法语了，我才唐突地问他"能懂吗？"他说"还行"。

杨先生写字可以称得上"书法艺术"了，他的行书写得漂亮极了，可以看出他临过许多的碑帖，不是随心所欲地写出来的。杨先生对自己的字也很重视，写信常用毛笔，有时也写点条幅，送过我一张，可惜多次搬家不知夹在什么书里了。就是在最近几天，有出版社找我帮他们认杨先生手稿中的一些字，我又见到杨先生那娟秀而工整的小行书，赞叹不已，力主将一个短篇自传以手迹影印出版。我敢说，现在的作者中，能写这样的手稿的人大概没有了。

管世宾、王玖兴两位先生属于聪明人的字的范围。当然，他们在写字上都下过相当的功夫，也非常爱好书法艺术，所以抄出来的大字报字迹都很秀气，当时属于好手之列。他们二位像温锡增一样，是从国外回来的老留学生。

管先生1953年还是1954年就从加拿大回国了，因为是学哲学的，而且还是研究基督教哲学的，刚回国时不好安排工作，幸亏有了周恩来总理的知识分子报告，就分配到哲学研究所来。那时候他还很年轻，我刚到所时，他经常在所里打乒乓球；后来一起住在干面胡同大院，与贺先生、杨先生在一个楼里，我则和沈有鼎先生邻居，在平房住。

管先生外表平和文雅，内里是一个才情横溢的人。他喜欢诗和文学，不过大概主要不是中国的古诗，而是更喜欢洋诗、洋小说；我猜他自己也写诗，可能是新诗体，可惜我们都没有见到过。有了这种情趣，他的文笔秀丽无比，这有他的译著霍尔巴哈《自然的体系》为证。他原本是学基督教哲学的，为什么搞起法国18世纪唯物论来？原来那时基督教哲学又难又没有需要，管先生法语好，就近就搞了法国唯物论，这在当时当然重要得多，或许还是当时领导分配他改的。

管先生还酷爱西洋古典音乐，小提琴的基本功很好，据说他的长子曾在专业乐团拉过提琴，后来制作提琴，还得过国际大奖，上过电视，底子我想是他父亲打下的。管先生特别喜欢莫扎特的曲子，有一阵似乎要把它收全了才罢休。

王玖兴先生回国比管先生晚一点，他是专攻德国哲学的。刚到所时他想译一本存在主义的书，被领导否定了，要他翻译黑格尔的著作，于是王先生就和贺先生建立了几十年的合作关系，以对黑格尔著作的堪称经典的译文，载入我国学术的史册。

管先生在"文革"中似乎比较平稳，没有受到大的冲击；温先生还受到过一次大会批判，那是因为在下干校前清理办公室时他扔的一堆书里有当时的学习文件，被发现后当晚组织了一次临时特别批判大会，所以管先生大概是大字报抄手中的"常委"；而王先生则是时断时续，据说他在1949年前为了生活做过那时一个电台的业余编辑，经他手的文章有的经不住审查，电台的台长、主

作者与王玖兴（左）

笔大概都找不到了，就找到王先生来审查。查得松一点时——那多半是抓"五一六分子"前线吃紧的时候，王先生就来抄大字报，查得紧起来，就不见他来抄了。

王先生对书法艺术的兴趣似乎比管先生更浓些，可能有时他自己还练字，并一直留心翰墨。前几年他还兴致勃勃地收藏书家的字。

王先生已经八十多岁了，现在据说在美国的女儿家小住，在庆祝王先生八十大寿开会时，我因躲避应酬，迟到了。王先生说没有听见我发言，我说，我要说的，除健康长寿外只有一句话：你"写"一本书吧。他懂了我的意思，握了握我的手。

我说这话是因为我认为王玖兴先生是很有自己思想的人。他中外哲学基础好，外文好，中文表达也很好，性格认真仔细，人称"久（玖）磨（兴）"，这样的条件，当然做出来的翻译与众不同；然而，王先生还是很富于哲学思想的人，他很有自己的见解，往往是很深刻的见解，这一点和他合作多年的贺先生跟我说过，我自己也深有亲身的体会。应该说，和我们室的老先生们聊，都能得到很多的帮助，有的是知识方面的，有的是为人方面的，有的是才情方面的，而每和王先生聊，总会给我许多的哲学思想方面的启发。于是，我断定，这多年王先生没有自己的学术专著问世，乃是时势所迫，长期以来"分配"给"老先生"们的任务就是"翻译""资料"方面的工作，久而久之，竟成习惯，所以我才有那个祝愿。王先生如有著作问世，当是学术之幸。届时，如蒙王先生不弃，我来替王先生的书写一个书名题签。

十三

说起写书签，在"文革"后期，我还真写过一个。

在河南明港干校时，听说任继愈先生要带一些人回北京写中国哲学史，学中国哲学的人都十分眼热，因为可以脱离干校回到北京了。不过好像不久，我们学部的干校就撤了，可能与林彪之死有些关系。这样，我们学部在干校的时间相对来说，如相对于北大来说，是相当短的了。我们干校条件也比北大去的地方好得多，尤其是到明港后为集中搞运动，不干农活的那一年，现在想起来，还是蛮"悠闲"的，的确也出了不少"智慧"，像"捕鱼捉蟹"，赶集游泳等等，甚至缝纫、烹调，一位男同事为自己做了一件军大衣；我在当炊事员期间，学会了做各种菜，特别是熏鱼，得另一位同事兼主厨之真传。

我们1972年就全体回到北京。这时候，任先生主编的书快修改完成了，要一个年轻一点的人写书名。当时人家告诉我，原先的书名是魏建功先生写的，我没有见过魏先生的字，也感谢任先生提拔后进，就答应了；不过当时如果看到了魏先生的原书签，说什么我也不敢写，这是我习字以来被采用的第一个书名题签。

要说我的字被公开印出来，则还要早得多。我刚到所不久，有一次规模比较大的学术讨论会，讨论题目是关于"人民内部矛盾"的问题，在北海的庆宵楼开了几天，会后《哲学研究》杂志出一个专栏选登与会者的文章，这个通栏标题是我写的。据说是潘梓年（他当时是学部副主任兼哲学所所长）要让年轻人写的，就找到了我。那时我的字当然看不得，但因为印得非常模糊，遮了很大的丑。

前些年，我也应朋友之约写过一些书名，都不满意。特别是为齐如山一个选集写的，最拿不出手去。说也奇怪，越想写好点，越写不好，写了许许多多，仍然挑不出好的来，可见功力有限了。后来看到了台湾为齐如山出的全集本，那个书签写得笔力浑厚，不觉出了一身冷汗，再一看，原来是一位前辈写的，这才心里踏实下来。

写字很难，我深有体会。我自己的字有多大功夫，我自己也一清二楚。在我的回忆中，对于我自己的字，除了鼓励或客套的恭维话外，也很少有人夸我；而正面或侧面批评的倒不少。

我父亲在"文革"中后期，因为母亲故去，孤身一人在上海，惟一消遣是逛书店。那时对书店已不像初期那样管得严，也有一些古书古碑帖出售，而且价格便宜得出奇，大概是因为"破四旧"余烈尚存，买这些东西的人很少之故。父亲过去顾不上买碑帖，这时候就量力地补上这一课。这个期间，他买的碑帖可真不少，大部分还都寄到北京，让我临习、收藏。我在碑帖鉴别方面没有发言权，但他买的许多碑帖中，我想总有一些是珍品。譬如有一部碑拓《瘗鹤铭》，拓片可能是翻刻的，但封面里页有何绍基手书"瘗鹤铭"三个大字，并有署名、图章，我看很像何自己写的；当然，也有可能连拓片带何的字都是假的，因为何绍基学这个碑太有名了，造假的也就多。另一部赵子昂的《天冠山记》碑刻拓片裱装，在木板夹面上有刘春霖的题签和小章子，我小时候临过刘的小楷，这个书签决非伪物，我就把它用塑料纸蒙上，以后有空再用清漆涂上，以传永久。

由于买书、帖，我父亲在上海福州路书店里结交了一些书友，常拿一些字来评头论足，我父亲夹了些我的字让他们观赏，这些老先生倒是一点情面也不讲，说得很不客气，我父亲都一一写信告诉我，以戒骄戒躁。其实，也不光是写字，就是读书做学问，或者竟是自己的专业，我时常处于不自信的境地。

我们这一代人在学问上有什么值得夸耀的呢？我们耽搁的时间太多了，能有多大学问？去年人民大学为苗力田先生八十大寿开庆祝会，我行弟子礼乘公共车与会。苗先生说，以前他听一位老先生（苗先生说了那人的名字，我忘了）自己说读书太少，吓了一跳，因为他觉得自己因战火纷乱，没得多少时间读书，如果老先生都说读书少，自己就更少；在座的学生们听苗先生说了后，也都吓了一跳，苗先生都说没有读多少书，我们又读了些什么！

我并不是说这种情绪会一代一代地传下去，我只是说如果任何事情都可以夸几句的话，只有读书、写字一点也夸不得。我曾和我的学生们说，我像他们那么大的时候，别的优点很少，如果有的话，"不骄傲"算是一个。我小时候总是处于如何"赶上"别人的地位，而不是"超越"别人的地位。这当然是我个人的特点，也是一个缺点，从这个缺点，我"总结"出一条"普遍"的"规律"：惟有年轻人要戒"狂"。我的理由一来是年纪轻容易犯狂，二来年纪轻正应吸收、学习，狂了就学不进去，不易进步；而到了老年，一生事业大体就绪，不再能进步了，这时候如有人触犯你，"嗤之以鼻"可矣。所以老年人可以狂狂；但凡欲"更上一层楼"的老年人，凡欲"活到老学到老"的老年人，仍要忌狂。

戒狂就是多看别人的优点。总体来说，我临帖很乱，因为我看每一种帖都有长处，都值得学；也都有不够的地方，就要用其他的帖来"纠"它，所以就像读书一样，总觉得读得不够，临得不够。有一年，我还在干面胡同住，楼里杨向奎先生的夫人尚树芝老师告诉我，既然喜欢写字应该跟一位书法老师学。

真的，自从儿时我父亲和姨父教过我执笔后，我没有师从过书法家；说实在的，我连书家如何写字都没有见过，看到的都是他们的成品，他们到底怎样临池挥毫的，我没见过。只是有一阵子，在一位朋友家见过吴玉如老先生写字，觉得他写草书也很慢，很认真，这一点印象很深，但那只是很短的几次，决不敢言"师承"的。

我的字当然不敢让老吴先生评判，但那个时候，小吴先生却看到过我写的字，而且记得他的中肯而又诙谐的批评。我这里说的"小吴先生"是吴小如（吴同宝）先生，他是玉如公的长子，我们背地里管父亲叫"老吴先生"，小如先生只得叫"小吴先生"了。

我在北大上学的时候就认识小吴先生，那时他早已是中文系的老师了。小吴先生学问渊博，尤其以收集京剧唱片著名。他自己唱老生，宗余（叔岩），我在北大时，北大工会组织演出过《捉放曹》，他唱陈宫，唱得很有韵味。我孤陋寡闻，那时不知道他也擅长书法。"文革"中他有时进城到我家来。那时我正热衷于裱字画，墙上贴满了我自己的字，有一次他指着一个字说，你以后要注意不要这样写，如果不知道你是在"创造"，会说你不会写了。我们都很喜欢小吴先生的风趣，其实我哪里是什么"创造"，硬是不会写呢。此后我就更加注意不让自己"随心所欲"地乱写了。

小吴先生肯定忘了他这个批评了，可是它使我受益良多。

读书和写字一样。说得极端一点，写字要有自己的新意，但又要"笔笔有来历"；读书也要有自己的新的体会和心得，但又要使自己的"话""句句有根据"，当然不是"句句是真理"；果真如此，则你的"新意"，也就成了"新的根据"，你就为书法艺术或学术文化的"根基"，做了"加厚""加宽""加长""加大"的工作了。

十四

"写字"写够了水平，就可以跻身于"书法艺术"之列，而"书法"是我国以及受我国文化影响的周边国家一种特殊的文化现象，于是对于如何理解"书法"作为艺术的特点，也有些话要说。

我60年代编书时写过一篇小文章，题目是《书法是一种艺术》。这个题目现在看来是一句废话，书法不仅当然是艺术，而且是改革开放以来很热的艺术；不过这个题目在当其时大概还是有点意义的，因为文章发表以后才知道毛泽东主席曾有一句话，说"多一种艺术有什么不好"，可见当时书法算不算"艺术"是有疑问的。当然我这篇文章不是得了什么风声写的，而是自己出的题目。文章是说，"书法"作为"艺术"观，其内容不在"文字"的"意义"，而是另有"意义"在。这是一篇很短的小文章，发表在《文汇报》上，后来杭州吴战垒兄告诉我，他的老师夏承焘先生觉得写得不错。

后来我对书法艺术又积累了一些想法，主要觉得书法作品虽是静态的，但其精神实质则是动态的。由这里，我又觉得既是动态的，似乎与平常所说的"表演艺术"有相当的关系，于是，我就有了书法艺术是"纸上的舞蹈""凝固的舞蹈"这类想法，这就是后来在干校"天天读"时间偷偷写成的那篇论书法的长文章的主要意思。

所谓书法可作"表演艺术"观,并非提倡书法家都要当场表演写字技术。记得听一位台湾艺术家说,他不赞成临场作画、写字这类的中国传统的做法,他说西洋画家画一幅画要酝酿很久才动笔,而不是程式化地提笔就画、就写。这是中西艺术的某些区别所在,不必因彼废此。

不过,书法艺术既已"凝固"在"纸上",则就理论思考来说,光指出它的动态性还是不够的,我们还要进一步阐明为什么已经"凝固"为静态的作品还能有动态的性质。这也就是说,要阐明凡"空间"的东西无不具有"时间性",但这已是一个太深奥的理论问题,不属"茗边"的范围了,为弥补理论上的空缺,我把前年为一个英文百科"书法艺术"条写的中文底稿附在下面,好在很短,以便对理论有兴趣的读者也有个话题。

附录: 中国书法

中国书法是"书写的艺术"(the art of hand-writing)。"书写"之所以在中国能成为真正的艺术(fine art),乃植根于中国传统之思维方式。中国文字,从其产生的时代起,就不仅仅是传达文字的意义,而有多种的功能,其所传递的"信息"(message, meaning),有哲学、伦理的内容,而且在笔画运行上有审美情趣(aesthetic judgement)在内。相传古人观鸟兽之迹、云彩之变幻而悟出"书写"之技艺,都说明中国书法有"超越""文字"内容的"形而上"的意义。

根据目前的资料,中国书法大成于商代。商代甲骨文保存了大量的书法艺术资料。甲骨文为占卜之记录,是宗教活动的一部分,但就当时刀刻及笔画痕迹来看,在笔法与刻法上也有一定的技巧,而骨片上文字之布局,已有疏密比例的考虑。这种书写技巧,到周代形成全盛时期。

周代是中国礼乐大成时期,原本是实用器皿的钟鼎彝器,成为"王权""神权"以及社会地位的象征。在这些器皿上刻文字以记述主人之事功,成为流传数千年的特殊书法体裁"钟鼎文"。钟鼎文凝重而敦厚,与甲骨文之诡谲、奇特形成对比。在书写技术上,钟鼎文的笔法尚圆,而甲骨文多为尖笔。传世的周鼎像"毛公鼎""散氏盘"等,是中国书法史上的瑰宝。周鼎字体,史称

"篆书"。

周代衰落,春秋战国期间,中国文字多不统一,秦始皇在政治上统一中国,文字亦归一致,是为小篆。小篆以规范的笔画来书写,便于提高书写技术,但也减少了变化多端的可能;不过,秦代出现了新字体隶书,可能是为官方行政文书的简便而创造的。隶书书写简捷,将中国毛笔的功能充分地发挥了出来,使"运笔"的重要性更加突出,开辟了中国书法艺术的广阔前景。

隶书在汉代得到进一步发展,书写技巧已成为文化阶层值得称道的技能,被载入史册的"善书者"逐渐增多,其中有皇帝、宰相、文人、学者,"书法"和文学、绘画、音乐一样,成为社会公认的"艺术"。

甲骨文

随着行政公文的增多,汉代书法出现了"章草",将隶书简化,更加快了书写的速度。在这种趋势下,出现了东汉的大书法家张芝,进一步发挥了"草"的功能,以抒发"书者"的情绪,增加了书法的艺术、审美特性。"草书"这种倾向,当时曾遭到批评,但因为它突出了书写的艺术性,而为社会所肯定,并在唐代有了更大的发展。

从汉代经魏晋到隋唐,是中国书法艺术发展的关键时期。在这个时期中,中国书法体裁中出现了楷书和行书,这样,中国书法艺术的基本体裁,遂告大成;而行书和楷书是魏晋、隋唐以来,中国文字用得最多的书体。

晋代王羲之,被称为中国的"书圣",他在中国书法艺术史上的影响具有决定性的意义,尽管现在我们能看到的他的作品,都是仿制品。在中国的学术和艺术精神中,"最近的"也许正是"最远的"。王羲之主要作品《兰亭序》,

王羲之

有多种临本、复制本传世，风格并不尽同，但影响唐宋以下，未曾中断。王羲之的儿子王献之，在书法艺术上另有一格，书史上并称"二王"。

唐朝在中国历史上可谓发达、昌盛，在书法艺术上也很繁荣。这期间，真、草、隶、篆各种书体都有代表人物，都有杰出的艺术成就。隋唐交替之际，有虞世南、褚遂良，中唐有颜真卿、柳公权，在大草方面有张旭、僧怀素，他们在中国书法艺术史上，名声显赫，成就辉煌。

中国书法进入宋代，进一步加重了"文人"（人文）习气，苏轼、黄庭坚等都是大诗人，大文学家，他们在行书方面做出了很大的贡献，可谓直接"二王"的传统和精神。

这种文人风格，到了元代，又有变化，文人的潇洒，和庙堂的气象，结合了起来，而在双方都有所折中。于是元代产生了赵子昂。在赵字的特点来说，虽有贵族气，但被文人的飘逸冲淡了，不够厚重；而虽有文人气，但也被贵族的富贵心遮蔽了，因此他的风格常常受到后世的批评。但就中国书法整体发展来看，他提倡复兴篆书和章草，无疑是有贡献的。

明、清两代，特别是清代，是中国书法综合发展的时代。随着"小学"的兴起，中国书法出现了"古典回归"的现象。一方面，在行书上，基本追踪"二王"；另一方面，力倡北魏碑和篆、隶，并逐渐将其引入行、楷，在晚清出现了像邓石如这样的大家。

中国社会进入现代，随着经济、政治等因素的变化，在文化方面受到了西方的严重冲击。然而在这种压力下，中国书法艺术像中流砥柱一样，岿然不动，屹立于艺术之林。因为中华民族是惟一将"书写"提高到真正"艺术"水平的民族。

中国人在进行书法艺术创作的同时，也对此种艺术进行了思考，有不少理论著作传世。中国不仅有"诗论""画论""乐论""剧论",而且有"书论"。

中国书法是一种动态的艺术,一种纸上的舞蹈,空间的音乐。中国历代书家重视从现实世界中飞动的韵律中,获取灵感,在书法的美学理论中,也强调"点画顾盼"的关系,而反对"平直如算子"。

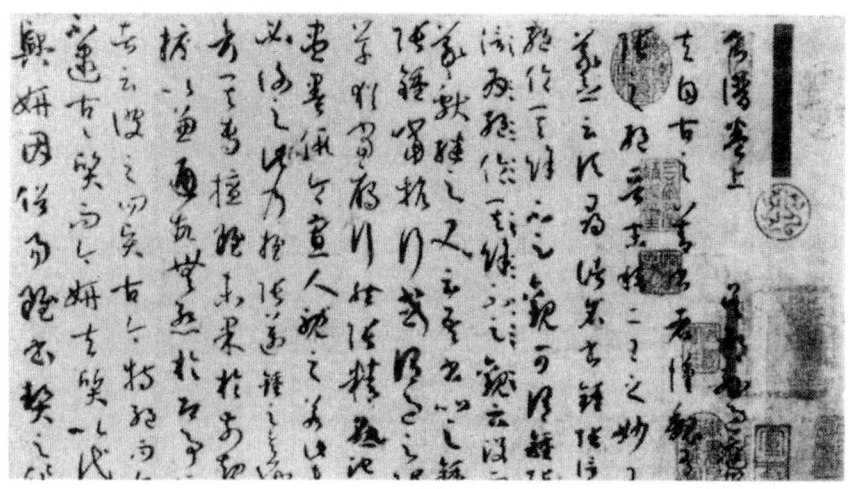

孙过庭《书谱》

中国书法理论非常丰富,最著名的有孙过庭的《书谱》、卫恒的《四体书势》、米芾的《书史》及清代包世臣的《艺舟双楫》和康有为的《广艺舟双楫》等。这些理论著作,都是在评判具体作品的基础上提炼出来的,理论家往往本身就是艺术家。当然,这是和中国文化传统的哲学观念密切相关的:着重在具体的字形中显现超越的气象和韵律。

书法作为艺术观,中国书家强调"运笔"和"结体",相比之下,"运笔"重于"结体"。"结体"是空间性的,而"运笔"是时间性的。中国书法是在空间性"结体"中,见出时间性"运笔"来。

从远古以来,中国书法主要运用毛笔来书写,当然也伴随着铭刻的技法,而中国书法的"运笔",犹如小提琴的"运弓",通过"弓"和"弦"的韵律,演奏出美妙的音乐来。中国书法以"运笔"为核心,通过纸、墨、笔、砚所谓"文房四宝"写出美妙的字形来。

从这方面看,中国书法艺术可称为"类(semi)表演艺术",所以它也和中国戏曲艺术那样，表现出流派纷呈的局面。"流派"一方面表现出"个性"，同样也具有一定的普遍性，有一批"追随者"（followers）。书法艺术中的流派称为"体"，如唐朝的"颜体""柳体"，元朝的"赵体"，还有宋徽宗的"瘦金体"等。称得上"体"的，一般都可以作为入门学习书法的范本。

随着书写工具的变化，人们经常用钢笔、圆珠笔书写，于是近年出现了"硬笔书法"。人们按原有书法艺术的特点，克服硬笔的局限，成为现代更具普及性的书写艺术。

近代以来，中国书法处于新的社会条件下，得到了新的发展，也出现了新的问题。

由于中国书法艺术在自身的系统中，发展得相当成熟，书法作为艺术的创新，就遇到较大的问题。一部分书法家尝试发挥中国文字"象形"的特点，使书法向绘画靠拢，于是遂有"先锋书体"的出现。

另一方面，中国书法又日益"专业化"，从而提出如何保持和提高专业水平的问题。中国古代长期以来，书法艺术是以广大文人学士的普遍的工作作为自己的存在方式，而非专业的工作；然而在现代分工的条件下，特别是在"电脑"写作普及以后，文人学士亲自书写的机会减少，书法艺术逐渐成为专业人员的事，而有些职业书家，其艺术或许尚未达到前辈非专业书家的水平，于是人们将从日益精良的印刷复制品中，得到更为高级的艺术满足，这是中国书法同时也是其他中国传统艺术所面临的一个问题。

1997年9月10日于
中国社会科学院哲学研究所

后　记

一位朋友送我辽宁教育出版社出的几本"茗边老话"丛书，印刷精美，品位高雅，问我是否希望自己也有书印成这样，我立刻答应了下来。可是这位朋友说，不要写哲学，这倒让我为难起来。我看已出几本，都是写各位作者的专业，而"哲学"虽常常说的也是"老话"，为何不能进入"茗边"，或是因为一说到"哲学"，就联想到那生冷的名词概念和那长而又长的外语式句子，普遍如此，不能怪人家"茗边"不谈；无奈想了一个"写字"的题目，不过同样"无奈"的是，在说"写字"的时候，又常常夹带一些"哲学"的话来"扰乱视听"，这就要读者多多原谅了。

1999 年 1 月 25 日
于中国社会科学院哲学研究所

| 中西智慧的贯通 |

——叶秀山中国哲学文化论集

序"纯粹哲学丛书"

叶秀山

人们常说,做人要像张思德那样,做一个"纯粹的人",高尚的人,如今喝水也要喝"纯净水",这大概都没有什么问题;但是说到"纯粹哲学",似乎就会引起某些怀疑,说的人,为避免误解,好像也要做一番解释,这是什么原因?我想,这个说法会引起质疑,是有很深的历史和理论的原因的。

那么,为什么还要提出"纯粹哲学"的问题?

现在来说"纯粹哲学"。说哲学的"纯粹性",乃是针对一种现状,即现在有些号称"哲学"的书或论文,已经脱离了"哲学"这门学科的基本问题和基本要求,或者可以说,已经没有什么"哲学味",但美其名曰"生活哲学"或者甚至"活的哲学",而对于那些真正探讨哲学问题的作品,反倒觉得"艰深难懂",甚至断为"脱离实际"。在这样的氛围下,几位年轻的有志于哲学研究的朋友提出"纯粹哲学"这个说法,以针砭时弊,我觉得对于哲学作为一门学科的发展是有好处的,所以也觉得是可以支持的。

人们对于"纯粹哲学"的疑虑也是由来已久。

在哲学里,什么叫"纯粹"?按照西方哲学近代的传统,"纯粹(rein, pure)"就是"不杂经验"、"跟经验无关",或者"不由经验总结、概括出来"这类的意思，总之是和"经验"相对立的意思。把这层意思说得清楚、彻底的是康德。

康德为什么要强调"纯粹"？原来西方哲学有个传统观念，认为感觉经验是变幻不居的，因而不可靠，"科学知识"如果建立在这个基础上，那么也是得不到"可靠性"的，这样就动摇了"科学"这样一座巍峨的"殿堂"。这种担心，近代从法国的笛卡儿就表现得很明显，而到了英国的休谟，简直快给"科学知识""定了性"，原来人们信以为"真理"的"科学知识"竟只是一些"习惯"和"常识"，而这些"习俗"的"根据"仍然限于"经验"。

为了挽救这个似乎摇摇欲坠的"科学知识"大厦，康德指出，我们的知识虽然都来自感觉经验，但是感觉经验之所以能够成为"科学知识"，能够有普遍的可靠性，还要有"理性"的作用。康德说，"理性"并不是从"感觉经验"里"总结-概括"出来的，它不依赖于经验，如果说，感觉经验是"杂多-驳杂"的，理性就是"纯粹-纯一"的。杂多是要"变"的，而纯一就是"恒"，是"常"，是"不变"的；"不变"才是"必然的"、"可靠的"。

那么，这个纯一的、有必然性的"理性"是什么？或者说，康德要人们如何理解这个（些）"纯粹理性"？我们体味康德的哲学著作，渐渐觉得，他的"纯粹理性"说到最后乃是一种形式性的东西，他叫"先天的"——以"先天的"译拉丁文"a priori"不很确切，无非是强调"不从经验来"的意思，而拉丁文原是"由前件推出后件"，有很强的逻辑的意味，所以国外有的学者干脆就称它作"逻辑的"，意思是说，后面的命题是由前面的命题"推断"出来的，不是由经验的积累"概括"出来的，因而不是经验的共同性，而是逻辑的必然性。

其实，这个意思并不是康德的创造，康德不过是沿用旧说：康德的创造性在于他认为旧的哲学"止于"此，就把科学知识架空了，旧的逻辑只是"形式逻辑"——"止于"形式逻辑，而科学知识是要有内容的。康德觉得，光讲形式，就是那么几条，从亚里士多德创建形式逻辑体系以来，到康德那个时代，并没有多大的进步，而科学的知识，日新月异，"知识"是靠经验"积累"的，逻辑的推演，后件已经包含在前件里面，推了出来，也并没有"增加"什么。所以，康德哲学在"知识论"的范围里，主要的任务是要"改造"旧逻辑，使得"逻辑的形式"和"经验的内容"结合起来，也就是像有的学者说的，把"逻辑的"和"非逻辑的"东西结合起来。

从这里，我们看到，即使在康德那里，"纯粹"的问题，也不是真的完全"脱离实际"的；恰恰相反，康德的哲学工作，正是要把哲学做得既有"内容"，而又是"纯粹"的。这是一件很困难的工作，康德做得很艰苦，的确也有"脱离实际"的毛病，后来受到很多的批评，但是就其初衷，倒并不是为了"钻进象牙之塔"的。

康德遇到了什么困难？

我们说过，如果"理性"的工作，只是把感觉经验得来的材料加工酿造，提炼出概括性的规律来，像早年英国的培根说的那样"归纳"出来，那么，一来就不容易"保证""概括"出来的东西一定有普遍必然性；二来这时候"理性"只是"围着经验转"，也不太容易保持"自己"，这样理解的"理性"，就不会是"纯粹"的。康德说，他的哲学要来一个"哥白尼式的大革命"，就是说，过去是"理性"围着"经验"转，到了我康德这里，就要让"经验"围着"理性"转，不是让"纯粹"的东西围着"不纯"的东西转受到"污染"，而是让"不纯"的东西围着"纯粹"的东西转得到"净化"。这就是康德说的不让"主体"围着"客体"转，而让"客体"围着"主体"转的意义所在。

我们看到，不管谁围着谁转，感觉经验还是不可或缺的，康德主观上并不想当"脱离实际"的"形式主义者"；康德的立意，还是要改造旧逻辑，克服它的"形式主义"的。当然，康德的工作也只有一种探索，有许多值得商讨的地方。

说实在的，在感觉经验和理性形式两个方面，要想叫谁围着谁转都不很容易，简单地说一句"让它们有机地结合起来"当然并不解决问题。

康德的办法是提出一个"先验的"概念来统摄感觉经验和先天理性这两个方面，并使经验围着理性转，以保证知识的"纯粹性"。

康德的"先验的"原文为"transcendental"，和传统的"transcendent"不同，后者就是"超出经验之外"的意思，而前者为"虽然不依赖经验但还是在经验之内"的意思。

康德为什么要把问题弄得如此的复杂？

原来康德要坚持住哲学知识论的纯粹性而又具有经验的内容，要有两个方面的思想准备。一方面"理性"要妥善地引进经验的内容，另一方面要防止那本不是经验的东西"混进来"。按照近年的康德研究的说法，"理性"好像一个王国，对于它自己的王国拥有"立法权"，凡进入这个王国的都要服从理性为它们制定的法律。康德认为，就科学知识来说，只有那些感觉经验的东西，应被允许进入这个知识的王国，成为它的臣民；而那些根本不是感觉经验的东西，亦即不能成为经验对象的东西，譬如"神-上帝"，乃是一个"观念-理念"，在感觉经验世界不存在相应的对象，所以它不能是知识王国的臣民，它要是进来了，就会不服从理性为知识制定的法律，在这个王国里，就会闹矛盾，而科学知识是要克服矛盾的，如果出现不可避免的矛盾，知识王国-科学的大厦，就要土崩瓦解了。所以康德在他的第一批判——《纯粹理性批判》里，一方面要仔细研究理性的立法作用；另一方面要仔细厘定理性的职权范围，防止越出经验的范围之外，越过了自己的权限——防止理性的僭越，管了那本不是它的臣民的事。所以康德的"批判"，有"分析""辨析""划界限"的意思。

界限划在哪里？正是划在"感觉经验"与"非感觉经验-理性"上。对于那些不可能进入感觉经验领域的东西，理性在知识王国里，管不了它们，它们不是这个王国的臣民。

康德划这一界限还是很有意义的，这样一来，举凡宗教信仰以及想涵盖信仰问题的旧形而上学，都被拒绝在"科学知识"的大门以外了，因为它们所涉及的"神-上帝""无限""世界作为一个大全"等等，就只是一些"观念（ideas）"，而并没有相应的感觉经验的"对象"。这样，康德就给"科学"和"宗教"划了一条严格的界限，而传统的旧形而上学，就被断定为"理性"的"僭越"；而且理性在知识范围里一"僭越"，就会产生不可克服的矛盾，这就是他的有名的"二律背反"。

在这个意义上，我们看到，在知识论方面，康德恰恰是十分重视感觉经验的，也是十分重视"形式"和"内容"的结合的。所以批评康德知识论是"形式主义"，猜想他是不会服气的，他会说，他在《纯粹理性批判》里的主要工作就是论证"先天综合判断"如何可能，既然是"综合"的，就不是"形式"的，在这方面，他是有理由拒绝"形式主义"的帽子的；他的问题出在那些不能进入感觉经验的东西上。他说，既然我们所认知的是事物能够进入感觉经验的一面，那么，那不能进入感觉经验的另一面，就是我们科学知识不能达到的地方，我们在科学上则是一无所知；而通过我们的感官进得来的，只是一些印象（impression）、表象（appearance），我们的理性在知识上，只能对这些东西根据自己立的法律加以"管理"，使之成为科学的、具有必然真理性的知识体系，所以我们的科学知识"止于""现象（phenomena）"，而"物自身（Dinge an sich）""本体（noumena）"则是"不可知"的。

原来，在康德那里，这种既保持哲学的纯粹性又融入经验世界的"知识论"是受到"限制"的，康德自己说，他"限制""知识"，是为"信仰"留有余地。那么，就我们的论题来说，康德所理解的"信仰"是不是只是"形式"的？应该说，也不完全是。

我们知道，康德通过"道德"引向"宗教-信仰"。"知识"是"必然"的，所以它是"科学"；"道德"是"自由"的，所以它归根结蒂不能形成一门"必然"的"科学知识"，此话怎讲？

"道德"作为一门学科，讨论"意志""动机""效果""善恶""德性""幸福"等问题。如果作为科学知识来说，它们应有必然的关系，才是可以知道、可以预测的；但是，道德里的事，却没有那种科学的必然性，因而也没有那种"可预测性"。在道德领域里，一定的动机，其结果却不是"一定"的；"德性"和"幸福"就更不是可以"推论"出来的。世上有德性的得不到幸福，比比皆是；而缺德的人往往是高官得做、骏马得骑。有那碰巧了，既有些德性，也有些幸福的，也就算是老天爷开恩了。于是，我们看到，在经验世界里，"德性"和"幸福"的统一，是偶尔有之，是偶然的，不是必然的。我们看到一个人很幸福，不能必然地推断他一定就有德性，反之亦然。在这个意义上，这种关系，是不可知的。

所谓"不可知"，并不是说我们没有这方面的感觉经验的材料，对于人世的"不公"，我们深有"所感"；而是说，这些感觉材料，不受理性为知识提供的先天法则的管束，形不成必然的推理，"不可知"乃是指的这层意思。

"动机"和"效果"也是这种关系，我们不能从"动机"必然地"推论"出"效果"，反之亦然。也就是说，我们没有足够的理由说一个人干了一件"好事"，就"推断"他的"动机"就一定也是"好"的；也没有足够的理由说一个人既然动机是好的，就一定会做出好的事情来。

之所以会出现这种情况，乃是因为"道德"的问题概出于意志的"自由"，而"自由"和"必然"是相对立的。

要讲"纯粹"，康德这个"自由"是最"纯粹"不过的了。"自由"不但不能受"感觉经验-感性欲求"一点点的影响，而且根本不能进入这个感觉经验的世界，就是说，"自由"不可能进入感性世界成为"必然"。这就是康德把他的《实践理性批判》的主要任务定为防止"理性"在实践-道德领域的"降格"的原因；理性把原本是超越的事当做感觉经验的事来管理了。

那么，康德这个"自由"岂不是非常的"形式"了？的确如此。康德的"自由"是理性的"纯粹形式"，它就问一个"应该"，向有限的理智者发出一道"绝对命令"，至于真的该做"什么"，那是一个实际问题，是一个经验问题，实践理性并不给出"教导"。所以康德的伦理学，不是经验的道德规范学，而是道德哲学。

那么，康德的"纯粹理性"到了"实践-道德"领域，反倒更加"形式"了？如果康德学说止于"伦理学"，止于"自由"，则的确会产生这个问题；但是我们知道，康德的伦理道德乃是通向宗教信仰的桥梁，它不止于此。康德的哲学"止于至善"。

康德解释所谓"至善"有两层含义：一是指单纯意志方面的，是最高的道德的善；一是更进一层，为"完满"的意思。这后一层的意义，就引向了宗教。

在"完满"意义上的"至善"，就是我们人类最高的追求目标："天国"。在这个意义上，我们人类要不断地修善，"超越""人自身"——已经孕育着尼采的"超人"（？），而争取进入"天国"。

在"天国"里，一切的分离对立都得到了"统一"。"天国"不仅仅是"理想"的，而且是"现实"的。在"天国"里，凡理性的，也就是经验的，反之亦然。在那里，"理性"能够"感觉""经验的"，也就是"合理的"，两者之间有一种"必然"的关系。而不像在尘世那样，两者只是偶尔统一。这样，在那个世界，我们就很有把握地说，凡是幸福的，就一定是有德的，而绝不会像在人间尘世那样，常常出现"荒诞"的局面，让那有德之人受苦，缺德之人却得善终。于是，在康德的思想里，"天国"恰恰不是"虚无飘渺"的，而是实实在在的，它是一个"理想"，但也是一个"现实"；甚至我们可以说，惟有

"天国"才是既理想又现实的,于是,我们可以说这是一种"完满"意义上的"至善"。

想象一个美好的"上天世界"并不难,凡是在世间受到委屈的人都会幻想一个美妙的"天堂",他的委屈就会得到平申;但是建立在想象和幻想上的"天堂",是很容易受到怀疑和质询的,中国古代屈原的"天问",直到近年描写莫扎特的电影 Amadcus,都向这种想象的产物发出了疑问,究其原因,乃是这个"天堂"光是"理想"的,缺乏"实在性"。康德的"天国",在他自己看来,却是"不容置疑"的,因为它受到严格的"理路"的保证。在康德看来,对于这样一个完美无缺、既合理又实实在在的"国度",只有理智不健全的人才会提出质疑。笛卡儿有权怀疑一切,康德也批评过他的"我思故我在"的命题,因为那时康德的领域是"知识的王国";如果就"至善-完满"的"神的王国-天国"来说,那么"思"和"在"原本是"同一"的,"思想的"就是"存在的",同理,"存在的"也必定是"思想的","思"和"在"之间,有了一种"必然"的"推理"关系。对于这种关系的质疑,也就像对于"自然律"提出质疑一样,本身"不合理",因而是"无权"这样做的。

这样,我们看到,康德的"知识王国"、"道德王国"和"神的王国-天国",都在不同的层面和不同的意义上具有现实的内容,不仅仅是形式的,但是,却没有人怀疑康德哲学的"纯粹性",而康德的"(纯粹)哲学"不是"形式哲学"则也就变得明显起来。

表现这种非形式的"纯粹性"特点的,还应该提到康德的第三批判:《判断力批判》。就我们的论题来说,《判断力批判》是相当明显地表现了形式和内容统一的一个领域。

通常我们说,《判断力批判》是《纯粹理性批判》和《实践理性批判》之间的桥梁,或者是它们的综合,这当然是正确的;这里我们想补充说的是:《判断力批判》所涉及的世界,在康德的思想中,也可以看做是康德的"神的王国-天国"的一个"象征"或"投影"。在这个世界里，现实的、经验的东西，并不仅仅像在《纯粹理性批判》里那样，只是提供感觉经验的材料（sense data），而是"美"的，"合目的"的；只是"审美的王国"和"目的王国"还是在"人间"，它们并不是"天国"。在这个意义上，我们具有（有限）理性的人，如果努力提高"鉴赏力-判断力"，提高"品位-趣味"，成了"高尚的人"，"脱离了低级趣味的人"，那么就有能力在大自然和艺术品里发现"理性"和"感性"、"形式"和"内容"、"合目的性"和"合规律性"等等之间的"和谐"。也就是说，我们就有能力在经验的世界里，看出一个超越世界的美好图景。康德说，"美"是"善"的"象征"；"善"通向"神的王国"，所以，我们也可以说，"美"和"合目的"的世界，乃是"神城-天国"的"投影"。按基督教的说法，这个世界原本也是"神""创造"出来的。

"神城-天国"在康德固然言之凿凿，不可动摇对它的信念，但是毕竟太遥远了些。康德说，人要不断地"修善"，在那绵绵的"永恒"过程中，人们有望达到"天国"。所以康德的实践理性的"公设"有一条必不可少的就是"灵魂不朽"。康德之所以要设定这个"灵魂不朽"，并不完全是迷信，而是他觉得"天国"路遥，如果灵魂没有"永恒绵延"，则人就没有"理由"在今生就去"修善"，所以这个"灵魂不朽"是"永远修善"所必须要"设定"的。于是，我们看到，在康德哲学中，已经含有了"时间"绵延的观念，只是他强调的是这个绵延的"永恒性"，而对于"有限"的绵延，即人的"会死性（mortal）"，则未曾像当代诸家那么着重地加以探讨；但是他抓住的这个问题，却开启了后来黑格尔哲学的思路，即把哲学不仅仅作为一些抽象的概念的演绎，而是一个时间的、历史的发展过程，强调"真理"是一个"全""过程"，进一步将"时间""历史""发展"的观念引进哲学，形成了一个庞大的哲学体系。

黑格尔哲学体系可以说是"包罗万象",是百科全书式的,但是却不是驳杂的,可以说是"庞"而不"杂"。人们通常说,黑格尔发展了谢林的"绝对哲学",把在谢林那里"绝对"的直接性,发展为一个有矛盾、有斗争的"过程",而作为真理的全过程的"绝对"却正是在那"相对"的事物之中,"无限"就在"有限"之中。

"无限"在"有限"之中,"有限""开显"着"无限",这是黑格尔强调的一个非常重要的思想。这个思路,奠定了哲学"现象学"的基础,所以,马克思说,《精神现象学》是理解黑格尔哲学的钥匙。

"现象学"出来,"无限""绝对""完满"等等,就不再是抽象孤立的,因而也是"遥远"的"神城-天国"就在"有限""相对"之中,并不是离开"相对""有限"还有一个"绝对""无限"在,于是,哲学就不再专门着重去追问"理性"之"绝对""无限",而是追问:在"相对""有限"的世界,"如何""体现-开显"其"不受限制-无限""自身完满-绝对"的"意义"来。"现象学"乃是"显现学""开显学"。从这个角度来说,黑格尔的哲学显然也不是"形式主义"的。

实际上黑格尔是在哲学的意义上扩大了康德的"知识论",但是改变了康德"知识论"的来源和基础。康德认为,"知识"有两个来源,一个是感觉经验,一个是理性的纯粹形式。这就是说,康德仍然承认近代英国经验主义者的前提:知识最初依靠着感官提供的材料,如"印象"之类的,只是康德增加了另一个来源,即理性的先天形式;黑格尔的"知识"则不依赖单纯的感觉材料,因为人的心灵在得到感觉时,并不是"白板一块",心灵-精神原本是"能动"的,而不仅仅是"被动"地接受。"精神"原本是自身能动的,不需要外在的感觉的刺激和推动。精神的能动性使它向外扩展,进入感觉的世界,以自身的力量"征服"感性世界,使之"体现"精神自身的"意义"。因而,黑格尔的"知识",乃是"精神"对体现在世界中的"意义"的把握,归根结蒂,也就是精神对自身的把握。所以在这个意义上,黑格尔的

"科学-知识- Wissenschaft",并不是一般的经验科学知识理论,而是"哲学",是"纯粹的知识",即"精神"在历史发展的进程中,在时间的进程中对精神自身的把握。

精神- Geist 是一个生命,是一种力量,它在时间中经过艰苦的历程,征服"异己",化为"自己",以此"充实"自己,从一个抽象的"力",发展成有实在内容的"一个""自己",就精神自己来说,此时它是"一"也是"全"。精神的历史,犹如海纳百川,百川归海为"一",而海因容纳百川而成其"大-全"。因此,"历经沧桑"之后的"大海",真可谓"一个"包罗万象、完满无缺的"大-太一"。

由此我们看到,黑格尔《精神现象学》作为"现象学-显现学",乃是精神——通过艰苦卓绝的劳动——"开显""自己""全部内容"的"全过程",黑格尔说,这才是"真理-真之所以为真- Wahrheit"——一个真实的过程,而不是"假(现)象- Anschein"。

于是,我们看到,在康德那里被划为"不可知"的"本体-自身",经过黑格尔的改造,反倒成了哲学的真正的"知识对象",而这个"对象"不是"死"的"物",而是"活"的"事",乃是"精神"的"创业史",一切物理的"表象",都在这部"精神创业史"中被赋予了"意义",精神通过自己的"劳作",把它们接纳到自己的家园中来,而不仅仅是一些物质的"材料"-"质料",而是一些体现了"精神"特性(自由-无限)的"具体共相-理念",它们向人们——同样具有"精神"的"自由者-无限者(无论什么具体的事物都限制不住)""开显"自己的"意义"。

就我们现在的论题来说,可以注意到黑格尔的"绝对哲学"有两方面的重点。

一方面,我们看到,黑格尔的"自由-无限-绝对"都是体现在"必然-有限-相对"之中的,"必然-有限-相对"因其"缺乏"而会"变",当它们"变动"时,就体现了有一种"自由-无限-绝对"的东西在内，而不是说，另有一个东西叫"无限"的在那里。脱离了"有限"的"无限"，黑格尔叫做"恶的无限"，譬如"至大无外""至小无内"，一个数的无限增加，等等，真正的"无限"就在"有限"之中。黑格尔这个思想，保证了他的哲学不会陷于一种抽象的概念的旧框框，使他的精神永远保持着能动的创造性，也保持着精神的历程是一个有具体的内容的，非形式的过程。在这个意义上，黑格尔的"绝对"并不是一个普遍的概念，而是具体的个性。这个"个性"，在它开始"创世"时，还是很抽象的，而在它经过艰苦创业之后，"回到自己的家园"时，它的"个性"，就不再是抽象、空洞的了，而是有了充实的内容，成了"真""个性"了。

另一方面，相反的，那些康德花了很大精力论证的"经验科学"，反倒是"抽象"的了，因为这里强调的只是知识的"普遍性"，这种普遍性又是建立在"感觉的共同性"和理性的"先天性-形式性"基础之上的，因而它们是静止的，静观的，而缺少精神的创造性，因而缺少精神的具体个性，所以这些知识只能是"必然"的，而不是"自由"的。经验知识的共同性，在黑格尔看来，并不"纯粹"，因为它不是"自由"的知识，而"自由"的"知识"，在康德看来又是自相矛盾的，自由而又有内容，乃是"天国"的事，不是现实世界的事。而黑格尔认为，"自由"而又有内容，就在现实之中，这样，"自由"才是具体的，不是抽象的形式。这样，在黑格尔看来，把"形式"与"内容"割裂开来，反倒是得不到"纯粹"的知识的。

于是，我们看到，在黑格尔那里，"精神"的"个性"，乃是"自由"的"个性"，不是抽象的，也不是经验心理学所研究的"性格"——可以归到一定的"种""属"的类别概念之中。"个体""有限"而又具有"纯粹性"，正是"哲学"所要追问的不同于经验科学的问题。

那么，为什么黑格尔哲学被批评为只讲"普遍性"、不讲"个体性"的，比经验科学还要抽象得多的学说？原来，黑格尔在《精神现象学》中许诺，他的精神在创业之后，又回到自己的"家园"，这就是"哲学"。"哲学"是一个概念的逻辑系统，于是在《精神现象学》之后，尚有一整套的"逻辑学"作为他的"科学知识（Wissenschaften）体系"的栋梁。在这一部分里，黑格尔不再把"精神"作为一个历史的过程来处理，而是作为概念的推演来结构，构建一个概念的逻辑框架。尽管黑格尔把他的"思辨概念-总念"和"表象性"抽象概念作了严格的区别，但是把一个活生生的精神的时间、历史进程纳入到逻辑推演程序，不管如何努力使其"自圆其说"，但是仍然留下了"抽象化""概念化"的痕迹，以待后人"解构"。

尽管如此，黑格尔哲学仍可以给我们以启示：黑格尔的"绝对精神"既是"先经验的-先天的"，同样也是"后经验的-总念式的"。

"绝对精神"作为纯粹的"自由"，起初只是"形式的"、没有内容的、空洞的、抽象的；当它"经历"了自己的过程——征服世界"之后"，回到了"自身"，这时，它已经是有内容的、充实了的，而不像当初那样是一个抽象概念了，但是，此时的"精神"，仍然是"纯粹"的，或者说，这才是真正意义上的、有了内容的"纯粹"，不是一个空洞的"纯粹"，因为，此时的经验内容被"统摄"在"精神-理念"之中，于是就"精神-理念"来说，并没有"另一个-在它之外"的"感觉经验世界"与其"对立-相对"，所以，这时的"精神-理念"仍是"绝对"的，"精神-理念"仍是其"自身"；不仅如此，此时的"精神-理念"已经不是一个"空"的"躯壳-形式"，而是有血肉、有学识、有个性的活生生的"存在"。

这里我们尚可以注意一个问题：过去我们在讨论康德的"先验性-先天性"时，常常区分"逻辑在先"和"时间在先"，说康德的"先天条件"乃是"逻辑在先"，而不是"时间在先"，这当然是很好的一种理解；不过运思到了黑格尔，"时间""历史"的概念明确地进入了哲学，这种区分，在理解上也要做相应的调整。按黑格尔的意思，"逻辑在先-逻辑条件"只是解决"形式推理"问题，是不涉及内容的，这样的"纯粹"过于简单，也过了容易了些，还谈不上真正意义上的"纯粹"；真正的"纯粹"并不排斥"时间"，相反，它就在"时间"的"全过程"中，"真理"是一个"全"。这个"全-总体-总念"也是"超越"，"超越"了这个具体的"过程"，有一个"飞跃"，"1"＋"1"大于"2"。这就是"meta-physics"里"meta"的意思。在这个意思上，我们甚至可以说，真正的、有内容的"纯粹"是在"经验-经历"之"后"，是"后-经验"。这里的"后"，有"超越""高于"的意思，就像"后-现代"那样，指的是"超越"了"现代- modern"，进入一个"新"的"天地"，"新"的"境界"，这里说的是"纯粹哲学"的"境界"。所以，按照黑格尔的意思，哲学犹如"老人格言"，看来似乎是"老生常谈"，甚至"陈词滥调"，但却包容了老人的一生的经验体会，不是空洞的几句话了。

说到这里，我想已经把我为什么要支持"纯粹哲学"研究的理由和我对这个问题的基本想法说了出来。最后还有几句话涉及学术研究现状中的某些侧面，有一些感想，也跟"纯粹性"有关。

从理路上，我们已经说明了为什么"纯粹性"不但不排斥联系现实，而且还是在深层次上十分重视现实的；但是，在做学术研究、做哲学研究的实际工作中，有一些因素还是应该"排斥"的。

多年来，我有一个信念，就是哲学学术本身是有自己的吸引力的，因为它的问题本身就在一个更高的层面上涉及现实的深层问题，所以不是一种脱离实际的孤芳自赏或者闲情逸致；但它也需要"排斥"某些"急功近利"的想法和做法，譬如，把哲学学术当做仕途的敲门砖，"学而优则仕"，"仕"而未成就利用学术来"攻击"，骂这骂那，愤世嫉俗，自标"清高"，学术上不再精益求精；或者拥学术而"投入市场"，炒作"学术新闻"，标榜"创新"而诽谤读书，诸如此类，遂使哲学学术"驳杂"到自身难以存在。这些做法，以为除了鼻子底下、眼面前的，甚至肉体的欲求之外，别无"现实""感性"可言，如果不对这些有所"排斥"，哲学学术则无以自存。

所幸尚有不少青年学者，有感于上述情况之危急，遂有"纯粹哲学"之论，有志于献身哲学学术事业，取得初步成果，并得到江苏人民出版社诸公的支持，得以"丛书"名义问世，嘱我写序，不敢怠慢，遂有上面这些议论，不当之处，尚望读者批评。

2001 年 12 月 23 日于北京

前 言

我以研究西方哲学为职业,长期以来在研究所做这方面的工作,渐渐也有了兴趣,不仅仅是"谋生手段"了。

我在哪里做这个研究工作?在中国这片土地上;然而,有一个很长阶段,我们做西方哲学的,不大愿意接触中国自己的哲学传统,觉得它不够哲学味。这样的态度,也使我们自己的研究工作悬空起来,几乎成为一门"死学问",真的用以"谋生"而已。

然则,我们知道,哲学是一门"活"的学问,它追问"生活"、"生命"中最深层的问题,而并不给出"现成"的、一劳永逸的答案。如果说哲学有什么"永恒"的话,或许可以说,哲学就是"永恒"地"提问题"。哲学显然不会满足于做"死"的学问。

要"生活"就得"生活"在"地上",生活在"大地"上,不是"生活"在"天上",如果有一天我们人类能在太空立业成家,那"太空"也是"大地"。

我们中国人生活在中国这块土地上,我们是在中国这块土地上做西方哲学的研究,要想离开中国的传统,一来是不可能的,二来也是不明智的。我们的生活塑造了我们,与其努力去摆脱它,不如实事求是地去迎接它,从这片土地上吸取营养。

于是我就逐渐地形成了一个想法:我们中国人做西方哲学研究要

有自己的独特的做法，也就是说，我们可以从中国的传统，从中国的哲学视角来研究西方哲学。这也算是"有中国特色"吧。

当然，学术归学术。我们要问，中国就传统来说，有没有"哲学"？或者用现在流行的话来说是，有没有对口的学科？长期以来，这不是个没有争议的问题。如果真的在中国传统上并没有"哲学"，那么，一切的比较研究，或者视角转换，都只能是做一些表面的功夫。

这些问题，光是空想是想不出什么名堂来的，关键是要脚踏实地地去做，去读书，去思考。我就是抱着这样的态度开始认真读中国传统的典籍的。

说起读中国古书，我是很惭愧的。我虽然生活在这片土地上，无形中当然会受传统的影响，但是有意识地去接受传统的教育，却缺少"幼功"。

我小的时候念的是新式学校，生活在十里洋场的"大上海"，不重视读古书，多亏我父亲还喜欢传统字画和京剧，我也受了些熏陶；但是说到读书，我的家教主要是要我学好英文。

进大学时正好是解放后院系调整的第一年，哲学系理所当然地把学习马克思主义哲学放在首位，而马克思主义当然不是能直接从中国古书上学到的。快毕业时，我又选择了西方哲学的题目，直到研究所，做的也都是西方哲学方面的工作，除了在做美学的时候接触一点中国传统的画论、剧论、诗论等外，对于中国传统哲学的训练，几乎等于"零"。所以，有一次贺麟先生对我说，他们这一代人从小就有中国传统文化的底子，而我们须得后补，就麻烦了。

当然后补也得补，不补就进入不了这个领域。

于是我就改变过去多年不读中国书籍的习惯，老老实实地读中国的古书，向自己的传统学习。

读着读着，我渐渐地觉得，"学"无论中西，都是"通"的。

你要问我什么是"哲学"，我简单地可以告诉你，"哲学"原本是

"通学"。就是说,"哲学"的"道理",到哪里都能"走"得"通",只要你的哲学道理不是胡来的,那么,它就不会"碰壁",任你"铜墙铁壁"也挡不住它。那么,中西的哲学为什么反倒不能互相"通"过去?

那么,你是在说,中国传统同样有西方"形而上学"那样的学问了?按我的体会,我可以说,当然有。倒不是说,"形而上学"这个词是中国固有的,原本这也是个借用的翻译的词,而是说,我们的传统的的确确有相当于西方"形而上学"那样的"哲学问题"。

我也并不认为,世界上任何的民族,都有同样丰富的形而上学的遗产,因为,按海德格尔的意思,能提出"形而上学"的"存在"问题,乃是一件"大事(Ereignis)",不过我觉得,古代世界凡大一些的民族都会有哲学-形而上学的丰富思想,只是作为学问的形态不尽相同。

这是一个基本事实,也是我们做学术工作的一个基本态度,一个基本信念。

在这个基本的前提下,我开始把我学习的心得,也试着写一点文章,积累了时日,居然也可以集成一个集子了。在编好这个集子后,有一点感想记在下面。

一

正如上面说的,我的工作重点在于一个"通"字,而不是侧重在"比较"。"比较"当然很重要;只是我想说,"比较"要在"通"的过程中或基础上自己出来,而不是外在地做一些类比。

20世纪70年代末有一位年事很高(当时可能已经九十高龄)的旅美华裔学者来所访问,他是贺麟先生的老友,于是他讲中西哲学比较的课题,我们都去听了,发现他只是用年代排列的方法把中国哲学和西方哲学的事实加以对比,譬如公元前多少年,希腊是什么哲学家,同时期中国有什么哲学家，用了许多功夫，有许多材料，但是大家都觉得那样做过于简单了。

还有一种比较是把双方的"范畴"拿来对比，这就复杂一点，但是如果只是抽象地对比，也会变得比较肤浅和简单。譬如看到苏格拉底强调德性，于是就说他和我们的孔子一样；而看到康德置实践理性、意志自由于他的批判哲学之顶峰，则断言康德与我国儒家传统契合一致。殊不知康德之意志乃是一纯形式，不可带有任何经验之内容，儒家之仁义道德，都是有具体内容的，君君臣臣父父子子都有"理念-概念（君臣父子）"的必然性命令的，它们不是康德意义上的"自由"；而在我们把二者的学说多加领会之后，就会发现，它们在精神上是有区别的，我国古代儒家传统，大概正是缺少康德那种"自由-意志"的力量，尽管它们在某些表面的问题上，有很相似的说法。

给我这种感觉的，不仅仅是我国的一些学者，也包括外国一些学者在内。我感到，尼采在批评康德为孔尼兹堡的中国圣人时，好像就没有把握这种区别。当然，不能要求尼采对中国的学术有多深的修养，他的问题还出在对于康德哲学的偏见，这一点，他比叔本华倒退了。

应该说，这个问题是在深层次上的，它反映了我国学者在一个时期对于西方哲学的把握程度，不是哪一个个别的问题。至于那些比较明显的生搬硬套的做法，甚至成了中西哲学比较的"捷径"，则似乎就更成问题了。

此外与此有关的尚有一种态度，就是西方近代以来的许多思想或范畴，似乎从我国古代传统中都能找出类似的说法来，于是喟然叹曰，我国古已有之。这种态度当然也有其原因，本来哲学在基础的层面上，许多道理都是相通的；但是"相通"不等于同一，如果都一样了，也就没有"通"和"不通"的问题。只有有了"不同"，才有"通"和"不通"的问题。学术的任务是要深入了解"不同"，在"不同"中探究出"相通"的道路来，这才能谈得到"学问"，也才有"学问"可做。否则，一眼就可以看出来的"相同"，人人都长着眼睛，要"学问家"何用？

我老记着20世纪60年代的一个问题。当时莱辛的《拉奥孔》刚刚翻译发表，学者们就说，诗以言志、画以娱目，我们古代早就指出过了。的确如此。不过后来一想，古代希腊的时候，人们似乎也是早已知道诗和画的区别的，莱辛的论文的重点或贡献，不是在于指出了一眼就能看出的诗和画两种艺术体裁的不同，而在于通过这个研究，揭示艺术上现实与浪漫精神之关系，所以后来的哲学家和美学家才重视它。

当然，我说的这些问题，我自己也都是存在的，要说批评的话，批评的对象，第一个就是我自己。

我现在的体会是：哲学上"同"、"异"的比较，建立在一个"通"字上。异中之同，同中之异，"通"自在其中。

二

让文本自己说话。

我们做哲学史的，是研究古人的思想。思想要有表现，他人才能研究，但是思想却是无形的，我们只能从一个人的言行中体会出这个人的内心想法。我们研究古人的思想，主要依据是他们的著作，兼及他们的行为事功。我们当然也要联系当时的社会背景和历史的发展线索来思考这些思想。

就哲学著作来说，白纸黑字写在了书上，后生小子去读它们就是了，还要我们研究些什么？

我们的研究，不仅仅是在下一种死功夫，把这些古书背熟了记在脑子里，而是要思考古书中讨论的各种问题，把这些问题用我们自己的头脑继续思考下去。这是一种历史性的工作。

当然我们也可以，或者更应该以这些历史的思想史料作材料，用以建构自己的哲学体系，使古人的思想为我所用，至于用得合适不合适，要看这些材料在我自己的哲学体系里合适不合适，而不必过于拘泥于是不是古书的意思。这样的做法，当然很有气派，体现了"万物皆备于我"的高超境界，但是就历史的眼光来看，难免有强加于古人之嫌，而且这种做法也只会给自己的思想体系添乱，似乎并无多大好处。

譬如有人坚持哲学的"知"、"情"、"意"三分法，以"情感"来"统一""知识"和"意志"，以"艺术"来统一"知识"和"道德"。这样的分法，大概取法乎康德。康德的《判断力批判》的确很值得重视，但是我们知道，说到"情感"，才说到这本书的一半，还有半部是讲"目的论"的，而且"知识"和"意志"里都有"感"的问题。不过这是另一个问题，而作为一家而言，这种坚持西方近代古典的三分法自有其价值，但是非要到孔子的书上拉上两条"不亦说乎"、"不亦乐乎"证明孔子是个情感主义者，就有点强词夺理了。

也许我本来就没有什么自己的哲学体系，所以这个"我"是个"空"的，也用不到什么东西来"注"它；"我"正因其"空"而也"注"不了其他什么。既不敢"六经注我"，也不敢"我注六经"，我的工作，只是想让"六经"自己"注"自己。现在我想出一句话，叫做"让文本自己说话"。

"文本"不就是些"话"吗？不是已经"说"了"话"了吗？

当然，"文本"就是一些"话"；我只是说，如果真是哲学大家的书，那些"话"，都不是说"死"了的。倒不是故意卖关子，而是哲学的本性就是开放的。

我们做哲学史的，感到历史上这些公认的哲学家，都是一些献身于真理的人，他们对待学术的态度是认真的，甚至是虔诚的，古今中外概莫能外。我觉得我们做哲学的，特别是做哲学史的，这一点信心是必须有的。我劝青年的学者也要有这个信心,要等你读遍历史的著作以后再感叹这些大家的诚实无欺,似乎就太晚了些。因为我们是生活在人群里,更生活在历史里,建立这个信心,就是"相信""他人"。那么多人说这些著作好,我们不妨先信信它,老老实实读读它,以后当然会有自己的评价。也许这就是"师道"的哲学基础吧。孔子说,三人行必有吾师,因为有"他人",所以"我"就有"老师"。

就哲学来说,"老师"并不仅仅传授一种知识,而更重要的是"启发""思想"。我说一切称得上"哲学"的著作-文本,都不是封闭的,都具有"启发性",都是开放的。

哲学史上被称作"百科全书式"的哲学家,常常会给人以"封闭"感。古代亚里士多德是这样,近代黑格尔更是如此。然而,就是黑格尔的哲学,也并不是完全封闭的。我们离黑格尔越远,就越感到那些曾经使劲地反对他、批判他的人,其实都很受他的影响,最明显的大概要算叔本华了。我感到,如果没有黑格尔的原创的"绝对精神",叔本华要想出来他那原创的"意志",就没有那么容易。问题还是黑格尔的"那个原动的动因是什么"。黑格尔说,是"理性","理性"因为包含了"矛盾"-"思辨理性",所以就"动"起来了;叔本华觉得"理性"为"静观",怎么会"动"?"动"必须有"力",是一种"感性"的东西,不是"理性"的,因而是"非理性"的"意志"。当然,叔本华把黑格尔当做直接的"对手",说的话不那么心平气和,但是理路就是如此。

黑格尔的哲学如此,比黑格尔更谦虚的多数哲学家更是如此。他们的哲学(体系)都不是封闭的。

不是封闭的意思还在于,这些文本本来就没有说完,还有许多没有说完的"话",我们后人要"让"它自己说出来,或者我们"替"它说出来。我们也不一定马上采取一个相对的立场来与其"辩论",而起先都是"顺着-随着"它说,所以也不完全是现在的时髦话叫做"文本之间的对话"之类的,而就是让文本自己接着说,也就是让古人把他想说还没有说的话说出来。

这是我读中外哲学书籍的基本态度。

"让文本自己说话"似乎是要古人再说话，把他未曾说出来的话吐露出来，那么，古人心里怎么想的，我们后生何以得知？的确，知人知面不知心，不要说古人已经不在，就是还活着的人，他不开口，你能知道他想些什么？何况，更有些人还是口是心非呢。

这个问题我们做历史科学的可以绕开过去，我们并不需要弄清楚古人内心的一些偶然的想法，或者什么一闪念之类的，那样的"原意"我们不可能知道，要说也只能是猜测性的；我们只是要把握他的思想的理路，我们只要把文本的理路理顺了，按照这个理路，接下去还会说什么话，或者，如果换一个环境，在另外的条件下，按照这个理路，它会说什么话，这是我们能够把握的，关键是要把那个理路理顺。

譬如老子的"道"，讨论得很多很多，做比较研究的大都把它比作古代希腊的"逻各斯"，这当然是有道理的，"逻各斯"与"路"、"言说"都相通；但是还有一层意思"逻各斯"不明显，就是"可能性"的问题。老子的"道"作"道路"讲，侧重在"可能性"，是"有路-没有路"、"可能-不可能"的问题。老子强调要用种种办法永远保持"可能性"，这样才有前途，才有路可走。从这个角度看，老子的"道"，就更加接近希腊的"apeiron（不定，无定）"，一切皆未定，一切尚有可能，如果"完"了，"终"了，则一切皆成定局，就没有"变"的余地（可能），所以，古代希腊赫拉克利特把"逻各斯"与"一切皆流变"相对而言，"逻各斯"为"变"中之"尺度"。

老子的"道"强调的是那个"变"的可能性，而"尺度"就在"变"中，并没有一个"他者"的外在尺度，所以后来韩愈批评老子，舍"仁"、"义"奢谈"道德"，说"仁与义为定名。道与德为虚位"[①]，批评老子舍"定"而就"虚"，是为"坐井观天"。不管观点如何，韩

---

① 韩愈：《原道》。

愈毕竟还是抓住了问题。只是老子强调的"可能性"自有其意义在。主张一切都在"流变"的可能性中的老子，淡化了一切的"边界（peiron）"，什么"善恶"、"成败"、"生死"都是可以"转化"的，人就是要守住这个"虚位"，使其有变化的可能性，这样才有路，才有前途，永远是个"未完成"，永远是个"儿童-赤子"。

儒家的教导在精神上与此不尽相同。按韩愈的理解，"仁"和"义"都是"定名"，是有一定的内容的，有其概念的范围，所以我们体会，儒家的"道德律令"是概念的理想和理念，不是空洞的-纯粹的，即没有经验内容的康德意义上的"应该"。尽管这个理念的具体内容，也随时间条件而稍有变化，但是万变不离其宗，所以是"定名"——"名正"而"言顺"，才有"理"，有"逻各斯"，"正名"才能进入儒家思想的核心，就其初意，倒也不是为了弄出一个好听的名义来粉饰一下。

儒道两家在理路上的确是各有侧重，但他们思考的问题却也有可共通的地方，它们都涉及到了社会人生和宇宙世界的一些根本的问题，采取的视角，正如苏东坡说的"自其变者"或"不变者"方面观之等等，是一个视角转换的问题。儒家讲天下万物，各得其所，各得其位，君君臣臣父父子子，天地君亲师，层次不变，子子孙孙永葆天下太平。这个和谐的理想，不仅中国古代先贤，就是西方古代哲学家也还是很向往的。希腊的先哲，被冠以"望天者"的"美名"，也是因为他们向往着"天空"之和谐运转，"多"中有"一"，"宇宙真奇妙"。事实上，古人觉得"混乱-混沌"并不奇怪，反倒是"杂多"而又"统一-和谐"则是很奇怪的，他们要探究其中的道理，要探究"流变"中的"逻各斯"，这是古代希腊哲学的基本倾向。儒家要人找到"自己"在这个世界的"位置"——孔子到50岁才真正找到"自己"的"位置"；或者用哲学的话来说，叫做找到"自我-自己"，按"自己"的"（本）性"运作，各行其是，自然就"太平"；这个世界就怕"错位"、"篡位"，不该你的"位置"你占了,每个人都不安其位,东窜西跳,天下也就乱了。不仅是社会,宇宙也是如此。万物也不安其位,是丢了"自己",宇宙太空也会乱。这是儒家的基本思路。

道家则抓住一个"变"字,老老实实承认这个变化万端的世界,叫人"虚"其"位"而迎接"变"的"挑战"。在这一点上,我们可以说,道家是"智慧型"的,而儒家是"道德型"的。道家不相信有一套概念式的道德规范决定着人们的行为,不相信有固定的君臣等级关系,连父父子子的关系也是可以转化的。小时候当儿子,到了一定的年龄,就可以当父亲了。所以《老子》第一句话就是"道可道,非常道",意思是说,本没有固定-经常-不变的"道","非常道"乃是"没有恒常的道"的意思。"路"是人走出来的,走出什么"路"来,就是什么"路"。是什么样的"人",取决于他是什么样的"行为","怎样做",就是"怎样的人",所以中国人常说"做人"——"人"是要"做"出来的。并不是有一个抽象的"人"的概念,要你照着去"做",而是"做"出来是什么样,就是什么样。"人"原本是一个"空集",道家要你永远"守着"这个"空",即使是"功成名就"了,也要"功成身退",从"事功"里"退"出来,这样,你才有"前途",才能不断地"做事","为无为"才能"无不为"。道家"清净守虚"原本不是让人"无所事事",反倒是要人保持"做事"的可能性的一种学说。如果大家都"止于"各自的"至善"——做鞋的只管做鞋,养马的只管养马,世世代代如此,天下固然太平了,历史真的成了一个大圆圈,循环往复,毫无生机了。这种"理想"显然很不符合"现实"。所以,儒家需要煞费苦心地去理解"天命"的"更改",但不得不承认反对"更改天命"的伯夷叔齐也是义士;道家则很方便地成了"造反有理"的一面旗帜。

这种思想倾向的不同,形成所谓"儒""道"互补的局面,而既曰"互补",当可"互通"——"互通有无"。譬如儒家也讲"做人",但是它是在"定名"的前提下讲"做人","做"什么样的人,是"有定"的,是有"理想"、"概念"管着的。譬如为臣的,讲一个"忠"字,"忠不忠,看行动",做(为)"臣"的要"尽忠"——"止于至善","臣"的"至善"乃是"忠"。臣子尽了忠,就是"仁",是"义"。"仁"是有对(两个人)的关系,"义"者"宜"也,即"适合"于"臣"的概念。道家不承认这种"固定"的"名义-名位",所谓"名可名,非常名",没有一个"固定-恒常"的"名"。他们两家考虑的是一个层面的问题,而所采取的视角和取向有所不同,于是可以互补互通。

　　从儒道两家来说,我们可以说他们各自的"文本"可以互相"对话";或许他们本来就有"对话"和"讨论",我们后生,只要加以理解就可以了。还有那本来没有进行"对话"的,譬如大部分欧洲的哲学文本,我们古人没有条件进行事实上的"对话",就要靠我们后人"引导"他们去"对话"。这种"虚拟"的对话,不能以我们后人的主观意向去"乱指挥",那叫欺负外国人不懂中文,欺负古人不懂外语,是"欺人之谈";我们所要做的,是"让"各自的"文本"自己说话。这个"让"字,是"启发"的意思,要使说出来的话,原本是"文本""该"说的话,而不是强加给"文本"的。

　　有人说,你这个意思就是"代圣人立言"。我们当然不是"代圣人立言","圣人"作为一个人是怎么想的,圣人的"原意",我们后人无法也不必去"揣测",但是我们却应该也可以"代""文本""立言",把"文本"没有说出来的话,"代(替)"它说了出来。"代文本立言",也就是"让文本自己说话"。

　　要"让文本自己说话"最重要的当然是要真正弄懂文本的意思,摸清文本的理路,否则,你发挥的意思,只能是你自己的,而不是文本的。你当然可以也应该说你自己的话,走你自己的路,说得好自是前无古人,或许也是后无来者,不过这需要很大的天才,一般人做不到;不光要天才,而且还要有天时地利人和。我们已经进入21世纪,哲学的历史中外都有好几千年了，我不大相信会有多少前无古人那样大的天才。如果有一两个，那不仅是"国宝"，简直是"地球宝"，或者"宇宙宝"了；我们一般做哲学的，尤其是做哲学史研究的，还是要老老实实地读书，弄懂文本的意思，那么"代"它说的"话"，就可能既是文本要说还没有说的话，也是你自己的话。作为文本来看，它是进了一步，发展了，也许深入了；作为你自己来看，那么你的话也就有了历史的"根据"，有了分量。如果你研究的文本的确是创造性的，那么你"跟随"着它发挥的话，同样也会是创造性的。在我们这个时代，要想离开历史的众多创造性的文本来自己闭着眼睛"创造"一批话，最佳成绩会是废话，或者是说了古人早已说过的而且比你说得还要好得多的话，这种事例，也还能举出一些来。

这就是我们学哲学而又做历史的对于何谓"创造性"的理解。哲学当然是在创造的层面上，只是哲学不是宗教，不是一个"神"在那里创造，而是"人"在创造，我、你、他都在创造。全都在创造的层面上，则也有个交流、讨论的问题，因而也有个"学"的问题。学他人是如何创造的，对于自己的创造不也是有好处的吗？我想说的是：对于哲学来说，"学"字当头，"思-创造性的思"自在其中。

三

中国的传统哲学文化对于西方哲学会有什么贡献？这个问题过去很多人从另一个角度研究过，也有不少很好的见解。譬如，说西方哲学重知识，中国哲学重道德；也有人说，西方哲学重理性，中国哲学重体悟、重直觉，又有人说西方是科学性的文化，中国是审美性-情感性的文化——中国是诗的国家；近来又有人说，西方文化重分析，中国文化重综合，等等，这些说法都很好，有的还很机智、风趣。这些说法，大部分我很同意，也有个别不很同意的，这并不重要；重要的在于说这些话所根据的理路,如果有很深的理路,结论有些偏颇,仍然是会有价值的。

我在这里想说的有两层意思,一是这里的讨论,都要在哲学的层面,也就是说,要有相当的理论深度,而不是一般的观感;二是时至今日,我们要"让"西方的哲学家自己来说。这两者我觉得是密切相关的。这就是说,如果中国的学者也能在哲学的层面上讲话,那么我们和西方的哲学家就会在同一个层面上对话,这样,我们也可以接他们的文本的理路,"替"他们说出他们本该说出的"话"来。

我为什么说"时至今日"?这是因为,中西哲学原本按照各自的历史进程发展,到了上个世纪,随着实际交往的日益频繁,已经到达了一个可以互相交谈的程度,也就是说,各自都要走出"自己",就会"相遇"在道路上。在路上遇到"异己",开头可能会"争斗-碰撞"一番,逐渐地会熟识起来,互相"欢迎",然后互相"理解",以对方来充实"自己"。

任何的学术,都会走出"自己",遇见"异己"。

中国古代也有许多学派,儒道算是两大家,还有墨家等等,号称百家,汉代后来独尊儒术,但是各家大概也没有完全停止活动,慢慢地佛家也传入中国,引起尊崇儒家的韩愈的猛烈攻击,他甚至建议让和尚尼姑都还俗,把寺庙都烧了,真有点古代"红卫兵"的味道。这大概也算是一种文化的"碰撞"吧。后来,逐渐地,中国的儒家和传到中国的佛家要好得很,可谓亲如一家,我中有你,你中有我。宋儒之所以成为早期"新儒家",大概跟融入佛家思想有点关系;而现代的"新儒家",又和融入西方哲学有关系。贺麟先生早年把黑格尔绝对哲学引入宋儒思想,牟宗三先生坚决把康德哲学引入儒家传统,他们糅合的功夫都很到位,我觉得都是很值得重视的经验。当然他们做的,基本上还是从中国传统的角度,把西方的学术引进、吸收、糅合起来;我想要说的是,我们不妨换一个角度,从西方哲学本身出发,替他们拟想，按照现在的某些有意义的思路想下去，中国的传统哲学在他们的思想道路上，会有什么意义。

我之所以有这样的想法，看上去有点"多管闲事"，替他人瞎操心，这自然跟我原本做西方哲学研究有关。我觉得，近代以来，西方哲学家中许多有识之士已经注意到中国哲学对于他们的意义，但是因为种种原因，他们关于中国哲学的知识，不很完备，有的甚至是一些误传，因此褒也好（像莱布尼兹），贬也好（像黑格尔、尼采），都不很中肯，这可以在逐渐增多的交往中，纠正过来；还有一些是固守西方的传统，不愿意承认中国以及东方哲学的意义的，这样的哲学家在西方也是有的，例如法国上个世纪后期直到现今保持很大影响的列维纳斯就是如此。

我觉得，我们中国的哲学家要给予列维纳斯以足够的重视，因为他是西方很少几个真正在哲学层次上讨论社会伦理问题的哲学家，而他的这种探索，对于理解中国传统哲学理念，也很有意义。我们可以从他的哲学中看出对中国的传统理应有一种内在的欢迎态度，而他自己本人，则并没有表示出这种意向来。

列维纳斯为什么更值得重视？他的思想来源于海德格尔，并深受马丁·布伯的影响，注重人与人之间的本质关系，而不抽象地谈人，而这一些，又是在法国当代思潮的背景下进行阐述的。

法国当代的哲学，亦即上个世纪的法国哲学，力图从德国哲学的阴影中走出自己的道路来。他们研究现象学，不重理念，而重感知，在一个哲学的层面谈论"身体-body"，从梅洛·庞蒂到德里达，强调的是"轨迹"中的"意义"，德里达甚至承认他谈论的是"物质性-materiality"的问题。这个"物质性"的东西与主体的人的自我意识相对起来，是一个"异己"的东西。于是，法国当代的哲学，就打上了"异（己）"的印记。他们不赞成传统哲学的"归一"，而认为"他者"不是"另一个自己"，"他者"就是"他者"。这个特点，当也与犹太思潮的深入哲学有关。

列维纳斯也在这个思潮之中,他的哲学强调一个高于"自我"的"他者","自我"受制于"他者",这个思想自然与马丁·布伯有关;只是列维纳斯并不认为一成了"他者",就可以转化为一个客观的知识对象,于是知识论仍成为哲学的第一位的工作。列维纳斯的贡献正在于他承认一个"大他",但是仍坚持在伦理、道德的范围以内,而不被知识论所囊括。我认为,这是列维纳斯为把实质伦理学——不是康德的形式伦理学,而是舍勒的实质伦理学——进一步提高到哲学层面所跨出的决定性的一步。

在跨出这一步之后,列维纳斯就在哲学伦理学的领域里,讨论了过去常常被认为是经验伦理学的一些道德情感和情操的问题,大大丰富了哲学问题的内容。

当然,康德在他的《实践理性批判》里就讨论过道德情操问题,涉及到"敬畏"之类的情感,所以列维纳斯所探讨的问题,倒也不是前无古人的,但是他抓住了这个问题不放,在一个新的哲学层次上贯彻到底,则大大扩充和丰富了这个领域,并使之成为他的哲学的核心。我们也可以说,在某种意义上,他的工作也是康德想做而没有做的,尽管他们两位在宗教的倾向上很不相同,列维纳斯得益于犹太教义,而康德则是虔诚的基督教徒。

列维纳斯的伦理学建立在"大他-异己"的基础上,而他认为"伦理学"早于"本体论","伦理学"正是"形而上学",我觉得,这是一个很有创造性的思路。要紧的是列维纳斯的伦理学不是经验性的,而恰恰是哲学性的,因为他居然认为伦理学早于本体论,而就是形而上学。我重复说这个意思,想重点来解释它。

我们知道,西方哲学传统的重点在"本体论"和与此相应的"知识论"。我们不必追溯到古代希腊,当代德国的哲学就有胡塞尔的现象学理念论和海德格尔现象学本体论(或基础本体论)的对应,伦理问题是在这个哲学的框架下讨论的。"本体"和"理念"原本是一致的，因为"本体-存在"并不是各种经验的具体的事物，而是一种"理念"，是"具体共相"，所以把它作为思考对象的"形而上学"叫做"在-物理学-之后或之上或之外"，或者叫做"超越-物理学"，而"物理学"是研究世间经验万物的。过去的哲学，都去追究这个"在"物理学之后、之上、之外的"超越"的"存在"，或者叫做"诸存在者之存在"。

是海德格尔把这个思路推进了一大步，他把"时间性"、"历史性"的观念引进了"存在论-本体论"，这样"存在-本体"就不是僵死的概念，而成为一个活的哲学-形而上学问题。这个问题谁来提？当然是"人"，但是"人"是"存在-本体"的一个（特殊）部分，海德格尔叫它为"该（彼-此）存在-Dasein"。这里我们看到，"存在-Sein"和"该在-Dasein"的关系，成了哲学的核心问题，这个问题，"超越"了"物理学"，但是在海德格尔那里叫做"本体论-Ontologic"。

深受海德格尔影响而又不满意海德格尔的列维纳斯，从这个基本问题出发，以"同"、"异"的关系来理解"Sein"和"Dasein"，把"Sein"理解为"大他"，则"Dasein"就可以理解为"小我"，于是，"Sein"与"Dasein"的关系就是"伦理"的关系，而不是"本体"的关系，于是在哲学意义上的"伦理学"就比"本体论"更加基本，更加"早"，它才是"物理学"之后、之上、之外所要探讨的"形而上学"。

在列维纳斯那里，"伦理学"已经不再是经验的道德规范问题，而是一个地地道道的哲学-形而上学问题。

既然"他者"大于、重于、高于"自我"，于是"自我"对于"他者"的"服从"、"敬畏"、"忠诚"、"奉献"等等一切道德甚至宗教的情感，都有了一层哲学-形而上学的意义。列维纳斯在这方面做了大量的研究和探讨，把在海德格尔那里已经蕴涵了但尚不十分丰富的意思，很好地发挥了出来，让人们清楚地看出，什么叫做"青出于蓝而胜于蓝"的创造性的"传承"关系。

说到这里，中国的学者大概都能看出，列维纳斯本该向中国传统的哲学伸出"欢迎"之手——在列维纳斯的伦理学-形而上学中研究了"好客"的问题，但是，不知为了什么，他却说用不着到东方传统中找支持，而在希腊的传统中就可以有足够的依据。他说柏拉图有"至善"的理念，而"善"正是"超越""存在"之处。

这当然言之成理。不过我们要说的，是世界历史上诸民族中，中华民族对于伦理道德问题、对于社会"治"、"乱"问题研究思考资源丰富，大概可以称得上"无可比拟"的，不"欢迎"这批资料，并不是智慧的表现。如果说，黑格尔因其庞大的逻辑哲学体系，小视东方和中国的传统，尚有一点自己的理由，那么在列维纳斯这里，就有点"拒人于千里之外"了。应该说，这方面，海德格尔倒表现了一种大家的风范。

不管怎样，我们中国的学者对于海德格尔-列维纳斯理应表示一种"欢迎"的态度，他们把"存在"和"伦理"问题提高到哲学-形而上学的层面的思路，对我们理解我们自己的哲学传统是大有启发的。

中国的学问，历来注重历史和现实，强调"时间"，强调"传统"，对于社会的关系、伦理的关系，以及历史、传统、时间之"连"、"断"都有深入的思考。孔子讲"仁"，是"二""人"的关系，"关系"而又"基本-基础"（非经验），这正是哲学所要探究的既有现实内容又有理论深度的根本问题。纯形式的逻辑讨论曾经显赫一个阶段，但未能形成大气候。在儒家思想指导下，中国古代思想家思考了历史、伦理、社会的问题，到了宋儒，有一长足的发展，"四书"的提倡，使中国学问——中国传统哲学集中精炼起来。深入探讨其中的哲学-形而上学-伦理问题，离不开这些资源。

然而，我们也应该看到，中国哲学和西方哲学的历史道路是很不相同的。也许我们可以说，中国传统的哲学缺少了西方那种"形式化"

"纯粹化"的长期的探索，就常常容易犯康德在《实践理性批判》里所要防止的"实践理性""降格"的毛病，就是把本是"纯粹的""形而上"的问题"降"到经验的世界来——与此相反而又相成的是"理论理性""僭越"的问题，把本不是经验理智所能解决的问题，用一个"知"字笼统地加以解决。这就是说，中国传统的哲学问题后来常常和实用的经验问题相混了，这我们从念朱熹的书中就能够感觉到。

从历史的经验来看，西方哲学就是如何把感性的世界——包括伦理道德问题"接纳"到哲学-形而上学里来；而中国哲学就传统问题来看，就是要把富有感性世界内容的资料如何"升华"到哲学-形而上学的层面上。"哲学"绝不会"舍弃"什么，而是"视角"的转换问题。就不同的发展道路来看，中西哲学是"异"，而就其内容和问题来看，它们又都是"同"，又是"通"。

哲学并不满足于纯粹的形式，将大千世界的形形色色引进和融进哲学，这是西方哲学，特别是近代西方哲学以各种方式曾经做过的努力。从康德到黑格尔，显示了这种努力，黑格尔以后的欧洲哲学的发展，同样显示了这方面的努力，于是有叔本华、尼采的意志主义，有新康德主义的文化人类哲学，有胡塞尔的现象学，有柏格森的直觉主义，更有海德格尔的现象学存在论，这一切，都是他们努力要保持在哲学的层面上，而又要将实质的世界包容进去的艰苦劳作；至列维纳斯，应该说的确有了明显的进步。

中国传统哲学似乎没有这样一种分、合的明显的过程，所以从某一种意义上来看，有些含混模糊的毛病，各种界限不那么明确，但是它的思想覆盖面之广，具有一种融会贯通的精神，这也是应该肯定的。

中国哲学精神在面对西方哲学的冲击时，也因种种原因有过抵制和反抗，就像它曾经抵制反抗过佛家一样，然而中国哲学的融会贯通精神，并没有在这种"文明冲突"中丢失，而是使它更加坚定和成熟。中国近几百年来的"西学东渐"的经验，说明了这一点，这个经验有时甚至是艰难痛苦的，但是阶段性的结果往往也证实了中国哲学精神的博大和通达。

中国的传统，对于一切虽然是"（相）异（己）"而优秀的文明，都采取"欢迎"的态度。西方哲学有从希腊以来数千年的聪明才智之士的努力，其成果当然值得我们重视；从西方哲学自身的发展现实情况来看，他们也"理应""欢迎"我们的哲学传统。如何"让"更多的西方哲学家从欢迎到进一步理解中国的哲学传统，当然我们中国的学者应做更多的工作，这是不可推卸的。

近年来我在学习中国传统哲学的基础上，陆续写了一点学习笔记、心得之类的文章，因为这些文章长短不一，内容各异，考虑再三，还是按照发表时间排列，不做内容和体裁的分类，明知这样会对选读内容的读者造成不便，实为不得已而为，只得请求谅解了。

2001 年岁末（12 月 7 日）于北京

想起了"语言是存在的家"

1998年8月,我随团赴美参加了两个学术会议。我们先到美田大学,参加唐力权先生主持的研讨会。唐先生是华人,参加会议的有相当一部分是中国人,所以事先说好,我们的论文用中文宣读。这个建议是我提的,其原因一来是因为时间仓促,来不及准备英文稿;二来也是因为我们这个年龄段英文程度还达不到临场用英文把意思说清楚的地步。

应该说,这原是一个藏拙的办法;但为了自己安心,我尝试找一些学理上的"根据"来辩护,居然有些眉目,有了一些想法,这些想法,到了波士顿世界哲学大会上,似乎更加清晰起来。

这个哲学大会,五年一次。1988年在英国布赖顿开,我参加了,其间在莫斯科的那一次我没有去,如今在美国波士顿开,算来已隔十年了。不用说,岁月催人老,我已经从中年进入老年,思想有不少的变化,也是很自然的事。

布赖顿那次会,我的态度是很虔诚的,尽管会后我留在牛津时有的教授以一种不屑一顾的样子问我"到那儿去干什么",但我还总是兴致勃勃地回忆起波普在那次会上的主题发言,还有那安丝孔伯、斯特劳森、利科、哈贝马斯一大批明星,记得当时我还努力做了一些笔记,现在回想起来,竟感到过于认真,甚至过于"幼稚"了。这些人在会上的讲演的意思,不都已写在了他们的书上了吗?又有谁愿意在那种大会上发表"最新研究成果"呢?容或有之,又怎能在那样短的时间内说得清、听得清呢?说到这里,我想起了贺麟先生在给我们讲解康德《纯粹理性批判》第二版序言时说过的,即使康德自己来念这段话，他不相信会有人听懂。贺先生的意思是说，康德书里写的，要反复读、反复思考，才能领会。所以，我想，那种大会，对于交流信息，是很重要、有意义的，但哲学不仅需要"信息"；我们不能说，斯宾诺莎没有机会参加国际学术会议，水平就比那些经常穿梭于各种会议之间的"会议专家"低多少。

当然，这样的会议还可以起到联络感情的作用，大家参加几天会议，似乎也有争论，有的好像还很激烈，但总体的气氛是谦虚谨慎，和和气气。我在一个小组会上有一个发言，这一次当然不能用中文，因为大会工作语言中没有中文。我的题目是将孔子和苏格拉底作比较，原是一个中文稿，已经发表，英文只是一个粗线条的摘要，也已经在此前的一次会上念过，地道的一稿两用。我念完后，一位与会者问我，如果孔子和苏格拉底活到现在，他们会怎样看待问题？这自然是一个很有趣的问题，我也多次谈过，算是有一些体会的；当时我想说一句调皮话，但说不出来。我本想说，建议再开一次国际哲学会，让他们两位发表各自的观点，但需有人资助。当时我造不好这个句子，就改说了另一些话，而这些话连我自己也不明白是什么意思，可是出乎意料之外，我的话音刚落，全场不少人竟报以会心的笑声，还得了不少掌声，于是也就光荣下台。出得会场，正遇见从中国去的一群青年学者，我请他们猜我此时此刻的想法，我告诉他们，我感到基督教的上帝很有计谋，把地球上人类的语言打乱了，使人们的交流发生障碍，对于"哲学"这样探讨宇宙、人生大义的学问，尤其是很要命的障碍，它使人们的交流容易停留在较浅的层次，不易深入，这是上帝保持宇宙人生大义之"秘密"的一种方法，也是保存他自己的一种方法。

据基督教《圣经》上说，人类在遭洪水大劫后，奋发图强，改善自己的生活，并建造巴贝尔塔，直达天穹；上帝见之大惊，认为如此下去，人类将为所欲为，于是击毁巴贝尔塔，打乱人间语言，使不得顺畅交流。毁塔只是象征，而语言的分歧，却是一个很实际的问题。人类为克服语言的障碍，必须付出代价，遂使不少聪明才智之士，向往一种"普遍的语言"，在哲学家中，也不乏其人。

如今人类社会，已远非洪荒时代，一切文明进步，都促进了人们的交往、交流，语言的障碍正在飞速地被克服，在科技高度发展面前，上帝显得无可奈何。假以时日，人类真的似乎可以"为所欲为"了。科学技术的交流，超越了语言的障碍，或者说，它有自己一套统一的语言。我的一位搞海洋声学的美国朋友告诉我，他曾与一位中国同行交谈，尽管这位中国专家不会说英文，但他却能基本上了解其论文内容。我很相信有这种可能。

然而，哲学又何如？我回答不出来。不过，据我个人粗浅的经验体会，我感到要真正深入哲学，离不开自己的母语。

我说这话，绝无意贬低学习外语的重要性。在学习外语方面，我虽然起步较晚，但还是相当认真，也还是比较用功的；也不是说，中国的哲学家不必学习外国的哲学，时至今日，不学习外国的哲学，闭门造车，显然是荒谬的主张。我只是想说，中国的哲学家要想深入哲学问题，当用自己的语言来理解、消化外国的哲学思想，这样，我们所学的外语，才不仅仅是"交流的工具"，而成为我们自己"存在方式"的一个有机组成部分。除极少数人具有双语能力外，我们不太可能以外语作为我们的"存在方式"。

这里我想起了海德格尔的那句不好懂的名言"语言是存在的家"。

我们在海德格尔于1947年写的一封《关于人道主义的信》中读到："语言是存在的家。在这个家里，住着'人'。"（Die Sprache ist das Haus des Seins. In ihter Behausung wohnt der Mensch.）

这句话不大好懂，但细想起来，还是很有意义的。

要理解这句话，首先要弄清在海德格尔那里，所谓"存在"与"语言"都是什么意思。我们知道，海德格尔的思想，针对的是西方传统的形而上学，因此，他所谓的"存在"，不是只具普遍性的抽象概念；而他的"语言"，也不仅仅是交往的"工具"。在这个意义下，"语言"和"存在"不可分，就上述那句话中的"Haus"看，这句话的意思，我们或可理解为"语言"是"存在"的"存放地"，或"外壳"，也就是说，"存在""住""在""语言"里。后面这句话的意思比较清楚，是说"人"（也）住在"语言"这个家里。两句话连起来的意思，是要强调"语言"的作用。第一句话是强调"语言"和"存在"是表里的关系，"语言"与"存在""同在"；第二句话是强调"语言"大于"人"。这就是说，"语言"和"存在"大于"人"；不仅 Sein 大于 Dasein，而且 Dasein 大于具体的、经验的"人"。所以，海德格尔在这里第二句话并没有说"这个家里住着 Dasein"，而是说"这个家里住着 Mensch"。于是，我们这些芸芸众生在海德格尔的心目中，居第三位。

所谓"人"居住在语言所筑构的"家"里，乃是说，在本源意义上的"语言"并不仅仅是"人"的"工具"，并不是"人"想说"什么"就说"什么"，这里的"什么"，不是"我"决定的，而"什么"（Was, what）本身自有生命。于是，海德格尔还有一句名言，叫"不是我说话，而是话让我说"。这里的"话"，不在普通语言学意义上来理解，不是语言学的形式规则，而是有内容（什么）的"话"。既非"说"的活动，又非语言作为"游戏"（game）的规则。海德格尔这个意思，其实在胡塞尔那里已经有了，胡塞尔的"理念"，就是有具体内容的"什么"，而非抽象概念。这是现象学的基本原则。

于是，这里"话"中的"什么"在胡塞尔为"理念"（在黑格尔为"具体共相"，也是"理念"），在海德格尔则就是他那个"存在"。海德格尔把"理念"拉回"存在"，使传统的"存在论"发生了根本性的变革。"存在"不再是万物抽象的、最普遍的"共性"，因为这样的抽象共性实际为"不存在"——所以在黑格尔、胡塞尔以及古代柏拉图，只能是"理念"；然而，海德格尔的"存在"，又不同于经验的"存在者（Seiend）"，不是从万物各自的众多属性中概括出来的"概念（Begriff, concept）"，而是负荷着时间、历史轨迹的"文物-文化之物"。它展现的不是该物之自然属性之和，而是展现着该物时间性、历史性的"意义"。在这个意义上，海德格尔才说，Sein 就是 Sein 的意义。这就是说，Sein 和它的历史意义不可分，当我们说到 Sein 时，正是说的它的时间的、历史的意义。Sein 与意义同在。

就语言学来说，"语言"的功能是多方面的，它可以状物、指事，可以抒发情感，可以发号施令，等等，这些是包括哲学家在内人人都要使用的日常语言工具；不过哲学的语言，不仅限于此。倒不是说，哲学的语言更加抽象，更加概括，恰恰相反，哲学要求有更具体、更实在的语言，它要有那和"存在""同在"的"语言"。哲学所思、所说的是那具体的、时间性的、历史性的"存在"。在某种意义上，我们甚至可以说，"哲学"是"存在"的一种"形态"。"哲学家"要使自己进入"Dasein"的层次，亦即使自己成为"Sein"的一个部分——Sein 的现时状态（Da），才能真正"说"到那个"存在"。"哲学"、"哲学家"与"存在"同"在"。在这个意义上，"哲学"就真的不是一种"理论"

的"工作",而是一种"存在方式"、"生活方式"(维特根斯坦)。

这样,从某种意义上说,"语言"对于"哲学"来说,不是工具性的,而是存在性的;工具性语言需要而且可以"学习",而存在性语言,则更需要"生活"。于是,"哲学"离不开"母语"(mother tongue)。

"母语"是父母给的,是"家"给的。"家"给的"语言"是最原始的,也是最牢固的。古人吟诵"乡音无改鬓毛衰",我想也不光是指语音的问题。1988年我在牛津大学时听一位教授说,波普晚年因耳背听不太清英文,而听德语就比较好些;不过恰恰是波普曾说德语不是哲学语言,英语才是,想起来倒蛮有讽刺意味的。

哲学的语言,是"家"的语言,哲学语言"有家可归"。那么,又是什么语言"无家可归"? 我看抽象的语言"无家可归"。譬如,数学的公式,普天同认,普天同用,它没有家,也无须有家。它是形式的科学。

"家"不是"大庭广众"的公共场所,也不是完全内敛于内心深处的"个人"。古代希腊人喜欢到公共场所讨论哲学问题,所以它的哲学是科学形态的,以物理学,特别是几何学为借鉴;有些哲学派别则侧重个体,容易产生神秘的"私人语言"问题。"家"的语言就得乎其中。各家有各家的"事",但又是可以交流、可以理解的。

"家"有大有小,哲学的"家"是比较大的,但也不是大到了没个边。哲学不以抽象的、恶的"无限"(黑格尔)为"家",因为"无限"为"无家"。哲学以"天""地"为限,哲学和人一样,"生"(住)于"天地之间"。

哲学曾被认为是天马行空,无拘无束;然而哲学的"书"页上留有空白,中国人给上下的空白起了一个很有意思的名字,叫"天头"、"地头"。哲学的"思想",也"在""天地之间"。

哲学"有家"。哲学有其生老病死,哲学也有自己的名号。哲学的名号不是空集,不是代号;哲学的名号,像人的名字一样,有其具体的历史。曹操不是关羽,康德也不是黑格尔。家里给小孩子起个名字的确比较偶然,但一般来说,这个名字就伴随他的一生,就是他的一生事功、思想、感情的浓缩、象征,不容轻易变换了。大概这就是所谓的"名实相符"吧。

名字当然也有抽象的意义。譬如我们说"人"、"手"、"足"、"刀"、"尺",

大概是就这些东西的共同点来说，与这些东西有普遍的一一对应关系。孔子说，"多识鸟兽草木之名"，这里"名"大概就是这个意思。这些名字是知识性的。

然而，如果我们吟诵元代马致远的小令"枯藤老树昏鸦"、"小桥流水人家"，则诗人就不是在教人"认知"这些事物的名字，不是"看图识字"，也不是循字认物。接下来那句"断肠人在天涯"，似乎这些藤呀、树呀都移上了"断肠人"的"情"，光说到这一层似乎还不够。立普斯的"移情说"固然有相当的价值，但尚嫌浅显了些。在这里，如果我们再参考海德格尔对凡·高画作《鞋》的分析，将会有更进一步的体会。这些实物，并不是孤零零的东西，而是在时间、在历史中的，它们有自己的"世界"，而不光占有空间。诗、画中的空间，"存放"的不仅仅是一些实物，而且是它们的"历史"。诗人、画家的"世界"就是它们的"家"。不住在那个"家"里，是说不出那样的"话"（写不出那样的诗）、画不出那样的"画"来的。因为不住在那个"家"里，就不知道那段"历史"，体会不出那种意味。就这些藤、树、鞋的物理的属性来说，它们不能穷尽其历史的意义，在这个意义上，诗人呈现的是那限制不住的东西，于是我们可以说，诗人呈现了"无限"。

哲学和诗同处于一个层次，这是海德格尔与黑格尔一致的观念。哲学要说的，也是那"物性"所限制不住的东西。哲学所说之"事"、"物"，不是实验室里的东西，而是"家"里的东西，是"世间"的东西。要把这些东西"说"清楚，非"住"在这个"家"里不行。虽不一定生于斯、长于斯，至少也要"插队落户"才能"登堂入室"。

在这个意义上，就现今世界交流的实际情形来看，不是人人都能达到"登堂入室"的程度的；就是再过多少年，也不一定能把全人类的语言统一起来，像《圣经》上说的，全都说一种话。这样，在哲学的层次上，仍然是母语起主导作用。

我们这里强调的是：我们只有用母语来思考问题，才能够使自己的思想深入到哲学的层次，这个意思当然也包括了吸收别种母语进行哲学思考的成果在内。我们必须读外国哲学家写的书，尤其是那些公认的大家们的书，要反复地读。但我们不是生吞活剥地记住他们的词句，而是要加以消化，成为自己的思想。物质的食粮要用自己的胃来消化，精神的食粮要用自己的脑子来消化，也就是说，要用自己的语言来消化，使原本是他人的话，变成了自己的话。这种消化过程，是翻译过程，但又不仅仅是翻译过程。

翻译是很重要的，但还不够。有时候，哲学和诗一样，是很难翻译的，甚至是翻译不出来的。不仅如此，我们甚至可以说，哲学上越是基本的概念，就越难翻译。我们中国哲学里的"道"、"仁"、"心"、"性"，西洋哲学里的"ideas"、"substance"、"Being"等等，就是海德格尔的"Dasein"，都很难找出相应的文字来对译，不得已，只能用音译或干脆夹用原文。

从某种意义来说，翻译也是消化，好的翻译不仅是文字的转换，而且是思想的理解。就是将人家说（写）出来的思想，自己重新"再"想一（多）遍，这样，也就成为了自己的思想。于是往往还会出现一种情形：文字上虽然找不出恰当的对应词，但却可以有把握地说，它的意思已经懂了。我想，凡能用自己的话将他人的意思复述出来，也就可以说，已经理解了他人的意思了。

所以，在我们的工作中，用我们的母语来重新思考西方哲学家所思考过的问题，并用我们的母语将我们学习、思考的结果说或写出来，当是我们研究工作者的重要任务之一。有了这样的功夫，我们的工作才会有新的贡献，而不至于光停留在介绍、引进的水平上；也就是说，我们不仅要"知道"西方哲学有何种"信息"，而且要消化它们，成为"自己"的一个部分。

我们这样说，并不意味着有了母语就万事大吉。哲学要使母语深化，甚至也有某种母语不够用的时候。海德格尔常要拼造一些字，或在某些特别的意义下用某些字，恐怕也感到他的母语的局限。这在他晚年和人的谈话中，有明确的表露。他的那个"Dasein"，原是一个最普通的德文字，成了他的哲学的基本范畴后，很多德国人觉得费解，因为他们太习惯于当下习惯的意义了。有时这个特殊的意思，对外国人反倒更好理解些，因为外国人反正不太熟悉这个字，容易摆脱成见。

于是，事情又出现另外的一面：由于世界上的人说着不同的语言，对于宇宙、人生的根本大义用不同的语言翻来覆去地说（想）它，对这些问题，就会出现多种角度的理解，于是，一方面出现分歧，另一方面也会在深度和广度上有所拓展、积累。这或许是上帝在打乱人间语言时所没有料到的吧。

不仅在哲学的层面，就是在经验生活的层面，我们也会感到有一些意思是外语所不易完全表达的，而必须换一种方式来说；中国人口众多，历史悠久，某一些意思，甚至只有某一些方言才能表达得恰如其分，这是许多人都有的经验。从这个方面来看，造成分歧的不同语言，对人们的思想情感，对生活的意义，又起到多层次挖掘的作用，同时也说明了互相交流的必要。就哲学来说，这种交流，就更为重要，更有启发。

譬如西方哲学经过几千年的发展，在逻辑理论的发掘方面有很多的经验，特别是它从希腊的传统如何迎接基督-犹太传统的挑战，如何在理路上找出理解的途径，从而在自己的体系中"化解"宗教问题，实在是很值得重视的。这种"化解"，和中国从儒道传统"化解"佛教，使"三教"合流，有异曲同工之妙，但其具体的形态，又有许多的不同，这样，就很值得互相交流这方面的经验。当然，这是一个很大的课题，需要长期深入地研究了。

无论何种途径和特点，其基本的立足点当是将异己的化为自己的，这样，这个"自己"才不是空疏的，而是充实的；而那些异己的（好）东西，也才不是外在的，而已是转化成内在的。

"化解"异己，是哲学的基本工作之一，同时也是"反上帝之道而行之"的一种"抗争"。上帝打乱人间语言，以阻遏人的能力。现在看来，科技的发展，甚至会摆脱"上帝"为人类制定的语言——自然的语言，而以人为的共同语言进行交流；只是哲学离不开生活的最实际因而也是最深层的语言，因而我们抗争上帝的办法，就只能是坚守自己的母语，同时努力将不同语言的哲学思考成果，消化过来，使之也成为自己的语言；丰富自己的母语，也就意味着丰富、扩大自己的"存在方式"。哲学的进步，是人们"存在方式"的历史命运。

1998年11月1日于中国社会科学院哲学研究所

（原载《文史哲》1999年第2期，发表时原题改为"语言、存在与哲学家园"，今恢复）

京剧的学术意识
——读蒋锡武《京剧精神》有感

蒋锡武君大著《京剧精神》由湖北教育出版社出版已有年余，嘱我谈点意见，我因杂事繁多，对京剧也已荒疏多年，迟迟不敢动笔，近日锡武因事路过北京，相聚于刘曾复老先生家，谈论京剧与学术方面事，甚为融洽欢愉，有以下意见，公布出来，敬请批评。

锡武的书，学术性很强，是一本美学书，而锡武原是京剧门里出身，对于京剧艺术本身当然绝对内行，而在这基础上，对京剧从事学术性、理论性的探讨，有如此的见解，如此的成绩，实在是难能可贵。

于是我想到，京剧作为艺术，经过众多大艺术家的创造，已为中华文化之瑰宝；但对于京剧的理论阐述，对于京剧之从哲学、美学等学术方面的研究，则显得相当贫乏，长期以来与京剧在世界艺术舞台上的辉煌形象极不相称。

京剧的渊源可上溯至远古时代，但最后之完成形态，则是比较晚近的事。扩大开来说，中国戏剧的完形也是较为晚近的事。比起我们传统的诗、词来，当它们已经进入文人的书斋变得文雅起来时，戏剧（戏曲）还是市井（市民）的艺术。文人对于戏曲的研究，相对地起步也比较晚。在这个意义上，"剧论"相对于"诗论"、"画论"等说，也比较的落后。过去戏曲研究院编过"中国古典戏曲论著"一套，是很宝贵的资料。近年也有学者对李渔等早期的剧论家作了很好的研究，这些都是可喜的成绩，对我们关心中国戏剧的读者很有帮助。

说到中国戏剧的早期研究，当然不会忘记王国维的功绩。王国维以其深厚的学术功力关注戏剧，使中国戏剧的学术水准得到了相当的提高，使市井的艺术进入了学术的殿堂，虽说也是时势所趋，但王国维起到了关键的作用，这也是不可否认的。

王国维对于中国戏剧，不但在史学上做了正本清源的考据梳理工作，而且在理论上也有相当的建树。如大家所熟识的，王国维早年的兴趣在哲学和美学。他读过康德、叔本华的书，读得很用功，还借用叔本华的思想来讨论《红楼梦》的哲学意义。在这方面，他的一些说法，现在看，也许只是一家之言，但就当时风气初开的情形说，也是很难得的。我们还知道，王国维在做宋元戏剧史时，对于戏剧的特征和本质，也发表过一些理论性的意见，尤其是他对于"本"和"真"的强调，是很值得我们进一步研究的。

晚起的京剧，在重视市民文艺的大趋势下，也得到一些文人学士的关心；一些大演员的周围，往往有一些文人学者做参谋、做研究，这是大家都知道的。有的因此就成为这方面的专门家，如齐如山。

然而，正因为京剧是中国戏剧舞台上的"迟（晚）到者"，随着中国社会情形的剧变，京剧与文人学士的关系就显得复杂起来。一方面，中国要冲破封建主义的传统束缚，当年进步的知识分子常对中国原有历史传统抱有相当激进的态度，因而对京剧这样在传统中尽管比较晚近但毕竟植根于传统的艺术或多或少采取了冷漠甚至排斥的态度；加之西方艺术的传入，京剧在做了一番努力改革之后，仍然在中国固有的传统中找到自己的位置。这样的情形，也影响了一部分具有西方哲学、美学素养的学者对京剧进行研究的热情。在我的老师们中，喜欢京剧艺术的大有人在，但对于京剧作哲学性思考的，则很少，宗白华老师因醉心于中国传统艺术，算是例外，但他对中国绘画、书法方面发表的意见较多，京剧方面也比较少。

1949年后，京剧的确得到了新生。我很深切地感到，中国京剧艺术的高峰期是在20世纪50年代和60年代初。这并不是说，自己赶上的年代就是最好的年代，这里也有个客观的标准。一方面，那个时候京剧各个角色行当的艺术技巧都已发展成熟，而我们知道，各个角色行当的发展在京剧史上有个先后的问题；另一方面，那时候，京剧各个角色行当的大演员都正在当年，大部分是艺术上最好的时期。在这种时候，加之采取的政策好，由政府解决了过去不可能解决的问题，不但鼓励百花齐放，而且解决了经费甚至是某些演员在旧社会的不良习惯等问题，我认为，这实在是中国京剧发展的大好时机。不过，很可惜，这个时期太短了，很快，京剧就受到"文革"的摧残，一"革"就是十多年，使京剧失去了大好的时机。不论就京剧艺术本身来说，或者是对于京剧艺术的理论思考来说都是如此。

那个时代是一去不复返了，对于一代人来说，时不我待，机不再来了，京剧的学术理论研究，期待着年轻一代的学者，这就是我重视锡武所著《京剧精神》的原因。

锡武这本书写得很见功力，书中有许多理论性的材料，从中可以看到他读书之勤。

京剧是一门具体的艺术部类，要提高到哲学、美学的层次来讨论，并非易事。记得60年代我参加一本美学教材的编写工作，不知讨论到哪一部分时，我们的主编说，这里理论是理论，具体艺术是具体艺术，当中好像缺了点"胶水"。的确，要将高度抽象的哲学理论和相当具体的艺术问题结合起来，有许多的中间环节需要打通。所以，一般研究哲学的，不一定谈得好美学、艺术问题；而一般研究艺术的，也不一定进入到哲学的层面。

当然，我们知道，有一些哲学家对艺术是有专门的研究和论述的，早一点的像康德、黑格尔、叔本华等，晚近的就更多一些，像阿多诺是既学了哲学，又学了音乐的。应该说，由于哲学本身的特点，相当部分的哲学家对艺术的问题，都有所考虑，不一定深入到各个具体的艺术部类作细致的讨论，像黑格尔那样涉及多种艺术领域的是不太多的。这也许就是60年代学术上相对封闭时不少艺术理论家对黑格尔《美学》相当感兴趣的原因。

即使是学习、把握黑格尔的美学思想也不是一件容易的事。黑格尔的艺术思想，是他那庞大的哲学体系的一个环节，不对他的哲学体系的全貌有扎实的把握，对其艺术思想的理解就会停留在表面的层次。譬如当年有一位研究舞台美术的专家，喜欢读黑格尔的美学，他只看有关戏剧的部分，想从里面找到有关戏剧舞台美术的直接论述，结果很失望。其实，如果掌握了黑格尔思想的全貌，我们就有把握根据他的思想，衍生出有关戏剧舞台艺术的观点来，也就是说，我们就有把握推断出，黑格尔对这个具体问题将会说出什么样的话来。这就叫做"替别人说话"。这当然是很难的事,因为要说到这个"别人"如果"活"过来,也"不得不"同意;这个工作尽管难度大,但如果这个"别人"是历史公认的大家,他的著作够得上"经典",则这个工作就是很值得去做的。在大哲学家和大艺术家之间做沟通工作,是一件很有意义的事,我们都为能做这种"胶水"而感到荣幸。

京剧既是在中国这块土地上长出来的艺术,自然和中国的传统思想有深刻的内在联系,而对于中国传统思想的理解,又会涉及许多专门的问题,就学术来说,更是一门专业性很强的课题。对于一门具体艺术的研究,特别是对于中国艺术的研究,需要把它放在整个文化传统中来看,这里也有许多沟通的工作要做,因而又需要大量的"胶水"。

锡武正在做这样的沟通工作,他的《京剧精神》是这项工作的一个可喜的开端。

说它是"开端",意味着这项工作之艰巨性,并非一本书,甚至并非一个人的工作所能"完成"的。在"开端"的意义上,我感到锡武这本书的主要的贡献在于系统地出了许多好题目。我们知道,在学术研究的工作中,将问题抓对,所讨论的问题的确是有价值、有意义的,这是很见作者功力的事。在读锡武的书时,我感到书中所涉问题都是很值得研究而过去很少系统讨论的。

书中第一章第二节"京剧的古典精神",是点题部分,带有全书的引论性质。在这部分中,锡武提出了中国传统礼乐中"和"、"圆"、"玄"、"无"、"游"等范畴,将它们以"古典精神"统率之,我认为是很有意义的。古典的精神,是一种"和谐"的精神,但这种"和谐",并不是"无差别"的"整齐划一",如果人人都如同一个模子刻出来的,自然非常"和谐",一点"冲突"也不会有,但这样的"和谐"又有什么稀奇呢?我们的孔夫子早已体会出这个道理,他说"和而不同"才算是"君子"。"不同"而有"和谐",这才算有"本领",才算你治理(国事、家事、艺事、学问上的事等等)有方。

所以,在"古典"之后,还有"精神"二字。我们切莫以为"精神"这两个字是随便加的,好像是用一个好听的词来强调一下"古典"的高超性。不是的。"精神"二字非常重要,它和"古典"不可分。

"精神"是一种"活力",是"生命",是"生命力"。"古典"作为一种

"精神",就不仅是"古代"、"过去"——"现在已经不在"这类意思所能限制得住的了;"古典"作为一种"精神",虽然是"古代"、"过去"的,但"现在"却是仍在"起作用"的,或许这就是伽达默尔所谓的"有效性的历史"。"现在还在起作用",也就是说,现在还有"生命",现在还有"精神"。

"精神"既是"活力",则人人皆有,凡活人都有。你有"精神",我也有"精神","精神"有时候会"无限扩张",我们平常说的"自我扩张"、"自我膨胀",如果人人如此,则会失去平衡,失去"和谐"。于是,所谓"古典精神",是指那"精神"在"生命"中得到合理规范的那种"境界"。"精神"得到了"古典"的"熏陶","精神"变得"有教养",变得"高雅",而并非说没有了精神。

我们前面提到康德、黑格尔,对于康德的美学,大家也是很感兴趣的。康德的美学集中在他的第三批判里,而他的所谓"批判",主要就是为"理性(精神)"划定(审定)合理的"界限",无使"僭越"而打破和谐,所以,他的哲学思想也是"古典"的,被称作"古典哲学"。他的《纯粹理性批判》旨在"审批""理论理性"的合法权利,无使其"超越"界限;他的《实践理性批判》旨在防止"实践理性""降格"到"经验领域";但到了他的《判断力批判》(第三批判),则理性(精神)的各个"职能"(faculties)都"冲出"了各自的"界限",而在这种"冲动"(活力,生命力)下,却开显出一个"美"的天地。在这里,本是不受限制的"理性(精神)",却"创造"了"和谐";诸"不同"之"职能",处于"谐调"之中。"理性"、"精神"有了"鉴赏力"(判断力)。

由此可见,在康德的思想中,"美"和"艺术"的问题,出现(显现)在理性各种职能"自由"发展的领域,诸"自由"职能的"和谐",则是一种"古典"的"美"的境界,"古典"的"艺术"境界。于是,"古典"仍是一种"精神",仍具有一种"活力",而并非死水一潭。

此种意思,证之以京剧艺术本身,亦颇有启发。

京剧作为戏剧的一种表演艺术,可谓是最为综合的。京剧将戏剧、对话、歌唱、舞蹈、绘画、文学、诗,甚至杂技、武术等等,统统综合了起来,融为了一体,形成一门独特的艺术部类。一方面,我们看到诸多艺术因素在京剧中都保持着自己的特色，亦即保持着自己的"自由"，各自自身的生命力时有所表现；另一方面，各艺术因素又相互融洽地被"综合"于"戏剧"这种以"对话"与"动作"铺叙"情节"（故事）的"（戏剧）最高任务"（借用斯坦尼斯拉夫斯基语）之中。从这个意义来说，中国京剧艺术是"综合"了诸种活的艺术因素的一个"活体"，一个"生命体"，一个"自由体"，亦即，京剧是一个"和谐体"。它是"多"，也是"一"；是"一"，也是"多"。

"精神"就是这种"化一为多"和"化多为一"的能力，因为"精神"是一种"力量"，一种"活力"。它"能够"（有能力）将诸多的因素（材料）"综合"（融合）起来，而又不失诸多因素之各自的特色，它们是"自由"的，又是"和谐"的。我们从京剧艺术可以欣赏到唱、念、做、打诸种技巧的表演，进而欣赏音乐、舞蹈之节奏、韵律，诗词之意境，同时也体会出戏剧之情节冲突。在京剧艺术中，一方面，"戏剧之最高任务"并不完全"限制"甚至"消解"音乐、舞蹈等，而使之得到自由表现的机会；另一方面，音乐、舞蹈等又使这个"最高任务"得到了自己存在的形式，有了它自己特殊的"存在（生存）方式"。在诸种艺术因素的自由和谐中见出"精神"。

于是，锡武君把他的著作起名为《京剧精神》就有了深刻的哲学的意思在内。这个题目意味着，京剧作为古典的艺术，并不是一些"过了时的""程式"的堆积，而是一个有"生命力"的"活体"。演员学习京剧，不仅要学会那些"程式"，而且更要学习它的"精神"，"创造性"地、"自由"地"运用"（综合）这些"程式"；对于京剧的学术研究，也不仅仅是研究那些"死"的结构，不仅仅研究作为历史产物的京剧的事件，而且更要研究京剧的"精神"，弘扬这种"精神"。

1998 年 12 月 7 日于中国社会科学院哲学研究所

（原载《人民政协报》1999 年 1 月 27 日）

王国维与哲学

王国维 30 岁以前，沉潜于哲学。他主要的兴趣在康德哲学，觉得有许多难懂的地方，转而研读叔本华的书，因为叔本华非常仔细地批审了康德的哲学体系，所以王国维钻研叔本华连带对康德哲学也能有所理解了。所以王国维早年哲学的兴趣，不但是着重在西方，而且在于欧洲大陆的哲学思想，这和更早的严复和康、梁的哲学兴趣又有所不同。当然在当时中国的学术界，对于欧洲大陆和英美的哲学之区别，不像现在这样清楚，但实证哲学和形而上学的分界，也还是有的。所以，我们可以看到，王国维选择了欧洲大陆的哲学，是一种根据自己的习性的自觉行为。

王国维研究哲学的时间并不长，而且其作品都写于青年时代，然而这些作品，现在读起来仍然可以感到作者的思想创造力和思考的认真缜密态度。我们完全可以同意蔡元培和贺麟的评价。蔡元培在他的《五十年来中国之哲学》一文中指出："严（复）、李（煜瀛）两家所译的，是英法两国的哲学……同时有介绍德国哲学的，是海宁王国维。"[①] 在这篇不大的文章中，蔡元培以相当的篇幅引用了王国维的文字，这自然和他本人研究德国哲学和美学有关，但也可见他重视的程度。贺麟先生在更晚的时候以《五十年来的中国哲学》为题写了一本书，书中几次提到王国维，固然对王国维贬低康德而抬高叔本华有所批评，但仍然十分肯定了他对叔本华哲学的理解。贺先生在谈过梁启超后，接着

---

① 高平叔编：《蔡元培史学论集》，湖南教育出版社 1987 年版，第 184 页。

说，"其次王静安先生曾抱'接受欧人深邃伟大之思想'的雄心，而他的学力和才智也确可以胜任"①。的确，如果王国维继续他的哲学研究工作，则中国本世纪当会多出一位哲学大师，这一点是可以相信的。

然而，王国维放弃了哲学，他放弃的理由自己说得很清楚。《静安文集续编》有两个"自序"：第一个说他如何学习哲学，很详细；第二个序就完全对哲学采取了消极的态度，我们可以替它戏拟一个题目叫"告别哲学"。

这个序一开始就语出惊人："予疲于哲学有日矣。"紧接着叙述理由："哲学上之说，大都可爱者不可信，可信者不可爱。予知真理，而予又爱其谬误。"这句话说得也很直率，然后进一步道："伟大之形而上学，高严之伦理学，与纯粹之美学，此吾人之酷嗜也。然求其可信者，则宁在知识论上之实证论，伦理学上之快乐论，与美学上之经验论。知其可信而不能爱，觉其可爱而不能信，此近二三年中最大之烦闷，而近日之嗜好所以渐由哲学而移于文学，而欲其中求直接之慰藉者也。要之，予之性质，欲为哲学家则感情苦多，而智力苦寡；欲为诗人，则又苦感情寡而理性多。"②

王国维是一个常好反躬自问的人，是一个敏感型的人。其实，哲学并不排斥感情，只局限于一般理智、冷静的人，未必对做哲学很够用；同时，他说哲学-形而上学"不可信"，甚至是"谬误"，则失之偏颇。即使就他喜爱的康德、叔本华、尼采的哲学，固有谬误而不可信，但也不是全无意义，就如实证的哲学，也会有不少谬误和不可信的地方，但仍然值得我们去致力一样。

从某个方面来看，王国维自觉放弃哲学，其主观性情上的原因要多于客观学问上的原因。像他这样的才智高、敏感强的人，致力于实证性强的学科，不失为最聪明的选择。王国维后来集中治史，成一代之宗师，但终因过于敏感而自沉于昆明湖，年仅五十；设其投身哲学，成绩仍必辉煌，或因其内心矛盾之剧烈而更早辞世，亦未可知。

---

① 贺麟：《五十年来的中国哲学》，辽宁教育出版社 1989 年版，第 26~27 页。贺先生在书中批评王国维不能完全理解康德哲学的意见，现在看还是很深刻的，他说："这并不由于他缺乏哲学的根器，而是由于中国当时的思想界尚未成熟到可以接受康德的学说。"（同上书，第 92 页）
② 《王国维遗书·静安文集续编自序二》第 5 卷，上海古籍出版社 1983 年版。

一　王国维与康德、叔本华、尼采哲学

按王国维自己的说法，他 1900 年东渡日本学习数理，次年夏天回国，至 1902 年才开始广泛阅读包括哲学在内的社会人文学科的书籍，到 1903 年春天开始研读康德《纯粹理性批判》，而 1907 年《静安文集续编·自序二》出版，宣布"告别哲学"，不过四五年时间，而集中研究大概也只有两三年的时间。在这样短的时间内，王国维对康德、叔本华、尼采哲学的理解和把握，不能不令人钦佩，在著述上所取得的成绩，也很让人惊讶。

学哲学的人都深有所感，康德哲学是最难啃懂的。笔者从大学时代，跟郑昕先生做康德哲学的题目，毕业后又随贺麟先生继续研究，迄今四十多年，不敢言懂，每年都要重新阅读康德著作，所以王国维说他一开始读不懂康德的《纯粹理性批判》，凡读康德书的，对此只能表示同情。① 按贺麟先生说，王国维对康德哲学并无文字出版②，但我们看他撰写的《汗德（康德）像赞》，感到他对康德《纯粹理性批判》"分析篇"中所阐述的要点，已有概括的把握。他说到康德的"空间"（观外于空）和"时间"（观内于时），一个"外在的直观形式（空间）"，一个"内在的直观形式（时间）"，并有"因果关系——诸果粲然，厥因之随"，而且他还指出，"凡此数者，知物之式，存于能知，不存于物"，这就是说，它们都是"直观"和"范畴"的"先天形式"，不依赖于"经验之物"，这些都是康德"知识论"的核心问题；王国维还指出，这些问题，"匪言之艰，证之维艰"，说明他的困难在康德那些论证的环节。

当然，王国维对康德的理解得自叔本华，这一点他自己有明确的交代，就康德知识论本身，他的"范畴"不仅"因果"一项，叔本华只取"因果"加上"时空"，作为他的"表象世界"的基础-根据。

叔本华是王国维最钟爱的哲学家，就其钟爱程度言，这三家的次序是：叔本华、康德、尼采。我们看到，这是一个别具一格的排列，与当时和后世对这

---

① 顺便提到，牟宗三先生晚年重新将康德三大批判一一译过，可能也说明，他感到对他一生哲学思想起到重大影响的康德哲学，有必要重新再理解一遍。
② 参见贺麟：《五十年来的中国哲学》，辽宁教育出版社 1989 年版，第 90 页。

三人的重视程度不相吻合，但王国维有他自己的原因和理由。

我们知道，叔本华哲学，力图跨越费希特、谢林，特别是黑格尔，直接康德，他对这几位老师流露出极端的不满和蔑视，他在学院教席上的失败，更增加了他的仇恨情绪，这我们从他的主要学术性著作里都能突出地感觉到。叔本华这种情绪，当然也影响到崇拜他的王国维，他对费希特、谢林、黑格尔也流露出不屑一顾的态度，越过这些人，特别是越过黑格尔来理解康德，难度就更加大①。不仅如此，我还觉得，这个态度也影响了王国维对（古典）哲学的态度，埋下了他很快就"告别哲学"的种子。

其实，叔本华和费希特、谢林、黑格尔一样，都在"化解"康德那个"物自体"（Ding an sich）。

康德既然在原则上划分了"现象（表象）"和"物自体"的区别，宣布"物自体""不可知"，后继者的工作就要让这个"物自体""可知"起来，以挽救哲学-形而上学的"知识体系"。

要使"物自体（本质）""可知"，关键何在？关键在于要让"物自体"也要有它的相应的"直观-对象"。康德已经说了，一切的知识都是要有直观对象的，而"物自体（本质）"为"经验之全"，是"无限"，经验世界哪里能找出这些东西作为"对象"？你从大千世界一个一个"搜集"、"概括"无论耗时多久，也不可能出来一个"无限"、"大全"。

然而，从费希特开始，承认康德的前提即"本体"和"现象"的原则区别，但哲学恰恰不是关于一般"现象（表象）"的"经验知识"，而是"超越"这个"表象"的"绝对知识"，所以，"物自体-本体"是可知的，哲学仍然要在知识论的位置上，不过是在"居高临下"的"知识论"位置上。

"居高临下"这里是针对康德所说的"物自身"没有"直观对象"而言。"物自身"不能从经验世界"接受""材料（对象）"——因为这样"物自身"就成了感觉材料，有了"被动性"——但"物自身-本体"自己会"创造"对象，这个对象同样是可以"直观"的，因而就是"可以认知"的。哲学的认识是自上而下的，与经验的认识正相反，经验知识是自下而上的。

---

① 贺麟先生有鉴于此，他的重点就放在了对黑格尔的理解上。

这对于（古典）哲学来说，是一个非常关键的思想转变，这就是说，"物自体"——长期以来哲学家所苦思冥想的"本体"，就不再可以理解为静止的、僵化的了，而理应被理解为"能动的"、"具有创造性"的了，于是，"本体"真的回到了亚里士多德的"纯活动（pure activity）"。

费希特如此，谢林如此，黑格尔亦复如是。黑格尔的"绝对精神"是有"创造性"的，这种"创造性"，不仅表现在对于感觉材料的"赋型"上——这是康德做了的工作，而且表现在"创世"上，即，"绝对精神"的"直观对象"是"自己""创造"的。这个工作，是康德在《实践理性批判》里想做而没有做好的工作。

叔本华仍然是在这个哲学的思路上。不过，他认为，黑格尔的"绝对精神"-"理念"过于"概念化"，说这些概念"创造""世界"，过于牵强；为强调"本体"-"物自体"的"创造性"，叔本华提出了"意志"论。

在这里，即在哲学的"本体"的意义上，叔本华以"意志"代替了费希特、谢林、黑格尔的"理性-理念-精神"。我们说"代替"，并非故意"简单化"叔本华。在"本体"的地位，以"意志""代替""理性"，其意义并不"简单"。

首先"意志"作为"本体"不在"时空"、"因果"之内，不构成经验之知识对象，这是"本体"所共有的特性；但叔本华并不把他的"意志"作"第一因"看，"意志"只是在冥冥中"支配""表象（现象）"，"本体"与"现象"的关系，并非"第一个""因果关系"，而这是从康德到黑格尔一致的共识，也是叔本华批评康德的主要之点。于是，我们看到，如果康德的"物自体-本体"尚可由费希特、谢林、黑格尔"挽救出来"由哲学之"思辨"加以"认知"的话，叔本华的"意志"则永不可见天日，也就是说，永远是一个"黑暗的地方"。这就是为什么叔本华贬损黑格尔而相当表扬康德的原因——原来，叔本华在"意志"的名义下把康德的"物自体"牢牢地埋入了地下。

然而，既曰"意志"，比起"理性"来，当然更是一个"创造"的"力量"，"意志"不甘心于躺在地底下。它"支配"着包括人在内的一切感性材料以及经过"理性"加工过的一切"科学"，以作为自己的"手段"，使之为自己服务。

同时,"意志"既然以"理性"为自己的工具手段,它本身也就不再是理性概念式的,而是活生生的实际力量,它"创生"出来的"世界"也就可以不是光有概念没有现实对象的"空洞的形式"。在这个意义上,它也比黑格尔他们更容易地让"本体"具有"直观性"。

不过,"意志"既然以"理智"为手段开出"表象世界",则以此世界为对象的经验科学,最终要受"意志"的支配,因此也受"利害关系"的支配。我们看到,在这里,居于"本体"地位的"意志",叔本华又让它带有了"利害关系"的性质,而这种关系,就哲学的传统而言,进不了"本体"的领域,属于"感性"的范围。在这里,叔本华的"意志"降为人的"七情六欲"(生活之欲)。于是,包括叔本华自己在内,也常常以"七情六欲"来理解他的"意志",而把"本体"的意义置于脑后。

王国维也正是从这个"七情六欲"的角度来理解叔本华的"意志",而对于它的"本体"的意义,往往只是理论的,而未能予以深究。王国维的思想重点在于如何"克服"这个"七情六欲",而达到包括审美艺术和哲学的对世界"静观"的态度。叔本华说,只有在"克服"了"意志"之后,才开显出一个柏拉图所谓的"理念(Idee)"的世界来。

从王国维介绍叔本华的文章来看,他对于叔本华的"意志"作为"本体"的思想当然是把握了的,但侧重点却在于发挥他的"摆脱意志"开显艺术静观境界这一面,而对于"意志"作为"本体"的一面,未及深究。王国维讨论叔本华的重头文章《叔本华之哲学及教育学说》(收《静安文集》第三篇),就是着重发挥了"知识,实生于意志之需要","知力,意志之奴隶",以及"由意志生,而还为意志用者也",而后则重点讲解叔本华"暂时""解脱"之道:提倡"纯粹无欲之我"的"(艺术、德性)直观"。王国维在教育上主张强调"直观",从而重视艺术美育,在其论教育的论文、杂感、"小言",甚至《奏定经学科大学文学科大学章程书后》中,随处可见。

叔本华在"本体"与"现象"之间嵌入柏拉图的"理念论",也来自康德。康德说,"物自体"在现象界只是一个"理念",而非经验知识。黑格尔说,"理念"是更高的知识,正是哲学的知识,"本体"的知识。叔本华既把"本体"理解为"意志",而要人"克服"了意志(本体)之后才出现"理念",并说这个"理念"为"意志"的"客体化",然而"意志"既已被"克服",如何又能"客体化"?所以这个"理念"无疑给理解他作为本体的"意志"设置了障碍,而不去对这个本体的意志作深入的探讨,从而满足于一般感性的"生活欲求"(七情六欲)之经验常识的理解。这自然不是王国维的问题。

尼采的"意志",就没有叔本华的那副阴沉沉的面孔。

尼采的"意志论"当然得自叔本华,这是尼采本人也承认的;但恰恰在对于"意志"的理解上,与叔本华有精神上的不同。尼采的"意志"具有传统上"本体"的彻底的"创造性",它使世界有一个天翻地覆的变化——所谓"价值的颠覆",所以尼采的"意志"有强力的改天换地的气派,这种精神是与叔本华,也是与王国维格格不入的。王国维对于世事采取的是一种保守的态度,这是和叔本华"克服(退出)意志""静观世界"的态度一致的,尽管叔本华本人的性格并非像王国维如此内向。

王国维有一篇文章专论叔本华与尼采,尼采关于"意志自由"全出自叔本华,其"超人"说也和叔本华"天才"说同出一辙。① 所以他说:"吾人之视尼采,与其视为叔氏之反对者,宁视为叔本华之后继者也。"② 其实,尼采与叔本华的区别王国维是看出来了的,因为叔本华的"天才",无论怎样"疯癫",仍是一个"观者";而尼采的"超人",则不是一个"(旁)观者",而是一个"作者",一个"(新价值的)创造者",是"始作俑者"。王国维在这篇文章的结尾,引用《列子》的寓言,批评尼采道:"彼有叔本华之天才,而无其形而上学之信仰,昼亦一役夫,夜亦一役夫,醒亦一役夫,梦亦一役夫。于是不得不驰其负担,而图一切价值之颠覆。"③ 可见,此间区别,王国维已了然于心,只是趋向不同而已。他批评尼采"无形而上学的信仰",也是很有见地的,尼采确实要颠破那包括"形而上学"在内的一切固有的价值观念,而"从无到有"地"创造"一个新天地,所以他的"形而上学"的确不是"信仰",而是"知识",故其学说,不仅"可爱",而且"可信"。而在这一方面,尼采又不是王国维所批评的"实证主义"的④,他的"意志"恰恰不是"受制于"

---
① 《王国维遗书·叔本华与尼采》第5卷,上海古籍出版社1983年版。
② 《王国维遗书·叔本华与尼采》第5卷,上海古籍出版社1983年版。
③ 《王国维遗书·叔本华与尼采》第5卷,上海古籍出版社1983年版。
④ 《王国维遗书·叔本华与尼采》第5卷,上海古籍出版社1983年版。

"七情六欲"的,而是"自由"的。在这个意义上,也是"本体"的。尼采的工作正是要破除那从柏拉图以来的"理念",揭示它的虚幻性。撤除了"理念"这一虚幻的屏障,"意志"就能直接活跃于现实的世界,勇往直前地"开创"自己的新天地。这个精神,是王国维所不能接受的。

二 王国维与中西哲学的会通

在哲学工作方面,王国维不仅仅介绍、研讨了西方哲学——康德、叔本华、尼采哲学,特别是叔本华哲学,而且还努力把它和中国哲学的传统结合起来研究,应该说,他是我国在专业哲学问题上开创中西哲学交流、贯通学风的先驱者之一。

王国维对于中国的哲学,比起对于西方的哲学来,在材料上和思考上当然更为成熟,所以他在讨论中国哲学的传统问题时,总是贯通古今,左右逢源,显得那样得心应手;不过,我们看到,在他几篇专论中国哲学的文章中,却努力利用了他的西洋哲学的训练,使这些传统的问题,有一个更加坚实的理论基础,从而更加清楚明了地有一个解决途径。在这项工作上,王国维的成绩虽然还是初步的,在做中西哲学沟通时,有时不免有勉强的地方,但他的努力方向还是要把这两者融会贯通起来,不是乱贴标签,借以唬人的。

1904 年一年内,王国维发表了两篇重要的论文,《论性(原名"就伦理学上之二元论")》和《释理》。过了两年,又发表《原命》。这三篇文章涉及中国哲学传统中三大范畴:性、命、理,王国维都有相当深入的思考,可惜现在讨论中国哲学的都不很重视王国维的研究成果,而研究王国维的,往往侧重点自然就集中到他的文学、美学和史学上去;我孤陋寡闻,就我所知,在众多的研究著作中,只陈元晖先生的《论王国维》介绍讨论了这三篇文章。①

《论性》是王国维用力甚多的大文章,古今中外历史上有关"性善-性恶"的不同意见,都提纲挈领地有所讨论,最见作者学问功底之深厚,尤其是文章一开始,就与众不同,他把康德"二律背反"的论证方法运用到这个问题上,

---

① 《陈元晖文集》下卷,福建教育出版社 1993 年版。

使问题一下子就明朗起来。

之所以开门见山地提出"性"问题之"二律背反",王国维的意思是要指出:既然许多年来对于"性善"、"性恶"问题各执一词,各执一理,争执不下,则按康德处理形而上学问题之二律背反的精神,就应该老老实实承认该问题在经验知识上是"不可知"的,不该长期争论下去,浪费才力精力。所以王国维在文章结尾处说:"予故表而出之,使后之学者勿徒为此无益之议论也。"①我们看到,这篇文章的开头和结尾都是运用康德的意思。

中国历史上"性善"、"性恶"之对立,早期以孟子与荀子为代表。这个问题之所以争论不休,是因为讨论的原本是"性"之"本(体)"问题,而所举论证则全是经验的。王国维说,"苟执经验上之性以为性,则必先有善恶二元论起焉"②,而王国维把"性无善无不善说,及可以为善可以为不善说"称作"超绝的一元论",认为孔子(告子)近乎这个思想。③ 对于"超绝一元论"言,自不会发生矛盾,但一旦进入经验层次,如求有一统一理论,则矛盾骤起,陷于善恶二元论。这就是说,只有在把"性"作为本体,而所论问题又是经验的这个时候,"二律背反"式的矛盾才会出现;如果光就经验而言,"性"自然就有"善"有"恶",并无"矛盾"可言。

如果把"善"、"恶"问题限于经验范围,则本体之"性"自无"善"、"恶"可言,则这里所谓"超绝一元论"必能自圆其说;但问题在于:"性"有"本体"和"经验"两个层次,"善恶"当也可以有"本体"和"经验"两个层面的不同。其实,"善恶"如着重在"道德"的意义,则按康德的《实践理性批判》就必定会有"本体"的意义。

这里的关键在于如何理解"性"。如果我们静态地把"性"理解为"性质(quality)",则趋向于一种经验科学的"对象",也有"质地""好坏"的区别,但这是相对而言,并没有绝对的意义;然而如果我们动态地理解"性",则可以趋向于"超绝"地将"性"理解为"纯粹行为",实际上就是我们上面讨论的叔本华的"意志",康德的"物自体",黑格尔的"绝对精神"。如果没

---

① 《王国维遗书·论性》第5卷,上海古籍出版社1983年版。
② 《王国维遗书·论性》第5卷,上海古籍出版社1983年版。
③ 《王国维遗书·论性》第5卷,上海古籍出版社1983年版。

有这个"绝对的""动",那么以后如何进入经验的世界,区分经验的善恶——按不同时代、社会的具体实际的伦理道德标准来区分的"善恶"如何出来,就成了问题。

中国哲学有没有这个"动"的传统?当然是有的。《易传》里"生生之谓易"就是这个意思,后来用"生生"来说"仁","仁"也是"动"的;《老子》所谓"无",也是一个"动"的"生力"。直至宋儒,也还有王国维提到的程明道发挥《易传》的思想,说出"万物皆有春意"这样的话来,不过王国维认为"其所谓'善'乃生生之意,即广义之善,而非孟子所谓'性善'之'善'也"①。不过这个"善",倒的确具有形而上的意味,正是值得深思的地方。

不错,孟子的"性善"是经验的伦理学概念,好像一个人的固有的"性质-品质",所以会有"性恶"论与之对立,但是"生生"的"善"却是"至高的善",是中外哲学家都说过的"至善"②。

然而,中国的哲学家常常在这个问题上又为相反的说法所左右,不容易把这个道理贯彻到底。所谓相反的道理,就是王国维批评的经验的道理。《礼记》上说,"人生而静,天之性也;感于物而动,性之欲也。"其实,"感于物而动"乃是"被动",而不是"主动",不是"自动"、"自由",这当然是经验的。所以,宋儒一方面讲"生生之道是谓易(善——《易传》之道断'吉[善]'、'凶[恶]')",一方面又讲"万物静观皆自得",于是,这个"生"也是"有感而发",而不是"原发性"的,不是叔本华讲的"意志"(自由)。

中国传统哲学中,对于西方近代以来强调得很厉害的"自由"概念,体会相对较弱③。在传统思想中,中国哲学的"自由",不出庄子"庖丁解牛"和孔子的"随心所欲而不逾矩"的范围,这在王国维的思想上也有所反映。

《原命》是王国维讨论"决定论"——determinism,王国维译做"定业论",以区别 fatalism,他译为"定命论"——和"意志自由论"的一篇短文。在这篇文章中,王国维很敏锐地看出了在我国传统哲学中实无"决定论"和"意志自由论"的坚硬的对立。他说:"通观我国哲学上,实无一人持定业论

---

① 《王国维遗书·论性》第5卷,上海古籍出版社1983年版。
② 参考康德《实践理性批判》里的两种意义的"至善"和《大学》里的"止于至善"。
③ 古代希腊人对于这种绝对的自由也无深切的体会,西方人的自由观念固然与他们后来的社会实际有关,而在哲学理论上却是与基督教思想交锋中逼出来的。

者，故其昌言意志自由论者，亦不数数觏也。"① 因为没有一个冲击的力量使二者分化，于是在中国传统思想的视野中，凡事既必有前因后果，则"意志"就不能"完全（绝对）""自由"；不过，既然凡事都是人做的，"事在人为"，人做了事，总会有一定的"责任"。于是，王国维在很清楚地介绍了康德、叔本华的"意志自由论"后，进一步发挥叔本华对康德的批评，指出"动机律"虽不是自然的"因果律"，但仍为行为之一种"决定"，则不可否认。因此，一切的行为，无论意识到与否，都是"被决定了的"，而之所以没意识到这种"决定"，乃是因时间久远被遗忘了，于是王国维的结论是："故吾人责任之感情，仅足以影响此后之行为，而不足以推前此之行为之自由也。予以此二论之争，与命之问题相联络，故批评之于此，又使世人知责任之观念，自有实在上之价值，不必藉意志自由论为羽翼也。"②

王国维这种对待"自由"的态度，和我国固有传统思想倾向有关，也是和他笃信叔本华非理性的意志论有关。这种关系，在他论述"理"的文章里表现得最为清楚。

《释理》也是王国维很下力气的一篇文章。他首先从历史和文字上考证了中外关于"理"字的意义，读这一部分，现在都能感到他在不到30岁的时候就有如此的学术根基，不能不令人钦佩。

他在作了一番字义考据和历史阐述之后指出，"所谓理者，不过'理性'、'理由'二义，而二者皆主观上之物也"③。他说都是主观的，自是根据康德、叔本华的说法，可暂时不论；我们这里要讨论的问题是他把"理性"仅限于一种"工具"、"手段"的地位，因而，不承认"理性"和"伦理学"有极密切的关系，这是他跟随叔本华反对康德的一个消极的结果，而这也和他上述对于"自由"的态度不可分。

我们已经指出，叔本华认为"理性"归根结底是为"意志"服务的，这种理性当然不是自由的，本身也没有什么伦理道德的意义，可以为善，也可以为恶，这一点，王国维文中举了不少历史的例证。然而，我们看到，从康德到黑

---

① 《王国维遗书·静安文集续编》第5卷，上海古籍出版社1983年版。
② 《王国维遗书·静安文集续编》第5卷，上海古籍出版社1983年版。
③ 《王国维遗书·静安文集续编》第5卷，上海古籍出版社1983年版。

格尔这一条德国古典哲学的路线,正在于强调了理性的绝对能动性,因而就不是一般的从经验出来的"理智",而是一种先于经验的东西,他们把它和"理智"区别开来,叫做"理性"。这样,就与叔本华密切相关的德国古典哲学来说,我们所谓"理"就一分为二,一个是普通意义上的"理智",德文为 der Verstand,英文译作 understanding,而哲学意义上的"理性",德文原文为 die Vernunft,英文才译作 reason。①

应该说,德国古典哲学做出这种区别,并不完全出自武断。"静态"的"理智",在古代希腊已经摆脱了当下直接的"实用"态度,把"事物"作为"知识"的"对象"来"研究",已是一种"解脱"和"自由",希腊人在科学性思维方式上对人类有极大的贡献;然而这种思想方式,归根结底确是要为人的生存服务,是一种"工具理性",因为它是"静观"的,固不涉伦理学,正如王国维指出的,这种"所谓实践理性者,实与拉丁语之 prudentia(谨慎小心)相似,而与伦理学上之善,无丝毫之关系者也"②;然而,康德之"实践理性",正是在强调"理性(Vernunft)"之"实践性"而与"理论理性"(知识静观式)相区别,所以,正是这个理性才真正涉及伦理道德问题。

这个"理性"既是"实践"的(不是"理论"的),则它是"(行)动"的,而惟有这个"理性"的"行动"才可能不受任何感性材料的支配,而完全出自"自动"、"自由"。我们看到,用希腊式的"静观""自由"来理解"自由"不够了,知识的自由是相对的,道德的自由才是完全独立自主的。这种完全独立自主的"行为",才能"开显"出一个"绝对推卸不掉"的"责任"来。这就是说,"理性"在任何"(客观)情况"下,都是可以保持"自身自由"的。只有在这个意义上,我们才有权谈"责任",也只有在这个意义上我们才有权谈善、恶;没有了这层意义,一切都是相对的,都是处理世事的"权宜之计"。

我们看到,德国古典哲学"理性"的这层意思,被叔本华反对掉了,他只承认静观性的理智,而不承认那个高于它的"理性",而在这个关键的地位,

---

① Die Vernunft 的中文译名比较一致,大多译为"理性";der Verstand 的译名不统一,有译"悟性",也有译"知性"。
② 《王国维遗书·静安文集》第 5 卷,上海古籍出版社 1983 年版。

代之以他的"非理性"的"意志"。从这方面来看,王国维没有把持住从康德以来"理性"与"理智(知性、悟性)"的原则区别,应该说,是叔本华的"非理性的意志论"挡了他的眼睛。

惟有"理性"才能"自由",也惟有它才是"善-至善",所谓"生生之谓易","只是善",才是"皆有春意","万紫千红总是春"。

叔本华的"意志"既为"非理性"的,则它在伦理道德上是什么?

我们想说,它或许就是那个"原罪",那个"本原的罪",是人类"第一次""犯罪"。只有在这个意义上,才能理解为什么叔本华这个作为"本体-自在之物-本质"的"意志",竟然"需要""摆脱",才能得到"自由"。

三　王国维的美学思想

从"摆脱-解脱"才能说到叔本华、王国维的美学思想的哲学基础。

我们知道,"美学"可以从诸多的方面来研究,从康德到黑格尔,都有自己的美学思想,而这些思想又和他们的哲学体系紧密相连,是他们各自的哲学体系的一个部分。叔本华也不例外。王国维的美学思想既来自叔本华,以此来贯穿到具体的文学作品中去,当然也和哲学分不开。王国维后来研究中国文学,特别是对于中国戏剧开创性的研究,当然不必都和他的哲学观点扯到一起去,但谈到美学,不能离开哲学。

王国维的美学,最重要的当是他1904年时的《〈红楼梦〉评论》。

按叶嘉莹先生所说,王国维此文最初发表于1904年,"比蔡元培所写《〈石头记〉索隐》要早十三年……比胡适所写的《〈红楼梦〉考证》要早十七年……比俞平伯写的《〈红楼梦〉辨》要早十九年"[①];当然,《红楼梦》之探讨不自蔡元培、胡适诸人始,这从王国维此文的"余论"中可以见出。其时王国维已经批评了《红楼梦》研究中的索隐派,批评了非得找出书中人物在现实中的所指来方肯罢休的倾向,而他的研究重点则是哲学的、美学的和伦理的。

---

① 叶嘉莹:《王国维及其文学批评》,广东人民出版社1982年版,第175页。

王国维看《红楼梦》，全是一种得自叔本华的哲学眼光，而不仅仅是一般的文学批评①，然而如前文所说，叔本华哲学自身，因为把作为"本体"的"意志"理解为非理性的盲动，就很容易降为感觉（感官）的七情六欲，从而给人带来"痛苦"，为要"摆脱"此种痛苦，则要另寻"解脱"之道。"意志"成了一种需要"克服"的东西，从而从根本上动摇了它作为"本体"的基础。在这种意义上的"本体-物自体"，只能是"最原始的恶"，它接受了（被动于）"最原始的诱惑"，而坠入了"生生（生活）"之"苦海"。为逃出苦海，叔本华汲取了古代希腊哲学的全部精华——特别是柏拉图的"理念论"，指出，只有"摆脱"生生之欲，对事物采取超功利的静观态度，亦即审美、哲学的态度，"生活的世界"才会"开显"为一个纯净的"理念（Idee）的"世界，从"生活世界"逃避到"理念世界"，是叔本华的"解脱"之道。于是，文学艺术、哲学（当然还有宗教）这些吃不得、用不得的学问，成了从生活世界（吃用世界）解脱出来的途径。但是，那个生生之欲的"意志"，毕竟居于"本体"的位置，要想彻底摆脱它是不可能的，所以叔本华认为这种摆脱只是暂时的。所以，人们把叔本华哲学称作"悲观主义"的，自有其理由。

王国维的《〈红楼梦〉评论》正是从生活之欲的"无厌"作为生活之本质说起，论说到"痛苦"之不可避免，而要摆脱此种欲海和苦海，则"非美术何足以当之"？《红楼梦》正是通过贾宝玉等人之经历，揭示人世之虚幻与痛苦，是我国文学作品中可以与歌德的《浮士德》以及古代希腊悲剧比美的伟大悲剧。王国维认为，我国这种悲剧性作品不多，《红楼梦》乃一特例。

王国维理解《红楼梦》全从叔本华哲学出发，以无所不在的"意志"作为生活之本质，"意志"是"本体"的，"生活"是"现象"的，人生不过是"意志"的"表象"而已。王国维对《红楼梦》作此理解的根据在该书作者的楔子中，而一般对这个楔子"女娲氏炼石补天"只作寓言铺垫来看，王国维却从中看出全书（人生）故事（现象、表象）的"根源"，这块"灵性已通"的石头，因"不得入选，遂自怨自艾，日夜悲哀"。按叔本华的理论，即使是未炼之顽石，同样也是有"意志"的，不过是很低级的一种普遍的"力（势）"，等到

---

① 关于文学作品的哲学性批评，参阅牟宗三：《学问的生命·水浒的世界》，台湾三民书店1994年版。

"通灵"之后,这种"意志(欲望)"变得炙热而强烈起来,它所表现出来的"现象、表象"就清楚明朗起来,成为可歌可泣的"故事"。

所以王国维说:"此可知生活之欲之先于人生而存在,而人生不过此欲之发现也。"① 紧接着,王国维说的话就很值得推敲,他说:"此可知吾人之堕落,由吾人之所欲,而意志自由之罪恶也。……由此一念之误,而遂造出十九年之历史,与百二十回之事实,与茫茫大士、渺渺真人何与?"②

我们知道,"恶"之根源,乃是基督教以及西方哲学的难题之一。按照西方从希腊以来的传统的办法,把一切感官、感性的东西归于"恶"的根源一边;而理性理智的东西,则归于"善"的一边。这种归法,当然简洁干净,但失之绝对,特别是完全否定人的感觉情欲的合理性,过于不合人情;更为严重的,自基督教"创世说"确立后,世间一切都是"神"从无到有地"创造"出来的,则"恶"岂不也是"神"造的?"全知、全能、全善"的"神"如何会创造一个"恶"来?所以,基督教中有那思想彻底的神学家像奥古斯丁这样的就提出"恶"不来自"自然(感觉、感性)",而来自"自由"。这样一来,把"恶(罪)"责推到了"人"(的"自由意志")身上,与"茫茫大士"、"渺渺真人"无涉了。

"通灵之石",既无才补天,则理应安命乐天,顺其自然,偏偏要"起意"坠入凡尘,以逞一己(自我)之私欲,造成了人间的悲剧,实为"咎由自取"。《红楼梦》作为文艺作品——广义的"美术",揭示了人间现象的虚妄性,所以有一种"美术品"之"解脱"作用。

用叔本华哲学来解释《红楼梦》,当然也会暴露叔本华哲学本身的问题。如果光说"红尘虚幻",世事皆为"过眼烟云",则佛家思想更为透彻;只是牵扯到"意志自由",就会增添诸多麻烦。

在叔本华哲学,"意志"既为"本体",当然是"自由"的,是"纯粹的主动",而绝不"受(被)动",但"意志"又是"生活之欲",这个"欲",当"有所欲",于是必"受制于""所欲"之对象,在这个意义上,这个"欲"又是"不自由"的。因其"不自由",才"痛苦",才反过来又"(欲)求""解

---

① 见《王国维遗书·静安文集》第5卷,上海古籍出版社1983年版。
② 见《王国维遗书·静安文集》第5卷,上海古籍出版社1983年版。

脱"。王国维意识到了这个问题,他在《论性》里问:"然所谓拒绝生活之欲者,又何自来欤?"①"拒绝生活之欲"的"欲"乃是"受制于""生活欲望之痛苦",故要求"解脱"之。

在《〈红楼梦〉评论》第二章"《红楼梦》之精神"一开头,王国维引诗人Bürger②所问人间事物来自何处,又复归于何处,答案自在"生活之欲"中,而"生活之欲"实是一个"生活之必然",是一个命定的铁律,但却又要归于"意志自由","咎由自取",这又是叔本华把"意志""非理性化"的一个苦果。设若"意志"为"理性"的,则它至少在理论上可以自圆其说地"摆脱"感性、感官、感觉之"受动",从而达到一个与感觉世界原则不同的世界;这个意志如果为"恶",当然只是"咎由自取"、"责无旁贷"。

叔本华为要"摆脱""生活欲望"之苦,仍需借助"理性",他的"解脱"之道,正是从古代希腊柏拉图以来的"理念论",而一切文学艺术所开显的正是这个"摆脱了实践意志"的"理念"的世界。

将艺术之对象作"理念"观而与"现实"世界区别开来,乃是从康德到黑格尔一贯的做法。康德在《判断力批判》里强调的"审美之无功利性"其根据并非出自"(审美)经验",而是出自他的"批判哲学"之理论;同时,"艺术"是黑格尔"绝对理念"发展的一个阶段,而不是"经验知识"范围里的事。不同的是叔本华既以"非理性之意志"为"本体",则他这个"理念"就是比"意志"次一等的东西,不是最根本的东西,所以在叔本华,最后支配一切的仍是这个"非理性的意志",所以他说"理念"的"解脱"只是暂时的,最终还都得在"意志"的笼罩之下,因为你毕竟要"回到"现实的生活中去。

叔本华这个悲观的思想,给了王国维以深刻的影响,他在《〈红楼梦〉评论》第四章向叔本华提出的质疑,正是把"解脱"之暂时性发展到"不可能性"的一种趋向,遂有"无生主义"与"生生主义"之议,在肯定《红楼梦》"救济"价值的同时,感到"解脱之事,终不可能"③,只是加重了叔本华已经很深的悲观色彩。

---

① 见《王国维遗书·静安文集》第5卷,上海古籍出版社1983年版。
② Gottfried August Bürger,1747—1794,德国著名诗人,叔本华最为欣赏者,见《静安文集》中王国维译叔本华论遗传。《王国维遗书》第5卷,上海古籍出版社1983年版。
③ 《王国维遗书·静安文集》第5卷,上海古籍出版社1983年版。

王国维后来从词学上提出"境界（意境）说"，已经成为美学和文艺批评上通常的语言，可见影响之大、之深；就其哲学思想的基础来说，自有中国传统哲学的渊源，当仍以叔本华所运用了的"理念"论为理解的关键。这个"理念论"，在西方哲学中固是源远流长，但到叔本华，乃因为"受制于""意志"而更具有虚幻飘渺性的"理想世界"，面对这个世界，适足徒增悲悯之情，在情趣上又不同于柏拉图、黑格尔之"理念"；不过"境界"作为"理念世界"，其为"具体共相"——作为"个体"与"一般"、"主体（有我）"与"客体（无我）"之统一融合，而作为"本体（本质）"之"开显"，这个理解的路数，则是相通的。王国维用它来体味"词"、"曲"和"剧"的意义，的确有开创之功，这已是大家的共识。

作者附记：四十多年前作者刚从大学毕业，写过两篇论王国维"境界"的文章，当时陈翔鹤先生正编《文学遗产》，不嫌它们浅陋，都给予发表，并约见谈话，予以鼓励。后来陈先生突然故去，我一直发愿，要好好写一篇谈王国维的文章。蹉跎岁月，未能偿愿。适吴小如老师命为《燕京学报》作文，遂草就此文，一来向吴先生交卷，二来也为怀念陈翔鹤先生。

1999 年 9 月 17 日于中国社会科学院哲学研究所
（原载《燕京学报》1999 年新 9 期）

书道贵新

承蒙四川李国超先生赠送他的书法作品并嘱为他即将出版的书法集作文,迟疑不敢下笔,实因近许多年来,我忙于自己的专业,很少思考艺术的事,更少留心翰墨,说出来的话,恐怕不着边际,姑妄言之,就正于国超先生,并请大家批评。

我不认识李国超先生,看到报上介绍他的文章,知道他在攀登书法艺术高峰的道路上靠的是勤学苦练,达到今天的成绩,真是来之不易。也许正因为经过了自己的亲身磨练,国超先生的书法艺术中贯穿了一种精神,即一种抑制不住的创造精神,我认为这是一切称得上"艺术"的不可或缺的东西,所以我为自己的文章起了一个题目,叫做"书道贵新"。这里的"新",不仅是标新立异的意思,不是说,你写字,我就画画,而是"创造"、"创新"的意思。

有"创造",就是有"精神"。"精神"也就是"生命",是"活"东西,不是"死"东西。我们的生命无时无刻不在更新、创新,我们每天每时都在做不同事,如果我们每天的生活都完全一个样子,这样的生活当然是不能忍受的,没有"精神"的生活,如同行尸走肉。

什么叫"精神"的"创造性"?"精神"、"创造"就是"自由"。"自由"不是"放纵",而是"发自-出自""自己","人"的"精神""出自""人""自己";"书法"的"精神"也"出自""书法(艺术)""自己"。这样,"书法(艺术)"才有自己的独立性,"创造"、"创新"就是"独创性"。

我想,书法作为"艺术",在它一开始的时候就蕴涵了这种独立性、独创性；不过这种独创精神的充分发展，却也要经过一定的历史过程，不是一开始就表现得很明显的。中国书法成为一种独立的"艺术"，显示了中华民族精神在"书写（writing）"领域里的胜利，而这是世界上其他民族所缺乏的。

"书写"作为一种"装饰"，在最初大概跟"绘画（painting）"是一样的。随着历史的发展，世界上许多民族的"绘画"，冲破了"装饰"的局限，成为一种真正的、独立的"艺术（fine arts）"，但他们的"书写技术"，好像始终没有脱离"装饰"的范围。

"装饰"当然也很好，甚至是更为重要的，它本身也可以是"艺术性"的。"书法"在完成了自己的独立性以后，并不妨碍它继续用于"装饰"；我只是想说，在保持"自身（自己）"的独立水平的情形下，反倒能更好地为"装饰"服务。同时，这里说的"装饰"，也是很广义的，不仅仅是指居室、店堂、宫殿等的点缀的意思，说的是一种"风气"、"时尚"。中国书法艺术既已达到真正独立艺术的水平，则理应以"自由"之躯进入（市场）社会，以自己的"独特性"为社会服务，而不是趋时媚俗，迎合一些低级的时尚。就好像一个成熟了的社会，需要每一个成员发挥自己的独特性，以自由民的身份参加社会的建设，发挥自己的积极性，而不是像旧社会那样，老百姓只是"顺民"；新社会的公民，每个人都当家做主，都是"主人"。"艺术"在社会上的作用也一样。社会的各种意识形态都有自己的独特性，都以自己的独特性结合到一起来，组成一个更大的新和谐体。这样的和谐体才有活力，才有创造，才有精神，而不是死的铁板一块。

书法艺术要有这种独立、独创的精神，才能真正在现代社会亦即开放、自由的社会，开创自己的道路。有了这种精神，在"书法热"的时候，不会沾沾自喜，而在时尚稍有转移时，亦不会作弃妇之吟。

强调艺术的独创性是不是就一定否定了艺术的历史继承性？当然不是的。或者说，有的书家强调独创性，有的书家强调继承性？容或有之。不过，正如许多研究理论的人说的，二者是统一的。问题是如何理解这个统一性。

我们说，一个人的一生自然有他的"同一性"，张三是张三的，不会是李四的；但之所以不会混同，乃是因为他们是有"个性"的，而"个性"是和他们各自的"生活"——"创造-工作"分不开的。关键还在于"精神（生命）"

是"创造"的，也是"历史"的。

书法作为艺术，是传统的，也是创造的，这在李国超先生的作品中体现得很清楚。我初看他的字，不知所本，有的地方像颜、柳，有的地方像苏、米，有时候让我想到张瑞图，读了他的文章，才知道，这些他果然都学过，但他不是把这些书风作些技术性的拼凑，而是把这些本已是很高的书法融通起来，成为一个"新"的"自己"。我心目中的"创造"、"自由"，正是这个意思。"自由"是"由""自己"出来，而出来的是"另一个""自己"；"创造"正意味着"出来""另一个"。在这个意义上，我们才说，"自由"的"自己"和"自由"的"他者（other）"是不矛盾的。就书法艺术来说，新书风正是这样出现的。在这个意义上，所谓"传统"，也是"自由"、"创造"的"传统"，是"生命"的延续，"精神"的发展，而不是单纯的"重复"。单纯重复当然也是一种"延续"，但没有精神的这种延续，充其量只是"苟延残喘"。为使我国书法艺术这个瑰宝健康发展，而避免出现苟延残喘的局面，我们需要大批富有创造精神的书家，我们很高兴地看到，我们已经涌现了这样的书家，李国超先生就是其中的一位。

既然是创造性的工作，就可能出现这样那样的不足之处，我尝想，这种工作似乎永远是"未完成"。也就是说，"精神"的活力，是不可遏止的。因此，我们并不说李先生的字已经尽善尽美，以后就重复地写就是了；从李先生的书风来看，可能他自己也不太能够限制他的创造精神，我只是想说，保持这种精神是十分可贵的。

以上几句很空洞的话，算是我回报李先生的盛情厚意。

2000年1月6日于中国社会科学院哲学研究所
（原载《李国超书法艺术》，人民美术出版社2000年版）

答韦君琳先生书

君琳先生：

来信和附来的推荐安徽教育出版社"当代学者自选文库"文章都已收读。

您是一位艺术家、画家，您对学术如此的关心，一口气读了那么多学者的选集（您提到上海文艺出版社的"学苑英华"），不能不让我这样的专做学术工作的人感到惭愧。我一向以"努力读书"自策，这次真要好好反省了。

按中国的老传统，凡从事文化性工作或注重文化学习的，统称为"读书人"或"书生"。这个词，外国人的理解大概不同，他们只把进图书馆借书或进书店买书的人叫"读（书）者（人）（reader）"。外国的"读者"是临时的身份，而中国的"读书人"则是终身的称号；"读者"是中性的，而"读书人（书生）"则主要是一种美誉，即使是"书呆子"，也算是一种善意的批评。

现在社会发展得很快，分工很细，有的专业需要更多的实际锻炼，但"读书"仍是对一切愿有文化的人的一个普遍要求。

当然，"书"是从实际经验中来的，世界上没有"书"的时候，人类已经有了文化，有了科学技术；但"书"的出现，却大大促进了文化科技的发展，尽管也有些是起促退作用的。人们之所以重视读书，是因为我们都生活在社会之中，组成社会的，不光我自己，还有别人，每一个人都有各自的"自己"。这就是说，不光是我有经验、有体会，他人也有经验、有体会，"书"就起了一个很好的桥梁、沟通的作用。用我们哲学的话来说，"书"不光显示了"我"的度，而且更重要的是显示了"他者"的度。

古今中外的"书"很多，各行各业大概都有许许多多的书，把这些书开放出来，供自由选择阅读，实在是一件大好事。您大概还记得，曾经有一段时间，只许人们读那指定的几本书，对于我们爱读书的人来说，实在是惨得很了；幸亏这个时期一去不复返了。

不过，现在又会有另一个问题出来：书太多了，读不过来，到底该读哪些？信息时代，对于信息的筛选，也是一门学问。这个问题，不可能有什么先验的标准，只能是经验的积累。

我在"哲学"这个行业里呆的时间久了，自然会念一些书，念来念去，现在我又念回去了，想把过去念过的一些古典著作，重新好好再多念它几遍。是不是年纪大了，思想趋于保守了？可能是这样。不过，我最近为自己这种倾向找了一个理由：古典哲学之所以是"古典"的，正因为它们是"创造"的。为此，我还不甘心承认我的思想趋于保守了。关键还在于如何理解我们的"古典"的"传统"。

我们的确会有保守的倾向。我们如果只限于形式地模仿古代大师的范文范作，就哲学来说，这些都会成为条条框框，来限制人的思想，这就是让我们吃了不少苦头的教条主义。反对教条主义，不是不读那些古典的书了，恰恰相反，我们反倒要更加认真地读那些书，体会出那些书中本已活跃着的"创造精神"。

"哲学"如此，"艺术"也一样。比如您的绘画，并不追求形式上的"突破"，把画弄得很怪异，好像也不刻意在什么小地方，弄一点"个人"的"特点"，看起来是很传统的；但您的画，却充满了生机，总是那样红红火火，春意盎然，这是您通过您的艺术"创造"出来的一个"世界"。

学古人的作品要把它当做"活的东西"来学，而不是把一些零零星星的笔法技巧"装点（镶嵌）"到自己的作品中来。

过去我读书，读到精彩的段落、句子时，就摘在卡片上，然后在自己写文章时把它们镶嵌进去；后来渐渐地觉得这样读书太幼稚了，也太急功近利，对于书中的完整的意思全然不知，拿着片言只语卖弄开来。这就像我在"文革"中学写字，看到章裕钊拐方角，也就模仿起来；看到章草的点捺特别，也就大用特用起来。这种态度，无助于把自己的字写好，反倒使自己的字成了四不像。

　　艺术的、哲学的古典大师，也都是学出来的，不学当然不行；不过他们学的主要是前人的一种"创造精神"，而不仅仅是一些词句或技巧，所以他们自己也才能成为新的典范，成为"另一个""古典大师"。艺术和哲学的"生命"，就是靠这样一代一代的大师们"传"下来的。

　　我尝想，随着社会的发展，"哲学"和"艺术"就越来越容不得"模仿"之作。如今科技昌明，保存各种资料的手段非常丰富，喜欢哲学的，要得到古典大师们的书越来越容易，谁还读你的等外品？就说是现在时代变了，你处在大师们没有处过的时代，似乎一定会有不同的东西；不过现时代还有不少"他人"，他们也可以从那些古典著作中得出新的、符合现时代精神的体会，要你何用？现在的出版物、博物馆如此普及，古典的艺术作品人人得而观之，就会把劣等的仿制品，挤到一个很小的角落，只落得形影相吊了。这也是我们做学术工作和做艺术工作的人不能不时常提醒自己的。

　　拉杂写了这些，只是说明我自己的一种心态：从事艺术或学术的工作是很难的。我对那些能比较轻松地取得成绩的师友，实在是羡慕得很，我自己却不能做到。当然，我也不是说一定要感到苦不堪言才能出成果。"难"有"难"的"愉快"。或者说，只有"难"，才有真正的"愉快"。苏格拉底讨论了半天"美"的问题，最后说了一句双关成语"美是很难的"。不过我看，苏格拉底活得很快乐，他在辩论哲学问题时总是兴致勃勃的。

　　不再多写了。好在我们经常保持联系。祝您在新的世纪交替时，有更多、更好的作品问世。

叶秀山

2000年1月14日于中国社会科学院哲学研究所

（原载《江淮时报》2000年3月31日）

试读《大学》

《大学》自从宋儒从《礼记》中提出，与《礼记》中的"中庸"加上《论语》、《孟子》合为"四书"，是为儒家之基础著作，影响所及，上至帝王将相，下至私塾学子，竞相背诵，但要得其真义，倒也不是很容易的事。余生也晚，入学已不读"四书五经"，日后又从事西方哲学研究工作，只是近几年来才来读它，略述己见，不免贻笑大方，故曰"试读"。

在"细读"之前，先提出一个总的体会。

我读《大学》的过程中，逐渐地形成了一个观念，我觉得，《大学》的宗旨在强调一个"止"字。此话怎讲？

《大学》之所以叫"大学"，当然是要说一门"大学问"、"大道理"，亦即所涉及的是"大事"。何谓"大事"？"大事"莫外乎"天下事"、"国家事"，于是后来有"国家大事"之说。所以，《大学》这一篇说的是"治国平天下"的"大事"。

如何做好这件大事，是一门大学问。在如何做好这件大事问题上，《大学》提出了一整套"由外及里"再"由里及外"的方法（道路），应该说，虽不及现代社会管理和社会道德体系那样科学，但在古代，也算是很难得的"系统"了。但《大学》又不限于知识论、伦理学和社会学的层面，而有一层形而上的意义在。

《大学》这一套"方法（道路）"，有一个核心思想，就是"止"。

"止"应是儒家学说的重点所在。"止"有"停止"、"站立"、"立定"的意思，在儒家形而上的思想层面，"停止"的含义应有弱化，而强调"站立"、"立定"的意思，这是研究儒家哲学的朋友都已经注意到了的。

"站立"，要问"站"在何处，于是就有"位置"的问题；而"位（置）"在儒家是一个形而上的问题，也是一个社会的理想问题，其重要性可想而知。"位"、"定位"和儒家的"仁"、"中庸"等等，密不可分。在儒家看来，世间万事万物如果都找到了"自己"各自的"位置"，而各"安"其位，则"天下"就会"太平"——各各相安无事。

"安"，就是"止"。所以《大学》里说，"止于至善"，就是找到各"自"的"最佳方位"，并安于这个"最佳方位"，就算达到了"平天下"——"天下太平"的理想境界。

坚持住这个基本的观点，再来重新读《大学》，看看能不能贯串得下来。

《大学》第一句话就把中心意思点出来了："大学之道，在明明德，在亲民，在止于至善。""在明明德"说的是"让""明德（大德）""明"起来。"在亲民"——程伊川先生说"在新民"，很好，即"让""更多的民"都"明白""明德"。下面就是"止于至善"，已如前说。窃以为，这里"至善"不当比附西方康德《实践理性批判》里的相同名词。质言之，康德的"至善"是"无限"的，而《大学》里的"至善"因为有"止"这层意思，所以更有"有限"的含义在内。《大学》的"至善"犹如孔子在听了韶乐叹为"尽善尽美"那个意思，不具有康德引向（基督教）"天国"的意思。学者往往因《大学》"至善"亦多少带有理想性而与康德的实践理性的"趋向"等同起来。我以为这里存在着中西文化的某些重要分歧，值得我们仔细体味的。这是进一步研究的问题，容后再说。

接下来就是一句很关键的话："知止而后有定，定而后能静，静而后能安，安而后能虑，虑而后能得。"这里的"定"、"静"、"安"、"虑"、"得"，都是"止"的作用。"止于至善"，找到了"自己"的正确位置，就能"思无邪"，思考问题时，有正确的"立场"（观点、方法）。在这个意义上，"人贵有自知之明"。"自知"不完全是苏格拉底用的德尔斐神庙那句话，不仅仅是"知识论"的，也不全是"道德论"的，而是形而上的。"自知"是要"知道""自己"的"位置"。把自己的位置摆正了，"所思"、"所虑"，其方向才会"对头"。"自知之明""明"什么?"明明德"。

接着《大学》详细阐述"明明德"之道。它说:"物有本末,事有终始。知所先后,则近道矣。"这一句不必深究微言大义,无非强调要按照事物自己本来的次序循序渐进;关键在下一段:

> 古之欲明明德于天下者,先治其国。欲治其国者,先齐其家。欲齐其家者,先修其身。欲修其身者,先正其心。欲正其心者,先诚其意。欲诚其意者,先致其知。致知在格物。

这是一段耳熟能详的话,先由大目标,说到基础的功夫,由上至下,一层层说下来。接下来的则由下而上说开去:

> 物格而后知至,知至而后意诚,意诚而后心正,心正而后身修,身修而后家齐,家齐而后国治,国治而后天下平。

可见,"格物致知"是儒家的"筑基"、"入门"的功夫;然而,何谓"格物致知"?而"致知"好说,首先是何谓"格物"?这一关通不过,以后那些关节也不好通;这第一道门入不了,以后的门也不容易入。勉强说了,也不觉得妥切。

按我粗浅的知识,关于"格物",有两种截然不同的说法。一种是宋代理学家、道学家的通常说法,把"格"理解为"及"、"即"、"穷","格物"就是"即物穷理"。这个说法,符合一般经验常识,要人注重与"事物"打交道,以"穷尽""事物"之"理"。另一种说法是早于此的司马光提出的,他说"格物"乃是"与物格斗"、"捍御(抵御)外物"的意思。陈克明先生在他的《群经要义》中首先对这两种说法作出了哲学的判断,指出两家的说法都能自圆其说,而认为"郑(玄)、朱(熹)解释比较正确"[①]。陈先生此书很见功力,我读后得益匪浅。这里只想把司马光的解释略加发挥,并与通常的理学家说法结合起

---

① 陈克明:《群经要义》,东方出版社1996年版,第251页。

来考虑，看看在道理上可以有什么启发。

宋代的"心"、"物"不见得全可作通常哲学中"精神"、"物质"来理解，当然也不排斥有这样的意思，但其侧重点似乎在于强调"内在"、"外在"区别。我们常说，"心"是指"核心"、"中心"、"里面"这类的意思，也就是"心儿里"的意思。于是，我们有"内心"与"外物"的区别。这样，我们所谓"心"，就不仅仅是"精神"、"意识"这类意思，不仅是英文的"mind"，也不是德文的"Geist"，更不仅是"意识"。在"意识"的层面，或许有点接近"想-think, Denken"的意思。"心之官则思"。"心""管"人的"思"之态度、立场和方向。一个人的思想立场，是由一个人的"心"——"内里"、"内在"品质决定的。在这个意义上，有点像英文的"mentality-心态"。

中国的"心"，不同于德文的Geist，因为Geist有"生命"、"创造"的意思，而中国人很少用"心"来说一个人的"生命"，尽管它对生命来说是很重要的。德文的Geist是"动"的，而中国的"心"则强调一个"静"字。

"心"如何"静"得起来？这里就需要"排除""外在（外物）"的"干扰"。"内在"的"心"，本来是"静"的、"止"的，因为有了"外物"的"干扰（诱惑）"，才"动了起来"。"心"要守住"静"，"安"于"静"，就得"抵御""外物"的"诱惑"和"干扰"。这或许就是上述司马光对"格物"理解的根据所在。

然而，这样的"排除法"又和"致知"何干？人们会问，排除了"外物"之后（而后），"知"又如何产生？这大概是陆王心学所最难解决的一个问题。陆九渊说"人心本来无事，胡乱被事物牵将去"①，但不被"事物牵将去"，如何又有"知"了？为了使理论一贯起来，于是就说"心外无物"、"心外无理"。这个说法在古代有什么知识论上的根据，需要进一步的研究；但就知识论来说，它仍需解决"主观（心）"、"客观（物）"的关系问题。

在这方面，程朱理学，就稍微好说一点，因为朱熹把"格"理解为"接触"、"打交道"很符合经验常识，但他并没有一套经验科学的知识论来支持这个说法，就显得有些凌乱。

---

① 陆九渊：《语录》。

作为经验知识，其产生必得有"外物"之"刺激"，通过感官之"接受"，才能形成。然而，这样形成的"知识"，不大可能是《礼记》"大学"篇所要说的意思，因为跟后面的"正心"、"诚意"等等不容易衔接上。如果把《大学》里这段话理解为经验知识论，要人按照"外物"的"理"办事，这就叫"正心"、"诚意"——"端正思想态度"，大概有过于现代化之嫌。

今按上述思路，把"心"理解为"核心"、"中心"这类的意思，于是，可以把"心"理解为"自己"，"格物致知"就是"排除外在"、"开显内在"（明明德）、"把握自己"。不过，说到这里，有一些界限需要弄清。

这里所谓"心"作"内在核心"讲，当然也包括了"思想意识"、"精神"等这些"主观"的意思在内；不过不包括"感官感觉"在内，"感官感觉"属于"物（质性）"的范围，它是"外在的"。"感官感觉"还包括"主观情绪"在内，表面上看似乎很"主动的"情绪，实际上仍是"被动的"，它受制于"物"的关系。这些大概都是宋儒说的"人欲"，是要被排除的。只有在这个意义上，"心"、"物"才能在原则上"对立"起来，否则只是程度的不同而已。

"物"被"格"了"出去"，"剩下"的是一颗"纯心"，不杂任何"感觉经验"的"纯心"，你看，这真有点像德国古典哲学中的"纯粹理性"了。"纯粹理性"、"纯心"是不杂"它者（它物）"的"纯自己"；"它"被"格"出去了，剩下了"己"。

我在念古书的时候，有一个印象：古代这个"己"是和"人（他人）"对应的，而"私"是和"公"对应的，所以二者用法上有所区别。古书上用到"己"时，相当一部分的意思是好的，至少可以在好的意思上来用它。譬如说，"古之学者为己，今之学者为人"①，"己所不欲，勿施于人"②；当然，也有用在贬义的，譬如大家熟悉的"克己复礼"。不过"克己复礼"也有一说。《论语·颜渊》篇是这样说的："颜渊问仁。子曰：'克己复礼为仁。一日克己复礼，天下归仁焉。为仁由己，而由人乎哉？'"这里的"克"，作"克制"、"克服"讲，当然通得很；如果作"成"、"能"（克勤克俭）来讲，似乎也能讲得通。于是，"克己"，就是"完成（完善）自己"，再加上恢复周礼，不但个人

---

① 《论语·宪问》。
② 《论语·卫灵公》。

自己"仁"了,"天下"都归"仁"了。所以老夫子才反问:难道"仁""不仁"不是在"自己"反倒是在"别人"吗?

"完成自己"并不是"自私","物"被"格"出之后,并非剩下"私"。"私"是"孤独"的"个体",与其他的一切不发生关系,不在"关系网"中。"自己"、"自身"固不在感性的、经验的"关系网"中,亦即不在"物"的"关系网"中,不在"欲求"的支配之下;但却也不是"孤立"、"孤独"的。"自己"、"自身"本就在一种"关系"之中。

按照我们上面的意思,"自己-自身"是"核心"、"中心"、"内在"这类意思,那么,实际也就是"仁"的意思。"仁"乃是"核儿"、"心儿"。就一个人来说,"完善自己"就是"完善、完成自己的内在核心、本质",就是"成仁"。譬如说,"自己"是"士兵",就要"成为""真正的""士兵","完成""自己"的"使命"。如此,"君君臣臣父父子子"各就各"位"。于是我们看到,这里——或儒家所谓的——"自己",本已有"关系"在内,"自己"本是从"关系"中出来的。这种关系,不是一般的"物"的关系,也不是一般的"人"与"物"的关系,不是"欲求"的、"感觉"的关系,对应这些关系来说,"仁"、"自己"所蕴涵的关系有一种"超越性"。就"仁"、"自己"的"内在性"言,也可以叫"内在的超越性"。

说到这里,似乎"格物"的意思可以交代了,但"致知"的意思仍不清楚,尚未"尽善尽美"。"致知"的"知",如作"智慧"讲,或可通顺,但就与知识论有别,而《中庸》上明明说:"诚者非自成己而已也,所以成物也。成己,仁也;成物,知也。"可见这里的"知",与"物"总有关系,总要有"知识"的意思在内。这样,所谓"格物"的"格",不光是"抵御"、"排除"的意思,还应该把郑、朱的解释包含在内才妥切。不过,经过"排除"、"抵御"这类意思的"洗礼"后,"知识性"的"格",就不能简单地理解为"接触"这类感性的意思,而是同样要把"方位"、"核心"、"内在"的精神贯彻下来。

我想,"格"原本是有"格位"、"品格"之义。"格"作动词用,是指把"物""放到"它应放的"位置"上去。于是"格物"就是"按照"事物应有、本来的"格位"来"对待"事物。

"人"有"自己","物"也有"自己"。按康德的说法,有"我自身",有"物自身"。康德认为这全不可知;中国儒家没有康德那种"不可知论",相反,认为只有把"物"置于其应有之"位置",我们对它的"知识",才不会为"欲求"所障目,不为"私"所"蔽"。

其实,这个意思并没有太玄的道理在。天下万物,包括人在内,莫不有"各自"的"位(置)",各自"安"于各自的"位",就是"止于至善",这样"天下"就会"归仁",天下就会太平。

所以我们说,《大学》的中心思想在一个"止"字。不是说,"格物(致知)"是"非(不)止";而是从"大学"的第一步功夫就有一个"止"的意思在内,第一步就要"立定脚跟"。"立定脚跟"不是永远不动,不过动中也要有静,要"一步一个脚印"地动,不能乱动;"乱动"就是"动乱",就是"越位"——就是"僭越",然后就出现诸如"弑"、"篡"、"逆"此类的"动乱",天下就不太平了。所以,儒家认为,"止"、"知止"是一门"大学问"。

而这门大学问的第一步就是"格物致知",把握了万物在天地间的"位置"、"品类"、"性格",使自己的"知识"符合这些"格",才是真知、大知,而不是小聪明、小计谋。这一步筑基的功夫走正了,才谈得到下面的步骤。

"格物致知"以后是"正心诚意"。因为"格物"不是一般的"观察"、"研究","致知"也就不是一般"知识论"意义上的"认知",也不是单纯道德意义上的"(致)良知(良心,conscience)";而是"形而上"的"知物"、"知己","知物"亦即"知己","知己"亦即"知物"。因为"物"、"我"皆有"自己"。在这个意义下,我们接下来才说"正心诚意",在"心"、"物"的关系中,"心"不完全是被动的,"心"亦有其"自己",于是"心""自己"也有"正"不"正"的问题。

"心"对"物"不仅仅是被动的关系,这就是说,不完全是"知识论"的,也不完全是"伦理学"的。不完全是"知识论"的,这就意味着"心"不是将"物""摄"进到"心"里来——这是不可能的,如果在"摄"的意义上来理解"心",则只能在"印象"、"感觉"这类"心理学"意义上来比附,而"心理学"是一门已有长足进步的经验科学,在科学的精确性方面,哲学望尘莫及,也不必越俎代庖。一般意义上的"伦理学"的侧重也在经济实用方面,在各种

"利益"层面上求得和谐，这也是一门专门的学问。《礼记》所说的"大学问"，当然也包含了"知识论"、"伦理学"的问题在内，这是不可否认的；我们甚至可以把所谓的"格物致知"、"正心诚意"等等理解为从"知识学"到"伦理学"，然后再到"社会学"并进入"大同"这一社会理想"进程"，当也能自圆其说，朱熹大概就是这样来理解的。

我们并不是要来反对这种理解，而是想进一步追问这个进程的哲学理论的"根据"。这个"根据"是在一开始"格物致知"时就起作用的。也就是说，"格物致知"本就要作一种哲学性的理解，而从"知识论"到"伦理学"再进入"社会学"等等，反倒是以后的事。"心"与"物"本各有"自己"，"心"不是单纯"被动地""接受"，不是"白板"一块；也不是单纯地"主动地"——向"物"发起"进攻"，将"物""吃掉"、"消耗掉"。"心"和"物"各各保持住"自己"，所以，不仅"物"要放在适当的位置，"心"也要放在适当的位置，都不能"越"各自的"位"。"心"不越位，就是"正心"了。

从"正心"来谈"诚意"就比较好讲，"心"如作"心意"讲，"正心"也就是"诚意"。"心"和"意"乃是"意向（intention）"，"诚"也就是"正"。在古代大概以"诗"来看各种"意向"更为直接清楚，所以常说"诗言志"、"诗以达意"，更能看出"风气"，所以孔夫子从古代的"诗"中选出三百篇，断之曰"思无邪"。"无邪"就是"正"、"诚"。

《大学》里的次序是先"诚意"后"正心"，当然是很顺当的。"立意""诚"了，"心"自然会"正"。"心（我）"不将"物（它）"仅仅当成"手段"，而是"以诚相待"，将"位置"摆"正"，则"心"就是"正"了。

"诚意正心"之后是"修身"。"修身"在"大学问"里是"居中"的环节，而古人觉得凡"居中"者，都有特别重要的意义。所以说，"自天子以至于庶人，一是皆以修身为本"。

为什么"修身"为"本"？这里的"身"，当然不是西方哲学意义上的"身体（body）"，不是"肉身"、"肉体"的意思。所谓"身"，实即"自己"，所谓"自身"、"自体"之谓，在西方哲学中相当于"self, Selbst"的意思。这种意义下的"身"，当然很"根本"，所以又有"本身"、"本体"之说。于是"修身"就是"修"——"修正"、"修炼""本身"、"本体"，"修身"为"修本"。

这在做"大学问"中，当然是最重要、最根本的。

"本身"、"自身"，不是一个抽象"概念"，而是"活生生"的"这个人"。即使是古代儒家，也并不是说每一个人都有一个"身份"——"君君臣臣父父子子"就算完了，孔子还保留了"诗"，可以"兴观群怨"，"诗"不能没有"个体性"，至于这个方面古代儒家开发得够不够，就又是另一个问题了。

总之，"修身"是把"格物致知"、"正心诚意"都"集"于"自身"，去"完善（修正）自己"，这是"大学"之"本"。这就是说，凡事先从"自己"做起，由（推）己及人，由此及彼，"己达而达人"。这是古代儒家一贯的思路。这个思路，如果把"己"完全等同于"私"，则难免与其"大同"、"为公"的思路相悖。现在来看，当时儒家心目中的"己"，还有一层形而上的意思在内，而现代的哲学，特别是西方近现代的哲学，把"自己"、"自身"的这层形而上的意思挖掘得更加深入，回过来再读古代的书，体会自有不同，或可阐发古人想说而未说得清楚的意思，也未可知。

"物"、"知"、"意"、"心"、"身""正"了以后，下一步为"齐家"。许多学者都指出过，古代社会为"家""国"同构，所以"齐家"和"治国"是一而二、二而一的问题。于是《大学》在一开始就说"在亲民"，"（国）民"有一种"家族"的"亲和"关系。于是，在这个意义下，"齐家"也就是"治家"，"治国"也就是"齐国"，"齐"和"治"是一个意思。

"治国"不是一般地说"管理"、"治理""国家"，而是"使""国"（得到）"治"，是"使""国家""有秩序"，所以"齐"并非"整齐"、"一律"这类意思，"齐家"也是"使""家""齐"，使"家"得到"秩序"。"齐"和"治"都是与"乱"对着的。"齐"和"治"都是要使家里、国里的人和物、"事"，各就各"位"，而不使"错乱""位置"。诸事、诸物、诸人都"安"于"止"于各自的"位"，则"家"、"国"俱得"齐"、"治"。

最后是"天下平"、"平天下"。这里的"平"当然不是"平等"的意思，而是"平静"、"平定"的意思。天下万事、万物以及万民，都有"定""位"，各安其位，则天下太平。这是《大学》的最高理想和目标，而要达到这个目标和理想——古人认为这个理想是能达到的，而且曾经达到过——关键在于一个"止"字。

于是我们回到做"大学问"的第一步功夫"格物致知",这个"知"的最主要的意思就是"知止"。《大学》就是要教人(民)这个"知止"的道理和学问,也就是要向"民""明"的"明德"。对待"民",要像自己家里人那样"亲",教导他们"知止",坚持"自己"的"岗位"(德),尽善尽美地"完成(克)"自己的"使命"(止于至善)。

因为这里所说的"止",不仅是"停止"的意思,所以也不是不求进取的意思,特别是统治的君主,不必因此而裹足不前,这不妨碍你扩大势力范围。所以马上要指出"日新又日新"、"其命维新",甚至"君子无所不用其极"。不过,《大学》说,无论你有多大的"势力范围","民"的"明明德"与否,是最重要的,这就是说,"民"是不是各安其位而不"越位"是最重要的。所以紧接着又引用《诗经》上的话"邦畿千里,惟民所止",把话题又拉回到"止"字上来。

这句诗的意义是很要紧的,它说明,无论你有多大的势力范围,都"止"于你所能"安定"的"民"。

(原载《中国哲学史》2000年第1期)

试读《中庸》

《大学》说的是"大"的学问，因其"大"而"开显"出来，所以相对来说，是比较"明显"的。和什么"比较"？和《中庸》"比较"。《中庸》讲的是"在当中"的，"在中间"亦即"在里面"的道理，所以比较"精细"，但又不因其"小"而不重要，或者甚至是比"大学"更为根本的、基础的道理；所以放在《大学》之后，也有个"由表及里"、"由外及内"的顺序意思在内。先学了"开显出来"的"大"道理，再追问其内在的"根据"——"根据""在""当中"、"中间"，"中庸"就是"'在''中间'"，"在"为"居"，为"守"，为"住"，为"留"，为"执"。总之是尚未"开显"之"在"，是"隐蔽"之"在"，"精细"之"在"。

这就是《大学》一开始就说的，"大学之道，在明明德"，"明德"为"大"德，"明显"之德；《中庸》则在开宗明义三句话之后，马上就指出，"君子戒慎乎其所不睹，恐惧乎其所不闻。莫见乎隐，莫显乎微，故君子慎其独也"。可见，《中庸》讲的道理是"隐晦"的，"精微"的，但不要因为它"不（易）睹"、"不（易）闻"，就忽略了它。这或许就是程伊川在解释"中庸"含义时所谓的可以"弥六合"又可以"藏之密"的理由。"中庸"的道理原本是很"精细"的。

言其"精细"，缘其"内在（在内）"。"中庸"的道理，全在开头的三句话里："天命之谓性，率性之谓道，修道之谓教。"开宗明义，指出了儒家核心学说"性"、"命"、"道"的关系。"性（和）命"是儒家要在生命中"完成"

的目标，"道"是达到这个目标的道路（way）。人生在世，肉体的生命，不是真生命，"性"和"命"才是真生命。在"大是大非"问题面前，才是"性命交关"的时刻，"性命"是形而上意义上的"生死"，通常意义上的"生死"，就一个"命"字足矣，与"性"何涉？"命（生命）"加上"性"乃在于强调"本性"、"自性"的意思，没有了、失掉了"本性"，"是"非所"是"，在高层次意义上，虽"生"犹"死"。故《中庸》第一句话，点明"性"、"命"的关系，是为全篇的宗旨。

"天命之谓性"，是为"性"自"天"出（的命令）。

"性"是万事万物的"本性"，是事物之所以成为事物的"根据"，儒家认为，此种"根据"在"天"上，是"天"定的，所以又可以叫"天性"。在这里，"天性"和"天命"为一个意思。儒家强调这个"天"字，乃是想说，"人"不能最终"规定"自己的"性"，因为天下万事万物的"性"都是"天"定的，并不因为"人"有聪明才智就可以在根本的意义上来"决定"自己的"性"。所以儒家很烦那种自作聪明、惯用小计谋的人，而主张"知天命"、"知""性"，才是大学问。孔子自己说，他到50岁才知道自己的"天命"的。

"性命"就是"自己"。天下万事万物都有各自的"自己"，是其所是，"人"也不例外。同样的，"人"的"自己"，也不是"自己""定"的，而是"天""给定（注定）"的。在这个意义上，"自己"有一种"超越性"，就是说，是"超越""个人"的，所以它是一种"性（nature, quality）"，而不是"个别（individuality）"的。"人"的"自己"，不是你"做什么（行动）"形成的，譬如你做了坏事就是"坏人"；而是你"应该做什么"形成的，所以，你如果"做了坏事"，你固然是"坏人"，但你已"不是""你自己"。"你""违反"了"你自己"（天命定的性）；凡"违反""天定"的"性"，都是"恶"的、"坏"的，因此，儒家坚持"人之初，性本善"，皆源于"性"自"天"出。

于是，下面这句"率性之谓道"的"率"字，按宋儒的思想，要由"天理"来"统率""人欲"，这当然很能自圆其说，针对当时"人欲横流"的世道来说，也有一定的警世作用；而且，可以同西洋哲学中一个阶段流行的以"理性""控制""感性"这个思路接上轨，便于理解。但这里的解释似乎也不能讲死了，因为"天性"并不可以完全等同于"人欲"，所以我想，这里"率性之谓道"的"率",似乎也可以作"尽"讲,说的是"天"已经将你"定性",而你的问题就是要去"完成"给你定的"性",所以说,"率性"是"尽性",使其完善化、完成化,而不仅仅是"性"像七情六欲那样需要"道"来"控制"、"克服"的。"率性"作"尽性"讲,似乎可以更好地与"性本善"的古训接轨起来;而"人欲"恰恰是使人"离开-疏离-异化"自己的"本性-天性"。如果"天"定的"性"还要"道"来"控制"、"统率",则"道"就一定要"高-大于""天"。这就是宋儒有时把"天"亦作一"物"讲(邵康节),自可讲得通,但以此讲古书,似觉稍隔一层。

"率性"为"尽性",要在人间"尽-完成""天命"之"性",要有一个"过程"、"道路"、"方法"——way:学习(修)这种方法,把握这种"途径",是"教育"、"教化"的事——"修道之谓教"。《中庸》所述,就是这种教化、教育的关键。而"中庸之道"又是一种很"精细"但又无所不在的道理,"教"的作用,就是要使人自觉地觉察到、把握住这个道理。

下面这句话,也是全篇的关键:"喜怒哀乐之未发,谓之中;发而皆中节,谓之和。中也者,天下之大本也;和也者,天下之达道也。致中和,天地位焉,万物育焉。"我们看到,古人并未把"感性"和"理性"完全对立起来,并没有要完全"灭"了它们,即使在着重讲"礼"的书里也有一席之地——在"中间",在"内里"。关键在于"由里及外",从"思想-情感"到"现实"的"转化"的"过程"和"结果"-"完成(尽)"重点在"过程",在一个动态的"外化"趋向,这个"过程"不是盲目的、盲动的,而是要"中节",即要"符合于-合符节于"外在的现实,所以这里的关键意思在于"中节"——两块"符"要"合(和)"得起来。

于是我们看到,这段话里有两个"中",一个是名词的,一个是动词的,其最初的重点是在动词的"中(去声)"。我们在理解整个《中庸》篇的思想时,要时常把握住这个"由里及外"的"过程"观念。"过程"就是"道",就是"途径",所以我们也要在"动"态中去理解"道"。"中也者,天下之大本",这里的"中"当然念平声,但也可以从动态方面去理解:凡"中"理应"力求"去"中""节",所以尽管尚未"发"出,但要它"发出"之后必"中"——于是我们看到,在隔了几段之后,《中庸》引孔子的话说,"射有似乎君子。失诸正鹄，反求诸其身"。这就是说，没有"中""的-节"，不是去"改变（造）"这个"的-节"，而要反问你自身：去调整你的"中"（平声），使你的"中"本身就是（保证）"中""的"、合"节"，"中"本身就是（保证）"和"的。所以我们可以说，"中"也是"和"的。这样，一个"中"字，时而作名词用，时而作动词用，而基本的含义是一致的：强调"内"、"外"的和谐。

光是"喜怒哀乐"还不够言"性"，"知""性"、"知""天命"不仅仅是"知""喜怒哀乐"；"性"乃"必然-自然""中节"之"喜怒哀乐"，"喜怒哀乐"如合乎"性"，则发出来自然"中节"，自然"和"，所以"尽（率、完成、实现）性"，乃是"天下之达道"，是一条"通路"，而不是"死路"。要使自己的"喜怒哀乐"合乎"性"，就得"修"、"学"，所以宋儒教人要"修身养性"，而不是"修身养欲"。"养性"者，就是要"保持"住、"保养"好"天"定的"性"。

这样，"致中和"——使"内里"就保证"中节"（和），乃是"天下——在'天'的下面"之"大本"、"达道"，能如是，"天地位焉，万物育焉"，即"天""地""定位"，万物得"育（养）（保持）"其"性"。

讲完了"性"、"道"、"教"、"致中和"这些道理后，《中庸》篇才提出"中庸"的问题，可见，对"中庸"的理解，要以这些道理为前提，这就是说，"中庸"之"道"，跟"尽性"、"致中和"分不开。"中庸"就是"中和"，就是"率（尽）性"，所以"中庸"是一条"道（路）"，故曰，"中庸之道"。

紧接着《中庸》引孔子的话说："君子中庸，小人反中庸。君子之中庸也，君子而时中；小人之反中庸也，小人而无忌惮也。"这句话问题很多。首先这里"君子"、"小人"虽为"优""劣"之别，恐怕也是与不同的社会地位有关。"君子"在社会上有"位"，他的"天命-性"就比较好把握，而"小人"并无"定位"，所以他却"容易""无忌惮"。所谓"无忌惮"，就是不怕"越位"，因为他本没有什么"位"。

不仅"天"、"地"各有其位——"天高"而"地卑"，"天"、"地"之间（天下）的万物莫不有各自的"位"。"位"最初大概跟分配土地有关，所以有"地位"之说，开始时指空间的分割，裂土分疆，是"君子"们的事；后来扩大开来，举凡官职、道德、品质等等，皆有"品位"的问题，综合起来说，这个"位"，就是"性"，是上天分配给一个人的"性"。有了这个"性"，才有你"自己"，没有这个"性"，就没有这个"自己"。这个"性"似乎只有"君子"才有，"小人"没有"位"，也就没有"性"，"小人"没有"自己"，没有"自己"就没有"限制"，也就"无忌惮"。于是乎，在孔子看来，天下如果"小人"多了，"没有自己"的人多了，"反中庸"的人多了，"肆无忌惮"的人多了，天下就"乱"了，而孔子其时，的确"民鲜能久矣"，接着又感叹愚笨和自作聪明的人对于"中庸""过"和"不及"的问题，"过"和"不及"都是"越位"、"失诸鹄的"，不能"率性"，因而"道"就"不通（不行）"了，最后老先生终于说出了"中庸不可能"这样的话。所以从这方面来看，"中庸之道"，不但是"修身养性"之道，而且是"治国平天下"之道。从这里也可以看出，《中庸》是《大学》的基础学问。

因为"天"定之"性"，是尚未"发"之"中"，它有待于"寻求"一条通往现实之路（道），这个"性"就是"隐性"的，而不是"显性"的，是"精细"的，而不是"大明"的，于是，这条"中节"、"中的"、"（中）和"之"道"，需要学习、探索，《中庸》以下各节，主要说的是如何把握这条"中庸"的"道"。

《中庸》先以孔子的话举大舜为例。"舜其大知也与！舜好问而好察迩言，隐恶而扬善，执其两端，用其中于民，其斯为舜乎！"这句话表面看很好懂，但细究起来又不太好懂。如果只作"不走极端"一种方法来理解，似乎会感到不够深入。这里孔子表扬的是舜的"大知（慧）"，不是一般的"小聪明"。这句话和前面紧接着的"过"与"不及"、"贤"与"愚"联系起来，还有那句"人莫不饮食也，鲜能知味也"，联系起来考虑，就会有一种"理想"与"现实"结合得"天衣无缝"的那种"和谐（中和）"体验。"知味"的比喻，表达了孔子这位美食家对于"恰到好处"、"莫不中的"的深切感受。"理想"和"现实"结合得如此的好，是一种"境界"，古代希腊哲学家对此表示过"惊赞"，后来叫做"绝对（理念）"，康德觉得只能"心向往之"，经过费希特、谢林、黑格尔，才使这种"和谐"的"绝对"有了"现实性"。我们看到，我国古代孔子从大舜的政治中已经体会出来了。

孔子说，大舜好问问题，能提问题，这是人的智慧的表现。舜的特点还在于"好察迩言"。"察"也是"问"。"好察迩言"是指就连那浅近的道理（言），也要问个"为什么"，不肯轻易放过。大舜有点像"哲学家"了。哲学的精神，往往就在那"追问"最常见、最普遍、最基础的道理和现象之中。在这个意义上，哲学总是"好"去"摧毁"那些"既成的"、"现成的"东西，这种"追问"、"摧毁"，当然不是"肆无忌惮"地"横扫一切"，而是对那些即使是最"熟知"的事物和道理，也要"追问"其"理由"和"根据"。所以哲学的精神不仅是"否定"的，而且也是"肯定"的，不仅是"破坏"的，而且也是"建设"的。大舜的"功绩"已经名垂千古，就是一个明证。

大舜把问得来的"言"，加以考察，加以归类，对于好的意见（言），就加以"发扬"、"提倡"，作为"理想"来宣传；对于（经他考察认为）不好的，当然就不要去宣扬、提倡；即使是对于"善"的"合理想的"、"合道德的""言"，也要"执其两端，用其中于民"，"两端"或许就是孔子前文说的"过"与"不及"、"贤"与"不肖"，这两种极端的人，都会把好事情办坏，使天下"无道"；而大舜最能体贴民情，不但有高超的理想，而且能使理想逐步地转化为现实，使理想与现实得到"和谐"。所以在孔子心目中，大舜是执行"中庸之道"的模范典型。在这里，"中庸"固然也是"方法"、"手段"，但它是与一种深层次的哲学道理结合在一起的，是"理想"（不偏不倚地）转化成"现实"（中的）的一个动态过程，所以就不是一成不变的"模式"，它是与"致中和"联系在一起的，是一种"大知（智慧）"。

接着，《中庸》引夫子自谦的话，说他自己比大舜差得远了。大概学生们都说自己的老师有智慧，孔子说，我哪里有什么智慧，被人推到陷阱里也不知道躲避，还有什么聪明智慧可言？这大概是老先生的牢骚话，下面这句有点不大好懂，"择乎中庸，而不能期月守也"。按这句话，"中庸"好像是一个物件，要抓住不放。其实，如果真是一个物件，或者是一种一般的品质——如基督教《圣经》里说的"勿偷窃"这类的，要坚持个把月，大概常人都不困难，何况当时已为人师表的孔子乎。这里"中庸"也要理解为一个动态的过程，亦即"致中和"的目标。既然"中庸"有"闭门造车，出门合辙"的意思，则老先生很难找到这种感觉，这就是当时的实际情况了。孔子有生之年，不得其志，未行其道，得意的时候少，失意的时候多，固有此感慨，亦不难理解。"自以为""择乎"了"中庸"，但总是"不合辙"，"行"不到一个月，就"翻车"了，"坚持（守）"不下去了，于是来个"反躬自问"，自己的"天命"，自己的"性"何在？如果真的认识到自己的"性"、"命"，理应无往而不顺利（和）的，所以他很称赞颜回，颜回似乎已经找到了自己的"位置"，不会失去"中庸"。我们不知道孔子在说这句话的时候有多大年纪，可能还没有到 50 岁，因为他自己后来说，他是五十才知天命的，这就是说，他认识到，"天""分配"给他的"使命"不是直接过问政治，而是要著书立说，为"万世师表"的，在"学术"领域里，他"得了""中庸之道"，于是经过 20 年的努力，老先生真的感到"随心所欲而不逾矩"了。

由此也可以看出，"中庸（之道）"是不容易把握的，因为"天命"之"性"，非有"大智慧"不能看得准确；同时，这个"大智慧"还要包括对于一个（多个）"实践过程"的把握在内的。你何以知道你的"天命"、"性"呢？或者问，你何以知道你的"性命"所在呢？你要"做起来看"。当你行动时，你就会知道，世上万物无不有各自的"性命"，而且它们是"不同"的，"不同"才有"和"的问题，也就是说，"和"才会是一个"问题"。譬如什么叫"强"，南方和北方的观念是不太相同的。"君子之道"-"中庸之道"在"和而不流"，"中立而不倚"，不是要"认同（苟同）"（同流）它们，因为它们各执一端，而是要使它们"和谐"，发挥各自的特点；而"君子"则要坚持住"自己"，以不变应万变，以"自性"对"他性"，甚至无论国家有道无道，自己的"中庸之道"不能变，"素隐行怪"、"半途而废"，则"君子""勿为"、"勿能"。这样坚持到底，即使一辈子不被承认，也不在乎。

然而，话又说回来，这个"中庸之道"，这个"性命之道"，不是那么容易把握的，所以紧接着，《中庸》说，"君子之道，费而隐。""费"是指"广博"、"众多"的意思，"隐"是指"深藏不露"的意思，"费而隐"就是说"博大精深"。但"道"又是无往而不在的，所以就浅层面看，即使是普通的老百姓（愚夫愚妇），也都可知可行——"执其两端用其中"，不能"公（夫）说公的理，婆（妇）说婆的理"，都要商量着取一个"中道"-"折中"；但是这个"道"要讲深了，讲到极致，连圣人都会感到难知难行。"中庸之道"，小到家庭夫妇，大到社会团体，都要能贯彻进去，所以《中庸》接着说："君子之道，造端乎夫妇；及其至也，察乎天地。"

于是我们看到，凡有"两端"的，都有"道"的问题。所谓"性命"、"人伦"，是指在各种"关系"中找到"自己"的恰当的"位置"，在"两端"之"中"，找到自己的"道路"来。然而，"中"不是"两端"之外的"另一端"，不是"第三端"，而是"两端"所"应"走（行动）的"道路"，而每一端的"道（路）"，都包含了与"另一端"的"关系"在内，所以，"性"、"命"、"自性"、"自命"——"自己"，本就包含了"他性"、"他命"在内，譬如，君臣、父子、师生等等，其各自的"性命"（自己），都已在这对关系之中。"对立的统一"，非谓此"统一"亦为"一物"，像"氧"加"氢"成为"水"那样，而是"统一"就在"对立"之"中"。故西洋哲学家常常用"同一（identity）"。儒家讲的"仁"，也是"两端（二人）"的关系。所以，儒家关于"性"、"命"、"道"、"仁"这些基本的概念，其意义是一贯的，都和"中庸"有关："两端"都要按照"致中和"的原则来定各自的"性"。所以，儒家的"性"就不仅是"自我"，不是"私"；也不是宽泛的"绝对"，而是"有对""中"的"无对"，是"他者""中"的"自己"，因而，也是"必然""中"的"自由"。比较而言，儒家这个思想，稍接近黑格尔，而与康德的道德"绝对命令"是不相同的。康德的"绝对命令"是完全形式的，原则上没有内容，因而不可知；儒家的德性-天命、天性，虽然难知，但原则上是有内容的，可知的。

于是我们看到，"中庸"-性、命、教，不仅要从"动态"上来把握，而且要从"相对"、"有对"中来理解。孤立地来看，每个人都是独立的、自由的，"自由者"如何"合（和）"在一起，组成一个社会、团体，则是一个需要协调、安排的事。在人世间，这种协调的工作由社会一部分专职人员去做，当然这部分人也是"有对"的，他要和他的"对方"商量着办，也不排除对有些不服从的人采取强制的办法；社会和团体之所以需要一个组织，乃是"自由者"的群体需要协调。古人认为，这种协调的最后根据在"超越"于"人世"的"天"，就像莱布尼兹所说的，"有对"者（主体与客体）之间，要请出"上帝"来做"预定的和谐"的工作。"中庸"就是"有对"之间（之中）的一条"道路"。

"有对"的观念就是要"考虑到""对方",考虑到"他者"。于是,《中庸》记载孔子的话说,道离人并不远,因为道本就是人要走的路,就在你的身边:"忠恕违道不远。施诸己而不愿,亦勿施于人。"《论语》里孔子也有相同的话,他告诉子贡,"己所不欲,勿施于人"这个"恕"的道理是可以管一辈子的。

"己所不欲,勿施于人"这个道德准则,大概是最为基本的,最为远古的,它是建筑在"有对"这样一个基础上的。世间之所以有道德问题,乃在于世上总有"他者"。"恕",就是将心比心,考虑到他人的情形,自己不愿做或做不到的事,也不要求别人就一定要做或就一定做到。不过这条道德准则,如果抽象地从经验上去理解,会产生一些问题,它会是不周延的,因为对于自己不好的(不愿意发生的)事,对于别人就不一定不好,于是你不愿意做的事,别人未必就一定不愿意去做,所以这里要有一个前提,就是对于双方都是不好的事,这条道德准则才是有效的。什么事对双方都不好?那就是"违反本性(自性、天命)的事"、"越位的事"、"僭妄的事",亦即"肆无忌惮的事"。做"丈夫"的既然不愿意做违反"夫道"的事,也就不要让做"妻子"的去做违反"妇道"的事,如此君君臣臣父父子子,各守其道,天下就太平了。所以,"己所不欲,勿施于人"出发点是"己",但目标却是"人",因为"自己"本就"有对"于"他人"而言,是"他人""中"的"自己",所以可以从"自己"推及"他人",可以从"自己愿意不愿意"推及"他人""愿意不愿意"。这里"愿意不愿意-欲与不欲"就有客观的"应该不应该"的道德意义,而不仅是主观的"欲望"。

"恕",讲的是由己及人,所以孔子自谦说"君子之道四,丘未能一焉"。这里"四道"指的也是"相对"的关系,如父子、君臣、兄弟以及朋友,孔子说他作为儿子、臣子、弟弟都做得不太好("有所不足"),这里的"事",竟然也是"有对"而言的,"事父"、"事君"、"事兄",连对等的"事友"也都是"有对"的。扩大开来说,世间一切的"事",都是"有对"的,都是"为他者"做的,或者都是"事关他者"的。世间没有抽象的、孤立的"事"。所以"事事"皆须有"道","事事"都要讲"中庸"。

正因为"自己"的"性"(自性)并非孤立的,本就是"天命"所定,是"自己"在天地之间(之中)的"位置",所以,正确地坚持了"自己"的"性",也就是正确地坚持了与他者的关系,也就是正确地把握了"天命"。《中庸》下面讲的"君子素其位而行,不愿乎其外",就是这层道理。你处在什么地位,就按这个地位该做的去做,不必怨天尤人,就会"无入而不自得",即使处于"贫贱"、"患难"的处境,仍然会有所得。"故君子居易以俟命;小人行险以徼幸"。这当然是一种很消极的思想,也带有相当的欺骗性,因为孔子自己也曾不安于"患难",而要想大行其道的;不过,孔子的"中庸"、"安命"的思想,不见得就是要大家都坐等天上掉下馅饼来,因为"贫贱"处境也是可以改变的,他所强调的是"改变"要有"改变"之"道",不能乱来。"生财"本身不见得就是坏事,而是要"生财有道",不能要"不义之财",连吃饭也得"有道",不应食"嗟来之食"。譬如你处于"贫贱",你不能怨天尤人,愤世嫉俗,而要反躬自问,是不是自己行事有不当之处,或许没有抓住时机,或许考虑不周,等等,要总结经验教训,这样才能"改变面貌",而不能去偷去抢。譬如你的社会"地位"不高,而你又想飞黄腾达,你就得好好努力"向上爬","立德、立言、立功",取得上级的喜欢,也就会改变面貌,"光宗耀祖",而不能去"犯上作乱",去"造反"。在孔子看来,不管天下有道无道,"造反"总是"无理"的,这并不是说,就听任它无道下去,而是要设法使它有道起来,一时不行,你也得"俟命",等待"天命"自己的改变,不能"行险"。在这个意义上,古代儒家并不是柏拉图式的"哲学王"思想,"哲学家"不该自己做王,而永远是"辅助"王的,所以儒家的理想是"帝王师",而不是本身就要称王称霸的。当然如果已是"帝王"而又是"圣人",自然就好上加好,天下自然太平,像尧舜禹汤文王武王这样的"圣王",是古代儒家的典范。

果然,《中庸》记载孔子的话,歌颂了大舜、文武。"舜其大孝也与!德为圣人,尊为天子,富有四海之内。宗庙飨之,子孙保之。"这句话的重点在"孝"与"德"。"孝"与"德"都有"相对"的意思。

"孝"讲父子的"相对"的关系。下面讲文王、武王、周公时有具体的发挥。孔子说,惟文王没有什么牵挂的,"以王季为父,以武王为子。父作之,子述之",从这里总结出来,"夫孝者,善继人之志,善述人之事者也"。

"德"是"至孝"、"大孝",是"最高的孝",所以为"圣人"。在讲到"为政在人"时,强调"修身以道,修道以仁",而这里的"仁"说的是"亲亲为大"。所以,人的一切德性(仁),以"孝"为先。

为什么古代儒家特别强调"孝"？一方面当然和他们的对社会组成的看法有关，同时在他们心目中，如果人人都讲"孝"，特别是统治者讲"孝"，就能"长治久安"，"天下太平"。在说到舜之"大孝"后，孔子接着说："故大德，必得其位，必得其禄，必得其名，必得其寿。"这里的"寿"，主要不是指个人的寿夭，而是有政治意义在内的。所以孔子在称赞大舜和文王时重复说"宗庙飨之，子孙保之"，固然是《诗经》里的话，其意义也是不可忽视的；联想到我们以前说过的《论语·雍也》对"知者乐，仁者寿"的理解，想来是贯通的。"父作之，子述之"，一件事，一个事业，才能绵延不断地继续下去，作为此种事业的象征的宗庙社稷，才能继续下去，不会断了"香烟"。这就是"孝"的意义和作用。有了这一条，就可以高枕"无忧"——《论语·宪问》说，"仁者不忧，知者不惑，勇者不惧"，点明"知"、"仁"、"勇"三德各自的特点。"忧"和"惧"有什么区别？我们从"孝"的政治、社会含义上，可以清楚地体会出来了。《中庸》里也提到"知、仁、勇"，称它们为"天下之达德"，而加以分述之，重点在一个"仁"字。古代儒家强调"孝"，其思想根源当然与古代家族宗法的社会条件有关，而其思想的自身理路，大概可以从"政治久安"方面去理解。

"仁"是古代儒家的核心思想，而《中庸》从"孝"展开来讲，也是由近及远，抓住核心的核心、重中之重的意思。"中庸之道"就是由里及外，由外再反诸己的过程，所以才能放得开（弥六合），收得拢（藏之密）；而功夫还得由内里练起。在讲了夫妇、父子、兄弟、朋友、君臣的关系之后，又回到"自己"。《中庸》里返于自身强调一个"诚"字。

我们说过，《中庸》里的思想，扩大开来，古代儒家的思想，都从"有对"而来。"仁"固然如此，"诚"亦复如是。《中庸》是这样引导出"诚"的问题来："在下位不获乎上，民不可得而治矣；获乎上有道：不信乎朋友，不获乎上矣；信乎朋友有道：不顺乎亲，不信乎朋友矣；顺乎亲有道：反诸身不诚，不顺乎亲矣；诚身有道：不明乎善，不诚乎身矣。"你看，是从"有对"的一环一环里脱出来的。"诚"也不是"无对"的，"诚"的根据在"善"。"善"不是康德意义上的"纯形式"的、"不可知"的，"善"也是"有对"的。"君"之"善"在（对）"臣民"中；"子"之"道"，在（对）"父母"中。要把握住这种"有对"的关系，才能说是做到了"诚"。有些人的"诚"是天生的，他们"不勉而中，不思而得：从容中道"，这些是圣人；常人也能"诚"，"择善而固执之者也"，就是从"有对"的关系中学习体会出来的"善"（道），一旦认准了，就要坚持到底（《大学》说的"止于至善"）。只要好学，则"虽愚必明"。

"自诚明，谓之性。自明诚，谓之教"，从本就是"诚"进入"明"——"明白什么是'善'"，这是"（天）性"如此；"从"学习了以后"明（白）"过来（什么是"善"）的，这是"教育"、"教化"的结果。无论哪种方法，都是为了达到"诚"和"明"。下面这句话，联系到《中庸》开头说的"天命之谓性"等等，就又回到本篇的主旨："唯天下至诚，为能尽其性；能尽其性，则能尽人之性；能尽人之性，则能尽物之性；能尽物之性，则可以赞天地之化育；可以赞天地之化育，则可以与天地参矣。"可见，"诚"是与"性"联系在一起的，"诚"就是"尽性"，就是"率性"，也就是"中庸"。"诚"于"中"，就会"不勉而中"，"莫不中的"，可以"致中和"，当然是参赞天地了。

于是，"诚"就不仅是看不见、摸不着的"内里"的问题，"诚者自成也，而道自道也"。"诚"者"成"也，它有"完成"的意思。所以接着说："诚者，物之终始，不诚无物。"这里的"物"，是"人去做一件事物"的意思，意思是"不诚"就"做不成事"。所以说："诚者，非自成己而已也，所以成物也。成己，仁也；成物，知也。性之德也，合外内之道也。"这里的意思是很清楚了。

说（读）到这里，我们大概把《中庸》的意思梳理了一遍，又回到了"天命之谓性"那一段话，这段话讲"（天）命"、"性"、"道"、"教"，目标定得很高很高，可谓是"极高明"，"而道中庸"，要以"中庸"为"道路"，从你"自己"（身、中）入手，要"诚"于"己"，坚持住（庸）"自己"的"性"；而这个"天命"的"性"，已经有了"相对"于"他者"的关系在内，没有他者，你的"性"就会成了空洞的，"中和"就意味着有一个他者在。"自己"是从"他者"得到的，所以才有"中"的问题。"中"者，"当中"、"中间"也，也才有"中（去声）""不中（去声）"的问题。

2000 年 5 月 19 日于北京

（原载《中国哲学史》2000 年第 3 期）

说"变"

《中国书法》杂志寄来今年第五期,彩色精印南宋皇帝赵构的书法专题。这位皇帝政治极差,而书法极佳,本期选的临虞世南正草千字文,我记得曾经见过、临过;但其中《赐岳飞批劄(札)卷》以及《赐岳飞手敕》,不但书法未曾见过,内容也未曾得知,可谓孤陋寡闻之极。

宋王爷(南宋是否也这样称呼万岁爷?)的这两宗手迹,观赏之余,按捺不住要去临习它几遍;而所书内容,读之则又令人不寒而栗。从信中口气来看,这位皇帝对岳飞是那样的信任体贴,关怀有加,说什么"闻卿见(现)苦寒嗽,乃能勉为朕行,国而忘身,谁如卿者,览奏再三,嘉叹无斁(厌)"等等,怎么也料不到后来会听信逸言把这位大忠臣杀了。我不通历史详情,其中自会有各种曲折。秦桧假传圣旨,大概没有看过这些"札子",才敢对皇帝如此关怀之臣,下此毒手。无论如何,后人读了,与后来的实际,两相对照,定有一番思考也。

或谓情况总是在不断变化的,为大臣的,起初得宠,后来被诛,死得很惨的,多的是,所谓"伴(封建之)君如伴虎"是也。诚哉斯言。历史本就是"变","不变"何来"历史"?"历史"者,"通古今之变"是也。

不独史家重"变",要把古今的"变"打"通",做哲学的又何尝不如此哉。哲学家(或有哲学气质的文人),地无分中外,时无分古今,都好思考这个"变"与"不变"的问题。重点都在太史公说的那个"通"字。

欧洲从哲学的发源地古代希腊开始,就在寻求"变中之不变"和"不变中之变",于是有"始基"之说,寻求"变"之"源头",此后"ἄπειρον"主"变","λόγος"主"不变",并有巴门尼德之"存在"说,"不变"已极。循此有中古的"实体"与"偶性"之分,而近代以来,以"本体"与"现象"为其发展,将"变"与"不变"的问题,推向高潮,思路大大开阔起来。

我国古代周王朝衰败,天下"变"坏了,遂有孔子出来主张恢复原来的体制(恢复周礼),以求天下"太平"。"太平"就是社会的诸多阶层各安其位,维持均势,"太平"的理想是"不变"的理想。从"不变"的角度,古代儒家开创出以"自己"(天性、天命)为核心在各种关系中求平衡的一套学说,总是为在"变"中求一"不变"之基础,以"制衡"历史的"变"。

我们这个传统,和欧洲传统是一致的,在"变"中求"不变",在"动荡"中求"安定"。

的确,从一个方面来看,"变"是很可怕的。在"变"的旗号下,发生了许许多多的历史惨剧。情况发生了"变化",原来的想法不适应了,原来的情感也要随着改变,原来的"好人"、"好事"变成了"坏人"、"坏事",原来爱你、宠你有理,现在恨你、杀你也有理。为了"适应""变",造就了一大批"识事务"的"俊杰"。为臣的要善于"察言观色",这不叫"墙头草""风派",而是"顺应历史发展";为君的也要有当机立断的雄才大略,这不能叫残暴,而是客观需要。"不变"或者变得慢了,为臣的就要挨打、挨杀;为君的或者就要亡国。

当然,有了"变",也才会出现进步,出现历史的真正的英雄人物。"变"为各种、各类、各路"英雄"提供了机会。在西方,尼采的"超人"最喜欢"变"。在尼采的眼里,小民们都是因循守旧、得过且过的"芸芸众生","超人"就要"创造"新价值、新世界,不断"超越""自己"。所以尼采在哲学的基本问题上主张只有"变(becoming)"才是"在(being)"。尼采的哲学不像一般想象的那样荒诞不经,的确有他很深入的思路在内;只是人们不太知道,当"创造进化(这是柏格森的词)"到了人人全是"超人"之后,他们之间的"关系"又复如何?因为如果世上只有"变",那么的确"力量(power)"就会是制衡的决定因素,于是对比之下总有"强者"和"弱者",则"弱者"如何"生存"就会是一个问题。

尼采很不喜欢东方的道德主义，连带康德也遭到他的讽刺批判。其实，在"变"与"不变"的关系上，我国自有传统。从古代儒家到宋代道学，有一条思想线索贯穿其中，叫做"以不变应万变"。这些大儒总觉得，世间万事千变万化，但万变不离其宗，这个"宗"，大概就是为宋儒特别标榜出来的"道"。

我们学哲学的，或许都会喜欢程颢七律《偶成》诗中的这样两句："道通天地有形外，思入风云变态中"，平常因为全诗近俗，把这两句给掩盖了，这实在是一个很好的哲学境界。

这两句诗，包括了形而上和形而下两个方面，意思是说，无论是天上的还是地下的，即使是像风云那样变幻无常，我的"道"和"思"都能"通行无阻"。也就是说，无论多么复杂的变化，总能找出"道路"来"通行"，也总有"方法（思路）"来"理解"。这里的"道"和"思"，要进一步地探讨下去，当然是一个很专门的哲学问题；不过从这诗句中，我们直接地可以体会到宋儒对于大千世界有一种形而上的洞察和穿透力，而不待做详细的学术研究的。

我们说它的意味是形而上的，不仅是诗里说了"天地外"，是"超越""天地"的；而且那个"风云"，也不是通常我们所说的"物体"和"事物"，而是带有某种"不可测性"（变态、变幻）的。程颢这里的意思不仅是说，有修养的人，可以认识（认知）事物现象的改变，而且就连那变化莫测的风云变幻，也都能把握（通晓）。

人世间的"变"，可不全是像水加温到摄氏一百度"变"为"气（体）"那样随着科学知识增长就能把握（认知）的。因为人世间的"变"，不仅仅是"物"的"变"，而且是"事"的"变"——"事"是人做的，人却是"活"的，他想做什么、怎样做，有时是预想不到的。当然，人们可以审情度势，预测个八九成，但要想完全猜透另一个人的心思，是很难很难的。

我们也许可以这样说，一件事情，由许多人决定如何去做，就比由很少的人决定如何去做，容易预测得多；如果由一个人来决定如何做，其可预测性就很小了。尤其是在那非常的条件下，由非常之人去做非常之事，也就非常地不可测了。这样，在封建社会，也就会有那阿谀奉承的奸臣，马屁拍到了马脚上的"惨剧"发生，所以历史上"忠"、"奸"两边，都会有上述"伴君如伴虎"、"天威不可测"的感叹。赶浪头的"风派"，也常有赶错了、站错了队的时候。

人事之变，乃是"自由"之"变"。因为世上有人，才有自由，因为世上有"变"，人才得以行其"自由"；如果世上的事全不可变，则人的"自由"就成了空话。"自由"参与到"事物"原有的"变化"之中，则需要慎重。小到个人（慎独）、家庭（齐家），大到社会、环境（环保），都要有科学的态度，"自由"要进入现实世界，必须要有科学的精神，而不仅仅是道德文章。"自由"的谨慎，来自科学态度，而非"谨小慎微"的道德态度，不是叫人做"谦谦君子"。

说到"道德"，那是"自由"要发挥现实作用必然有的"责任"。哲学里"自由"和"责任"不可分。"自由"越大，"责任"也越大。人世间的"变"，是有"责任"可查的，凡"令其变者"都要"负责任"，于是"自由"越大，"变"得越大，"责任"也就越大，能不慎重吗？只要"自由者"慎重地、科学地对待"变"，"变"就不可怕，而且是大好事。

2000 年 7 月 8 日于北京

（原载《文汇读书周报》2000 年 8 月 5 日）

由谭鑫培七张半唱片谈起

京剧一代宗师谭鑫培所录七张半真版唱片，经过现代数码技术的处理，出了CD和磁带，乃是京剧爱好者之福，也是一切爱好中国古典文化者之福，中国唱片上海公司做了一件大好事。

我没有赶上看谭鑫培的舞台演出，也没有收过他的唱片，记得上海家里原也有一两张，好像是用钻石针唱的，杂音太多，唱的什么已经不记得了，很可能不是真品。梅兰芳曾指出过，只有百代公司所录七张半才是真谭（事见《许姬传七十年见闻录》，翁思再先生新编、河北教育出版社出的《京剧丛谈百年录》，收录其中"谭鑫培唱片之真伪"一段）。

此次出版的CD上，印有"中国最早唱片"，盒带上则印有"正宗1907、1912年七张半真版"，我没有考证我国还有没有更早的唱片，但就1907年来说，也是很早很早的了。我也喜欢收集西洋音乐的唱片，也有一些早年的录音，大概器乐方面在30年代以前的，一般就不太好听了，虽然经过"珍珠"等名品牌的技术处理，也不能尽如人意；据说声乐方面，有1904年或更早的唱片，我没有买过。又记得前五六年英国《留声机》杂志为纪念它们创刊70年，发表有记述录音技术的历史材料，或许那里会谈到他们最早的唱片。不管怎么说，1907年应该也是非常早的年代了，尽管这个唱片公司也是西洋人开的（"百代"据说就是现在大家熟知的EMI），是引进的，但毕竟那时我们还是可以和国际接轨的，差距没那么大。

这七张半真版唱片，保存了我国戏曲声腔艺术早年的真腔实调，把时间中的艺术保存下来，并可以随时地"回放"出来，把"时间"的，变成"无时间"的，或"任意"的，好像"时间"可以"驻留"一样，这一定要感谢科学技术的进步。

喜欢艺术的往往觉得科学有时会"干扰"艺术；搞人文的，有时也觉得"人文精神"很不同于"科学精神"。我不大赞成这样对立起来。当然，它们是有区别的，不过就基本的方面来看，它们是同步的。文字书写的运用，使口头的，成为书面的，印刷术的发明，使"书"成了文明文化的核心部分，许多文学作品得以保存和流传，这些已是常识。录音、录像技术的发明和发展，使"表演艺术"也成为"案头之物"。

我尝想，许多的艺术，都有程度不等的"表演性"，譬如古代的诗，大概都是可以唱的，至少是要吟诵的，那时没有录音录像，所以就成了"案头的读物"了。就连长篇的故事，也是可以朗读给听众听的。

如今的人得福了。不但写小说、诗歌发表起来很容易，就是唱歌跳舞等等，也有录音录像替你保存下来，随时可以回放，不怕丢失，这是当年大艺术家没有享受过的福气。据说，谭宗师也拍过一点电影，但好像不知道存在哪里了。

既然很好地保存下来了，又经过现代的技术重新处理过，我们就要好好学习、享受。科学有一个最大的特点就是它的"可普及性"，它是"公共"的。

于是欣赏谭宗师的唱片的，就会有各行各业的爱好者。那么我作为一个哲学工作者听了这七张半作何感想？

做哲学的好作玄思，我突然想到一个理论问题，这个问题是我长期以来似懂非懂的。

谭的艺术，轮不着我来说，老一辈的、现在的专家说得不少了，这次发行的CD和盒带都附有王家熙先生的文字介绍，值得参考。

我想到的是一个很怪的问题：是谭宗师在唱戏，还是戏让（令）谭宗师在唱？

说这个问题有点怪，是因为谁不知道是谭老先生在唱戏，你偏偏要在没有疑问的地方提问题。不是的，我这个问题不是为哗众取宠，而是有理路上的根据的。

我的体会甚至是：谭宗师之所以唱得如此之出神入化，乃是他已经达到了不是"他"唱"戏"，而是"戏"让（令）"他"唱的化境。我来努力把自己的意思说清楚，也请爱好戏剧的朋友稍微忍耐一下我先把题目扯远一点。

我读哲学书的时候，读到海德格尔一个意思，叫做"不是人说话，而是话（语言）让人说"，起初也觉得很怪，慢慢地感到还是有些理路的，渐渐地就又觉得这个理路还相当深入。我后来把它理解为"（人）有话要说"。换了这句话，大家好懂，意思大体也没有错，但失之浅显，深入的意思没有表达出来。

"不是人说话，而是话让人说"，一来是指人说话本不是随心所欲地瞎说的，不是"主体性"的张扬，而是"言之有物"的，这在我改的"有话要说"里有了这层意思；但海氏这句话还有一层深入的意思是说，"话（语言）"有自己的生命（他叫"存在"），而"话"、"语言"的生命竟是"大于"、"长于"、"重于""（说话的）人"的。"人"只是"话（语言）"的"传达者"。这一层意思，我改的那句话就不突出了。

大家先记住这层意思。我再来说与此有关的读书经验。还是读海德格尔的书，这回跟艺术有关。海氏有一篇著名的演讲，以《论艺术作品的本源》出版。在这里，海德格尔一开始就提出到底是（因为他是）"艺术家"使"（他的）作品"成为"艺术品"，还是（他的作品是）"艺术品"才使他这个人成为"艺术家"。这个问题本是一个常被人讨论的问题，不是海氏新提的，但他的回答却极具特色。他说，既不是此，又不是彼，而是"艺术"使"人"成为"艺术家"，也使"作品"成为"艺术品"。他把这个"艺术"叫做"人"和"作品"两者之外的"第三者"。海氏这个"第三者"论，初看起来也很不好懂。"艺术"好像是一种什么"调料"，加诸"人"，加诸"作品"，就使它们具有"艺术性"似的。

其实这个意思和上述"话让人说"是相通的。"艺术家""创造""艺术作品"，并不是"艺术家"主体性的大发泄和大表现，而是"做（创造）"一件"艺术性"的"工作"，他的成品，就是"艺术品"。

就"做事"来说，"艺术家"和工人、农民、学者一样，是在做一件事，社会上各行各业的"工作人"，都力求把各自的"事""做"好，做得好，就

"成名"、"成家",就这方面看,"艺术"也是"百业"之一,"艺术工作者"要把艺术的"事"做好,则他做的事成了"艺术品",而他自己,也就成了"艺术家"。

而同样的道理,"事"当然是"人""做"的,但我们仍然可以说:"不是人做事"而是"事让(令)人去做"。"事""大于"、"长于(寿于)"、"重于""人"。这也就是说,不是"事"为"人(我)"服务,"事"作为"我(人)"的"工具"来被利用,相反的,"我(人)"要为"事(艺术事业)"服务,"我(人)"要为完成"事(艺术)"的使命而努力工作。我甚至觉得,只有有了这种精神,才能真的把你要做的事(工作)做好,在各行各业里达到高的水平和高的境界;而你自己也才会找到"自己"的真正"位置"——你是"工程师"、"农艺师"或者"艺术家",而那种以"事业"作为"敲门砖",作为获取名利的手段,我感到,真把事做好的是少数,因为他们缺少一种为事业(艺术)"献身"的精神,就达不到极高级的水平。这也是我在聆听谭宗师这七张半唱片时的最深刻的感受:我感到,有一种"戏剧(的精神)"、一种"艺术(的精神)"在"推动着"他唱,是"戏(艺术)"在让(令)这位大宗师在唱。

我们读美学和艺术方面的书,常常遇到"灵感"、"灵气"这类的词,西洋从古代希腊的哲学家起就有一些解释,有时觉得很神秘,其实我们聆听谭宗师这七张半唱片,可以体会到他的演唱处处都充满了这种"灵感"、"灵气",有一种活的灵魂、活的精神、活的气息存于其间。这还不是仅仅意味着,他把这些"人物"演(唱)"活"了,演(唱)秦琼就"像"秦琼,演(唱)萧恩就"是"萧恩。不仅如此。而且,我想,即使是秦琼、萧恩真"活过来"了,在台上也演不出谭宗师的水平来。所以,艺术家的"灵气"、"灵感",不是什么"灵魂""附体"这类的神秘的现象,而是一种很正常的"艺术现象"和"艺术境界"。这个"灵气"、"灵感"就是那"大于"、"寿于(长于)"、"重于"艺术家"个人"的"艺术"。

一个人作为艺术家,要做好艺术的事,一定要下多方面的苦功不可。"艺术"的"事(业)",也是综合性的。演员要有该艺术要求的基本功,譬如谭宗师的"字正腔圆",没有运气和嘴皮子的锻炼,是绝不能做到的;还要有相当的历史、文学的知识，才能对所演人物有基本的了解，把握所演人物的性格特点，这些都有赖于演员的体会和理解，不下功夫也不行，如此这般的专门训练，也不是我们外行所能说得全、体会得到的。譬如我小时候听人说，咬字要分头、尾、腹，发音和收音都要交代清楚。这当然也是正确的。不过我听谭老先生的唱，有时候字咬得很紧，有时又一带而过，我听那《打渔杀家》里"吃酒醉"的"醉"，咬字是如此的漂亮，可说是咬得紧的典范，不过大部分的尾音也是点到为止，同样好听得很。这就好像大书法家的书法作品，未见得笔笔工整（如算子），竟然是歪的斜的都好看，我想这并不是盲目崇拜，而是进入到了一种艺术的化境，即使是气力（笔力）不够的时候，也能"化险为夷"，是众多的综合因素恰到好处地结合起来的缘故。

我想，这种恰到好处的境界，甚至并不是演员事先设计好了的效果，而是你的"艺术"到时候"促使（让、令）"你（演员个人）非如此不可的结果。我们做学术理论工作的人，也会有这种经验：话说着说着，就让你非说那一句话（意思）不可。"学术"自己有"生命"，"艺术"自己也有"生命"。"学问家"、"艺术家"，就是要（帮助、协助、推动）把"学问"、"艺术"自身的"生命"表现出来，这样的"学问家"和"艺术家"，才是在自己的领域中的上乘典范。

中国的艺术和学术一样，源远流长，人才辈出。京剧也有几百年的历史，有很多的大演员做出了贡献，但是像谭鑫培这样的上乘典范，也还是非常难得的一代宗师。因为"艺术"毕竟还是"天才"的"事业"。要把各种因素综合、结合得恰到好处，要靠主客观条件和机遇。"天才"为"艺术"树立"典范"。京剧很幸运地出了谭鑫培这样的上乘典范，我们又托科学技术之福，将他的"艺术"存留了下来，使我们后人得以反复聆听欣赏，就好像读那古典的学术著作一样。

2000 年 7 月 20 日于北京

（原载《戏剧电影报》2000 年 9 月 4 日）

史家的哲学问题

幼时从戏文里知道"昔日里有一个孤竹君，伯夷、叔齐二大贤人"。（京剧《宝莲灯》）戏词里说到兄弟让位和饿死在首阳山两件大事，而这两件事的意义，对于小孩子来说，当然不甚了了；及长读《古文观止》知《史记》有《伯夷列传》篇，觉得让位或是美德，而因不食周粟饿死，不肯弃暗投明，是为"顽固"，"饿死"形同"自杀"，乃是"自绝于人民"，"义"从何来？近年温习此传，这个疑问并未消释，而太史公原文里的另一个更大的疑问又凸显出来，而这两个疑问都与古代儒家的"天命（天道）"观有关，是一个哲学的问题，就引起了我的兴趣。我国古代，文史哲难分，史家每每提出深刻的哲学问题，所以司马迁的《史记》，也可以作哲学观，或谓"哲学性历史"和"历史性哲学"可也。

《伯夷列传》先对远古禅让制度作了一番考评，指出古代管理权的交接是很慎重的事，有经过数十年的考验才"授政"的，那么，伯夷、叔齐二人自觉无力负责或因清高避政，扔下宗庙社稷不管，双双出走，"闻西伯昌善养老，盖往归焉"，也许是因为自觉年纪大了，不愿问政，也在情理之中；可是当他们找到地方时，西伯已死，武王正刻一个木头的文王像要讨伐纣王，他们老哥儿俩拦马死谏，差点被杀。以后就是武王开创了被孔子奉为典范的周王朝，"天下宗周"，而他老哥儿俩躲到山里饿死了。

首先是怎样"理解"武王伐纣？从我们现在的历史进步观点当然是很容易理解的，殷纣到了那个时候，已经腐败堕落，阻碍了历史前进的步伐，被推翻是合理的事，自然的事；可是按古代儒家的观点，要理解这件事就要费点周折，因为儒家的思想不大主张人去造反的，即使是君王无道，也只能谏，不能"弑"，这也许就是儒家不敢批评伯夷、叔齐拦马死谏的缘故，因为他们的理由是："父死不葬，爰及干戈，可谓孝乎；以臣弑君，可谓仁乎！"在儒家看来，这个理由是很过得硬的，所以对于后来他们"不食周粟"，也只得赞一个"义"字。于是我们在这里看到了两个"义"的矛盾：武王的义和伯夷、叔齐的义。这两个义的矛盾反映了古代儒家思想内部的矛盾。

当初"天命"归"殷"，如今"天命"要"宗周"了，"天命""改了"。怎么"知道""天命""改"了？很难。圣人也觉得很难。《史记》在《外戚世家》里说，"孔子罕称命，盖难言之也。"孔子到50岁自己才知道自己的"天命"，可见其难度。

司马迁又问，"或曰，天道无亲，常与善人"，那么，伯夷、叔齐是不是善人呢？当然是，那么怎么会"如此而饿死"？史家在此提出了根本的问题。

"天道无亲，常与善人"乃是古训。按《大学》说，"'惟命不于常'，道善则得之，不善则失之矣。"于是，武王伐纣得到了理论的解释，但是史家问，伯夷、叔齐的"命"又如何解释？我体会，《伯夷列传》的主要问题和困惑在此。

从这个主要的疑问出发，太史公才笔锋一转，马上提到了表面上毫无关联的颜渊的命运，说孔子特别夸他好学不倦，但是却穷困不堪，常以糟糠充饥，"而卒早夭"，太史公叹曰："天之报施善人，何其如哉？"然后又以盗跖为例，其评价或有偏见，而史家是以非善人来评他的，史家证之以"竟以寿终"，问道"是遵何德哉"？于是由远及近，史家指出，那"操行不轨，事犯忌讳"者，每每"终身逸乐"；循规蹈矩者，难免灾祸的，"不可胜数"，于是太史公明确发问："余甚惑焉，倘所谓天道，是邪非邪?"

司马迁问题提得如此的尖锐，使后世小子读之赞叹不已。

然而，接下去的解释，就哲学的理路来看，就让人感到有些回避问题了。司马迁引孔子的话，说"道不同，不相为谋"，"亦各从其志也"，这里的"道"，就不是针对"天道"而言了。下面仍是孔子的意思，意谓"天命"既不可知（难知，不是欧洲康德意义上的"不可知"），则"从吾所好"。这样才又引出贾谊"贪夫殉财,烈士殉名"那段意思来。我们看,这里从"天道"转到了"人道",自是盗亦有道,各行其是了。

"天道"的公平与否问题,原是哲学里一个难题。人世间充满了"不公",善人得不到善报,有"德性"的人往往得不到"幸福",中外古今常常如此,此种不公平现象,如何"理解",要不要去"理解"?

相当一部分哲学理论是主张从一个角度去"理解"的,因为大部分人觉得如果没有理路去理解它,生活就会失去信心,恶人会一天一天多起来,善人会一天一天少起来,成何世道?

这样,欧洲的哲学从古代希腊开始就有柏拉图的"理念论",说世上我们看到的万事万物只是"现象",这些现象后面的"理念",才是事物的本质,而最高的"理念"为"至善",万物只能接近这个"至善",却永远不能跟它合一。这样,我们看到的现实世界都是"不完善"的,于是乎对于那些"不公平"、"不合理"现象,能做多少就做多少,做不到的,只能拉倒。尽人事,听天命了。

欧洲自从基督教兴起以后,这种超越的理念更与"上帝"的观念结合起来,"上帝"是至真、至善、至美的,人间一切善恶,都逃不过他老人家的眼光,但是他老人家却在这个世界的"彼岸",在彼岸世界,善恶才能有指望得到不差分毫的公平待遇。

这个思路,就我们哲学来说,到了康德才非常明朗化起来:在现实的世界,"德性"和"幸福"本是两个领域里的事,它们之间,不是相互决定的关系,二者脱离的现象,比比皆是,而只有在"天国"的彼岸世界,这两者才有必然的决定关系,"有德"之人必得"幸福","有福"之人也必有"德性"。在那个世界里,我们看到"有德"的人,就能"推断"他一定"有福",反之亦然。"上帝""保证"了这个绝对"公平"、"合理"的"现实",是为康德真正意义上的"至善"。

有了这个前提,我们眼前这个充满了不公正、不合理甚至是"荒诞"的现实世界的一切,似乎立刻就变得"可以理解"了:这个世界原本就不可能尽善尽美的,我们尽可以质疑这个世界,但不能质疑"上帝"和由此而来的"至善"的"彼岸"。

我国古代的"天道-天命"观，不像欧洲发展到晚近的哲学思路那样精细，但是它也起着让充满不合理、不公正的现实世界变得"可以理解"、"可以忍受"的"缓解"作用。

两代太史公专门收集历史资料，从中发现大量不合理、不公正的现象，这些现象随着量的增加，变得越来越不可理解，于是，不但现实的现象受到了质疑，连"天道-天命"也变得可疑起来。"人能宏道，无如命何"！

当然，欧洲也有无神论传统，这个传统的意义，不仅仅在于否定了一个虚无飘渺的"上帝"的存在，还在于"不容忍"现实生活中种种不合理、不公正的现象，也不主张用虚无飘渺的"至善-天国"来"化解"现实世界的种种矛盾。于是破除了一个虚无飘渺的世界的幻象，还现实生活以真实的面貌，以人自身的力量，将这个现实的世界，创造-改造成一个比较合理的、比较公平的宜人的家园。

人们的目光，由注视"上天"，转向注视"人间"；由注视"神"，转向注视"人"自身。

"天道"之难知，转求"人道"，在史家眼里，"人道"并不"同一"，乃是"各从其志"。这样，上文所说，《伯夷列传》笔锋一转，似乎离了主题"天道"，如果考虑到这种思想背景，文气也就豁然贯通起来："天道"既不易知，于是人就各行其道，不同类型的人，有不同类型的道，于是有贾谊那段话的根据。

至于各种类型的道是否合于"天道"，则不是做事的人自己所能判定得了，也不必汲汲于去判定的，"岁寒然后知松柏之后凋"，时间-历史会作出公正的判定。

中国的史家不仅仅是客观地收集整理史料，史家还要在史料的基础上作出"判定"，善恶、忠奸、贤愚都要有个恰当的位置，所以史书上如何写，就跟法院的判决具有同等的分量，甚至重于法院的判决。过去中国历朝历代的王朝统治者都十分重视如何修史，要专门养一批饱学之士常年做这件事。所以中国的史册，是最能体现统治阶级的统治意识的，而这种统治意识往往打着司马迁不大相信的"天道-天命"的旗号，于是，《史记》虽在《二十四（五）史》之首，其实它是很特殊的。

历史-时间既是传统中国的"最高法庭",传统中国人的理想是总想得到这个法庭的肯定,所谓"载入史册","青史名标",是人生无上境界。传统中国人做人重在一个"名"字。这个"名"不仅仅是"知名度"的问题,"名"不是一个"空名",而是有具体的内容的。"名"跟"节"、"性"、"品"等道德品质是不可分的。有了高超的道德品质或重大的事功,"名"就会存留、播扬,更有甚者,就"载入史册"了。所以太史公说:"君子疾没世而名不称焉。"

做了好事而没有人知道,或者还没有来得及做好事(立功立言立德)就死了,所以管仲"不羞小节而耻功名不显于天下也"①,得到了肯定的判定。

然而,做了好事没有人知道是经常有的事,如果事事都要人知道,或者非人知之而不做,那么做好事的人或机会就会很少了,于是"不求名"也成了一个美德。既然是"美德",同样也是一种"名",于是,"不求名"同样也是一种"名",也许是更聪明的"成名"或"扬名"的办法。

于是,人总是想要"他人""知"的。

为消解这个问题,欧洲人经基督教洗礼之后相信有一个"超越"的"大他-上帝"烛照一切,你所做的好事(也包括坏事),哪怕一点一滴,都在他老人家的眼皮子底下。你做的好事,尽管绝无人知,但"他"知道,则是莫大的安慰;反过来,你做的坏事,他也会知道得一清二楚,哪怕是"私心一闪念",他老人家也不放过,所以你就要谨慎些。这是一种消解方式。

我国古代也有类似的方式来消解这个问题,这就是太史公这里说的,"圣人作而万物睹","圣人""隐恶而扬善"(《中庸》里孔子说大舜的话),"好人好事",经圣人表扬,名显于世,载入史册;坏人坏事,就不要再宣扬它——"隐"不是"瞒"的意思,而是不让它"显"的意思。得到了圣人的表扬,不但立名于天下,而且立名于万世,"名"以圣人的表扬而"显",而"传"。在中国的传统中,"圣人"是最高的评判者。所以太史公说:"伯夷、叔齐虽贤,得夫子而名益彰;颜渊虽笃学,附骥尾而行益显。"道德君子、笃学士子皆因圣人的显扬,其名则传得更远、更久。

"圣人"原是"聪明人"的意思,耳聪目明,对于世间的人和事看得比众

---

① 《史记·管晏列传》。

人清楚。人的天分、学问、能力等等并不是完全相等的,有人力气大,一个人可以顶好几个人,智力也有这种情形。宋朝的邵雍说,"生一一之人,当兆人之人,岂非圣乎",一个人可以顶亿兆人用,"一心观万心,一身观万身……一世观万世"①,"圣人"看得多,看得细,看得远……但是"圣人"还是"人",不是"上帝-神"——他已经有点像,但毕竟还不是"全知、全能、全善",所以在史家看来,还是可以有和圣人讨论、对话的余地的,司马迁的《伯夷列传》含有讨论对话的意思,也许他的《史记》都含有这种意思在内。

孔子评论颜渊,大概没有什么问题,评论伯夷、叔齐,史家就可以史实为依据作些再评论。

司马迁引用《论语》中孔子评论伯夷、叔齐的两段话加以分析。一句似乎是独立泛指的,孔子说,"伯夷、叔齐不念旧恶,怨是用希",在"公冶长"篇;一处是回答子贡问伯夷、叔齐是什么样的人,孔子一语定性:"古之贤人也",子贡又问,"怨乎?"孔子回答说,"求仁而得仁,又何怨?"在"述而"篇。两句话是一个意思:伯夷、叔齐,不当国君,不食周粟,是"求仁得仁",并无怨恨的情绪,而司马迁却引用轶诗证明伯夷、叔齐内心有一腔的怨恨,随即问道,"怨邪非邪?"这应该是问孔子的。

更有甚者。"圣人"既非"上帝-神",尽管智力学问胜过千万人,但总有疏漏的地方,不会是十全十美的,伯夷、叔齐、颜渊这些人因孔子的表彰而名显于万世,而那些"岩穴之士,趋舍有时,若此类名湮灭不称,悲夫"。接着发了一句牢骚结束全传:"闾巷之人,欲砥行立名者,非附青云之士,恶能施于后世哉?"

"史家"敢于向"圣人"提问题,"历史"向"哲学"提出问题,"现实"向"理论"提出问题,"哲学"理应重视"历史"的问题,接受"现实"的挑战,以此来审视、发展自己的理论观念。

2000 年 11 月 23 日于北京

(原载《文汇读书周报》2001 年 1 月 6 日)

---

① 邵雍:《观物内篇》。

我的读书方式及其沿革

大体说来,我的读书方式可以分成两种,一种是坐式的,一种是卧式的;在坐式的当中,又可分为以书桌面作支撑的和以手作支撑的两种,而我没有半躺的椅子,于是卧式就只有一种,没有细分出"半卧式"来。这种分别,主要是以专业来分的,而与书本身的其他属性关系不大。

我是做哲学的,所以坐在书桌边读哲学书当然是主要的方式,但是以卧式读的书,也有许多是重要而有趣的,有的在这两方面会超过专业书。这两种方式的交替、交叉和转换,就形成了我的读书方式史。

我小的时候在上海读小学和中学,好像家里没有为我设什么书桌,我也不记得我是如何完成每天的作业的,不过我倒记得我读那些武侠和侦探小说都是采取卧式的;那时在家里,就连我父亲自己似乎也没有书桌,也许在他的店里有,我也不记得了。不过,等到我到北京上大学暑期回上海,从这时候起,他老先生就有了一个很小的书桌,老是坐在那里鼓捣他的字帖,俨然一个学问家。

在大学期间,宿舍里桌子不够,我经常在图书馆念书,每天晚上抢占图书馆的座位是一大战役。

自从毕业以后分到哲学所工作,我的读书方式就逐渐成了上述的格局。

我1956年9月到哲学所,那时还在中关村,我的宿舍离哲学所很近,每天在所里读书。我有一张小书桌——那时书桌和椅子的分配是分级别的,高级人员的桌子大一些,有的桌面上还配一块玻璃板,椅子是软的,而我们这些刚毕业的，就只能用小三屉桌，一张硬椅子。那时候够用软椅子、大桌子的高级人员也都不每天来上班，于是就有那调皮一点的年轻人虽不敢换桌子，椅子就换过来用，也没有人管；不过又有那嘴碎的，倒没有换椅子，却嚷嚷桌椅分等级是等级制度等等，到后来就成了"右派言论"了。

我在那时候的三屉桌上，读了贺麟先生布置的书，大都是西方哲学史上的古典著作，读后就写一篇读书笔记给贺先生审阅；不过那时候专业方面我能读的书有限，因为我只能读有中文翻译的，而有些重要的原著，那时还没有来得及译出来。这时在宿舍里也有卧式读法的书，那是些古典小说的译本。我当时计划先读法国的，后读俄国的，不过巴尔扎克的书没有读几本，就是反右斗争了。

1958年底，哲学所从中关村搬进城里，直至现在，除了新盖了一幢科研大楼外，大的格局没有变。

1959年到1960年我随所内同事下放至陕西洛川锻炼一年，回来后不久就参加当年周扬主持的系列高等教材中的《美学概论》的编写工作，自然有一张书桌、一张床，可以维持坐式和卧式的方式读书。

我那时一心想专搞美学，读的书大都和美学有关；但是在书桌上念的书，倒也都是和哲学有关的美学书，像康德的《判断力批判》，黑格尔的《美学》，叔本华的《意志作为表象的世界》等，而且有时也找英文译本来读。

其实，就是在那时，作为卧式读的书对我是很有吸引力的，像斯坦尼斯拉夫斯基、丹钦柯的一些导演手札的中译本，还有那一套《中国古典戏曲论著集成》等，都是我卧式中常读的书。

于是，坐式和卧式，逐渐地就自然有了一个观念的区别：坐式是正襟危坐、集中精力的；卧式则是轻松愉快、兴致勃勃的。我读书的过程，似乎是要努力使这两种方式的精神观念贯通起来，使严肃的轻松起来，使有趣的也显示它的严肃的内容。这要有个较长的过程。往往是，坐式读书是件苦差使。读不懂，硬要读。为什么？因为有许多有学问的人，过去的和现在的，包括自己的老师们，都告诉我它们值得你花功夫去读。你信不信？我信。一两个人可以骗你，这么多人就不大可能骗你；先信任他们，比只信你自己要可靠些。所以我信。凡是历史上公认有价值的书，你可以比较放心地去读，只要用功，早晚会有先苦后甜的体会，而且甜度会随着你下的功夫而增加。

我做哲学也有大半辈子了，现在可以说是兴味盎然地在做，要是倒退几十年，我只能告诉你一个抽象的"应该"。我只是觉得，这个抽象的"应该"也还是起了作用的，保持住它，这张书桌就会有"魔力"，只要往这张桌子跟前一坐，就会全身心地"进入"书的世界，跟着古人在思想的境界中遨游。是不是"两耳不闻窗外事，一心只读圣贤书"？是，也不是。"读书"总要暂时地跟着"书"走一段，如果"窗外"的事都要一一过问，大概就读不了书了。

记得二十多年前，我住在干面胡同大院平房，很小的房间，我的书桌就在窗下。那时我正在做古代希腊的哲学，大概在读伯奈特的书。一天，我的邻居在我的窗下批评我，说你现在还坐得下来读书？我问出了什么事？原来由周恩来总理逝世引起的事态越来越大了，大家都到天安门去凭吊、致哀，针对什么，每人心里都清楚。于是我接受了批评，找了个时间，也上天安门去了。只见那里人山人海，却庄严肃穆，那种凝重的气氛，前所未有，张望之间，遇到所里几位同事，大家以目示意，心照不宣，这使我体会到走出书斋之重要。

然则，读书人仍要回到书桌，回到家里，又坐在书桌边，读起伯奈特的书来。我做古代希腊的哲学，想象着当年雅典伯利克里时代的民主制度，虽是奴隶社会性质，也有一番风光，想到这里，好像我读的"圣贤（苏格拉底、柏拉图）"书，和"窗外"的事，又有些许的联系了。

这已经是我们从干校回北京以后的事了。我们之所以在干校呆的时间短些，也要感谢周恩来总理。

"文革"时期，社科院前身"（哲学社会科学）学部"，是非常"复杂"的地方。一方面，它自身有许多老一代的专家学者，大多是旧社会过来的，那时被称为"资产阶级权威"、"学霸"、"学阀"；还有一部分原是革命的，有的在白区做地下工作，有的从延安来的，有些也都是名人名流，有一定的社会地位，"文革"中叫他们为"走资派"、"三名三高"，"走资派"意思很清楚，至于是哪三名，哪三高，现在我都顺不出来了，反正是文艺界先说出来的。光这第一类人倒也好办。旧社会过来的，除了有自己的专业外，还要有一个共同的第二专业，那就是"改造"，"改造"成绩好坏，也要考核，当时叫"排队"，不言而喻，这个第二专业的考核，比第一专业的职称还要重要；至于那原来是革命的，原先一般也都在领导岗位上，有所长、副所长或更高的职务，等到经不起运动考验，犯了什么的，就只能下来了，还要戴上一顶帽子，于是也要做两项专业工作了。

我想，从自上而下的眼光来看，麻烦的还有另一部分人，当然不是我们这些年轻的接哪个班的问题，而是那些原本在很高很高的班上而现在又不适合于上那个班的人。回想当年，我们学部还真有一些大人物被贬到这里来了，像张闻天、杨献珍，都在我们学部呆过。上面之所以重视学部，我想这也是一个原因。这样的单位，当然不能长期撒在外面不管，于是我们就乘机早早回北京了。

而且，我们在干校期间，似乎也比较的"宽松"一点。当然，干校还是干校，虽叫"学校"，可不是让你读书的地方。"干校""干校"，重点在"干"，不在"校"。每天出勤地里劳动，什么活都干，我干了很长一段时间菜地里的活，那一个阶段别说坐式读书，连卧式的也不易坚持。

所幸这种劳动不到一年，我们奉命到河南信阳明港的一个兵营中"集中搞运动"，停止了一切田间劳动，天天开会"抓""五一六"。至于什么叫"五一六"，现在的年轻人只能从书本上得一点知识了。按我粗浅的印象，就我们学部来说，就是那些最初进行革命造反的，这时候都有可能被怀疑为"五一六"，当时认为这是一个有组织、有计划的阴谋集团。详细的情形，恐怕要有待于以后的史学专家了。反正当时的学部，抓"五一六"是大大的重点单位。以这个名义，大家苟且偷安，只是委屈了那些被选出来的"五一六"对象了。

对于我们这些"逍遥派"来说，明港兵营干校倒是又可以有些坐式和卧式的读书机会了，不过，专业书转入地下，变成卧式的了，而坐式的就只许读"语录"和"老三篇"等。当然，兵营中哪里来的书桌？每人床前用自己箱子摞起来，就是"书桌"了，好在这时以卧式为主，"书桌"的晃动，也就不太在意了。

卧式当然有卧式的局限，况且还是打着手电的"地下活动"，不容易读很厚的书，也不容易思考太深入、太专业的问题，于是我主要就加强了专业外语的学习。

我在别的文章中说过，我们这代人搞专业的外语都不好，也不很重视，因为我搞西方哲学史，感觉特别深，趁着抓"五一六"的机会，好好补补课。

现在回想起来，当年这种学法，带有很大的自发性、盲目性。除了英德法语外，我还学了意大利、西班牙等语种，加上希腊、拉丁，和大学学的俄语，同事们偷偷戏称之为"八国联军"，幸亏那时学部的问题太"复杂"，要在别的单位，就这个"雅号"泄露出去，就够我受的。其实，我这些"外国兵"，只是些"乌合之众"，不用交锋，都已"溃不成军"，有的本来就只有"十几个人，七八条枪"，或者竟是"小猫三只四只"而已，后来大多数自动解散，连遣散费也发不出来的。我存有意大利语、西班牙语、现代希腊语等语种的语法书和字典，还有这些语种的"语录"，但愿有一天能"东山再起"，"人还在，心不死"嘛。

在明港的时间也不长，只有一年，在 1972 年，我们学部就全体撤回北京了。回来的任务仍是抓"五一六"。说句心里话，到了这个时候，无论"抓的"或者是"被抓的"，已经疲了，因"疲"而"油"，大家也都知道用什么办法度过每天的批判会；而会后，倒都是精神抖擞地做自己的事。一般也都偷偷地读点专业的书，有那智慧高的就利用这段时间，以惊人的毅力和速度，写出了皇皇大著，不久就派上了用场。

回城以后，运动照搞，但不再集中居住，各人回家，坐式的时间甚少，卧式读书内容，就不再受管制了。那时我承干校余绪，学外语正在劲头上，于是白天从汽车制造厂劳动回家，先以坐式学古代希腊文，兼读古代希腊的哲学著作，晚上则德、法、意、西、俄、拉丁一起上，轮番作战，其效果可想而知，不过我自己却乐在其中。目的是没有的，运动（学习、阅读）就是一切。那时谁也料不到就在不久的时间，大开大放，竟然需要直接置身于外国学人之中，进行学术交流，当其时也，只要能够读读外文书就算不错了。

这一天果然来到。1980 年我被派往美国进修两年，这一下我这个"八国联军司令"真够惨了，硬着头皮来到我的"主力部队（英语）"之中，却几乎一句话也说不出来。不得已，仍然回到坐式、卧式的模式上来，好在世界上任何地方，都离不开桌子和床，美国也不例外。

就读书方式来说，在美国期间，坐式和卧式所读之书，有了新的划分：坐式主要读外文书（主要还是英语），卧式就读中文书。我那时还真看了一些中文小说，记得读过白先勇的《游园惊梦》(?)，金庸的武侠小说也是那一段时间读过几本的，不过那时没有引起太大的兴趣。这种区分，直到现在还隐约存在的。

　　回国后，随着条件的改善，我的读书方式由坐式分化出一种脱离书桌以手举书的形式，这就意味着，我可以有另外的坐处了。这在过去是一种奢侈，要坐着读书，就坐到书桌前来。不过这种分化出来的方式，是最近这几年才广泛地运用起来的，因为我十几年来，每天都在所里的写作间读书写作，在那里，也就是传统的坐式和卧式两种。我们的写作间，被允许放一张床，以备中午休息之用，不允许在那里过夜的，所以在那里的卧式，只是中午休息的时间；然而这一段卧式，却是全天最愉快的时间。当其时也，上午读书工作完毕，中午带的饭吃得饱饱的，吃饭时或有一二同事共进午餐，或浏览"人民"、"光明"两大报纸知晓天下大事，于是乎回转写作间，读那每天不同样的稗官野史、奇闻逸事，未几便扔书闭目养神，一切听其自然，空空然若有所思，此时余心最乐。

　　年前所内大调整，承蒙照顾，仍给我写作间，不过由安静处换到了行人必经之地，加之我也有了年纪，事事懒散起来，常告诫自己，"天下没有不散的宴席"，于是无论坐式还是卧式，都在家里运作了。

　　家里的书桌，和所里的一模一样，也许那个时期，这个级别的就只生产这种样式，很小，桌上放了文房二宝——纸不常在桌上，堆了一些常读或想读或经常查阅的书和字典，加上一盏台灯，面前只有一小方块地方了。老妻觉得委屈了我，想给我换一张大一点的，或者什么"老板桌"之类的，我说不用了。记得当年贺（麟）先生家的书桌，大则大矣，也是堆得满满的，面前的地方，跟我的一样小。我现在用计算机写作，不用再在桌上铺稿纸，这是贺先生所没有的条件。

　　我在这张桌上读的都是专业性很强的书，这些书只允许采取传统坐式，正襟危坐，心无旁念，能够读进去——亦即进入书中的世界，就是好事；此类书，决不允许采取卧式，甚至不能采取手持坐式，必须端端正正放在桌上，时而左手翻查字典，时而右手圈圈点点（如果是自己的书），或做做卡片摘录。常常是手脑并用，这是我的习惯。

如今我在读尼采的书。过去觉得尼采疯疯癫癫，虽然语含讥讽，但不成体系，不符合哲学学术的"规范"。去年开始，感觉就有所不同，尼采为后世所重，至今不衰，绝非偶然。也许，过去读尼采我用的方式错了。我固然不敢采取卧式读法，大概多是用的手持坐式，尤其是他的《查拉图斯特拉如是说》，像小说故事一样，不躺着读就算对得起它，如今看来，方式完全错了。尼采的书，包括他的"如是说"在内，也要正襟危坐地坐在书桌前读。这也是我的习惯和体会，不意味着普遍适用。

手持坐式读什么？也不是说用这种方式读的都不重要。譬如近年我以此方式读中文的古籍，这些经典当然重要得很，只是它不是我的主要专业，同时不一定经常翻字典，所以就采取变通的方式，仍是坐着，但姿势就可以放松点了。

至于卧式，既然"联军"早已解散，也就不收拾残部了，维持住英德法还有参考古代的希腊拉丁就够我忙活的了，这样，卧式的书就有点杂乱无序。有一阵看金庸的小说很起劲，须得控制时间，否则就别想睡觉了。好在我是一个有自制能力的人，规定的时间，说放下就放下了，而且不会失眠。现在我读什么？说起来大大不敬，我在读一点佛经。我感到这方面我欠缺太多，想补补课。不过也许会像读尼采的书那样用错了方式，或许哪一天就要用手持坐式了。

我已经说过，这几种读书方式，不是以学术价值分的，主要只是跟我的专业有关。其结果大致如下：

书桌坐式读书的结果，我会写专业学术论文。

手持坐式读书的结果，我也写过一些有关中国传统哲学的论文，那当然是学习性的。

卧式读书的结果，我写过一些随笔散文。

这三种类型的文章中，都有我满意的和不满意的，并不是哪一种就一定好，只是说，我的主要的工作任务是读专业的书，写专业的学术论文。

中国传统用一个"读书人"来指那些做文史哲学问的人，外国人不一定懂，因为他们的"reader"是一个临时的身份，他们一定很奇怪，为什么中国人会一辈子做"reader"，而居然还会成为一种专门的职业；中国人则往往以终身为"读书人"为荣。

既然身为"读书人",以"读书"为"专业",则"读书的方式",也就是"生存的方式"。于是,对于"读书方式"的思考,也蕴涵了对于"生存方式"的思念,遂有斯文。

2000 年 10 月 23 日写,2001 年 2 月 7 日改于北京

(原载《万象》2001 年第 4 期)

温故而知新

"温故而知新"语出《论语》"为政"篇,接下来的话是"可以为师矣"。孔子认为能做到"温故而知新",就可以当老师,教学生了。也许我们可以把它理解为孔子心目中的"师道"。什么叫"温故而知新"?

先说"故"和"新"。就时间顺序来说,"故"是"过去","新"是"现在",也包括了尚未开显的"未来",所谓"告诸往而知来者",也出在"为政"篇里;就逻辑关系来说,"故"是"因","新"是"果",《墨经》里讨论了"大故"、"小故"。我们做哲学的,常常认为"逻辑"和"时间"是统一的。古典哲学有"逻辑在先"和"时间在先"之说;现代哲学也有所谓"历史的先验条件"一说。

这些说的都是首先肯定"新"——"现实"是"可知"的,可以理解的,"未来"也是可以"预测"的;在这个前提下,才有"老师"可做的事:通过"温故"来"教"学生"知新","老师"总还有"传授""知(识)"的意思在内。

倘若换一种哲学的视角,强调"新"的"无条件性"、"原始性","现实"本不全是"过去""决定"的,它的"原创性"是有几分"荒诞"在内的,重点应在"开创未来",而不是老琢磨"过去"。在这个视角下,"师生"、"教学"的关系,又是另一种境界,它会把重点放在"启发""创造性"方面。

新时代的"师道",要把"传授"和"启发"结合起来,因为"故"和"新","原因"和"结果",本也可以从"创造"方面去开发其意义所在,而使之不成为一种机械的决定关系。

　　孔子讲"学习"很强调其中的"习","学而时习之"是孔门校训。"温"也是"习",不过我觉得"温"比"习"多一层意义。"温"因其"暖性"而有"维护"、"培育"的意思在内。"温故"是要把"故"里的"活东西""维护"、"培育"好,不使它"僵化"、"僵死",而不断地开显自己的"生命"。这样的"生命",是"新"的,也是"延续"的,用柏格森的说法,"生命"、"时间"乃是"绵延"。在这个意义上,"新"原本是"故"的"温床"。

　　"温故"是要把"故"里的"活东西"勤勤浇灌培植好,不要"扼杀"它,而不是抱残守缺,让那僵死已死的东西苟延残喘。

　　哲学看重"活的精神",而这种精神并不是现在的人才有的,它"古已有之"。所以,我们还是要读古人的书,学的是他们的"创造性精神"是如何具体体现的。做哲学老师的,要通过教学生读古典的著作,使自己的工作和思想,在某种意义上竟然成为那种"活的精神"的"温床",从而理解和把握"现实世界"的"命脉",开显出自己的独特的精神来。

　　研究生院学报创办20年来发表的文章,大多数是很有读头的,有些文章很有分量。以前每期杂志出版的时候,我都要看看有没有杨向奎老师的文章,我觉得他在学报发表的有些文章别的杂志上是不容易读到的。他谈自然科学和从特定角度论时间空间的文章,我并不能读懂,但是我还是硬要读的,因为我从那些文章中体会到一种活跃的学术探索精神。杨先生是史学大师,可谓"温故"之至,但是却力求"知新"、"创新",我们做哲学的,或者一切做学术工作的,都需要这种精神。

　　杨先生已经故去了,我借这个机会怀念他,也是一种"温故",而这种"温故",也是"知新"。

(原载《中国社会科学院研究生院学报》2001年第2期)

创造与传统
——新世纪哲学断想

在数学史上,"0"这个符号的发明,有重大的意义;用在纪年上,却出现一个"空"、"无"的年份,而"第一"和"无"倒也是哲学里的一个问题。在西方,古代希腊不承认"无中生有",于是它的"始基"、"原则"、"原因"追溯到"头",乃是"第一";"无中生有",是"犹太-基督"的思想,以后"无"以及"有""无"之变,就有了哲学的意义。当然,"0"这个符号不是他们发明的。中国古代文献里"空"和"无"是不是当过"0"的符号来用,也许已经有了专门的考证,就哲学思想来说,"无"是一个重要的范畴是毫无疑问的。传本《老子》开宗明义第一章就说,"无,名天地之始",第四十章又说"天下万物生于有,有生于无"。当然就哲学意义来说,我国老子的"无",并不全等于犹太-基督的意义。我国古代大概没有用"0"来纪年的,我们用"十",没有"0"的意思和痕迹在内,而这个西历,既引进了"0",就会让人想起有没有"0"年的问题,虽然这仅仅是一个"观念"的问题,因为西历的"元年"也是"1"。

于是,现在的纪年,就在"观念"上多了一个"过渡"的环节,新的"1"还未到达,旧的"9",已经过去,是为"之交",用哲学的话来说,大概就是"有""无"之"变"了。"0"年一切都在"孕育"着,"是"则"是"矣,到底是个"什么",则尚"惚兮恍兮",有待于进入"1"、"2"、"3"……之后,慢慢开显清楚起来。于是,在新年伊始之际,所言所说,大都近乎"畅想"之类，姑妄言之。

新世纪我们会把"哲学"做成什么样子？

一　传统的创造与创造的传统

"哲学"是一门很特殊的学科。一方面，它是最强调"创造性"的，或者甚至于可以说，"哲学"在原则上不允许"模仿"。这一点，"哲学"的精神和"艺术"的精神是相通的，因此，也和"艺术"一样，"哲学"原则上不支持"庸才"，所以它也是一门"残酷"的学科，用以作为"谋生手段"，往往是不可靠的。就这方面来说，新世纪由于经济的发展，将会为众人大开就业之路，只剩下那些对于哲学真有兴趣而又有真实能力的人从事这门学问。

不过这只是哲学这门学科的一个方面的情形，它还有另一个方面的情形是它又是最"传统"的，因为它似乎一直是最古老的学科之一。我们至今也没有人敢说，古代希腊哲学家所讨论的问题"已经解决"了，或者"过时"了；同时，我们还在非常认真地继续讨论着老子、孔子等先秦诸子所讨论的问题，也没有人认为已经可以忽略不计。为了了解"传统"，"哲学"又特别地支持"饱学之士"，而又有甚于别的学科，尽管有些"满腹经纶"的学者，未必都有自己的哲学思想。在哲学学科中，"哲学史"的地位又不同一般。"哲学"离不开"历史"。而历史的资料又是浩如烟海，需要很多人的努力不断地加以研究整理，于是哲学就专业来说，又不是少数人的事业，而支持多数学者来从事这门学问。

"哲学"的这两个方面似乎是矛盾的，在做哲学的学者方面来看似乎也有分工不同。不仅如此，在中西哲学的特点方面似乎也有一定的区分。譬如我们似乎可以说，中国的哲学是重"传统"的，而西方的哲学是重"创造"的；我也可以强调，这里用一个"重"字，谓其"侧重"而已，并非西方哲学不要传统，中国哲学就不要创造。

那么，又如何理解这个"侧重"？"侧重"并非"至善"，不能"止于"。

所谓"侧重"，就意味着在原则上"传统"和"创造"是一致的。

西方人为什么不"侧重""传统"？我们知道，古代希腊人的哲学思想是把

"科学性"的问题推到了极致,求"科学知识"的"最后的""根据",所以,如果我们承认"哲学"起源于古代希腊,则"哲学"在其娘胎里就带有"科学知识"的形态,而古代科学知识的"侧重",就在"现时",而把"过去"和"未来"也作"现时"观;犹太-基督思想进入欧洲,希腊的哲学精神为之一变,欧洲人终于"有了"一个"过去"和"未来"。按照康德的说法,"道德"使人有了一个"过去"(要摆脱的)和"未来"(要承受的),而不同于"现时"的"对象(事实)"。

对"自由"的深入思考,使人们有了一个坚实的"时间"观念,"时间"才由古代希腊的"宇宙论"的观念,进入"人文"的层面。这种哲学思考上的转换工作,虽然随犹太-基督精神进入人们的头脑,经过奥古斯丁苦思冥想,但到了康德,才终于在哲学系统的思想中找到了自己的位置。

"自由"要经过如此长期的、许多代智者的努力,才从"知识"的领域,进入到"信仰"的领域。此话怎讲?

我们知道,古代希腊的贤哲,为我们提供了一个暂时脱离实用功利的静观客观的科学理性态度,使人类的知识,有可能不局限于为当前实用功利服务的经验技术,而上升为"经验科学",这种知识,是理性的"自由"活动。亚里士多德所谓"悠闲出智慧"的基本意义在于:当人们能够(暂时)摆脱紧迫的生活压力时,才有可能进行科学性的思考和研究活动。古代希腊人的这一思路,为人类打开了通向科学知识的美好前途,使我们至今受益匪浅,实在是不论怎样评价都不为过的。

然而,这种"自由"只是"摆脱",而非最终意义上的"创造"。

"摆脱"当然也可以有"创造"的意味,甚至可以说,"摆脱"就是为了"创造";不过"摆脱"总要"摆脱"些"什么",这些"什么"是先在的,之所以要"摆脱"它们,就意味着它们还是可以"支配"我们的。在这个意义上,就连奥林帕斯山上的诸神,他们的能力也限于"来料加工",做的是一种超级"艺术家"的工作;犹太-基督的"创造"就"彻底"得多。犹太-基督精神倡"上帝""创世"之说,认为世上的一切都是他们的"上帝""创造"出来的。我们暂时先不研究这个观念的诸多层面的问题,我们只是注意,在这种观念支配下,"自由"就与"摆脱"无涉,而是"创造"的意思。"自由"不是消极的，或者只是一种思想静观的力量，而是一种积极的、现实的、能动的力量，它主要不意味着要"摆脱"些什么，而是要"创造"出些"什么"。

康德既然从哲学上来考虑问题，当然也不能绕开伟大的古代希腊圣哲的思路，所以康德的"自由"首先是从"感性（什么）"中"摆脱"出来的，但康德的这个自由从"什么"中"摆脱"出来以后，却显出来它的"本来面目"，而没有停留在理论理性、经验知识的范围内。康德的"自由""开显"出一个"道德"的"世界"来。这个"世界"，是有价值的、有评判的，也就是说，有"意义"的。"自由""开创（创造）"出一个"有意义的世界"来。从这里，康德把自己的哲学与基督教"创世"说沟通起来。我们看到，康德的这种做法就基督教来看是很不地道的，它迁就了希腊的观念，但"自由"毕竟具有了"创造"的根本意义，这样，以后谢林和黑格尔的"绝对世界"，才得以顺利地被"创造"出来。

"创造"的"自由"，就康德意义来说，既面对"过去"，更面对"未来"，"过去"只是你要"摆脱"的，"未来"才是你"创造"的。对于"过去"，你的"责任"是"消极"的，而对于"未来"，你的"责任"才是"积极"的。按照萨特发挥康德的意思，只有你创造出来的"未来"，才能真正改变你的"过去"的"意义"。

"创造"，在康德阐述的意义上，就不仅仅是"自由"地"思想"，而且是"自由"地"做事"。尽管在实际上人做事总是受到各式各样的牵制，不可能"为所欲为"，但是无论你做什么事，无论你怎样做，你对所做之事有"不可推卸的责任"。"责任"的必然存在，意味着"自由"的必然存在，在根子里，你做事必定是"自由"的。你"逃脱"不了"责任"，就是你"逃脱"不了"自由"。这样，"自由"就在"道德（责任）"领域里得到了"确证"。

于是，在这个哲学观念的系统中，"创造"和"自由"是同一的。

世上的"事"都是人做出来的，对于这些"事"，我们可以从"因果"的系统中来理解把握它们，也可以从"创造"、"自由"的方面来理解把握它们，而"事"，却是同一的。西方的哲学，由于有了上述观念，它们往往采取"自由"、"创造"的角度来理解"历史（事）"，"历史"是一部"自由"、"创造"的历史。如果"历史"是一个"传统"，即在时间先后中"传承"下来的，则这个"传统"也是"自由""创造"的"传统",所以我们说,欧洲的哲学是倾向于从"创造"的角度来看"传统"的。

中国的传统哲学又如何理解这个"传统"与"创造"的关系?

像欧洲的先哲一样,我们的先哲同样看到了"创造"与"传统"的相互的关系,"传统"要在时间中"接续"下去,"统"要"传"下去。只是我们没有欧洲那样一种由犹太-基督发扬出来的"自由"观念,孔子在五十"知天命"后20年达到"随心所欲而不逾矩",其精神是和古代希腊一致而非康德意义上的"自由";老庄的"自由"亦是"自然而然"之意,所以"传统"二字中这个"统"字不是"形式"的,也不是"个人"的,"统"不是"自己",而是"他者"。"他者""大"于"自己"。在这个意义上,我们的先哲思想侧重在"大(他)",而欧洲的哲人们则侧重于"小(我)"。即使是费希特,他的"我"尽管是"大写"的,仍是"我"。

中国这个"大",是有程度的,也是有等级的,这个程度和等级是由"最大"的"天(命)"定的。人人都按由"天"定的程度和等级来"做事",则不但横观上说就"天下太平",而且就纵观上来说,就会"子子孙孙,永葆其昌"。"仁者寿",主要也是指"大寿",而不只是指个人的"小寿",传诸久远就是"寿",于是"寿"就是"传统"。

在古代中国,社会上人人都有程度不等、大小不等的"位置",人人都要"安"于各自的"位置",各尽其职,各守其分,"错位"就会乱。为防止社会动乱,于是有"礼乐",有"刑罚";不过,说"人人"只是指程度不等的"大人",实际上只有各种层次的"大人"才有"位"的问题,处在社会最底层的"小人"则无"位"可归,"天"不给它"位(命)",所以"小人而无忌惮"[①],之所以"无忌惮",乃是"天"无"命"给它。这里剥去其道德品格褒贬之意,就社会层次来说,"小人"似乎"更自由"。所以,就古代来说,"小人"没有"传统",无"统"可"传"。在这个意义上,用中国古代圣贤的眼光来看,西方意义上的"自由",是"小人"的事,为了使这些"小人"有所"忌惮",就要造出一个"上帝"来威慑它们,而没有这个"上帝",就出来尼采的"超

[①] 《中庸》。

人","超人"就是"小人",只有"小人"才"自己""创造""自己"的"价值",没有"价值"的"统"可"传"。于是,在这个意义上,"小人""自己""创造"自己的"统",一旦这个"统"确立了,就要让它"传"下去,"传诸久远",这时,"个人"就不再是"小人",就成了某种程度的"大人"了。这里,也蕴涵着"自由""创造""传统"的意味在内。不过,这种孕育着的意义,我国古代贤哲为求社会稳定,没有着急开发,而重点放在了"传"字上。

孔子生于乱世,那时的社会应是充分地体现了"天命无常"的。《康诰》曰:"惟命不于常"①;《老子》也说,"道可道,非常道","非常道"乃是"无常道",亦即"道""无常"。"人的命"是"天注定"的,原本应是各安其"命",天下太平;偏偏从"有徽"的殷商以来,就有一次大乱,然后"天命"归周,而至周穆王以后,日趋衰败,群雄争霸,天子衰微,处于"礼崩乐坏"的局面,"天命"不得而知,孔子50岁以后才知道天给他的"命"到底是什么,用现在的话说,也就是"才找到了自己的位置"。"天命(天道)"的"非常",遂使各路英雄有"创建""自己"的"新统"合理的根据,只是孔子的儒家,不主张"天命"是可以经常"改"的,而主张一面要规劝帝王诸侯实行仁政,改恶从善,不使"天命"更改,一面则规劝社会各阶层各安其位,可以劝谏,不要"造反",这是儒家一套实际的政治主张,而与主张"无(非)常道"的道家不同。所以,在这个意义上,儒家更加看重"统"的"承续性",而哀叹"统"的"断裂"。"承续"是"正常"的,而"断裂"则是"非常"的。

从这个意义上来看,以儒家为主导的中国古代思想中的"统"就不是个人的,不是"自我"的"自由",而是一个大小不等的"他者"的"自由"——维系着"他者"的"生命"的连续性,"自由"就是"他者",因而是"大自由",不是"小自由"。"自我"在"统"的"他者"中获得"自己"的意义和价值。"统"是要把这种"意义"和"价值"在时间历史中"传"下去,无使"断绝"。这种"意义"和"价值"的"传承",是"生命"的真实意义所在。"生命"并非全为个人的生死,而是一种"精神(统)"的延续和发扬;个人生命是断裂的,"人固有一死",孔子不问(个人)生死,但"精神"却无使断

---

① 《大学》。

绝。精神的绵延，就是"传"一个"统"，就这种精神来说，就是"有后"——"后继有人"，就是"寿（比南山）"。

中国古代儒家这一"传统"的利弊，历史在相当程度上已经有所警示。就具体的社会问题来说，古代儒家是以"家族"、"血缘"为这个"统"的基石的，"孝"是"传承""统"的基本品质，是能把祖先的"统"传下去的保证。所以，以"孝"治天下常是帝王的口号，大家都孝了，就不会有造反的事，当然，也包含了皇帝本人也要以孝的精神"传承"自己的"大统"。开国之君必定会有"两下子"才能得天下，后代子孙不能忘掉祖宗开业之艰辛，要使这"两下子""传"下去。"两下子"之中，在儒家最主要的当为"仁（政）"。孔子的"仁"的思想，当然有其很广泛而深刻的哲学内涵，不过就其社会的意义言，仍离不开这个"孝"的社会基础。"仁"是把社会因"天命"而定的"位置"作出思想和行为的"规范（应该）"来。"君子素其位而行，不愿乎其外"①。儒家这个"应该"不是"形式"的，而是有"内容"的，所以和康德的"绝对命令"并不在相同的层面。康德的"应该"，出自"自由"，都是"无条件"的；孔子的"仁"，也是"命令"，是要"克服（摆脱）""小我（己）"私利的一种道德行为，因而也是"高尚"的、"忘我"的，但仍是"受限制"的，而不是"无限（制）"的。它有点像柏拉图的"理念"，是一种框架和理想，迫使"现实"去"符合"它，还不是受犹太-基督"洗礼"以后的"创世"性的"自由"。这种"自由"需要"（宗教性）信仰"，而中国并无此种明显的"传统"。从这个意义来说，中国当然有"知识""逼出来的""自由"，此种自由的体会，儒、道皆有，但相对地缺乏由"信仰""逼出来的"自由。由"知识"出来的自由是"有对"的，有一个"矩"在那里为"欲"的"对象"，"自由"就是使"欲"和"矩"符合一致，"天人合一"；由"信仰"出来的自由，则是"无（绝）对"的，它的"矩（尺度）"在至高无上的"上帝"那里，"上帝"不与"人""相对"而自身"绝（无）对"，"上帝"与"人"不是"对等"的。如果说，我国也有一个高高在上的"天命"的话，那么它虽是难知，但还是能被知的，故有"知天命"一说；而信仰领域的"上帝"，经康德厘定

---

① 《中庸》。

则是在原则上"不可知"的。

由这不尽相同的思路开显出来的对于"统"的视角,也是各有特点的。

二 批判的精神与继承的精神

认真讲起来,欧洲哲学的"统",或者一切的"统"的根子,不在人间,而在天上——"上帝-神"把握着"大统";而这个"大统"又是"知识"和"经验科学"所不可及的,只是"信仰"的彼岸世界。就这个思路来说,人的行为的"善恶",也不是人的"智力"——经验和知识、科学所能把握的,因为只有内在的"动机"才有善恶问题。而这个"动机",按康德的说法,恰恰是"不可知"的,于是,只有万能的"上帝"才掌握着"善恶"的最后判决权。只有"上帝"是绝对公平的,他判断善恶不差毫分,因为"全知",明察"秋毫之末",他能知任何人的"动机",任何"思想-闪念"都在他老人家的眼皮子底下。而人只是通过显现出来的"效果"来作出"相对"的评判。因为人行事的根据蕴涵了"自由",而又不仅以"成败(效果)"来论"善恶",同时还设定(postulate)了一个全善、全知、全能的"上帝"为最高"审判官",这样,人在行使自己的"自由"时,倒也不那样"快乐逍遥",而是战战兢兢、"如履薄冰",每行一事,都怀有"敬畏""上帝"之心。我们如果像尼采那样把人自己设定出来的"上帝""杀死",则人的"自由"就真的"其乐也融融",反正是自己"创造""自己"的"价值","千秋功罪",不管谁去评说了。"评说者"既非"上帝",则"无不打上阶级(时代)"的烙印,都是在相对的"考古层面"(福科)了。"道德哲学"成了"道德谱系学"(尼采)。

按尼采的揭示,欧洲哲学从古代希腊柏拉图开始都具有一种"否定主义(虚无主义,der Nihilismus)",因为这种哲学,都设定了一个"超越"的"理念":"神",只有它(们)是"完善"、"圆满"、"绝对"的,人间的感性现实世界,都是那个完善的绝对世界的程度不等的"摹本",因而都要受到那个绝对的"矩-标准"的"评判"和"审定",看看它"符合"和"不符合"的程度。所以,"评判"和"审定",本身就含有"否定"的因素。

西方自近代启蒙主义盛行以来,"理性"占据了"上帝-神"的地位,"人"

既不是"神",不能行使最高的"评判"权,那么"人"依靠什么来行使自己的"权力"?因为在破除了对"神"的迷信之后,似乎总要有什么超越现实感性需要的东西来行使一种"公正"的"评判",而不致使社会发生纷争。这一问题,西方有文艺复兴以来的经验教训。那时"感性"和"自然"的欲求从中世纪神学的禁锢中解脱出来,固然逗了一时之快,但是,人们逐渐认识到,这种自然的感性欲求,因为是受外在世界支配的,自己并不能"自主",所以常常不能协调一致;同时,在肉欲横流的世界,道德伦理成了被讽刺的对象。这时候,人们想起了古代希腊的思想传统中,尚有苏格拉底、柏拉图的道德主义、理性主义在,而亚里士多德也还遵循着追求"真理(真知识)"的精神,于是人们又把"理性"请了出来做"最高审判"的"大法官"。欧洲近代的哲学,从笛卡儿到康德以后的德国古典唯心论者,大概都不出这个传统。"理性主义"是一个"统",在这个"统"之外而又不能完全与之决裂的,则成了"怀疑主义"。"怀疑主义"在欧洲也是一个"大统",古代希腊就有。这个"统"怀疑"理性"的统摄能力,怀疑它作为"大法官"的地位,因而对于有没有一个超越感性世界的永恒不变的"真理",表示怀疑。这种传统,在古代希腊,可以后期智者学派为代表,而理性主义则可以爱利亚学派的芝诺悖论为例证。

我们看到,在欧洲哲学的"统"中,无论怀疑主义还是理性主义,都蕴涵有"否定"、"批判"的精神,这种精神,是它们的一个"大统"。而这种精神,又是在康德的哲学工作中得到了大发扬,他把自己成熟了的哲学叫做"批判哲学"。他的"批判哲学"矛头所向居然是"理性",不过他不是简单地"否定"理性,而是"厘定(批审)""理性"的不同的"职能(faculty)",以防止"理性"的"越位(针对理论理性)"和"不到位(针对实践理性)",所以康德在欧洲被认为"兼祧"了两个大统,既是理性主义的,又是怀疑主义的。

"批判"、"怀疑"的精神在哲学的工作中表现出来的是:在欧洲,历来大多数的哲学家都以批判前人的哲学为己任。他们这种态度,我们不必以个人心理的诸多方面去推测,譬如要标新立异、一鸣惊人等等;也不必在意叔本华对黑格尔的谩骂攻击。从学理上来说,他们是为要"创造"自己的一个"新统",

而对于"旧统"需要加以"否定"、"批判"。欧洲哲学的这种特点,和我们的"传统"是有所区别的。

中国的历史,当然并不排除"否定"和"批判",甚至还可以说,我们历史上同样充满了批判和否定,甚至战争和厮杀。但是在精神上,我们的哲学总是要把各种的"统"串在一条线上,形成并维持延续一个"大统"。我国历史上许许多多的改朝换代,前朝的皇帝和大臣,杀的杀了,撤的撤了,但是过不多久,本朝和前朝又都和"天命"联系了起来,于是前朝又被"封"而得到"肯定",它还是"天命"的一个"环节",不过到了现在,"天命""改"了而已。

就做学问来说,儒家的传统倒也不是提倡死记硬背,人云亦云,这从孔子夸奖颜回①就可以看出来,"不违"也是"愚"蠢的表现,而孔子认为颜回"不愚"。实际上我们读《论语》,感到孔子的弟子们常常提问,有时甚至提不同的意见和老师讨论,子路竟然还敢不满老师行为之不检点,惹得老先生赌咒发誓地加以否认②。儒家后来出来许许多多"冬烘"先生,责任不在孔子,也不在这个"统","冬烘"咎由自取也。

不过,就精神上的比较而言,中国的哲学学术,似乎更加重视承继传续的一面,重视把"(传)统"延续下去;这种传承,当然会因时因地有所损益,"天命"尚会改,何况人间的学术了。就学问之道来说,在继承中的改变乃是求稳定之发展,而不是另起炉灶地、从无到有地"创造"。所以,中国的学术文章,无论怎样建立新"统",有多少"新""学派",都尽力地把自己的精神设定为继承"大统"的。中国的学问更加重视要把"大统""发扬"出来。"延续"就是"发扬";没有"发扬"的"延续",是不可取的,甚至是虚假的。要使一个"统"灭亡,最好的办法是不"发扬"它。翻来覆去说那几句话,词句背得烂熟,而"精神"却"死"了。所以在这个意义上,"冬烘"先生乃是儒学的"死敌",且不管其动机如何。我们不要忘记,孔子之所以认为颜回"不愚",其根据在于颜回能"退而省其私,亦足以发"③,这个"发"字,是中国

---

① 《论语·为政》。
② 《论语·雍也》。
③ 《论语·为政》。

学术传承的内在力量,是不可忽视的。

就我们现在讨论的哲学学术来说,我们觉得在中国和欧洲这两种有所侧重的精神之间,却有着很重要的交接点。这就是说,由于哲学学术的特殊性,无论中国传统的"发扬继承"或者欧洲的"批判否定",任何哲学学说的内容都是全部哲学历史发展的一个"缩影"。

这就是说,做哲学要想做得成功——所谓"要以成功为统纪"①(以柏拉图"哲学王"为比拟),则必定要把先哲们思考过的问题重新再思考过,亦即你的哲学必对哲学的历史发展有所涵盖。

欧洲近代哲学的否定批判的精神,仍有一个否定批判的"对象"(目标、靶子),"否定"总要"否定"些"什么","批判"也总要"批判"点"什么"。这个被否定、被批判的对象,并不是给"扔掉"了,而是被"改变"了以后"吸收"到新的"(系)统"里来了。

如果说"发扬"也是一种"改变"的话,那么,中国和欧洲这两种不同的精神,表现形式很不相同,但是其在哲学学术里的"结果"往往应是或竟是相似的。只是这种特性,这种哲学的历史性,反倒是在欧洲有更实质的进展,只要细心研读他们的著作,就会有所发现。

欧洲哲学这种表面矛盾的现象,和哲学作为一门学术的本性有关。"哲学"研究"什么"?"哲学"研究"大全",研究"无限",研究"绝对"。这是欧洲哲学传统的看法。直到康德,他也只是说,传统的哲学研究的这些(个)"什么"是"经验知识-科学知识"所不可能"认知"的,并没有说,它们是不可研究、不可思考的。康德本人的著作,包含了他对从柏拉图、亚里士多德以来欧洲哲学历史发展的"批判"。康德虽然没有写专门的哲学史著作,但是他的三大"批判",乃是欧洲哲学史的"小结";黑格尔的哲学史,不仅在他的《哲学史讲演录》里,而且,或许是更重要的,是在他的《精神现象学》和《逻辑学》里。黑格尔的《精神现象学》本身就是"精神"的"发展史",乃是"历史"与"逻辑"的"统一"。黑格尔是欧洲哲学中比较自觉地运用这一原则的,事实上,欧洲哲学史上任何里程碑式的哲学著作,都具有这个特点。

---

① 《史记·高祖功臣侯年表》。

在哲学的"历史性"上，就连尼采也不是例外。

尼采的书，特别是他那本《查拉图斯特拉如是说》，思想如天马行空，文字如行云流水，简直是前无古人，后无来者，但如仔细研读，却也不是无本之木，无源之水；我们固然不能说他的书中"句句有来历"、"句句有所指"，但他心目中的"批判""对象"，倒也并不含糊的。

尼采的"权力意志"，直接的批判目标是康德的"善良意志"。把尼采的"will zur Macht"译成"权力"很容易引起误解，往往使人联想到政治方面的意义，而这在尼采并不是主要的；不过我们如果不拘泥于现在通行的含义，而把这两个汉字分开来考虑，则似乎这个译法又有其可取之处。从字面来说，用汉字"力"已经表达了尼采用的德文"Macht"的意思，但是尼采的"意志"中，除了"创造"、"做"的能动的意思之外，还有一层"价值"的意思在内。这就是说，"意志"是"价值"的根据，而并没有一种"超越"的"善"作为"权衡""价值"的标准，这同样也是直接针对康德的。于是我们看到，中文这个"权"字，仍是可以用的，在某种意义上，它使"评估"的意义突出出来，还是有意义的。

为什么说尼采的"权力意志"是针对康德的？我们知道，康德的"意志"是纯形式的，无关乎现实（的幸福与否），也就是说，它没有"现实（实现）"的"力量"，而只限于"动机"之内，并且"动机"因其纯属内在的，因而竟然"不可知"，于是，康德这种"意志"，"自由"固然很"自由"，但却是"软弱无力"的。康德的"意志"-"道德"恰恰没有"力量"。这种软弱的"意志"，也没有力量去"创造"真正的"价值"，因为对这种"意志"的"评判"，不在它本身，而在一个"超越"的"至真、至善、至美"的"全能的""上帝"那里；而尼采这种具有"现实（实现）力量"的"意志"，就不需要"设定"这样一个"上帝"作为最高、最后的"权（度量、标准）"。

不仅如此，在尼采面前，一切"超越"的东西都是"虚幻"的，不是那个变化的"现象"是虚幻的，相反，是那个"不变"的"本质-本体-超越"才真是虚幻的。尼采这种批判，就不仅是针对康德哲学的，乃是针对欧洲从柏拉图"理念论"以来的全部"传统"的。

从这个视角来读尼采的书，就会发现在他那与众不同的文字里，把整体的欧洲哲学史重新书写了一遍。

这样，欧洲哲学史上的各种"体系-系统"，尽管也有标榜"非体系"的，无论形式如何，都程度不等地蕴涵着一部欧洲哲学史。

真正自觉地不断完成一个"大体系"的是中国的传统哲学，相对于这个大体系来说，欧洲的各种哲学体系大概只能叫做"小系统"。传统的中国哲学乃是一个"大统"，注重的乃是"延续"、"发扬"、"继承"一个"大历史"。

就中国传统哲学的精神来说，它强调的似乎是"接着做"，而欧洲的精神-近代的哲学精神似乎是"重新做"，于是就整体面貌来说，欧洲的哲学的发展看上去似乎是"断裂"的，而中国哲学就传统本身来说似乎这种痕迹比较地不明显。

"哲学"作为一门学科，无论"重新做"或是"接着做"，都是"从头做"，都不同于一般的经验科学。一般经验科学不需要"重头做"，"重做（重复）"也做不出"新"东西来，大部分经验科学要求"接着做"；然而哲学里的"接着做"，并不是"过去做过的"就"不再做"了，而是在"重做"的基础上"继续"做，"新"东西"自然"就出来了。"批判"固然需要"从头做"，欧洲的哲学也喜欢说"回到原始"，我从"原始（始基）""做（开发）"出来的东西就和你的不一样，不"从头做"，就"批判"不彻底；"继承"也不能简单地"接着做"，同时也要"从头做"，从"原始"做起，否则也"接续"不深入，甚至"接续"不下去。所以，两者的精神和结果，往往是有异曲同工之处的。

中国古代儒家相当一部分治理社会的办法和主张，随着时代的推移，早已经过时，但是作为哲学思想的精神来说，一直对我们具有相当大的影响力，在学理上更是不能忽视的。事实上，儒家的哲学精神，即使经过"五四"的冲击，以及我们记忆犹新的"文化大革命"的冲击，至今仍有活的学理问题，不仅"活跃"在学术领域，而且"活"在我们心里。因此我们也可以说，儒家的哲学学理精神从未"断"过。

在古代，孟子是"继承"孔子之后的大儒，他的"发扬"之处，在于把孔子的"仁"由侧重在社会位置的伦理道德先天关系，发展为侧重"心""性"为"善"的内在本质，这对于孔子"仁者，爱人"思想的阐发，是很有意义的。孟子这个思路，在后代也得到了长足的发扬。

孔子晚年重视研究《周易》，其真实原因似乎还有待于发掘，揣其大概，可能如太史公所言："孔子罕称命，盖难言之也；非通幽明之变，恶能识乎性命哉！"① 孔子的"性"，是由"天""定（命）"的，于是，如何"知天命"就是一门最高深的学问，他老先生自己的"命"，到50岁才体会（知）出来的，而要"知"世间万事万物的"命"，就更加困难了。这时孔子注意起《周易》来，因为《周易》是专门讲"天命"的，讲天道的运行和人事的凶吉穷通的。孔子并非想从《周易》中得到"出门见喜"、"不宜动土"这类启示，而是关心他的"道"可行不可行，"通"不"通"得了。他想从《周易》中得到"大是大非"、"大吉大凶"的启示，这是符合儒家"天命之谓性"②的思想的，所以才受到孔子的重视。

儒家思想在后来的历史发展中，对《周易》的发挥成了重要的组成部分，不过也往往包含了越来越多的迷信的成分，失去当初分辨"大是大非"的精神。在哲学上发挥得好的，宋代的邵雍大概算得上一个。当然，邵雍也有许多不合现代科学的说法，也有迷信的成分，但比较而言，他的哲学思路，他的探本求源的精神，还是相当可以称道的。就研究"天命"来说，邵雍有一个相当彻底的看法，就是"天"也是一"物"，在他心目中，"道"大于"天"，"知""道"，就是"知""天"。"谁"去"知"？"人"去"知"。"人"处"天""地"之间，惟有"人"能"通""阴""阳"之"不测"，故惟有"人"才能"通""神"。邵雍说："以天地观万物，则万物为万物；以道观天地，则天地亦为万物。道之道尽之于天矣，天之道尽之于地矣，天地之道尽之于万物矣，天地万物之道尽之于人矣。"③ 阴阳不测是为神，能通这个神的，只有"人"，所以"人"能"弘道"。这是宋儒发挥的思想，在邵雍有清楚的表现。

宋代的"道学"，当是中国儒家哲学思想的一个发扬，从古代"天命""仁学"的观念"开发"出"道学"，在"继承"中有所"发展"、"发明"，不打"批判"的旗号，而"批判"的精神已在其中了。

其实，从某个角度来看，欧洲的哲学发展情形也有相当类似的地方。柏拉

---

① 司马迁:《史记·外戚世家》。
② 《中庸》。
③ 邵雍:《观物内篇》。

图的《理想国》、亚里士多德的政治思想，现在大概没有什么欧洲的政治家作为管理社会的学说来用了，而他们在一定时期大概也有过类似"半部《论语》治天下"的想法，不过现在中外都已经没有人说这种疯话了；但是柏拉图、亚里士多德的哲学思想，一直是欧洲的哲学家们"重新"思考的"对象"。就近现代来看，对柏拉图、亚里士多德，他们中大部分人是持否定批判的态度的，有的认为这两位先哲把事情弄坏了，要回到"前苏格拉底"去，好像那个时候哲学没有受到"污染"；其实，海德格尔的"存在"与亚里士多德的关系，就像胡塞尔的"理念"和柏拉图的关系一样，是不好分割的，只是一个公开承认（胡塞尔），一个则否认而已，要说有继承、有批判，两个人是差不多的。

三 理想的现实与现实的理想

因为现实与理想有矛盾，于是才有哲学；哲学是现实不符合理想"逼"出来的"思考（思想）"，这种情形，古今中外概莫能外，现在进入的这个世纪，情况亦复如是。苏格拉底、柏拉图看到当时的雅典，民主制徒有虚名，议会被蛊惑家所操纵，朝令夕改，社会处于混乱之中，于是有"理念论"出，提出不是"思想-理念"要符合"现实"，而是反过来，要"现实"符合"理（念）-（思）想"。这原本是一个很常识性的见识，哲学家把它给理论化了，与更古的自然哲学和毕达哥拉斯学派的"传统"接续起来，使这个问题提升为一种更具普遍性的理论。这个理论一来告诉人对于现实的混乱不必大惊小怪，因为现实和理想总是有距离的，现实是理想的摹本，而摹本与原型总是会有距离的；二来也要人相信社会会逐渐地向理想靠拢，虽然永不能合一，于是柏拉图有《理想国》出，希望有个哲学家来做王，这样，现实和理想的距离就会更近些，因为哲学是专门研究"理念"的。

中国古代儒家的哲学也是那个时代给"逼"出来的。孔子的时代，周朝衰微，"礼崩乐坏"，制度乱了，于是有孔子出来提倡一种"理想"的"范型"，要"恢复"文武周公的制度。这是孔子的具体政治主张，而他也把这种主张提升到哲学的高度，提出一个"理念-理想"——"仁"，于是有儒家的"仁学"。"仁学"是中国古代类似柏拉图的"理念论"：不是"思想（道德规范）"要符合"现实(人的行为)",而是"现实(人的行为)"要符合这个"思想的道德规范"。和"理念"一样,"仁"是先天的"范型"(ideas, models)。"仁"是"(上天)命定"了的"位置(性)","君君臣臣父父子子",这些位置不能错乱。"仁"是一种有具体意义的"应该","父亲"该做"父亲"的"事","儿子"该做"儿子"的"事",大家都按"仁"的具体要求去做"该做"的"事",则"事"与"事"之间,你做的"事"和我做的"事"之间,就不会发生冲突,天下就会"太平"。柏拉图的"理念"是多数,是有等级的,孔子的"仁"亦复如是;不过,柏拉图从"自然哲学"出来,各种"理念"之上,设定一个"至善",而孔子的"仁"原就出自"道德哲学",他的"至善"就在"仁"的位置,所以说"止于至善","越位"反倒乱了。

在"至善"问题上的中西哲学源头上的区别,导致对于"理想"和"现实"态度上的分歧,于是在学界就有中国哲学重"现实",欧洲哲学重"理想",中国哲学是"入世"的,而欧洲哲学是"出世"的,中国哲学相对于欧洲哲学来说,"超越"不够等等。这都是有一定的道理的。现在,我们不妨换一个角度来看。

欧洲从其文明的摇篮古代希腊开始,其哲学就有一种"忍"的精神,也就是说,对于现实的种种混乱和不合理,采取"理解"的态度,因为"现象"、"现实"本就不是"完善"的,"现实"不是"理想","现象"不是"本质"。这种精神,本不待基督教——特别是新教的"负罪"、"赎罪"观念的"输入",实在是欧洲人根深蒂固的态度。"人"既然是一个"有限的理智者",就得"理解"这个"有限世界"的"不完善性",而把"完善"、"完满"的"理想"置于"彼岸"。现代欧洲的哲学家们都看出来,基督教"需要"柏拉图(新柏拉图)哲学。

我国的先哲孔子的哲学不强调这个对现实的"理解",《论语》中多次表现了他这种"不容忍"的态度,以至于"是可忍,孰不可忍"[①]至今成为中国人的口头语。对于不合理(礼)的事(现实),不能"(容)忍",这是中国哲学的精神,这种精神植根于对于"现实"与"理想"的关系的理解。在中国的传

---

① 《论语·八佾》。

统哲学中，常常认为"理想"该是"现实"的，"现实"也该是"理想"的。这里的"应该"，具有"现实性"，而不是像康德那样只具有"形式性"。

这就是说，我国儒家的道德律令，不是一个抽象的"应该"，而是一个具体的、应执行也是"可执行"的"命令"，它是有"内容"的，它要人"怎样"去做，而不只是停留在"善良的愿望（动机）"上。由于康德这种"善良愿望"并无可执行的、可实现的保障，而且其本身竟然是"不可知"的，他的现实性是偶然的，不是一定的，所以，它对现实之不符合道德，最终只能采取"忍（受）"、"等待"的态度。而我们看到，康德这一思想，和基督的"忍辱负重"、"受苦受难"的精神是相通的，由此阐发出来的"赎罪"的观念也是以这个理路为根据的。在这个理路上，康德在倡导"意志自由"、"善良意志"的同时，却力主"人性（nature）为恶"的悖论，而不像中国儒家从孟子起，就打出了"人性本善"的旗号来，后来虽有争论，但这个口号，倒也已经深入人心。因为儒家深信符合"天命"的"仁"的"应该"具有现实的可行性，所以对于现实的人世，虽也常有不公的、混乱的时候，但最终还是抱有乐观的态度。人活在世上，立功立言立德，是要做一番事业的，而不是来受苦受难的，更不是来"赎罪"的；"忍辱负重"是一时的，"千秋功业"才是持久的。古代伍子胥吹箫讨乞，韩信受胯下之辱，张良圯桥拾履，等等，在中国都是受到表扬的，而并不以"饿死事小，失节事大"的教条去否定它们，其间虽然含有"吃得苦中苦，方为人上人"的处世方术的意思在内，但是这种方术不仅仅限于经验的总结，而同时也有其理论的根据，有一个在"尘世"成大事业的坚定信念作为它的支点。这就是孟子说的，"天将降大任于斯人也"如何如何，这是一种"考验"，也是一种"磨练"，"大任"的实现可望在"当世"，而不必等待，不必积德修善求"来世"与"永恒"。

我们看到，中国古代儒家这种精神，完全不同于世界上任何的宗教思想，也不同于自古代希腊以来的欧洲哲学传统，因为他们也是把至善"寄托"在"永恒"的、"完满"的"理念"上，而大家"容忍"现实世界的纷乱，因为"现实"与"理想"的距离是永不能磨灭的。

这样我们也可以理解，当佛教初传中国的时候为何受到了那样的抵制，甚至惹得"文起八代之衰"的韩愈竟发出类似第二次"焚书坑儒"的议论，"人其人，火其书，庐其居"①。所幸中国还是一个富有"同化"精神的国家，经过很多年的"磨合"，儒家又和佛家相处得很好，各自截长补短，在中国已经融为一体，但是对于佛家人世苦难，罪自前世，而今世积德乃为来世等这些妨碍立功立言立德、建功勋于当今的思想，大半不很认真，只是在失意之时的一个"慰藉"，或者甚至是一种"韬晦"，等待时机，再把那"应当"的"大义"实现出来，"（耻）功名（不）显于天下"（管仲）。

所以，在儒家看来，"忍"是一时的，"小不忍则乱大谋"，而"大谋"的实现是终身的；而按欧洲的哲学和基督教精神，"忍"是终身的，因为现实世界永不会是理想的。在近世欧洲哲学中，尼采是批判这种"忍"的哲学精神最激烈也是最深刻的一个。他的"权力意志"、"永恒轮回"、"超人"这些观念的提出，都和反对这个"忍"字有关。在他看来，我们生活在这个世界上，不是来"受罪"的，是来"创造""价值"的，吾人非为"理解（化解）"（世界之不公）而来，不是设定了一个全能的上帝这个现实的世界就变得"合理"、"可以忍受"起来——当然也包括设定了"前世"和"来世"让"现世"变得"可以理解"起来这种思想在内。现实世界的确是充满了不合理的事，甚至是荒诞的，用不着去"化解-理解"它，不要去"忍受"它，而是要去"改变"它——相信"应该"是会变成"现实"的，"意志"是"创造""价值"的，因而也是"现实"的，它有"实现"自身价值的力量，所以它是"有力"的，不像康德那样是"软弱""无力"的，它是有现实的"价值"的，而不像康德那样只是"形式"的。

尼采批判康德的道德哲学是顺理成章的，但他把康德的道德学说和中国儒家的道德学说等同起来，讽刺康德是"孔尼兹堡的中国人"②，只是一个"批判（评）者"，则是一种误解。这种误解带有普遍性，责任不在尼采，而如果尼采真正了解了中国古代的儒家，则他理应引以为同道。

当然我并不是说，我国儒家竟然和尼采有相同的哲学思想，这当然是不可能的，我只是想说，当尼采勇敢地批判欧洲哲学以及与其已经沟通了的基督教精神时，他走出了欧洲传统，在他出走的路上会"遇到（碰到）"些什么传

---

① 韩愈：《原道》。
② 尼采：《善恶之彼岸》210节。为漓江出版社2000年1月出版之中译，该译本这部分译文有一些问题。

统，是值得哲学史家们研究的课题；正如我们中国近代走出儒家传统会"遇到-碰到"什么传统的问题值得研究一样。

儒家在中国作为主导地位的思想意识已经很长时间了，它的原始的活力逐渐地消磨殆尽，被提倡的往往是它因循守旧的一面，而我们在读《论语》时所深切感受到的古代儒家那种对当时现实世界的"批判"精神，那种不妥协、不容忍的精神，业已丧失殆尽，遂使我国晚近的志士仁人也把尼采和儒家视为水火之不相容，当然也是可以理解的。不过，就我这里遵循的理路来看，我国古代儒家原有一种不屈不挠的使"应该"成为"现实"的精神，他们坚信"现实的""应该是"也"可以是""理想的"；反过来，"理想的""应该是"也"可以是""现实的"。"善"既有"理想性"，也有"现实性"，为此，可以"杀身成仁"，其"意志"可谓"强烈"已极，明乎此，不知尼采作何理论。

从上面这个理路看来，中国传统哲学的精神，在传统与创造、批判与继承、理想与现实这些关系的取向上有自己的特点，研究这些特点，并不是新课题，但是对于这些特点内里蕴涵的哲学的思路，探讨得较少，这就使人容易有一种错误的印象，似乎中国的传统哲学大体还在经验的层次上，其关注的历史承续和现实社会的问题，也还限于经验管理组织的这一方面，对于哲学的深层次问题涉及较少。本文的研究，在于努力研究我国传统思想后面的哲学内涵，指出中国的哲学与欧洲的哲学取向固是不同，但在历史的交接点上，它们的相遇和碰撞，对于哲学的深入发展，大有裨益。

我们看到，欧洲哲学在其源头，也还是对自然和社会的问题加以深入的哲理思考的，后来经过一段抽象化的过程，形式性思想占据了上风，而自近现代以来，不仅自然的问题，而且心理的、社会的问题不断对哲学加以冲击，要求对它们进行哲学的思考。我们注意到本世纪以来法国哲学的独特的发展，它紧密地与社会生活中的问题相结合，哲学深入到社会文化的各个方面，诸如文学、艺术、语言等等，近年更有一些哲学家接纳一些非（正）常现象如犯罪、监狱、精神病、医院等（福科）进入哲学的视野，而其中我认为最值得注意的是前几年刚刚去世的列维纳斯（E. Levinas）。我觉得他是欧洲本世纪把社会问题、人与人的关系引入哲学层次作出深入的、系统的思考的重要人物之一，他的"伦理学-形而上学"的思想，涵盖了欧洲从柏拉图、康德、黑格尔、柏格森到海德格尔的传统而有所发明，有所创造；尽管他本人并不愿意把他的思想与中国（东方）的传统联系起来，但是我们还是可以做这方面的沟通工作。我相信，在我们进一步把握他的思路之后，就会发现，他的"伦理形而上学"比康德的形式性的"绝对（无条件、无待）命令"更加接近中国的传统哲学。研究这个课题，将会有利于更进一步阐发中国传统哲学原有的"形而上"的意义，而对于列维纳斯的"伦理形而上学"也就更会增加数千年的历史性思考的大背景和底蕴，可以说是相得益彰了。

2000 年 11 月 16 日，时当世纪之末，新世纪的曙光已然在望

（原载《中国哲学史》2001 年第 1 期）

京剧的不朽魅力

古典艺术有不朽的、永恒的魅力,这是马克思的意见。[①] 对于马克思这个思想,我们研究、体会得太少了。

"不朽的"和"有(要、会)死的"相对应。马克思说那段话的艺术的背景,是指古代希腊的艺术。在希腊,"不朽的"是指"神(圣)的",而"(凡)人"则总是"有死的";"神"比"人"活得更长,更有生命力。

艺术当然要有生命力,而这个生命力不是个人的,个人的生命总是短促的,但是艺术的生命却可以大于、寿于个人的,在这个意义上,我们说,艺术有永久的生命力,也就是说,只要有人在,艺术总会开显它的意义,总是有吸引力-魅力的。在这个意义上,艺术比个人更"神圣"。

古典的、真正的艺术为什么会比个人的生命更长,更持久?

艺术品作为一件物品,它有物的属性,而它作为艺术性的物品,还有它超出物性之外、之上的文化、精神意义在,这种精神文化的意义,涵盖性大,因而就更加经久。

过去以为,你如果说艺术的意义是永恒的,那么就一定是超时空的,是没有变化的;事实上,艺术的意义具有永久性,不一定就是凝固的,一成不变的,而正是强调了它在时空中的绵延性,只是说绵延有大有小,有长有短。我国古人有很好的词汇来说这种情形,叫大年、小年。相对于一个人,甚至一个

[①] 参见马克思:《〈政治经济学批判〉导言》,《马克思恩格斯选集》第 2 卷,人民出版社 1995 年版,第 28~30 页。

群体、一个时代来说，古典艺术的绵延是大年、是高寿。它不是超时空的，而却可以是跨时空的。

经典的、古典的艺术作品为什么会比一个人、一个群体活得更长？原因当然很多，不过我想，这跟艺术品作为物品却不是直接的实用工具这一特性有关。艺术品因不被直接实用而得享大年。

现在我们回到这次讨论的题目。

过去我们对于京剧常持一种急切的功利态度，因为它不能马上服务于一个社会的目标，就责怪它，并改变它使之适应这个目标。这样的态度和在这个态度指导下所做的工作已经有很长的一段时间了，积累了许多宝贵的经验，也有一些教训。

上海翁思再先生把一百年来关于京剧的各方面的文章选编汇集成册，以王元化先生的研究论文做引言，洋洋两卷，为我们的研讨提供了很大的方便。

在这个汇编里，我们读到我们的前贤在致力于社会改革的同时，对于京剧所做出的判断研究和提出的要求，也看到针锋相对的辩驳和对京剧艺术特性的维护。我们对先辈的激情、敏锐和学养智慧，怀有真诚的崇敬。

作为后代，我们所要补充说的是他们的某些激烈的看法，乃出于把京剧作为古典的艺术当做了一种社会改革的直接的工具，于是就觉得它很不适应；而当时因京剧自身发展的进程，却正处于兴盛时期，这种反差，致使当时推动社会改革的志士仁人，把它作为一种社会风尚来批评，自是事出有因。

京剧的晚出，使其作为一个社会时尚，受到了批评，乃是一个时代的错位，不是一个谁是谁非的问题。

京剧本不仅是一种时尚，因而它也不是社会改革的直接的工具；即使就时尚、工具来说，它是大时尚、大工具，不是小时尚、小工具。

京剧自诞生之日起，就有想把它当成小工具、小时尚的。清朝的一些皇帝大概就有这种打算，推动了一些清装戏。事实上，这个工具并不很灵；而编得好的、有生命力的清装戏也都成为古典、经典的剧目保留、延续下来了。

把古典艺术当做工具不一定表现在要它做一些力所不及的宣传工作，把它当做玩物也是一种直接的功利的态度。从清朝末年到民国时代，就有这种趋向。这对于京剧作为古典艺术的品质来说，危害也是很大的。

新中国的建立，彻底改变了这种情况，京剧出现了百花齐放的局面。当其时也，京剧的各个行当的大演员都还健在，一时间，京剧舞台的确大有可观。

不过好景不长，京剧作为一门古典艺术，也越来越卷入了政治运动之中。起初，京剧还只是任何人不可逃脱的各种运动的一个部分，后来所谓"京剧革命"居然成了浩浩荡荡的"文化大革命"的开路先锋，在思想上，反映了短视的功利主义已经到了极端的地步。

在这个时期，那些前"文革"时期的京剧改良派显得落伍也成了批判对象，当然其中政治因素占主导地位，但是也说明由于工具主义的升级而大多数过去的新文化工作者跟不上了。

京剧作为古典艺术，在这场运动中所受到的伤害大家都有深刻的体会。大演员们失去了自己的演出机会，剧目只剩下八个现代戏。尽管在这几个戏中也有编得好的，现在也成了保留节目，但是大批传统的保留节目，则全都是改革开放以后重新恢复起来的，而此时已是老辈凋零，事过境迁了。

京剧艺术出现了"断裂"。时间、历史是延续的，而断裂就意味着"错位"。

京剧作为古典的艺术，本不怕错位，古典艺术在任何的时代都会具有生命力，问题是要确认它的恰当的位置。如果把它定为一种急功近利的工具，则一切古典艺术只能是"自身错位"的。

从这个角度来看，京剧的问题就不仅是以前大家担心的"生""死"问题，它作为古典的艺术自是要"活"得更长；京剧的问题还在于我们要让它活得更好，更到位。

似乎总有一种想法，觉得京剧如果不普及了，就会逐渐消亡，就会死掉了，于是用各种办法来让它"进入寻常百姓家"。这个用意当然是值得称赞的。

不过我们的社会生活，原就是个大综合，并不是现存的都是现代的，对于那些历史传流下来的东西，我们往往还更加珍惜，即使曾是最实用的东西，譬如那些锅碗瓢勺、坛坛罐罐，绝不舍得再去用它——可能他们也不太适合现代的用途，其中最好的，还要专门把它们收藏起来，为它们建造高楼大厦，专人管理，供人瞻仰。

按你的意思，京剧要进博物馆了？我知道，许多人最恨这种意见，认为是要置京剧于死地，是可忍孰不可忍！

我认为，关键在于我们对"博物馆"有一种偏见，认为进了博物馆就脱离了现实生活，就死了；实际上进了博物馆珍藏起来的东西比我们的日常用具要延续得更长。在你自己家里你想砸什么就砸什么，而到了博物馆，不能动那展品的一根毫毛。我写过一篇文章谈"文物"的意义，也是强调文物比一般的物、日常的物，因摆脱了直接的实用功能，而展现一个更广阔的、更深层的境界。

京剧是表演艺术、舞台艺术，它和一般的文物又有区别，它不是静止的物，它本身就是一个"过程"；"物"通过"空间"提示"时间"，而表演艺术本身就须有"时间"。它的"存放"形式，只能在活的表演之中，于是，在这个意义上，演员就是"存放"这种艺术的核心环节。

有各式各样的演员。我们有歌星、影星、名模可以红极一时；在某种意义上，我们的京剧演员可能红的力度没有他们大，但红的时间要比他们长，因为京剧艺术本身要求他们适应这种古典艺术的训练和要求。我们当然要培养数量众多的京剧演员，以适应各种社会需要；但是更重要的，我们还要培养具有古典艺术修养的大演员，这样的演员不会很多，因此，还要在"少而精"上下功夫。任何古典艺术都是以质取胜。

对于有培养前途的演员，要爱护他们，保护他们，要让他们有一种意识，不一定参加大赛或节庆节目就是头等大事。我看电视时发现过去很有内涵的演员，演《将相和》"负荆请罪"一场，好像是"天霸拜山"那样。据说有些演员还是读过研究生课程的，可见书本的知识，没有现实的市场和名利场的力量大。

并不是反对名利，假清高也是骗人的；就古典艺术来说，要的是大名大利，而不是蝇头小利。大名大利是不是很空洞？其实小名小利才是空（洞）的，所谓"过眼烟云"，转瞬即逝，好像到头来都是"一场空"。

如果我们把自己的工作融入了历史的长河，我们的工作——我们的艺术，就会随着历史时间而绵延不断。梅兰芳已经故去多年，而他的艺术却一直存活到现在，我们大家都相信，今后也会一直存活下去。

这可能就是马克思所说的古典艺术的"不朽性"。

"不朽性"在古代是"神"的特性，是超越"（个）人"的生命的，因而是一种"神圣性";一切古典艺术都具有这种"神圣性",京剧也不例外。

"神圣性"是大功利,不是小功利。如果京剧也是工具的话,它应是"大器"。

近年很少看京剧,说的都是空话,请大家原谅。

2001年4月22日于北京

(原为一个会议的发言稿)

说"诚"

宋儒强调"诚",尝谓走了思孟路线,由外拓而内敛,由客观转向主观,自当可作如是观;然则"诚"要以孔子的"仁"为依据,亦有自身之境界,不是一句"主观唯心论"可以概括得了的。

孔子的"仁"乃儒家之基础核心概念。"仁"讲的是两个"人"或两个以上"人"的关系,这个关系,在古代只能是有等级的,所谓君君臣臣父父子子,天地君亲师,等级的划定,乃是"天命",是"天"定下的,自上而下定的,不可更改。"天命"也有更改的时候——古时候也叫"革命",这时"天"的下面——"天下"就会"乱"一阵。

这样,所谓"仁",或可理解为在"人"与"人"的关系中的"自己"。"守"住了这个"自己","关系"自在其中。"自己"不是西方哲学中的"自我",西方这个"自我"后来弄得很神秘,遂有"我是谁?"之问;或者像康德那样,干脆说它是"不可认知"的。

儒家的"自己",当然也没有那么容易认知,孔子这样聪明的人到50岁才知道"自己"的"天命"——他不可能在现实社会中恢复周礼,而只能做做学术工作,整理古籍以"垂空文"于世了。

"仁"是一个"关系",不是一个"现实"的关系,而是一个"理想"的关系,"仁"是一个"理念(idea)",是社会道德的"理念"。

"理念"不是悬空挂在那里的,它有"能动性",它是"致动"的一个"力","理念""要(will)""实现"自己。"理念""要""(开显)出来",要

"外化"——黑格尔的意思。

孔子的"仁",当然也是要实现的;在如何实现的"过程"问题上,儒家也是遵循"推己及人"、"由内到外"的路线。这就是《大学》里开宗明义的那个意思:格物致知-诚意-正心-修身-齐家-治国-平天下。

"格物致知"的理解有点麻烦。宋儒把它与知识的获得联系起来,好像首先要由物那里得很多的知识,再做诚意、正心的功夫,但宋儒又把"物欲"和"天理"对立起来,前者是要给"灭"掉的。或许,所谓"格物"就是指"物"也有一定的"位置"、"格位"的意思。孔子说到"刑"与"礼"的关系时说,"导之以政,齐之以刑,民免而无耻。导之以德,齐之以礼,有耻且格"①,似乎也是指要积极地摆正各种关系,而不仅仅是不触犯律条,重点还在要教育人民"有耻",因"自己"行事"出格"而感到羞耻。这样,这里所谓"致知"乃是"致""大智慧",而不是"小聪明"。从这个理解来看,"格物致知"和"诚意正心"就不是从知识论跳到道德论的关系,而是一以贯之的社会道德论。

"诚意"、"正心"、"修身"是一个意思。"诚"为"正",而须"修"而得之,"身"即"自己-自身"。

《大学》里又说:"所谓诚其意者,毋自欺也。"好像说的是自己的内心世界,而这个世界,按西方的理论,原则上是"不可知"的,真正的"动机",不是知识论范围里的事,但是儒家认为在道德上是可知的,是你知(自知)、我知、天知、地知的。所以儒家强调"慎独",不仅仅是求得内心的"安慰",不是个人的事,而也含有"他人"的意思在内;"慎独"就不仅是道德上的警告,而且有学理的根据在。

按儒家的思想,"慎独"的学理根据在:"自欺"必定"欺人"。《大学》举了一个感觉上的例子,"如恶恶臭,如好好色","感觉"也是"天"给定的,是"天然"的,硬要把臭的说成香的,也是"逆天行事"。道德(天命)亦复如是。

跟感觉一样,道德的是非,人人心中都有,因为在社会中,人人都有"定位",你的思想和行为,符合不符合这个"位",越不越"位",出不出"格",

---
① 《论语·为政》。

你自己心里明白，他人心里也明白。在这个意义上，"表"和"里"是完全"同一"的。西方哲学里的"思""在""同一"，在中国古代儒家思想中，也是不成问题的。

古代儒家也想到了世上还有许许多多无"位"、无"格"的"小人"在，"天命"弗与，或给予它的就是当"小人"，而这些人的具体工作是统治阶层"分配"的，大半都是去干苦力活计，而"闲居"时就会"为不善"，大概是做了"君子"的事，更加"不善"。于是，道理又归到"慎独"上来。

实际上，"独"只是表面上的，"人"都是在"关系网"中，这个网当然不是经验的，而是理想的、"天命"的，因而有它的超越性，而这种超越又起始于内在性，所以在这个意义上也可以说儒家思想有一种"内在的超越性"。

不过，在古代儒家看来，"内在"和"外在"是"同一"的，或者说，"内在"和"超越"是"同一"的。所以《大学》紧接着说，"诚于中，形于外"。最后，《大学》做了一个日常的比喻："富润屋，德润身，心广体胖，故君子必诚其意。"富人必建豪宅，君子必是仪表堂堂，心大了，体也大。在理想、理念的层次上，内外、表里是同一的。

中国话的一个"中"字，就兼及"内""外"，"喜怒哀乐之未发，谓之中，发而皆中节，谓之和"①。

由内到外，当有一个过程，所以"中"可作动词用；就理想、理念来说，这个过程又是"命定"的、"必定"的，固然在经验的层次，会有许多变数、偶然的因素在内，而在"信念"上则是坚定不移的。

"心""正"了，"意""诚"了，在时间的过程中，必定会"中"。"中庸"之道，乃"必成"之道，"必中"之道。"道"为"路"，是一个过程，是时间，是历史。格物、致知、诚意、正心、修身、齐家、治国、平天下，乃是一个历史的过程。

《中庸》论"诚"，亦重在由里及表，由内及外，"诚"一定会"明"，而不（像西方哲学那样）在"暗中"。"自诚明，谓之性，自明诚，谓之教。诚则明矣，明则诚矣。""诚"自然会"明"。

---

① 《中庸》。

接下来的这段话很重要:"唯天下至诚,为能尽其性;能尽其性,则能尽人之性;能尽人之性,则能尽物之性;能尽物之性,则可以赞天地之化育;可以赞天地之化育,则可以与天地参矣。"这段话涉及到以"诚"为核心的人-物、天-地的关系。

首先,"诚"与"尽性"同一,"诚"落实在"性"上。人有人的"性",物有物的"性","性"就是"天"所"命定"的"品位",不是自然科学研究的"属性",乃是"天性"。"诚"落实到"性"上,乃是"守性",也就是"守中"、"守正",牢牢把握住自己的"性"。关键还在于"尽"了"人之性",也就会"尽"了"物之性"。这里有一层"人"与"物"的关系要体会好。

我们知道,"人"与"物"可以从各个方面来看它们的关系。可以是"实用"的,人利用物的自然属性为自己的衣食住行服务,这当然是非常重要的。为使"物"为"人"服务得好上加好,人们就要好好观察研究把握"物"之属性,以便利用它;这种观察研究把握首先要暂时摆脱眼下的急功近利的欲求,放长线钓大鱼。如果把捉到的动物全都吃光,就不会有"动物学"。于是科学的研究态度,不是急功近利的,但最终还是为了功利的。

当人多(可利用)物少的条件下,人们就要定出一些条条框框来分配取舍之份,规定权利与义务,取之得当——"宜"、"义"。这就是以人的关系来定人与物的关系。人跟物不是一种自然的、科学的关系,而是社会的、道德的关系。不是凡饿了就可以随便拿可吃的东西来吃的。在科学面前,凡可吃的,人人都可以吃;在社会,在道德面前,就不是如此。

儒家的"诚",儒家的"正"、"中"、"心(中心,正中,当中)"等等,说的就是这种社会和道德的"性",而不是自然的"性";是"理性"的,不是"感性"的——我们知道,按康德,经验科学知识必得有感性直观的对象。

在这里,儒家的想法是:只要你自己-人自己把态度端正了,守住自己的"性",即只要自己"诚"了,天下万物,也就会各得其性了。所以,"诚"关系到"人"和"物"两个方面。所以,《中庸》说,"不诚无物"。

这个话说得很厉害,"不诚"居然连"物"也没有了。是不是太主观,太唯心了?可能是,但不那么简单。

关键在于这里说的人和物的关系不是一种自然的感觉性的,而是社会道德性的，在这种关系中，各守其"中"，各得其"正"，这样，社会-天下才能"和（谐）"。

《大学》里有一段话是从反面来说的："所谓修身在正其心者：心有所忿懥（怒），则不得其正；有所恐惧，则不得其正；有所好乐，则不得其正；有所忧患，则不得其正。"这就是说，心与物如果只限于直接的感性的欲求或情感，则不得其"正"，心与物都没有"到位"。将心放"正"了，不是完全不要感性和情感，而是将其升华，从社会道德的高度来看，端正了自己的态度，那么一切也都有其正位。

或许我们可以说，以"君子"的眼光看出来的世界，与以"小人"的眼光看出来的是不同的世界；反过来说，世界向"君子"所"开显"出来的意义和向"小人""开显"出来的，是完全不同的。饥饿的"小人"，凡能吃之物皆"可（以）吃"；而"君子"则不然，嗟来之食，则不得食；推到极处，就有宋儒那句"饿死事小，失节事大"的荒唐之言来，究其初衷，也还是有些理路的。原本说的是两个世界的事。经验世界问的是"事实"的问题，道德世界问的是"应该"的问题。

"应该-道德-社会"是"历史-时间"的事。儒家是讲事物之终始的。在"不诚无物"前面有一句"诚者物之终始"。人有生死，物有始终。"诚"者"成"也，乃是"完成"，也就是"尽性"，"尽"也是"完成"的意思。"善始""善终"是为"至善"。"至善"乃是"致""善"。"止于至善"是《大学》开头就说到的话。为什么要"止"？"止"就是"守"，就是"完成"；"完成"了，就不要再"越位"，不偏不倚，正中而居，也就是"中庸"。

"物"也有"终始"，因为"物"也有"自己"。如果"物"全是我的吃喝实用"对象"，则没有"物""自己"－"物自身"，而只是我的一个部分。从直接的当下实用观点来说，天下万物莫不"从属"于我，"人是万物的尺度"。古代希腊智者这句话，是针对早期自然哲学而发，在经验科学思路的范围内，容易产生客观和主观之间的两极分化和转换，不论怎样，都还是自然的人，自然的物。

儒家讲"不诚无物"，"人自己""诚"了，"物自己"也就出来了。那么，孟子说"万物皆备于我"岂不是大大地违背了这个道理？孟子的道理，确实有自己的侧重不同，但是大思路仍是儒家的系统。《孟子》里在"万物皆备于我"后面紧接着说"反身而诚，乐莫大焉"。而前面紧接着的话，却又正是针对"外求"而发，先说了一个道理："求则得之，舍则失之，是求有益于得也，求在我者也。"下面就是反驳的道理："求之有道，得之有命，是求无益于得也，求在外者也。"① 然后才说"万物皆备于我"这句话。正反两方的话都说了，而孟子的意思显然是倾向于反方的。他的意思是说不要去外求的，所以才有后面"反身而诚"的话。

孟子的意思是：只要你守住你"自己"－"诚"，则不必"外求"，"万物"对于"我"来说，都是"完备"的，"完成"的，"现成"的，用我们现在的话来说，"万物"的"自己"就会向"我""开显"出来，至于"得"与否，乃是"道"与"命"的事，何必孜孜以求。

只是要到宋儒，才说出"万物静观皆自得"这样的话来，其实，主要的意思在先秦诸子已经蕴涵在内。道家的"静观"，在思想系统里的位置，就相当于儒家的"诚"，都是要克服一种急功近利的经验态度，而力求从超越的形而上角度来看问题。当然其中具体的区别，也是值得研究的。这里只是想说明，孟子的"万物皆备于我"正是要纠正一种急功近利的态度，强调的是"反身而诚"，则"我""得"，而"万物"也"自得"。

"静观"不是物理上不动，而是守住自己的"性"，让万物"自己"去"运行"；只有"诚"于中，才能理解"万物皆备于我"，不必求于外，以自己的性，投身于天地之运行中，叫做"赞（助，助产婆）""天地之化育"，而不是"小我"之膨胀；"我"是"赞助者"，而不是"捣乱者"。

这是中国古代哲学的理想和理路，得到这个理路，孟子认为"乐莫大焉"。

2001 年 5 月 17 日于北京

[原载《论证》(2)，广西师范大学出版社 2002 年版]

---

① 《孟子·尽心章句上》。

从屈原的死谈起

屈原才高见忌,披发垢面,问卜于太卜郑詹尹。屈原的问题,似乎要卜士替他做一种选择,何去何从,拿不定主意。问题的提出,似乎是一种意志的自由选择,然而,答案又似乎已经蕴涵在提问之中,似乎是明知故问——不是一个逻辑的蕴涵式,而是意志的决断已经在做出选择之前定好了。于是,屈原的问题,不真的是经验选择,真的拿不定主意,而是一个意志的命定问题,而这种命定,又是屈原作为屈原的自由的体现,所以聪明的卜士,诚恳地说,"尺有所短,寸有所长,用君之心,行君之意,龟策诚不能知此事"。卜士之不做选择,实际上把选择的权利交还给屈原本人。中国的卜士不是西方的上帝。

也有替屈原做另一种选择的,那就是后来太史公记述的渔夫。渔夫以达练的世故和经验的智慧劝屈原"何不随其流而扬其波",说的大概是反话,而实际上反衬了屈原的决断:说明意志的自由,并非经验的权衡,而是置成败利钝、得失利害于不顾的。

屈原的决断,亦即屈原的选择是"死"。

"死"作为一个"自然"的现象言,原本不是一个"选择"问题。"死"无可"选择",不能也不必"选择",人人都"有""死"。人死后不能思想,意味着"自由"的丧失;从这个角度来看,人无权选择"死"。因而不少哲学家,在原则上都反对"自杀"。

然而,太史公又说,"人固有一死",但是"死"有"重于泰山"和"轻于鸿毛"之别。可见,"死"的意义有所不同。当然,这里不是说,凡"自杀"

都重于"他杀"或"自然死亡",只是揭示了"死"有多种意义。因此也是一种决断,一种选择。

这就是说,从哲学的角度来看,"死"有一种积极的、主动的意义在。

然则,"死"原本是世界上最被动、最消极的事情,为什么到了哲学家眼里,居然也会看出"积极性"、"主动性"来,其中的道理,的确需要思考和研究。

从实际的经验上来看,人的"死"有许多不同的情形。据说在原始的时代,先民们不相信有自然的死亡,认为一切的死都是"被杀害-他杀"。"病"是一个"妖魔鬼怪","病死"的,也是被"妖魔鬼怪""杀害"的,故至今仍有"病魔夺去生命"之说。或许,"老"是一种自然现象,中国有"老死"的说法,不同于"病死";但是"生老病死"被佛家置于同等的地位,也是一种"业障"。于是一切"死亡"似乎皆是"被杀"。

大概只有人类智慧发展到一定的阶段,才有"自杀"的现象出现,当然,这种现象出现得也是很早的,屈原就是一个例子。

"自杀"总该有一些"主动"的意义在内了;有人"主动""要""死"。

然而,"自杀"也有各种的情形。"自杀"固然是一种"选择",但是,不一定就是"自由"的"决断",或者甚至可以说,大部分"自杀"竟是"被迫-被动"的。"被迫-被动"的"自杀"只具有"解脱"的意义,也许,佛家理解的"死亡-圆寂"就含有这种意思在内,虽然它不是针对"自杀",而是针对一般的死亡而言的。

真正以"积极-主动"的态度来对待"死"的,在西方源于古代希腊的哲学思考。"苏格拉底之死"乃是包括法律、道德等学科的永恒的话题。

从哲学来说,苏格拉底之死无疑乃是一种"选择",因为虽然他的死不属于自杀,然而,如果历史记载可靠的话,他原本可以轻而易举地逃脱当时雅典的法律制裁的,所以,苏格拉底的死,也可以说是一种"自愿被杀";而且,就哲学来说,更加有意义的还在于苏格拉底发表的关于"死"的议论,它表现了希腊哲学对于"死"的特殊理解。

苏格拉底对于"死"的理解,也有各种的研究,大多侧重在"灵魂"对于"肉体"的"摆脱"上;"肉体"是要分解、消散因而毁灭的,而"灵魂"则因其"单一"而不会毁灭，从而"永恒"。

"灵魂不灭"本是先民们较为普遍的原始观念，希腊或许受到埃及的影响，但在理解上却也有自己的特点。苏格拉底对于"灵魂"的理解，除了一般的"生命"、"气息"这类的意思外，还多少含有一层"理智-智慧"的意义在内。这就是说，希腊的哲学固然受到原始意识的影响，承认灵魂作为整个生命的核心部分会在肉体死后仍继续存在，但是却蕴涵着"理智-智慧"自身的延续性的意思。所以，苏格拉底强调的也是在他的年老的肉体分解死亡之后，他的灵魂得以和古代先贤相会于"另一个"世界，与这些先贤交游，当是其乐也无穷。在这个意义上，从事哲学的探讨，也是一种面对永恒的事业。

当然，灵魂和肉体的差别，在古代还没有达到绝对对立的地步：希腊人对于肉体的崇拜，从古代希腊艺术、体育竞技以及节日的盛典中可见一斑。利用和发展这种思想趋向使之走向极端的是中世纪的基督教。

基督教在长期与希腊思想斗争和磨合的过程中发展了"肉体"为"灵魂"的"枷锁"这一倾向，因而"肉体"就不仅在年老衰败之后会妨害"灵魂"的健康活力，而是在根本上就是阻碍灵魂的，因而人的一生的目标，就是要为了摆脱肉体的束缚而使灵魂得到拯救。人们必须努力克服肉体的一切需求，而使灵魂"纯净"。在这个意义上，"死"乃是净化和拯救灵魂的必经途径。既然人因肉体的需求而有罪，于是人人生而获罪。从生到死，乃是一个"赎罪"的过程，"死"因其终止了犯罪的可能性，因而也是罪的终结。

然而，在基督教的意义上，"死"并不意味着真正地结束一切，在尘世受到污染的灵魂，死后会受到由上帝掌握的"最终"的"审判"。"死"一方面意味着"终结"，一方面又意味着"开始"。"生"意味着活动（生活），"死"意味着活动的终结，是"审判-评判"的开始。在基督教，这个"审判权"不在人"自己"手里，而是在一个超越的上帝手里。

我们看到，虽然基督教认为肉体是灵魂的枷锁，但由于这种最后审判的思想，使得"死"的解脱的意义在基督教那里变得弱化，"死"并不能净化"生"的一切"罪行"，因而，人不能"一死了之"，不能"一了百了"。按照《圣经》，"死"为对"罪"的惩罚，"罪"不可避免，于是惩罚也不可避免。人们对于"死"无可选择。

然而,"死"毕竟为"生"的终结,为一个人的生(活)画上了句号。

"生活"是什么?"生活"是人的历史过程,过程的终结乃是"完成";"完成"什么?"完成"一个"人",他是"什么"人,完成了,"完成"了"一个人",亦即完成了一个人"自己";这个人再没有可能变成"另一个",没有可能变成"异己"。

在这个意义上,我们可以说,"死""完成"了"自己",也"保存"了"自己";而且,只有"死",才是在真正意义上的"保存自己"。

于是,我们看到,"死"作为"完成"和"保存""自己",是经过希腊和基督两种思想磨合的结果,而基督思想的提示,并非可以忽略不计的;只是基督思想以一个超越的上帝来贬抑人自身的意义和作用,同时也就妨碍了对"死"的意义的进一步思考。

如今我们设想,当人们发现并没有一个超越的上帝存在时,作为"保存自己"的"死",又可以具有何种意义?

在没有超越的上帝时,人们会惊讶地看到,原来作为"保存自己"的"死",也是人自身的"决断",人从本是自然现象的"死亡"中看到人自身的意志的决断,看到"决心""完成""自己"的积极的意义;人们会更加清楚地看到,"保存自己"是"保存""自己的价值","完成自己"也就是"完成""自己的价值"。

这个"价值"是谁给的?是"人"自身;谁来"评判"这种"价值"?不是上帝,而是人自身。人以自己的历史创造自身的价值,在创造此种价值的同时,人自身评判这个历史的价值,而"死",可以看做此种价值的完成和最后的总结,也是人自身对此种价值的最终"显现";这个"总结"是人自己做的,无须"他人"代劳,就是上帝也是多余的。

回到屈原的自杀。屈原面临着"抉择",何去何从?就世俗的经验来说,需要审时度势,权衡利弊,做出最佳选择方案,然后再去行事,所谓"三思而行"是也;然则,此种"思",外向于世俗的诸种关系,渔父所谓"随其流而扬其波"是也。跟随这种"思",屈原将成为"另一个"人,他以前的所作所为,在事实上虽不可更改,但在意义上则会很不相同;屈原不"愿意"成为"另一个",他"选择"了"死",从而"完成-保存"了"自己",而没有成为

"异己"。

屈原这个决断,含有"意志",含有"选择",含有"评判",一句话,含有"自由";"死"是"我-屈原""要-愿意"的,我自己下了价值判断,"我-屈原"就是"如此-这般"的一个"人",我不愿意"改变"它,而愿意"完成"它——我断定这个人-我自己是"高贵-高傲"的,不是"卑下-污浊"的。于是,屈原的"自杀",不是一种消极的逃避,乃是积极的肯定,积极的"投入",为万世"立则"。

当然,"是非功过谁与评说"？人一生得失,从一方面来看,不是自己说了算数的,评判当是后人的事情,把这个后人-他人抽象化、绝对化,就会有一个至高无上的"神-上帝"出来。面对这个人创造出来的无上者,人们把"自己""托付"给它,它说你好就好,说你坏就坏。"你-自己"是个"什么样"的人,是它"定"的;然而,一旦没有了这个至高无上的神,"自己"就有了"决断"权,"他人"既不是"神",则其"评判",也并非最后的"裁决"。于是,在这个意义上,"你自己"是个"什么"样的人,又是你自己用你全部的历史"写-决断"出来的——你自己为后世"立"一个"准则":"我"就是这样的,你们"应该"按照我立的则来看待我这个人。

屈原"让-令"后人-他人"如此这般"地来看待、评判他这个人。果然后世遵从他自己立的"准则",世代纪念这位刚直清高的典范。

当然,后人-他人也会有自己的判断,而且各种判断之间常常会有出入,甚至会有矛盾,翻案文章屡见不鲜,然而,因为他人-后人也是人,不是神,这样,我自身立的准则就好像是一个"客观"的对象,不可随(他人之)意"动摇",这个"客观对象""迫使"他人-后人不应(该)随便说话,不应(该)"妄加评论"。我们对于古人的是非功过,不可"随便"褒贬,而是要"实事求是"地、客观地做出负责的评论,大概也就是有这层缘故在内。在这里我们看到,"价值"也会像"事实"那样带有一种"坚硬性";"历史"不是一个任人打扮的小姑娘,而是一个庄严的圣殿。古人因其已经完成了的"自己",永远保留着"发言权"。

从这个意义来看,屈原选择投江"自杀(死)"来"保存-完成""自己"自然具有积极的意义;而扩大开来看,不仅"自杀",就是一切的"死"似乎都可以作如是观，因而都可以从积极方面来看它的意义。

所谓"积极的意义"，暂时并不涉及"死"本身的好坏，而是从完成-保存"自己"这方面来说，它是必不可少的。有了这个见识和觉悟，"死"就变得不那么可怕了，在绝对的意义上，它并不可怕；如果"死"一定要降临，有了这个意识，人们将有可能化被动为主动，以积极的态度对待它，甚至"主动"地"接受"它，把它视作"完成-保存""自己"的必经之途。这种态度，不仅是为了"豁达"，不是"置生死于度外"，恰恰是"置"它于"度"内，只是采取的是哲学的度，积极的度，而不是寻常的尺度，就像那位聪明的卜士对屈原说的，"尺有所短，寸有所长"。

哲学以何种"尺度"来"度量"？哲学以事物自身——"物自身-物自体"的尺度来度量，哲学"思度"事物"自身-自己"。

"思度""事物自身-自己"乃是西方哲学自从近代康德以来的基本问题，而所谓"自身-自己"乃是"自由"——"由""自身-自己"决定"自身-自己"，乃是"自身"的"完成"。在这个意义上，"死"——不仅"自杀"，而且一切形式的"死"，竟然就可以被理解为一种"自由"的"完成"。

所谓"自由的完成"，一方面为"自由"之"终结-结束"，从而是一种"丧失"——丧失"再自由"的"可能性"；另一方面，也是意味着"自己-自由"之"存留"。"完成"意味着"存留"。在这个意义上，古人-死人-他人乃是"自由者"，"历史"乃是"自由者"的"历史"，"自由"的"历史"。于是，关于"死"的问题，正是通过"自己-自由"的途径，进入哲学的视野，与哲学家关注的问题密切相连。

然则，"死"的意义固然在于"完成-保存""自己-自由"，但是我们也要看到，如果真的没有"他人"的存在，则其意义也将化为乌有。"死"同时意味着"生"。"死"对"生"而言，"生"也是对"死"而言。"生""死"固可转化，而转化的环节为"他人"。"他人"为"异己"，但这个"异己"仍是"自由者"。

似乎记得叔本华在什么地方说过，面对亡故者，即使是不认识的，也会有一种"崇高-升华-敬畏"的感觉，其原因大概在于亡故者-死者不但提示了他自身为"完成了的""自由"，而且也提示了未亡者-生者的"自由"。一方面，

"生者"作为保持着经验世界"可能性"的"活人",似乎面对了一个永不可以穷尽的"事物-人自身"。亡者保留了"自己",也保留了他的"秘密"。"自由"对于经验知识来说,似乎永远是一个"谜","生""死"之间有一条"鸿沟",是一种"断裂";但是"生者"作为"另一个""自由者",则"生""死"之间又有一种承续的关系。"死者"对"生者""托付"着"自由",这种"托付",使"生者"感到"负担",感到"压力",感到一种"责任"。"死者"向"生者"展示:既然人人都有"死",于是人人也都有一个最终不可推脱的"自己"。"生者"在为生活奔波,或者机关算尽之后,突然发现,你的所作所为,全都融进了你的"自己"中去。"死"将封存你的一切,你的大全,你的整体,也封存了你的"价值",这个价值会对另一个"自由者""显现"。

如果"生"、"死"都作"过程"观,那么,"生""死"原本为"同一"的过程,在这个意义上,"选择"何种生,也就是"选择"何种"死"。"轻"、"重"、"善"、"恶",原来都在"自由选择"和"自由决断"之中。紧急关头,在于一念;而决断之契机,则系于"过程"之价值趋向。

历史上不乏"自杀者",而伟大的英雄,固然不必非自杀不可;屈原之死,之所以显得更加凝重,更加崇高,乃在于他"生的伟大,死的光荣","生""死"都坚持着"自己"的价值。

2001年10月草于美国,11月5日改于北京

| 哲学作为创造性的智慧 |

——叶秀山西方哲学论集（1998—2002）

需要重新研究克罗齐
——写在彭刚《克罗齐历史哲学研究》出版之际

我们对克罗齐并不陌生，早年朱光潜先生在《文艺心理学》里介绍过他的美学思想。由于朱先生文思清晰，语言生动，他阐述的三家美学（克罗齐之直觉说，立普斯之移情说，布洛之距离说），深入浅出，留心美学的，几乎无人不晓。

或许正因为朱先生著作的影响太大，在那"批判一切"、"打倒一切"的时代，就很容易成了批判的目标；不过，在三家的学说中，被批得最厉害的是克罗齐，这就和克罗齐本人的学术特点有关了。

克罗齐是直觉主义者，而"直觉"与"理性"是对立的，于是"直觉主义"自然就是"反理性主义"；自从卢卡奇把无产阶级哲学和资产阶级哲学之分歧定为"理性"、"反理性"之争后，"反理性主义"也就成了一顶政治帽子，尽管这个界定和卢卡奇本人一起也被批判为"修正主义"的，但"直觉主义"、"反理性主义"始终不是个好东西，这已是铁案如山了。更有甚者，克罗齐还公然直接攻击马克思的历史唯物主义，他成为众矢之的，自是咎由自取。

现代的人，对克罗齐的学术理应加以审视、批评，这是做学问的基本态度；但过去那种"一棍子打死"、乱扣帽子的办法，是要不得的。在那种气氛下，人们描绘的克罗齐有很大的片面性。因为这种极端性和片面性，实际上也为以后的"翻案文章"留下了很大的余地。你光说他"坏的"一面，我就光说他"好的"一面。譬如我们现在可以强调，克罗齐在政治上反对法西斯主义是很坚定的，只是因为他崇高的学术威望，墨索里尼才奈何不得他。在做学问上，他和许多大学问家一样，有一种"活到老学到老"的精神，并不死守他已有的体系，而身体力行地不断精进，等等。这的确是克罗齐的"另一面"，在过去的"批判"中常被忽略掉了。

然而学术的工作并不止于做"翻案文章"。譬如现在我们不能光指出"直觉"也是很重要的，或者"非（反）理性主义"也有一定的激励作用，等等。"翻案文章"对于"纠偏"是有作用的，一定时候也要做，但光做这个工作，对于学术来说，是很不够的。

所以，当彭刚提出要以克罗齐的历史哲学研究作为他的博士论文题目时，我马上就同意了；尽管我对克罗齐哲学的知识还停留于过去批判的水平，给不出多少"指导"，但正可以一起研究、探讨，使自己对这个题目不仅仅限于"翻案"的态度转变。

彭刚在清华文史研究所跟何兆武老师做历史哲学的研究，何老师年事已高，委托我替他进一步帮助彭刚。我首先请彭刚读德国古典哲学的书，这一方面是直接与克罗齐哲学有关的，同时也是我们做哲学的一项基本功。

我们知道，克罗齐哲学是从黑格尔哲学那里"批判"——康德意义上的"批判"，不是我们过去的"（大）批判"——出来的，他有一个"精神"哲学的大体系。这个框架仍是黑格尔的。在克罗齐那里，"精神"也是"活力"、"生命"、"自由"、"创造"的意思。但在"精神"的历程中，克罗齐特别强调"直觉"的作用。"直觉"作为"精神"历程的第一个基础阶段，它不同于"知觉"。"知觉（perception）"是被动的，而"直觉（intuition）"是"主动"的，所以他才说，"直觉"就是"表现（expression）"。

我们看到，被动的"知觉"，比较好理解，它属于"感觉"的范畴，而主动的"直觉"，属于"精神"范畴，就不大好懂了，因此常引起质疑、批评。

然而，"直觉"作为哲学范畴，自从19世纪以来一直受到西方哲学家的重视，当然不完全是阶级偏见所致。

我们知道，差不多和克罗齐同时的法国哲学家柏格森，提出了一个更为彻底的"直觉主义"哲学，他把"直觉性"与"机械性"对立起来，认为前者是活泼泼的、有生命力的，后者则是死板的、机械的。引申来说，"直觉"是

"自由"的、"精神"的，而"机械（器）"则是"必然"的、"物质"的。柏格森的直觉主义当然也受到了我们狠狠的批判，但我们可以看出，强调"直觉"的确是当时西方哲学的一股潮流，自有其思想根源，需要仔细研究，而不是以"资产阶级思想之没落"一句话就可以批倒的。

"直觉"的提出，也是针对黑格尔的——黑格尔是当时的"众矢之的"。我们知道，"精神"活泼泼的生命力，原是黑格尔将浪漫派思想引入哲学的积极成果；但他在改造康德哲学的同时，仍坚持哲学的范畴性、概念性，从"精神"的历史过程（《精神现象学》）回归到"精神"的"逻辑体系"（《逻辑学》）。他认为，这才是"精神"回归到"自身"。尽管黑格尔的哲学体系并不是封闭的，他的"概念"也不是机械的"知性概念"，但"逻辑之必然性"仍然使"精神"在一个"预定"的"轨道"上运行。这对"精神"无疑也是一种"限制"，而"精神"原本是"无限"的。黑格尔的辩证法固可以化解此体系内之矛盾，但不能平息人们怀疑他是否真正理解了"精神"之特质。柏格森将"直觉"与"概念"绝对地对立起来，具有明快、犀利的优点，颇能深入人心。

克罗齐不像柏格森那样绝对，他仿照黑格尔的办法，使"精神"作为一个"体系"，在这个"体系"中，他既以"直觉"为基础，又接纳了"概念"作为"精神"体系的一个环节；但克罗齐这个"精神体系"没有"感觉（官）"世界的地位，他的"直觉"不是"感觉"。这样，"精神"在克罗齐哲学体系里就永远保持着主动性、创造性，保持着自由，而不像黑格尔那样，"精神"要先受感觉世界的"制约"，经过艰苦奋斗，然后才回到"自身"——黑格尔的"精神现象学"。在克罗齐看来，"精神"从"直接（直觉）"的阶段就是自由的、创造的、表现的，而不夹杂任何的被动性。

不管你同意不同意克罗齐的做法，他的观点却有着很大的影响。我们现在相当看重的胡塞尔的"现象学"，它之所以不同于黑格尔的"精神现象学"，正在于胡塞尔将一切感觉经验的东西通通"括"了起来，将一切"死"东西"括"出去，"剩下"的就是那"活"泼泼的"纯精神（pure psyche）"，所以胡塞尔将黑格尔那个"精神的历程"也"括"了出去，强调的是一种"直接性"——一种不借助任何外在手段，不借助任何"死"东西的"直觉（直观）"。胡塞尔的现象学是"活"东西的直接"显现"。我们知道，黑格尔哲学中的"活"东西和"死"东西,也是克罗齐要加以划分的。

那么,既然"精神"是"直接"的、"直觉"的,又何来"历史"、"时间"、"历程"?

我们看到,"时间"、"历史"的问题,是西方哲学中越来越尖锐的一个难题。黑格尔、柏格森、胡塞尔-海德格尔等人都有自己的解决办法,以研究历史问题和艺术问题为重心的克罗齐,更有自己的影响深远的学说、理论。彭刚论文的重点也在于阐述克罗齐的历史哲学,在这方面,他的工作做得很好。

应该说,无论黑格尔或是柏格森等,都是认为感觉世界是机械的、死的,而只有"精神"世界才是活泼的,才有真正的"历史"。"历史"是"人(精神)""创造"的。然而,黑格尔既然把"精神"回归于"概念"体系,那么"历史"就是"逻辑概念"的"历史",这样,历史的"演化"就是逻辑的"推演"。于是,在黑格尔那里,"历史"和"逻辑"是"同一"的。黑格尔的思想自有其深刻之处,这是我们常常很有理由地加以肯定的。

在解决"精神"与"时间"的关系上,柏格森同样具有他一贯的明快性。在柏格森的哲学中,"精神"是与"感觉(物质)"相对立的领域,但它却不是"超时间"的"永恒"。柏格森将"时间"和"空间"也对应起来,"时间"是"精神"的事,而"空间"则是"物质"的事。柏格森这种将"时间"与"精神"联系而与"空间"分隔开来考虑的做法是具有突破传统的意味的。我们知道,在西方哲学史上,"时间"和"空间"都同是"感觉经验(物质)"的方式。古代希腊芝诺的悖论,大家记忆犹新。亚里士多德对这个悖论的反驳,是经验式的,犬儒学派对它的反驳,也是经验的,最终只能从大桶中出来走几步,以实际的经验实在来"证明"运动、时间的真实性。

这种思路,到了康德,有了一个飞跃。康德说,"时空"是"感性"的"先天形式"。"时空"虽然还是与"感性"相关,但已不是一般的存在方式,而是"感性"之所以成为"感性"的"先天条件"。既然是"条件",而且还是"先天"的,当然不能在"感性"之中,于是,"时空"有一种"超越性"。这就是后来海德格尔很重视康德关于"时间(空间)"学说的原因。

"时间"不在"感觉"之中,在哪里?柏格森说,在"精神"中,在"精神"意义下的"直觉"中。在柏格森看来,"空间"是可以分隔的,但"时间"

和"生命"一样，是不可分割的"流"，是"绵延（durée）"。

我们看到，克罗齐的历史哲学建立在他的"精神哲学"的大体系之上，其基本的观念也是强调"历史"、"时间"为一个绵延不断的"流（程）"。

在这个前提下，克罗齐提出了一个著名的论断："一切历史都是当代（contemporary）史。"

最近一个时期来，克罗齐这句话受到很多人的青睐；到底应如何理解这句话，彭刚的书里有专门的研究，我认为他阐述得很好。这里我要说的只是：我们不能简单地照字面来讲，似乎克罗齐认为所谓"历史"只是一些写历史书的人按他本人所处时代的观点对过去时代的一种理解，实际都反映了作者所处时代的意识形态。这样的理解，固然说到了"古为今用"的一个方面，也是很有意义的一种解释，但就克罗齐本人的意思说，恐怕没有抓住要紧的地方。

包括克罗齐在内的这些哲学家，既然把"时间"、"历史"像"生命"看做一个不可分割的"绵延"，则整个"历史"和时间"的发展，的确也就像"一条""长河"。"生命"中的"昨天"、"今天"、"明天"，是"同一"个"生命"，处在"同一"个"时代"；"今人"和"古人"的关系，就其生命、精神的大绵延来说，也处于"同一"个"时代"，这里的"当代（contemporary）"本就是"同（con-）""代（时，temporary）"的意思。这有点像我们宋代邵雍所说的："夫古今者，在天地之间，犹旦暮也。"这样，克罗齐这句话就不仅仅是"古为今用"这样实际的意思所能概括全了的。

"一切历史都是当（同）代史"这句话有一种超越的形而上的意义在内，它出自于"精神"、"生命"的"创造性"和"自身-贯性（绵延性）"，我们把这句话和基督教思想家奥古斯丁所说的，在上帝的眼里人间的"过去"和"未来"都是"现在"这句话加以对照，就可以看到，基督教的"上帝"也有一种"超越"的眼光；不过他老人家是"神"，不是"人"，所以处于与"时间"相对立的"永恒"之位，而人的"精神"，人的"生命"，不是"永恒"的，只是"时间"中的一个"绵延"、"延续"，是一种"持续性"，这也是"精神"－"人"这个"万物之灵"接近"神"的地方。"神"有"神"的"超越性"，"人"有"人"的"超越性"，其"超越"也不失其"大同"。

柏格森在打通"时间"与"自由"上花了很大的工夫，"时间"进入"形而上"的层面,就不再从经验的"计时"方面来考虑,"时间"失去其机械性,成为活泼泼的东西,所以,克罗齐强调"历史"乃是"自由"的"历史",不是"事件(事实)"的机械的关系;"历史"是"艺术",是"精神"不断"创造"的关系,是"自由"的关系。出于对"自由"的重视,克罗齐将"历史"置于"哲学"的层次,正如彭刚所阐述的,"哲学"在克罗齐那里与"历史""同一",所以他管他的"历史主义"叫做"绝对的历史主义",因为"精神"乃是"自由",乃是"绝对"。这当然也是德国古典哲学的传统。

"历史"、"时间"进入哲学,引起哲学思想方式的变革,这是很值得研究的问题,而在这个问题上,克罗齐对黑格尔哲学的批判改造也是我们应该重视的课题;他的哲学体系虽然仍在于"精神哲学"的范围内,与从胡塞尔到海德格尔的现象学-存在论相比,显得有点"传统",但他强调"精神",强调"自由",则不仅当时作为对法西斯斗争的理论根据有相当的意义,就是作为哲学理论本身来看,至今仍值得我们重视研究;而从这种研究中,看出克罗齐(以及柏格森)和海德格尔同为强调"时间"、"历史",但在哲学的旨趣方面所具有的不同,这又是一个很有意义的课题。

彭刚这篇论文写得很用功,所用材料力求准确,并都经过认真分析思考,他的书能有机会出版,必将有助于对克罗齐哲学的全面的了解,从而做出进一步的研究。我趁这本书出版的时候,谈一点自己的看法,求正于读者。

1998 年 12 月 28 日于中国社会科学院哲学研究所

(原载《精神·自由与历史——克罗齐历史哲学研究》,清华大学出版社 1999 年版)

利科的魅力

法国的保尔·利科以86岁高龄应北京大学之邀来华做学术演讲，其时我因事忙，未及前往聆听；所幸隔天来社科院做学术座谈，我自然不能再错过机会。

十多年前，我集中地读过一些法国当代哲学的书，其中包括利科的几本书，还写过文章讨论过他的思想，应是不太陌生的，但因时间较久，而我的兴趣又常在变，所以对他的学说也忘了不少，这次趁机复习了一下。

在当代法国哲学的趋势中，利科不是最激进的一个，但却是基础最扎实、最为博学慎思的一个。当然，我不是说像富科、列维纳斯、德里达他们就没有基础或者学问很浅薄，我只是说相对而言；同时，我也是就利科自己的思想更加注重与传统接续这一点来说的。

比较而言，利科更加接近胡塞尔，而胡塞尔是自觉地把他的现象学和整个欧洲哲学传统接续起来的，他说他的学说是解决了柏拉图当年想说而没有说清楚的问题，是把西方哲学传统的"超越"推到极致的变革，所以并非离开哲学史另起炉灶。利科的工作也是在坚实的哲学史的基础上进行的。

我们知道，利科以他1969年出版的《解释的冲突》闻名于世，可以说，在"解释学"里独树一帜，与伽达默分庭抗礼。那么，在《解释的冲突》里，利科强调的是什么？我认为，利科的工作重点在于把"时间"引入"解释"。由于"时间"的进入，"解释"起了"冲突"，有了"辩论"的基础，有了"辩证法"。

我们也知道，"时间"进入了"哲学"，西方这个来自古代希腊的"哲学"

传统就有了一个"质"的飞跃,而"时间"引入"哲学",更早可以追溯到中世纪的奥古斯丁。

我们也许还可以说,"时间"的问题大概是利科一生哲学思考的重点问题之一。他在 1983 年开始出第一卷的长篇巨著,就以《时间与叙述》(*Temps et Recit*)为题目。可惜这本书篇幅太大,当时我们只有法文原本,我只读了几页就搁下了,但这部书一直是在我的读书计划之内的。我们看到,"时间"和描述、记录它的"叙述",比起传统的"逻辑"、"方位(topos)"、"陈述"、"命题"来,固然是"新"的,但它所要"贯串"的问题,却有深厚的哲学传统和基础,这样才能使"传统"有一个"新"的面貌和方向,而"新"问题也才能在"基础"中生根发芽,开花结果。

在这种理解下,当我听到利科在回答问题时说,他相信从启蒙主义以来的"理性"传统仍须继续研究,不可废弃时,我感到十分的高兴。

就我自己的工作来说,起初我觉得我们脱离世界潮流太久,最需要的是掌握新思想、新潮流,这当然是应该的,什么时候都应该跟上时代的步伐;不过这几年,我又有一种强烈的愿望,想把过去读过或尚未读过的古典著作仔仔细细读它一遍或几遍。我从法国当代诸公,退到海德格尔,退到胡塞尔,退到了康德、黑格尔,我现在读谢林的书读得津津有味。我还计划退到中世纪去,读奥古斯丁、托马斯的书。

我觉得常读古典的书,可以更好地使自己的思路牢牢走在"哲学"的大路上,而不会旁生枝节。

现在是开放的世界,"哲学"所面临的问题和"现象",比以前要丰富多彩得多。我尝想,"哲学"在古代希腊为"metaphysics",跟"物理学"密切相关;后来又跟"心理学"密切相关,有许许多多"感觉"、"印象"、"意识"、"直觉"等等问题;如今高科技时代,大概会有"metatechnology"出来,而社会的问题,大概也会有"metasociology"出来。这些问题,"哲学"都不能置之不问;如何在过问这些问题时仍有"哲学"自己的特色,则是一个问题。

利科是很关心时代的哲学家,他在北大的演讲题目是《公正与报复》,我虽没有去听,但后来得到一份译稿,我读了以后,觉得他的讨论是"哲学"的,而不是一般法学的。

"哲学"从哪里切入"社会"？法国人有一个途径即强调"他者"。当然这个思路是从马丁·布伯来的，但法国人把他更加系统化了，这得力于列维纳斯。利科提到他近年的力作《作为"他者"的"自我"》，据他说也受到列维纳斯的启发。顺便说到，我早就有了这本书的英译本，也只读了几页，读书太不用功了。

我们知道，从康德到黑格尔的古典哲学，强调的是"自我（意识）"，当然也讲主体和客体的关系，尤其在黑格尔那里，已经十分重视"主体""外化（开显）"为现实世界的全过程，蕴涵了深刻的"我"、"他"关系。

现在，列维纳斯强调了"他者"在哲学里的重要地位，以"绝对他者"来理解黑格尔的"绝对理念"、"绝对精神"，以至来理解"神"；"他者"不是"另一个""自我"，这一思想深入人心，使他的"社会"高于"个人"，"社会"、"他者"进入了"哲学"的核心地位。

然而，古典哲学讨论"自我"的那些深刻的问题，并没有被搁置，而是在另一个层面上得到阐发。"社会"和"他者"不能仅仅是一些抽象概念，因为古典哲学里的"人"原本也不是抽象概念。

从康德到黑格尔，"自我"不是经验的"我"，而是"自己"——"自在之物"。我们在读康德的《实践理性批判》时产生一个问题：如果在这个"理性的王国"里，人人都是"自由-自己"，那么如何协调众多"自由者"的关系？

列维纳斯有一个高出于"我"的"他者"，利科则有一个"第三者"——这就是社会法制的根据所在。"报复"的尺度要由这个"第三者"来裁决。

我们知道，"公正"是伴随着哲学的一个永恒的话题。在远古希腊的神话中，有所谓正义之神来平衡人间的砝码。"杀人偿命"、"一命抵一命"是天经地义的。然而，自古以来，人们也意识到，高层次上的"公正"、"正义"，不仅仅是维持天平（秤）上的砝码（斤两），所以到柏拉图、亚里士多德已经分了一些等次；而中国古代儒家也就有了"忠恕之道"，"恕"者意味着砝码不一定对等才叫公平。于是，"报复"、"暴力"、"强制"等等，不能在"公正"的表面旗号下维持形式的"对称（对等）"。

"自由者"之间的关系不完全等同于"自然者"之间的关系。

当我看到利科这个演讲题目时，我估计到他大体会怎样说，因为他讨论这个问题有他的哲学基础,所以尽管我对这个问题一无所知,但切入的方向还是可以把握的。顺便说说,利科在我们所里回答问题的主要内容,倒也没有完全出乎意料之外的,说明我们过去对他思想的了解不离大谱,所写文章也没有太多的误导读者的地方,或可聊以自慰。

我在 1988 年英国的布赖顿会上见过利科,但那次会上会下人山人海,印象不深;这次见他虽然年事已高,但精神矍铄,思维缜密,尤其是他从"生"的角度阐述海德格尔的"趋向死"的观念,动情地说要跟下一代人一起活下去,可谓得海氏思想神髓,令我激动不已。

1999 年 9 月 27 日于中国社会科学院哲学研究所
(原载《利科北大讲演录》,北京大学出版社 2000 年版)

"哲学"须得把握住"自己"
——从海德格尔解读黑格尔《精神现象学》想到的

黑格尔《精神现象学》出版于1806年，在一个新世纪的开始；海德格尔关于黑格尔《精神现象学》的课，开在1930年到1931年之间，而他的《存在与时间》则在三年前已经出版，大体上也可以说是20世纪初开始时的作品。从黑格尔《精神现象学》算起，两个世纪快要过去，我们现在又处在一个世纪交替的时期，"哲学"也似乎又处在一个需要瞻前顾后的关口，于是研究一下我们的前辈大师是如何进行这项工作的，自是一件颇有兴味的事。

一

黑格尔《精神现象学》是他自己哲学思想体系成熟的标志。我常常感到，一个哲学家，在他第一部阐述自己独特思想的作品中，其思想发展线索往往是最清晰也是最活跃的，因而对我们的学习和把握来说，也是最重要的。这是一般来说，当然也有例外。

如我们大家所熟知的，黑格尔的这部著作是针对谢林的，而在此之前，黑格尔的哲学在谢林的大系统下。黑格尔在什么问题上和谢林分道扬镳？我们也知道，在辩证法问题上。黑格尔强调了"绝对哲学"、"同一哲学"必须从"辩证法"的角度来理解。

于是，什么叫"绝对"、"同一"还有"辩证法"等等这些问题就又需要我们进一步加以阐明。我现在要预先通告的是，我们一旦弄清楚了这些问题以后，就会发现，原来这些问题的确竟和"哲学""本身（自己）"密切相关。

中文译成"绝对"的这个词——absolute，大概来源于拉丁文 absolutus。这个词的词根为 solutus-solvo，是"解开"、"松开"这类意思。由此引申出来，可以理解为"摆脱外在关系"、"保持住自己"的意思。在这个意义上，所谓"绝对"，就是"自身"、"自己"的意思，所以西方人常以"absolute"来译古希腊哲学中的"ὁ αὐτός"，也是很贴切的。

这样，所谓"绝对哲学"，我们就可以理解为"哲学"必须以"自己-自身"为立足点和核心。"哲学"要以"自己-自身"为"出发点"，并以"自己-自身"为"归宿"。

为什么要说这样"玄"的话？这倒不是哲学家故弄玄虚，而是的确有些问题存在，不得已才说那样别扭的话的。

一切的"学科"或"科学"都以寻求"真理"为目标，"哲学"也不例外。然而，各门具体科学都有各自的"对象"，将这个"对象"弄清楚，就是掌握了这个"对象"的"真相"，得到了"真理"，于是，各门科学都要和各自的感觉材料打交道，积累经验，进行分析综合，用脑筋思考，这样使自己的判断符合实际的情况。这样，一切科学都离不开感觉经验，都要从感觉经验"开始"。然而，"哲学"从哪里"开始"？从"感觉经验"？我们知道，英国的休谟早就相当有力地指出了，即使是对一般的经验科学来说，这条路也不大好走。

为了解决休谟的问题，康德很费心力地指出了科学知识不是光从"感觉经验"开始，而且还有"超越感性"的"直观形式"和"范畴形式"同时作为"科学知识"的"来源"，这样，休谟的问题才能解决。

我们看到，在解决休谟的问题上，康德的功劳很大；但是，我们再一想，康德只解决到"经验科学"这一步，"哲学（知识）"又复如何？

"哲学"和一般的"经验科学"当有所不同，它似乎是一个"包罗万象"的"科学"；但是我们不可能在"穷尽"一切的经验以后再来做哲学。"哲学"从什么地方"开始"？

如果"哲学"真的有一个不同于"经验科学"的"开始"，它似乎就只得从其自己自身"开始"。我们刚才说过，所谓"自己自身"就是"绝对"，于是，"哲学"就从"绝对""开始"。你看，这个理路你可以不同意，事实上至今尚有许多人对这个理路提出批评，但你得承认，它还是有自己的理路的。这就是说，哲学必须从自己自身开始，从"绝对"开始，"哲学"必须"绝对地（absolutely）"开始。而所谓"绝对地"开始，也就是"摆脱"一切"经验（在感觉的意义上）的"开始，即"超越地"开始。"哲学"起于"绝对"，亦即起于"超越"。这个思路，应该说，是康德尚没有清楚地引导出来的；康德以后，费希特已经有所揭示了。

我们知道，费希特在1794年，也就是在18世纪到19世纪交替的最后几年里所发表的《全部知识学的基础》中，曾经指出了"A是A"这一命题的哲学意义。他说这个命题不论"A""存在""不存在"都是"真"的。"A是A"在逻辑上是"同语反复（tautology）"，或者叫"同一命题"，而这恰恰是哲学的最基础的命题。哲学要从"绝对"、"自己"开始，也就得从这个命题开始。哲学作为科学，当然要问"是什么"的问题。不过这个问题在哲学里不是问在感觉经验上是个什么东西，不是问"是不是日月山川"，也不是问"是不是中子、质子"，而是问，"是不是它自己自身"。哲学的前提和出发点在于肯定"它就是它"，"它"自己自身"同一"。

这个思路，后来谢林发展为"同一哲学"，也就是"绝对哲学"。

二

那么，又是什么东西能够担当得起"绝对"这个称号？我们知道，世界上万事万物都是在各种的"关系网"中，万物总是既是自己又不是自己，哪里有什么永远保持住自己的。

我们也知道，黑格尔那个时代的哲学家、诗人或者文人，都觉得"精神（Geist, spirit）"、"理性（Vernunft, reason）"不"在"万物之中，"不在三界之内"，具有与众不同的特点。这种观念，就历史渊源来说，可以直追苏格拉底，但在黑格尔那个浪漫主义的时代，更加泛滥起来，这当然也有其历史原因和理路上的道理在。

在他们的理解中，"精神-理性"比一般的"理解力（Verstand,

understanding)"要"高级"。一般的"理解力"是要受"感性世界"的制约、支配的,譬如我们对一朵花的认识,总要先看看这朵花是个什么样子,什么颜色,然后闻闻它的气味,再一步一步地深入下去,我们总是要依靠感觉,在这个意义上,有相当的"被动性(接受性)"。康德的《纯粹理性批判》,也不能将感觉的环节完全抛开;然而,比理解力更高级的"精神-理性"就不同。它不是从感觉、感性"开始",而是从"精神-理性"自己自身"开始",而似乎可以不借助任何"感觉材料(sense data)"。

"精神"是主动的、能动的,它不需要任何外在的感觉、感官的"刺激",它是"自动的";"精神"为"生命",它的"力"完全发自"自己自身"。这就是说,"精神"并不是受了什么"刺激"才"动"起来,这种受外界(或者是内里的感觉)刺激而动的,只是一种感性的"欲望",譬如饮食男女、寒暑凉热之类的皆是;"理性"则有一种独立自主的"超越性",而不受感性世界的支配。这是康德下过很大工夫来阐述的。这样,我们看到,只有"精神-理性"才是"绝对",才是完全从"自己自身"出发,而无需任何外援。在这个意义上,所谓"绝对哲学",就是"精神哲学"、"理性哲学"。

既然"精神-理性"无须借助任何外在感性条件,则它也是惟一能保持"自己自身""同一"的东西。"精神-理性""自满自足","精神-理性"就是那个"自身同一"。于是"A是A"为"精神-理性就是精神-理性"。"哲学"坚持了"精神-理性",就是坚持了"自己自身"。

三

黑格尔的哲学一直在这一条思路上。黑格尔坚持着"哲学""自己自身"的"出发点",坚持着"哲学"的"独立性"。"哲学"始终保持在"超越"的领域里。这一点对于黑格尔来说,也是不能动摇的。

然而,黑格尔的《精神现象学》比谢林的"同一哲学"增加了新的因素,由于这个因素进入哲学,使哲学有了一番新的天地。黑格尔将辩证法引入"同一哲学"、"绝对哲学",同时也就将"时间"、"历史"引入了"哲学",开创了"辩证法"、"历史"、"逻辑"相统一的新天地。

问题还得从"A 是 A"说起。在黑格尔看来,这个"A 是 A"不是马上直接"同一"的。如果把"A 是 A"仅仅理解为当下直接的"同一",那么这种"同一",是非常抽象的,只是一种"形式",而缺乏"内容"。从形式上看,主词"A"和宾词"A"是同一个"A",但就内容来看,却是不同一的,宾词要比主词更丰富、更具体,或者说,"宾词"与"主词"原本为"一",但"宾词"却丰富了"主词",这样,这个命题才有意义,否则,单纯"同语反复",宾词不能为主词"增加"任何新含义,就不能推动知识进步,这乃是康德早已指出过的。然而,主词和宾词的确又都是"同一"的 A,怎么办?黑格尔说,这就不是康德的形式主义所能解决的,是"形式逻辑"所不能解决的问题。而这正是哲学问题的症结所在。原来,主词的 A 要"经过"一个辩证历史的"过程",丰富自己,发展自己,又回到自己自身,虽然还是那个 A,可是在丰富性上则大大"不同"于那个作为主词的 A。在这个意义上,对于两个"A"的"不同",后来海德格尔叫做"本体论(存在论)"的"差别"。

按照我们前面说的,这里这个 A,是"精神-理性"的代表,于是,作为宾词的"精神-理性"和在形式上作为主词的"精神-理性"虽仍是"同一"的,但内容上却大大地丰富了、具体了。这就是说,在黑格尔看来,"精神-理性"保持"自身同一"不是直接的,而要有"中介",要有"过程"。"精神-理性"从"自己自身"出发,历经沧桑,然后回到"自己自身","精神-理性"回到自己的"家园"——它原是从这里出发的,回到了"自己"。譬如一个人,从自己的家乡出发,去"闯天下","功成名就"之后,回到自己家乡,"我还是我",依然故我,但后面这个"我"和前面这个"我"在生活经历上自是大不相同,不可同日而语了。后面这个"我",才是"完成了"的、"成熟了"的"我"。"精神-理性"就像那个周游列国的苏秦那样,不只一次地从自己的家园出发,也不只一次地回到自己的家园,苏秦仍是苏秦,但两次的情形却大不相同,所以才感慨万千。

总之,我们看到,这个"过程"十分重要。那个第一次离家出走时的苏秦还不是"真"苏秦,甚至第一次回家的苏秦也不是"真"苏秦,只有"到了(到时候——Punktualität,punctuality)"第二次回到家里,苏秦才是"真"苏秦了。可见这个"真",是在这个"过程"之后,所以黑格尔才有那句名言,"真理是一个过程","真理是一个全"。

在这个意义上,"绝对哲学"、"同一哲学",就不仅仅是"精神哲学",而且还要"加上""现象学(phenomenology)"。"精神"不仅是一个"概念",而且要有丰富的"现象";经历了"现象"的"概念",就不仅是"形式",而且有了"内容"。在这个意义上,与"形式"对应的"内容",黑格尔用"Inhalt",而不用感觉经验性的"Material(质料)",这是大家都知道的。

于是,黑格尔的任务就不仅要坚持"精神-理性"的"同一性"、"绝对性",而且要让这个绝对、同一的精神-理性"进入"现象界。因为"精神-理性"处于"现象"的"高处",所以黑格尔把这种"进入"叫做"下入(fallen, fall)",这有点像"天使""坠入""人间",也有点像我们过去的"下放(劳动或基层、农村)"那样,当然是"主动要求"的。和我们"人"一样,"精神-理性"要到"现象界"去磨炼一番,要克服许许多多的艰难险阻,以便"完善""自己"。

四

我们看到,黑格尔这一套思想,海德格尔给予了很高的评价。我们还记得,海德格尔给出评价时,已是1930年。那个时候,黑格尔哲学早已受到了猛烈的攻击,被认为是一条"死狗";然而,20世纪以来一直保持着自己巨大影响的海德格尔,却很明确地说:"人们大谈黑格尔哲学的没落……但并非黑格尔哲学真的解体了,而是他的同代和后代没有能力去估价其伟大之处,却只是对黑格尔上演了一出'暴动'活剧。"[①]

海德格尔对黑格尔哲学之所以作出如此高的评价,是因为他在黑格尔哲学中看到了与他自己思路的共同趋向:要在"现象学"中,坚持着"哲学""自己自身",即在现实的"现象"中把握住"本质(Wesen, essence)",在实在的经验世界中保持住哲学的"超越"。

以后发表的海德格尔的《黑格尔的"精神现象学"》虽是当年上课用的一

---

① 海德格尔:《黑格尔的"精神现象学"》,《海德格尔全集》第32卷,第57页。

个讲稿,但它是写成了文的,所以也可以说是一本著作。和他的《康德书》(《康德与形而上学问题》)一样,是仔仔细细地在做学问,逐章逐段地分析研究,时有评说,而主要是通过对黑格尔自身学说的阐述来表示自己的观点。海德格尔这本书,包括了黑格尔《精神现象学》前半部的大部分问题,从"导论"经"感觉的确定性"到"知性的力度"至"自我意识(或意识自己)",都有细致的研究,学术性也是很强的,是我们研究黑格尔哲学必读的参考书之一。

海德格尔这本书对黑格尔《精神现象学》研究得很细,我们不能在这里一一介绍;在读完这本书后,我们有一个总体的印象:海德格尔在这本书中,一方面强调黑格尔对于哲学的贡献,另一方面也要强调他自己的思想和黑格尔的分歧所在,尽管这种分歧在他的《存在与时间》的最后,已有专门的部分阐述过。我们将会看到,海德格尔这两层意思都与"哲学""自己自身"的问题有关,这里我们拟略加论述。

五

一般强调一下黑格尔哲学的贡献是比较容易的,海德格尔在这个方面似乎有一个表面上相当具体的事实问题想弄清楚。这就是海德格尔以较多的篇幅论述了黑格尔现象学和他的老师胡塞尔现象学学派的区别。

在这个问题上,海德格尔在这本书中点名批评了尼古拉·哈特曼(Nicolai Hartmann)。我们查到哈特曼在他的两卷本《德国唯心主义哲学》中谈到黑格尔《精神现象学》时,强调"现象学"问题是一个"永恒的任务",黑格尔不是第一个也不是最后一个"现象学"者,并明确指出"我们现今(heute)叫做'现象学'的,本质上(wesentlich)就是精神现象学"[①]。

哈特曼是稍长于海德格尔的同时代学者,他对德国哲学的传统有精湛的研究,著作很丰富。据说他开的课少,学生少,所以影响没有海德格尔大,这当然是表面的原因。我们读他的著作,为他的博学严谨所慑服,但感到美中不足

---

① Nicolai Hartmann, *Die Philosophie des deutschen Idealismus* Ⅱ. Teil, 1929, Walter de Grunter & Co., S. 96.

的是缺少了一点创造性，从而缺少了点思想性，他是偏重传统一点的哲学家，自不可和海德格尔同日而语。

不过，哈特曼关于黑格尔现象学和胡塞尔现象学之间的关系的论断，倒没有什么特别之处，至少既读胡塞尔又读黑格尔的书的人，往往会有这个印象。我们知道，胡塞尔的现象学同样也是把本质和现象结合起来，强调"本质直观"、"直观本质"，强调"理念"，只是不强调黑格尔的"辩证法"，所以胡塞尔的现象学着重在一种"直接性"。不管有没有文献材料的佐证，这个思路应该是一致的。然而，海德格尔却狠狠地批评了这种做法，强调胡塞尔现象学和黑格尔的不同，其意义何在？

在我们阅读海德格尔这本书的时候，我们有一个不成熟但又不容易摆脱的印象，好像海德格尔的意思，不完全在于强调胡塞尔比黑格尔高明的地方，相反似乎是在强调胡塞尔不如黑格尔的地方。海德格尔的意思是想说，胡塞尔过于将"经验"、"直观""下放（下降）"为"经验科学"，因而，他的所谓"直觉"——"现象学直觉（phänomenologische Anshauung）"就有一种"经验主义"、"实证主义"趋向，与黑格尔"精神现象学"完全不同，在这个问题上，海德格尔特别点了胡塞尔的名，并捎上了舍勒（Max Scheler）①，意味着在海德格尔心目中，胡塞尔以及他的一些学生们，在最近（当时）一个时期，在"经验"、"实证"这个道路上走得太远了，"哲学"有"失去""自己自身"的危险，而黑格尔却牢牢地把"经验"、"直觉""保持于""精神"、"绝对"的范围以内。

我们现在暂不研究胡塞尔"现象学"作为一个学派或一个"运动"，有没有过多的"经验主义"、"实证主义"倾向，我们也可以说，海德格尔这个批评是欠公允的；我们的注意力暂时先集中在，海德格尔强调的"经验"、"直觉"要在"精神"、"绝对"亦即"超越"、"本质"的意义上来理解，原本是"哲学"——或者说，那个时代的"新哲学"——所必须面对的问题。

当时"哲学"面临的问题是："哲学"不能像过去那样"抽象地"走下去，"建构"一个抽象的概念体系；"哲学"又不能像经验实证科学那样以"感觉材

---

① 见《海德格尔全集》第32卷，第29页。在这里，海德格尔点到哈特曼，明显地指该书第66页注1的那段话。

料（经验直觉）"为依据，来作为"自己"的"出发点"和"归宿"。不仅如此，"哲学"还不能像康德那样，把这"感觉材料"与"形式范畴""结合"起来，因为这两者的"结合"，仍在"经验科学"范围之内（按胡塞尔创建自己的现象学时的原意，也是应该"括起来"的）。现在的问题不是要把两个不同的东西"结合"起来，而是要阐明这两者原本出于"一源"。这样，"哲学"才不至于在"既……又……"中寻求一条"捷径"——这是海德格尔在这本书里明确批评了的——而是从纷繁复杂的"现象"中，经过艰苦的经历，看出这些现象的"本质"，看到它们的"根据"。这样，"哲学"才有了"自己自身"的"出发点"和"归宿"。

六

黑格尔的《精神现象学》正是将"现象"的表面的"出发点"——"感觉的确定性"作为形式上的"开始"，然后在这个"开始"中，同样揭示了就在这个领域内"哲学"仍以"精神-理性"为"归依"和"根据"。

在近现代哲学史上有一个问题常为我们所忽略，这就是对于"感觉-感性"的一种哲学性理解，常常被人们混同于一般经验性的理解；而我们看到，西方近现代许多哲学家的努力，恰恰是在于把"感觉-感性"的问题接纳到哲学领域里来，使它不仅具有通常经验的意义，而且在哲学的领域也占有一席之地。

这种做法似乎也是从康德开始的。康德的（科学）知识论从"感觉经验"开始，说到"知识"总要有一定的"被动性"、"接受性"，这是康德"适应"常识经验的一面；然而，康德哲学主要的工作是着重阐述"（科学经验）知识"之所以可能的"先天条件"。这样，康德知识论最先面对的问题就是那些杂乱无章的"感觉材料（sense data）"又是如何成为了我们"知识"的"对象"的。这就是那些"感觉"之所以成为"感觉"的"根据"，康德说，它们是"时间"和"空间"。这是研究西方哲学的人都知道的；我们在这里需要特别注意的是："时间"和"空间"在康德看来不是"推论"出来的，不是"逻辑"的，而是"直接"的，"感性"的。于是我们看到，康德既说"时空"为"知识"之"先天（直觉）条件"，则"直觉-直观-感觉-感性"这类东西同样可以进入"先天-超越-哲学"的范围-领域。对康德哲学这个特点的把握，我们也得力于海德格尔的《康德书》。① 不过如上所述，在康德哲学里，感觉的先天条件和感觉材料还是被分割开来的，所以我们称它为"二元论"。

这个问题到了黑格尔那里，就彻底得多了。海德格尔注意到，黑格尔在阐述"感觉的确定性"时，从不涉及"感觉材料"和"感官（Sinnesorgan）"。海德格尔说，黑格尔提到了"视（Sehen）"和"听（Hören）",但未及"眼（Augen）"和"耳（Ohr）"，而这些感觉材料，按海德格尔说，当时的现象学者至少是要提到的。②

当然，任何人——包括哲学家在内——也不能否认感觉材料对人的感官的作用，黑格尔和海德格尔也不例外。然而，我们的问题在于如何来理解哲学的问题，"哲学"不从"感觉材料"或"感官""开始"，但哲学也不是将它们撇在一边来"构架"一个"空中楼阁"。哲学对"感觉-感性"有"自己自身"的理解。黑格尔在"感觉的确定性"中看到了"精神-理性"的作用："精神-理性"并不能从"感觉经验"里"概括"、"综合"出来；相反，"感觉经验"之所以成为"感觉经验"，其"根据"和"理由"恰恰正在于"精神-理性"。"精神-理性"为"感觉经验"之所以成为"感觉经验"的"理由"、"根据"——"先天条件"。于是，在这一点上，黑格尔的思路和康德一脉相承，他们都要为"感性-感觉确定性"在哲学里找到确定的位置，而不仅限于从"感觉材料"或"感觉官能"上来考虑。

当然，在这个问题上，黑格尔比康德在思考上要深入得多，在内容上要深刻得多。

黑格尔首先分析了"何谓""感觉确定性"的"这（个）(Dieses, this)"。一方面，"这（个）"是很具体的，指当下的一个感觉对象，但同时它又是很抽象的，它暂时还不问"这（个）"是"什么"。在这个意义上，这里的"这（个）"又具有"普遍性"，而"普遍性"是"精神-理性"作用的结果。于是，看起来非常具体、非常感性的"这（个）"，仍然有"理性-精神"的作用在内。

---

① 这方面的问题请参阅笔者《论海德格尔如何推进康德之哲学》一文。
② 参阅《海德格尔全集》第32卷，第76页。

同时我们也看到,"这(个)"是由语言来表述的,而语言可以使人"摆脱""感觉材料",使得我们在说"这(个)"时,有"脱离"具体感觉对象的可能性。在这个意义上,"语言"虽寓之于"声",但却不"止"于"声"。于是"听"到"语言(话)"和"听"到"声音"是绝不相同的。海德格尔注意到,黑格尔认为"语言"有某种"神圣性",因为它本属于"精神-理性"范围,它与"绝对"为邻。

这样,在这里,在黑格尔的《精神现象学》里,一切都在"精神"的笼罩之下,所谓"感觉的确定性"也不例外。从"精神"的"历程"和"辩证的发展"来看"感性直观",是黑格尔哲学的重要环节。我们看到,无论从这本《精神现象学》还是从后来的《逻辑学》或者他的全部哲学体系来看,"感性的直观"在他的哲学中,在他的"绝对"中,都有自己的地位,而不同于一般经验科学的"感觉材料"。

同时,西方哲学发展到海德格尔的时代,"感觉-直观-直觉"在"哲学"中的地位又有越来越重要的趋势。如果说,黑格尔固然重视"感觉-感性"在"哲学"里的地位,但他毕竟还是把它放在了较为(或最为)低级的层次,是作为他的"绝对哲学"最低的部分来对待的;可是在克罗齐、柏格森等人的哲学中,就具有更为重要的意义。克罗齐对"直觉"的重视程度可以让人叫他"直觉主义者",不过他倒还是像黑格尔那样把他的"直觉"放在低级的阶段;柏格森就彻底地把"直觉"抬到了"哲学-形而上学"的核心地位来。由于柏格森的工作,"直觉"在"哲学"中的地位似乎变得"牢不可破"起来,因为在他的哲学中,"直觉"和"感觉材料"绝无"混淆"之可能。

我一直感到,海德格尔的思想似乎深受这个思潮的影响,甚至胡塞尔之强调"显现"的"直接性"都有这个思潮的影子在内。这样,海德格尔在研究黑格尔《精神现象学》时,特别重视揭示"感觉确定性"之"精神性",就很好理解了。我现在引用他的一段打了许多重点号的话,来印证我的说法:

> 黑格尔对于"感性(Sinnlichkeit)"之解释的创造性(Das Unerhörte,从前没有听说过的)在于:问题的全部关键是他完全从精神(ganz aus dern Geiste)并在精神之中(im Geiste)来理解"感性"的。"感性"是

在精神中并是为（für diesen）精神才显现的（zur Erscheinung），而这是把握黑格尔如何理解感觉确定性之显现的惟一方式。①

七

在这本书的最后，海德格尔强调了他在《存在与时间》中表述的思想与黑格尔哲学的原则区别。这个问题是研究海德格尔哲学时常常会碰到的，因为它们之间的确有许多相像的地方，而正由于此种寻求"哲学""自己自身"特点的执着性，以及两人都努力以"哲学自身"来把握、理解大千世界的不断追求的精神，使海德格尔对黑格尔哲学作出了极高的评价。然而，在我们注意到他们之间的某些共同精神时，我们也同时注意到了他们在把握"哲学自身"的方式上是不同的，他们各自的方式都明显地带有各自的时代特色。

海德格尔在批评把他的思想与黑格尔混同起来的时候所表现的那种讥讽的态度，意味着当时这种误解还相当普遍。他甚至说道，"长期以来哲学史家所玩的这套把戏"是"最容易的（Denn es ist auch das Leichtest）"②，而事情又是关乎他的《存在与时间》的"原创性（Originalität）"③，则更不可不辩。

问题的关键还是出在"时间"和"存在"的关系上，而关键的关键，更在于对"时间"的理解。其实，前文我们已经说到，海德格尔在《存在与时间》里已经指出过与黑格尔的分歧所在，专辟一节阐明此事，在专论黑格尔《精神现象学》的讲稿里，又在最后专门论及这个问题，可见这个问题在他心目中的地位。他对黑格尔的批评主要集中在：他认为黑格尔把"存在"与"时间"的位置弄颠倒了。他说：

在这个话题上，我们可以总起来说：（对于）黑格尔——存在（无限）是时间的本质（Wesen）。（对于）我们——时间则是存在的原始性本质（das ursprüngliche Wesen）。④

---

① 《海德格尔全集》第32卷，第76页。
② 《海德格尔全集》第32卷，第208页。
③ 《海德格尔全集》第32卷，第208页。
④ 《海德格尔全集》第32卷，第211页。

我们看到，对于黑格尔哲学，海德格尔仍在做"颠倒"的工作。

黑格尔从一个抽象的、起初是空洞的"精神"出发，经过各种"磨难"，历尽千辛万苦，回到自己自身，此时"精神"得到"充实"，于是集真善美于一身——"充实之为美"，"充实"之后的"精神"才是"真实的"、"完成了的"、"实现了的"、"具体的""精神"。这一思路，有几点值得我们注意。

一方面，这个思想表明，"精神"是"自动"的，并不需要"外在"的感官刺激自己就"动"起来。这个意思，就和那种把"心（精神）"理解为"一张白板（纸）"不同，而是把心和精神理解为"生命"，是自己"向外扩张"的"生命"。在黑格尔叫做"精神的外化"。

从这里，于是又出来另一个问题："精神""外化"成什么？我们看到，"精神外化"为"非精神"，这是从费希特就提出来的思路：A"外化"为"非A"；既然由"是""外化"为非，则此种"外化"则为"异化"。于是"精神""异化"为"非精神"，通过这种"外化"、"异化"，回到"精神自身"。

那么，这里有一个问题须得澄清：单就"异化"来说，"精神""进入""感觉的世界-非精神的世界"，于是似乎只有在"进入""感觉世界"之后，"精神"才有了"时间"。在这个意义上，"时间"似乎和"精神"只是一种"外在（外化）"、"异在（异化）"的关系。从这里容易产生"时间"不属于"精神"的误解；黑格尔防止这个误解的办法是将"进入"和"回归"看做"同一的过程"。"精神""进入""非精神"并不意味着"失去"自己，而是在"进入"的"过程"中"保持"自己，所以才能"回到"自己。在这个意义上，所谓"非精神"实际上同样是"精神"，只是"精神"的不完善的"形态"而已。于是，"精神""在""感觉世界"处于"自己"的"低级"形态。

黑格尔就是用自己这个深刻的思想——"进入"与"回到"、"开始"与"终结"的"同一性"——来将"时间"、"感性-感觉之所以成为感觉"保持在"精神-绝对"之内，从而使"精神"的"外化"和"内化"也具有"同一性"。

不过，无论如何，"时间"－"感性"在黑格尔"精神哲学"毕竟处于"低级"阶段。"精神"在这个阶段是"有限的"，是"受限制的"，而"精神"的"本质"乃是"不受限制-无限"的。这样，黑格尔虽然一再强调反对"恶的无限"，强调要在"有限"中把握"无限"，但他的"回归"后的"精神"，却是

"克服了""有限"之后的"纯粹的无限"。"精神""回到""自身",也就是经过"有限""回到""无限"。

于是,如果说,我们把黑格尔的"精神"如实地看成为真实的"存在(Sein, Being)",则"精神"发展的全过程就可以理解为"存在""外化"、"异化"、"时间化"为"存在者(Seiende, being)",然后"回到""自己"。在这个意义上,正如海德格尔所指出的,"无限"的"精神"、"存在"就是"时间"的"本质(Wesen)",即"时间"的"根据"在"存在",在"精神","时间""因""精神""存在"而"存在";"有限"以"无限"为自己的"根据"。

按海德格尔的意思,这层关系应该"颠倒"过来,恰恰是"时间"为"存在"的"本质","有限"为"无限"的"本质",于是"时间性的存在"、"有时限的存在"乃是"无时限的精神"之"本质"。这里的关键,在于对"时间"的理解。海德格尔指出,黑格尔对"时间"的理解,仅限于他的"自然哲学"[①],而没有充分揭示其本质(存在)的意义。

海德格尔将"存在论"的基础建立在"有限性"之上,是否又"回到""感觉主义"、"相对主义"这一边来了?不是的。海德格尔对黑格尔的这种颠倒,仍然是在"哲学-形而上学"的范围内的一种视野转换,而不是退回到经验科学的立场。恰恰相反,在海德格尔看来,黑格尔的哲学对"经验主义"的"超越"是不够彻底的,因为所谓"无限的精神"、"无限的理智"以及由此产生的最普遍的"概念",正是经验科学的产物,而它的"根据"正在"有时限的存在"之中。

黑格尔的不彻底性表现在他虽然努力克服"感性"和"理性"的二分法,以理性的辩证法来统一这个纷繁的世界,但由于他对"感性"的理解未能彻底深入,而对于"理性"又未能切实地找到其可靠之"基础",从而仍陷于"抽象",而在哲学体系上造成一种"止于无限"的局面;事实上,如果我们不是"止于无限",则必得要"追问""无限"的"根据",我们就会发现,原来所谓"无限之精神"其"根据"乃在于"有限之存在"之中。

"精神"固然具有"超越性",但仍然是"人"的"精神",离不开"人",

---

① 《海德格尔全集》第32卷,第208页。

而"人"是"有限者";我们固然可以说,"精神"使"人"具有"神(圣)性",但不能因此"人"就成为"无限者",就成为"神"。在包括黑格尔在内的古典哲学那里,"人"总是具有"双重性",是"有限的理智者",既是"天使",又是"野兽",既是"理智的",又是"感觉的"。黑格尔为克服"理智"与"感觉"的分裂做出了很大的贡献,但在"人"的问题上遇到了更大的障碍。黑格尔抓住了超越的"精神",使它"脱离开"具体的"人",成为"绝对",成为"无限"。

海德格尔"颠倒"黑格尔哲学的第一步,就是抓住被黑格尔"放逐"了的"人"。这是海德格尔在《存在与时间》中所做的入门工夫。

八

"人"在海德格尔那里仍然是"有限者",但并不是尚要加上一份"理智"就成其为"人",而"人"就是"人","有限者"就是"有限者";不过这个"有限者",并不被理解为一般经验的"感觉"的存在者,海德格尔坚持用"Dasein"来说他的"人",以防止他的"人""跌入"一般"感觉经验"的范围。这是他在"人"的问题上完全不同于黑格尔以及当时的新康德主义者的关键所在,所以他在《存在与时间》里从"Dasein"的分析入手,自是顺理成章的。

"Dasein"是"具体的存在",是有限的,有时间、有空间的,但它并不是"感觉性"的,不是"感觉材料"。世上出现了"人",并不仅说世上多了一个物,不仅是世上多了一个物种。"人"的出现并没有给世界带来什么"新材料(matter, material)"。

当然,"人"是有理智的,但"人"的"理智"和"精神"受其"存在"的"限制",以其"存在"为基础,所以,在海德格尔看来,黑格尔的"精神"恰恰"在"Dasein"的层次;因为"Dasein"是"有时限的",所以正是"时间""规定了""精神",从而是"有限""规定了""无限"。一句话,是"存在""规定了""思想"。

这并不是说,海德格尔又回到了感觉经验的立场,恰恰相反,他把那些

"概念"、"思想"、"意识"等通常被认为是"无限"的东西，通通归之于"经验科学"之"抽象"，而按照胡塞尔的现象学"括了出去"——将一切自然-经验科学的东西"括出去"之后，"剩下的"不是笼统的、抽象的"思"，而是"在"——具体的、有时限的"在"。这样，自笛卡儿以来的那句名言"我思故我在"就也被颠倒了过来，但不是在"感觉材料"的意义上，不是在生物学意义上的"我活着"来理解"我在"，而仍然是在哲学超越的意义上来理解这个"在"。

这种意义的转换，意味着哲学的问题不仅仅是要把"直觉"、"感性""接纳"进"哲学"的"超越领域"里来——黑格尔做到了这一点——而且要指出，"直接的"、"有限的"东西，本就在"哲学"的核心地位，"哲学"的问题反倒是如何对待"理智"、"理性"、"概念"、"逻辑"等等这些事涉"无限"的问题，如何把它们"接纳"进来，为它们在"哲学"中找到恰当的位置。我们看到，海德格尔对黑格尔哲学的"颠倒"，同时也具有胡塞尔"悬搁"、"括出去"的意思在内。

感性-感觉之所以成为感觉、直觉、直接性、有时限性，这些并无须"哲学"网开一面地"接纳"进来，处于一个可怜的"低级地位"，它正是"哲学""自己自身"的"核心"、"基础"。这样，被黑格尔以及西方哲学整个传统奉为"绝对"的"精神"、"思想"，正是这个"有时限的"、"具体的"Dasein"想出（派生出）"来的。在这个意义上，"精神"、"思想"、"概念"、"共相"不是"原始的"，"本原的"——或者说"第一性的"，而那 Dasein 却是"本原"。

我们看到，将直觉、直接性、时间性放在"本原"的地位，成为"哲学""自己自身"的问题，却正是我们前文提到的是 19 世纪末至 20 世纪以来一个时期的新思潮。

柏格森说，"概念"是机械的、呆板的，"直觉"才是"活泼"、"自由"的；"概念"是"空间性"的，而"直觉"是"时间性"的。只有"时间性"的"直觉"才有"自由创生"的"能动性"，而"空间性"的"概念"反倒是"被动性"的。"概念"由"感官"所提供的"材料（质料）""综合"、"概括"而成，它的"来源"是"被动接受"来的。"直觉"是"原创性"的。这个思潮，和黑格尔以后重新审视"历史"、"个体"的新康德主义、新黑格尔主义，特别是狄尔泰以及丹麦的基尔克特诸家的思路有共同之处，可以说，都是对黑格尔哲学的一种"反（逆）动"，海德格尔在这个潮流中所起的作用，是需要认真研究的课题。

按照胡塞尔的"悬搁"法，"抽象概念"连同"感觉材料"一起被"括了出去"，为"哲学"所留下的"地盘"，就不再是抽象的"一般"与"个别"、"共性"与"个性"之类的"对立"。在这个意义上，海德格尔的"Sein"与"Dasein"的关系，就不是"一般"与"个别"的关系，从而不是"Sein"与"Seiende"的关系。"Dasein"不仅是"诸存在者"之一。这就是说，"Sein"和"Dasein"同具有"时间性（Geschichtlichkeit）"，"Sein"不是"抽象的""一般"，所以如上文所引，海德格尔才说，"时间"是"存在（Sein）"的"本质"。是"时间"使"存在"成为"存在"，而不是相反。

不是说，惟有"Dasein"具有"时间性"；"Sein"和"Dasein""在"同一个"系列"，在这个意义上，它们与"时间"一起，同处于"哲学"的核心的、基础的地位。

于是，在海德格尔思想中，"保持住""哲学""自己"，就是"保持住""时间"以及以它为"本质"的"Sein"和"Dasein"。

我们看到，20世纪的海德格尔和19世纪的黑格尔在努力维护"哲学""自己自身"方面，是一致的，而各自的理解方式又是不同的。就各自的理解方式来看，他们具有自己时代的鲜明特点；那么，在即将到来的世纪，"哲学"将会是以什么样的方式来"保持""自己自身"的独特性呢？

1999年4月12日于中国社会科学院哲学研究所

（原载《哲学研究》1999年第6期）

古典哲学的永恒魅力

中国大陆的学者，历来重视古典哲学的研究，特别是18世纪和19世纪德国古典哲学的研究，因为从康德到黑格尔的哲学被确定为马克思主义的哲学来源，对它的批判研究受到社会的鼓励。当然，那个时候的研究也有许多偏颇的地方，但毕竟下了不少工夫，这是应该肯定的。

从20世纪70年代末到80年代，中国的学者把注意力集中到引进、介绍西方哲学的新思潮方面来，把断了几十年的资料接续起来，开始研究新情况、新问题，这毫无疑问更是必要的，这种工作的积累，现在也有二十多年了。

上面这个过程，我感到是我们这代人每一个人或多或少都经历过的。

我本人过去一直做德国古典哲学特别是康德哲学的研究，后来更进入古希腊哲学的领域，近20年来集中了解西方现当代哲学，特别是欧洲大陆哲学的趋势，围绕这个方面，不成系统地读了一些书，发表了一些感想。起初我读胡塞尔的书，后来对海德格尔感兴趣，一度还对现代法国哲学下过一点工夫，我对列维纳斯的兴趣较大。

可是最近这几年，我发现我有一种强烈的愿望要重新阅读古典哲学的书，仔细思考那里提出的问题。这种情绪，在我研究了海德格尔讨论康德、黑格尔哲学的书后，更加强烈了，所以近日我认真阅读谢林早年的《先验唯心主义体系》，还想反复地读它两遍。

谢林这本书，是他25岁时出版的作品，我们现在很难想像少年的谢林居然已经有了那样成熟、严谨的思想体系。我们过去学习研究德国古典哲学重点在康德、黑格尔，这当然也是对的；不过对于费希特和谢林，相对地就比较不重视，这就有点偏向，不太客观。

谢林这本书还能引起我们兴趣的地方何在？

长期以来，我总觉得，西方从古代希腊以来的"哲学"，作为一门"学科（科学）"，似乎到了这个阶段的德国哲学，才开始"成熟"、"定型"起来。我们知道，古代希腊哲学是开创阶段，博大精深，自不待言；而中世纪时代，"哲学"为"神学"服务，虽然这种"服务"对哲学自身也有激励，但当其时也，毕竟是一个"工具"。"哲学"只有从这个"服务行业"中"解放出来"，才展现了自身的特点，拥有了自身的光辉。

当然，从"宗教"那里"解脱"出来的首先是"（自然）科学"。"感觉世界"的"自然（自身）"化，挣脱"神学"的枷锁，乃是欧洲从文艺复兴以来思想上的一大变化。"科学"从没有"神"干预的"自身"出发，走自己独立的道路，这是经验科学得以发展的不可或缺的思想基础。

不过，经验科学的原则，即从感觉经验出发，上升为概念理论体系的路线，尚未能在原则上保证这个理论体系的真理性，所以从培根经霍布斯、洛克到休谟，出现了怀疑主义的危机。为挽救这个思想危机，"神"对他们来说，似乎仍然是必要的。

为什么反倒是人幻想出来的"神"，能够使人"坚定不移"地"不惑——不怀疑"？我们知道，"宗教"，特别是欧洲的基督教，它采取的是一条和经验科学相反的思想路线。它不是从既定的（given）的"感觉材料"出发，"上升"为"知识"；而是从"全知、全能、全善"的"至高无上"的"神"出发，"下降"为"世间"之"万事万物"。也就是说，"基督教"是从"创世"的角度来看这个大千世界，世上万物莫不为"神"之"创造"，则对于自己的"创造物"，"神"自然就了如指掌。

"哲学"既从"婢女"的地位解脱出来，对于这个主人（神）的家庭——"神圣家族"的底细也就一清二楚。它知道，要彻底摆脱这个枷锁，不能一逃了事，而是要砸碎这个枷锁。"哲学"要"取代""宗教"这个"主人"的位置，在思想路线上，不能像经验科学那样给它留下可乘之机，也就是说，"哲学"不能像经验科学那样也从"感觉"出发，单纯地走"自下而上"的路，而是同时也要把持住从"理性"出发的"自上而下"的路。这就是尊崇"理性"的启蒙主义传统。

在这个传统中,后来成绩最大的是从康德到黑格尔的古典唯心主义哲学系统。

应该说,在这个传统中,康德贡献固然很大,但他还是不彻底的,他把"自下而上"和"自上而下"这两条路分割开来,在经验科学知识里"自下而上"的"感觉材料""限制"了"知识",为"(基督教)信仰"留有余地,而他的"实践理性"走的才是"自上而下"的路,而正是经过"道德伦理",通向了"神"。事实上,康德学说就"哲学"和"宗教"两方面来说,都是不彻底的,因为他的"知识"不能贯串到"宗教"中去,他的"信仰"则不能贯串到"知识"中去,因而缺乏"现实性"。一句话,康德哲学在某种意义上尚缺乏更为彻底的"哲学创造性"。

我们看到,这个缺陷——就哲学体系来说的缺陷——到了谢林、黑格尔,在"理性"的层面被克服了。"理性"为克服这个缺陷,也就是说,"理性"为自身的"创造性"-"创世性",形成了"绝对哲学"。

"绝对"到底是个什么意思?"absolute"在古代希腊就是"自己(τὸ α τό)"的意思。古代希腊哲学也在寻找这个"绝对(自己)",以求知识的确定性;不过因为它们总是把"知识"理解为要受动于外在的感觉材料,于是知识的概念性、主体性与外在感觉的客观性如何协调一致起来就成了哲学的大问题。这个问题一直到莱布尼兹还要委以"预定的和谐"。

要彻底解决这个问题,只有让哲学的出发点不设在外在的感觉上,也不设在"内在的"被动的"直观(印象)"上,而是设在一个能够自足而又能够自动的东西上,这就是从康德经由费希特到谢林发展出来的"绝对理念"和"绝对意识"。这种"绝对"的思想,在康德的理论理性中已经孕育了,但到他的实践理性,"理性"才有了"完全不借助感觉"的"创造"职能。在康德的实践理性中,道德律完全自足,是"自律",道德出自"自己(自由)",排斥"他律"。

康德的二元论哲学的毛病出在:他的"绝对能动"的"实践理性"只涉及道德主体的"动机",而缺乏"现实性"——道德的现实性一定要到"宗教-基督教"里才能赋予与其相应的实际"效果",这就是说,在哲学里,康德的"本体-本质(道道)",在"科学-知识"层面"回不到""现象界"来,因为"本质"和"现象"是"二",不是"一"。"现象"离不开原本不来源于"理性"的"感性世界",于是"现象"与"本质"的协调一致,仍需一个"预定的和谐-宗教-基督教"。

费希特和谢林,包括黑格尔,都是要拆掉"现象"与"本质"之间的这堵"康德之墙-宗教",让"哲学"来"一统天下"。

于是,"绝对哲学"就不能把"绝对-理性"只限于"道德"领域,而是要将其延伸、扩大到整个的现象界,让"绝对"进入现象,这就是说,"绝对"不仅"创造"了"本质",而且也"创造"了"现象"——这同时也就意味着,"现象"原本无须从"感觉材料"出发,不"受动于""感官"的刺激,"绝对意识"并非有两个"(来)源",而只有一个"(来)源"。这样,我们看到,费希特、谢林、黑格尔就从自身的角度"克服"了康德的二元论,成了一元论,而且由于"绝对"既已进入"现象","哲学"也就名正言顺地成为"知识学",成为"现象学"。

我们这里说的"绝对"进入"现象"并不是说,原就有了一个"现象",后来再加进去一个"绝对";我们只是说,"绝对"不仅"创造"了"本质",而且同时也"创造"了"现象"。"绝对"原本就是"本质"和"现象"、"主体"和"客体"的"同一(统一)"。所以谢林又把他的哲学叫做"同一哲学"。

我们这里还要说的是,宗教-基督教可以独断地说"神""创造"了一切,包括感觉材料等等一切都是他老人家"无中生有"地"创造"的;而"哲学"既讲"理(性)",又如何说清楚不仅思想概念的世界是它创造的,而且感性直观的世界也是它"创造"的呢?

我们看到,这个问题谢林是很费了一番心思去论证解决的。到黑格尔,我们就很熟悉地知道他是由"绝对理念"的"历史进程"途径来解决"绝对"如何进入"现象界"的问题的,这是他的《精神现象学》的主题。

在这个意义上,"(绝对)理性"的"创造",就表现为一种"开显",这是包括胡塞尔在内的"现象学"到现今的"解释学"的一条途径。中文的"开显"很好地表达了两方面的意思:"开"为"开创","显"为"显现"。

不过我们仍然有康德的问题：按现今解释学，我们"开显"的是一个"意义"的世界，"文化"的世界，而不是物质材料的世界。"意义的世界"固然并不是抽象的概念世界，是活生生的"生活世界"，就连黑格尔的"理念"也是"具体共相"；但毕竟不是管吃管喝的实用世界，也不是作为经验科学研究"对象"的"物理世界"。

在这个意义上，"哲学"只是去"理解"这个"世界"的"意义"，而这个"意义"原本是"自己""创造"出来的。而要使"物质的世界"有所"改变"，则只有用"物质"的力量。

我们还可以看到，由这个思路的揭示，可以说明从柏拉图开始的"哲学王"思想之所以未获成功的理由所在。"王-政治家"是一个经验实证世界的领袖，政治学是一门经验科学，要想从哲学的"绝对"来"开显"出一个经验的王国-国家-政治实体，是南辕北辙。

或谓如今"新儒家"也要从"内圣""开出""外王"来，如果是从上述哲学意义上来说，则面临的问题也相同。走"从本质到现象"、"从内到外"的"开显"路线，则只是"开"出一种"意义"、"境界"来，而"开"不出"实际物质"的世界来，因而"开"不出"王"来；如果真要为"王"，则必须"从现象到本质"、"从外到内"老老实实地"学习""掌握"客观世界的规律，积累治理国家的科学经验，然后再把自己的政治主张运用到实践中去，还是"从实践中来，到实践中去"。这是一条"（经验）科学"的道路。在这条路上，就是圣者-智者，也必须先从客观实际出发考虑安邦治国之道，而不能从概念、空想出发。

至于要从"内圣"中"开出""（经验）科学"来，我们已经有了从康德经费希特、谢林、黑格尔的哲学历程以后，再持这种观点，则就令人大惑不解了。

1999 年 10 月 7 日于中国社会科学院哲学研究所
（原载《美中社会和文化》1999 年 12 月）

哲学需要"认真"的态度
——写在刘立群君《超越西方思想》即将出版之际

刘立群先生送来他的新著《超越西方思想——哲学研究核心领域新探》书稿,因为时间关系,未及仔细阅读全部,就我抽读的一些部分来看,我很愿意为它的出版写几句话。

刘先生研究欧洲社会和文化,对于哲学情有独钟;他又是学语言出身,在这本书中突出地可以看出他对于语词含义的深入细致的分析,把哲学的一些基本概念,从语源上作了详细的考察,为我们思考这些概念、范畴的正确意义提供了很多的资料,这也可以说是本书的一大特色。作者并以此为一个角度,批评了西方哲学研究中名词术语混乱的现象,也是很有意义的工作。

从书名我们就可以看出,作者对西方哲学的研究采取的是一个批判的态度。"批判"本是哲学研究的一个最本质的"工作方法",特别是从康德以来,"批判"成了哲学的精神,哲学所需的正是这样一种可贵的精神;只是在"批判"成为一个"棍子",甚至成为一顶政治帽子("批判对象")之后,人们才变得"谈批判色变"了。

其实,"批判"是一种科学的态度,也是一种哲学的态度,而科学、哲学的态度,就是"认真"的态度。什么叫"认真"?"认真"二字,除了一般语词的意义外,它的哲学的含义我觉得应该是"(只)认(承认)真(理)",而"批判"、"超越"则正是"追求真理"、"惟真理是从"、"只向真理低头"这类意思。因而"认真"、"批判"的态度,"超越(他者)"的态度,正是哲学的态度和精神。

有了这个态度,立意才正,立足(点)才高,致思才"(深)远"。我认为,刘立群先生这本书是很能体现这样一种精神的。

当然光有一个态度是不够的,哲学和科学的研究,还要在这种创造性的态度中贯串一系列的务实的、艰苦的、细致的劳动和劳作在内。这同样是一种"认真"的态度。在我们追求真理的道路上,每行一步,都有许多艰苦细致的工作在等待着我们。我很高兴地看到,刘先生这本书对于哲学的诸多层面的复杂问题,并不想省事绕道而行,而是执着地抓住不放,追问到底。我读他关于"存在论"(第二章),就深有这个感觉。他首先从语词上入手,指出"Ontology"应该译为"存在论",说明了他的主张的理由,指出"本体论"译名的历史源流,为什么不确切,然后一层层地论说他自己的看法,最后以"存在论不是自然观"作为本章的结束。我们看到,他的"存在论不是自然观"的结论不是轻易得出来的,而是在"认真"仔细分析、批判各种材料的基础上提出来的。我们看到,由于这种"认真"的工作,遂令即使是不同意这个结论的人也要"认真"对待它。

同样的"认真"的态度,我们还可以在本书第四章关于"感知主、客体与认识主、客体"这一节中体会出来。这个问题,我们做传统哲学研究的人也曾注意到,康德把主、客二元化后,两者之间的原则区别在坚持了一个阶段后,又逐渐地模糊起来,于是就发生了对"直觉"的种种误解,把哲学里的"直觉"完全等同于自然的"感觉"。刘先生在本书中从另一个角度,对"人"与"动物""感知"之不同作了有益的探讨,揭示了这种区别在哲学上的意义,是值得我们参考的。

刘先生这本书意在用自己的认真、细致的分析批判工作,对西方哲学里的"存在论"、"认识论"、"符号论"问题提出自己的看法,体现了中国学者的学术功力和原创精神。我们中国的学术工作者长期以来都有一个迫切的愿望,希望我们的工作能走向世界,与西方学者展开学术对话,不仅在中国传统的学问上,而且在西方的传统学问上,也能和西方的同行进行平等自由的交流。话又说回来,要让人家在学术上重视你,你首先得认真研究人家的学术文化,取得学术上的发言权。这个发言权,不是靠投机取巧,不是靠口出狂言,而是靠真才实学,靠认真的学术态度,靠艰苦的学术工作来取得的。

或许我们对刘先生这本书会有这样那样的建议和不同的意见——好书的作用之一正在于启发你提出不同的意见,这本书出版后或许会有各种的讨论和学术争论,但是我想刘先生在书中表现出来的这种"认真"的态度,当是不容"质疑"的。我们从书的前言中得知,刘先生尚有这个课题的后半部准备出版,我们祝愿这部分能早日问世。

2000 年 1 月 28 日

(原载刘立群《超越西方思想》,社会科学文献出版社 2000 年版)

我们为什么要读书

出这样一个题目,似乎有点多余,谁还不知道读书的重要,要你来饶舌?

不然。尽管读书的用处很多,如送科技书下乡能发财致富,但对于有些学科,譬如对于哲学有多大重要性,却是一个须得追问的问题。

你不是说哲学是一种"创造性"的思想学术工作吗?"创造"就是"出自"完全的"自己";而"书"则是"他人"写的,读书岂不是拿他人的思想束缚"自己"吗?所以,有的做哲学的朋友跟我说,他要把所读的书通通忘掉,以不受它们的限制,以便于自己思考。应该说,这是一种很有志气的态度,但失之偏颇。

不错,在哲学领域内,有很多的书,是会束缚人的思想的,我们管它叫"教条主义"的书,它是像"教条"一样的要你死记硬背,而且要绝对相信它的"教导",不容置疑。我们这一代做哲学的受这种"教条主义"的害,或者叫"中毒(害)",是很深很深的,上述这位朋友的议论,也起到"棒喝"的作用。我这里要加以辩护的是:哲学作为学科发展也有几千年了,其间也有大量本身就是"创造性"的著作,需要我们钻研阅读,它会使我们自己的创造性思维更活跃、更深入,而对于那些本不太善于创造性思想的人,也有启发、引导的作用,通过阅读那些创造性的书,逐渐学会如何自己也去创造性地思想。

我要说,并不是所有的哲学书都是教条主义的。有些过去觉得很有点教条主义味道的哲学书,认真读来,并不太教条。

譬如一度被认为"绝对主义"的黑格尔,似乎相当的教条了,什么东西到了他那里，全都"化解"了，他的哲学被理解为一个"封闭"的"圆"。还有比这个"绝对哲学"更教条的吗？

黑格尔哲学有许多毛病，受到许多的批评，是应该的。他的哲学体系被理解为一种教条，他自己当然有一定的责任，但也有一部分是被误解了的。

我们知道，他的哲学最讲"无限"，把"无限"作为哲学的核心问题来思考。

什么叫"无限"？如果我们把"无限"理解为一种现成的东西——完成了的、既成的物体或事实，那么它也教条得可以了。我们想像有这样一种东西，与世间万事万物都不同，世上万物都是"有限"的，而它是"无限"的，或者这种"无限"不是现实的东西，只是一种在"思想"里才有的东西，它倒是可以没完没了地延伸下去的，但却是空洞的，没有内容的，因而缺乏现实性。如果我们这样来理解"无限"，把它看成是一个与我们现实世界脱离开来的东西，而似乎哲学就是要研究这个（孤立的）东西，研究它的"性质"、"属性"等等，于是"教导"读者说，这个"无限"是个如何如何的东西，那么这种哲学当然就是教条主义的。

不过这不是黑格尔的"教导"。恰恰相反，黑格尔是很着重地批评了这种理解的。黑格尔的意思是说，真正的"无限"正是就在"有限"之中。牢牢记住这一点是很要紧的。这就意味着，我们要透过我们面对的现实世界体会出：任何实际的（有限的）东西都是"限制不住""自己"的变化发展的。这也就是说，世上任何表面上像铜墙铁壁似的东西也是要"变"的。我们不是要脱离这个现实（有限）的世界去另想（想像）一个"无限"的世界，因为这个从现实中"抽象"出来的"无限世界"，是我们"想"出来的，是"想像力"的产物，而真正的"无限"，却就"在"现实事物之中，因此也是现实的、实在的。

从一个角度来看，世上万事万物都是"有限"的，我们"人"也是"有限"的。我们生活在一定的社会环境之中，谁也不能不带有时代的烙印；然而，环境又是"框不住"我们的，我们要改革，要变革。所以，我们既是环境的产物，又是环境的创造者。我们-"人"，既是"被造物"，又是"创造者"。

这样，黑格尔的"无限"哲学，就不是束缚人的思想的，而正是强调了人的"创造性"；只是他更进一步地强调，人的"创造"，不是（像"神"那样）

凭空地"无中生有",而是实实在在地去做。"无限"就在"有限"之中,"创造"并非"从天而降",而就在你的脚下。正是这种"有限"中的"无限",才是真实的,才具有现实性,而不是空洞的、空想的。这是黑格尔深刻的地方。

这样理解下的黑格尔哲学,我看不出它是要限制人的思想的"创造性",或者读他的书会束缚自己的思想。

当然,限制不限制自己的思想,与读者本身也有一定的关系,并不排除有一种教条的读法。黑格尔的书,就产生过不少教条式的读法,这是应该承认的。不过,也有不少创造性地去读他的。我想,大哲学家之间,都是创造性地互相读书的。譬如海德格尔读黑格尔的书,就较少教条主义。

我们知道,海德格尔不大强调"无限",而是强调"有限",表面上看起来完全不同于黑格尔,有点你说一个东、我说一个西的味道;但是我们如果仔细体会两位大家的书,就会觉得他们实际上是从不同的角度讨论着相同层次的问题。

我们可以说,只有黑格尔意义上的"无限"即"有限"中的"无限","有限""无限"的"统一",才是实实在在"存在"的,因为它是"具体的"、"现实的"。这个"无限",既是"实在的",所以也就是"有时间的",它"在-世间",而不是"在-想像"中。海德格尔正是把黑格尔已经孕育了的"无限"的"现实性"的思想阐发了出来,这也是在我们哲学研究领域里脚踏实地地"创造性""读书"、"思想"的一个例子。不管你同意不同意他们的理论,你都得承认他们都是有创造性的哲学家。

这样我们就回到了上面出的那个题目:我们做极具创造性的哲学的,也要认真读书。

2000 年 2 月 3 日于中国社会科学院哲学研究所

(原载《文汇读书周报》2000 年 3 月 4 日)

哲学还会有什么新问题

"哲学"是一门很古老的学问,它所讨论的问题,似乎也是从古到今一直都在那里纠缠不清,直到 1991 年,法国的德勒兹(Gilles Deleuze)和他的朋友加塔里(Felix Gattari)还出版了一本题为"什么是哲学"的书,据说连续几个星期名列畅销书榜上,说明法国的读者对这个问题并没有觉得过时,仍然兴致勃勃地要弄个明白。

事实上,哲学史上纵有多次的变革和革命,但"本体论"和"知识论"的哲学基本问题,仍是众人最为关心的传统问题,这大概和哲学作为一门学科的本性有关。哲学研究的问题往往"不受限制",学术的专门名词叫"无限"、"绝对"等等,这些问题,不会有一个固定的答案,不像"原子"、"中子"、"质子"或者"电"、"光"那样比较具体。它似乎是一种看不见摸不着的东西,哲学家们把它(们)叫做"本体"或"思想体(noumena)",好像只是存在于"思想"里。

这种"思想体"如果真的像表面上那样虚无缥缈,是一些神经特别的幻想家虚构出来的,那么它就不会有多少生命力,咋呼一阵也就过去了;无奈这种"本体性"的问题,却无时不跟随着我们的生活,甚至是我们生活的"基础"、"根本",是人人都"能够(有能力)"碰到的问题,甚至可以说,凡是有思想、能思想的,无不被这种问题所困扰。"能思者"必定要与"思想体"的问题"相碰"。"(能)思(想)者"必会问"何所思"?你"在"思(想)些"什么"?"什么"是"思想"的"对象"?不过这些"对象"又不像桌、椅、板凳那样看得见、摸得着,"对象"就"在"你的"思想"里,这下就麻烦了。从这个角度来理解,古代希腊先哲们所讨论的"这是什么"里的"什么",本也不是一般的经验对象,不过有时候他们分不太清楚,或者时间久远,后人遗忘了他们的本意,譬如"水"、"气"、"火"这类说法,到底应从什么角度来理解,于是有"功能说"、"形态说"等等来使它们稍稍离具体的物体远一点,而离这里说的"本体-思想体"近一点。事实上,"(这)是什么"的问题模式,表面上跟一般经验知识的问题的模式是一样的,但实质却是哲学知识的形式,问的是"哲学"上的"什么",这个"什么"要比一般的具体物体更进一层,所以古代哲学发展到亚里士多德,就有"形而上学"之说。这个名字,虽不是亚里士多德自己用的,但后人以此来命名他的第一哲学,是比较确切的,因为他的问题已经明确了不仅仅是一般"自然(物理)"的范围,而要更为根本,更为原始,更为基础,"形而上学"是"元"、"原"、"超越""自然(物理)学",亚里士多德要探讨"诸存在"之"存在"问题。后来又成为"本体论-存在论(ontology)"。而这个思想我们还可以追溯到巴门尼德。自从哲学明确确定了这个本体论的问题后,好像就不容易从这个问题的笼罩中摆脱出来;然而这个问题从亚里士多德开始,就暴露出许多困惑的问题来。这些问题的根子,在于古代希腊哲学思想模式本身,这些先哲们,都是从"自然(物理)哲学"演化出来的。他们像研究自然对象那样来思考哲学的对象,像对待"具体物体"那样来对待"本体-思想体"。他们觉得,哲学里的"什么",也应该像自然对象那样"是些什么"。这个思路的伟大优点在于它使我们的哲学也得以跻身于"科学"之林,受到科学的支持和保护,哲学也为科学提供基础性的服务,使之相得益彰;缺点在于它容易使哲学思考局限于一般的经验范围,而使它的"超越"出来的部分,只是一些"形式"的东西。那个"诸存在"之"存在",成了"抽象的""共同属性","存在"成了"非(不)存在"。

哲学的问题,无论如何超越,最终必得扎根于现实的生活之中,这是希腊先哲所定下的路线;但因为他们对于现实的理解,执着于接受性的感性世界,也就是说,它的基础执着于给定的感官世界,因而它的"超越",就一定是"超感官"的"纯思想"。这种"纯而又纯"的结果,就只能是一些没有"内容"的"(逻辑、推理)形式",从而使自己走向了反面,由"存在"走向了

"非存在"。由于希腊本体-存在论的缺点，哲学经由中世纪基督教思想的冲击，经过了很长阶段的被压制和反思，逐渐地学会了迎接基督教宗教的挑战，哲学本身更加充实和深入起来。在近代对于哲学问题做出重大贡献的有笛卡儿和康德等人。笛卡儿对于"存在"的论证，应是康德的先声，尽管康德批评了笛卡儿以思想证存在的不通，但他自己的"哥白尼式的革命"，仍是以"主体（思想的形式）"来使"客体（的知识）"成为可靠的、必然的，成为真正的科学性知识。

当然，康德把物的存在分成了"表象"和"本体"两个绝不相类的领域，前者是知识的对象，后者是"不可知"的，康德本人强调的是：说到"存在"，必定是可感的"表象世界"，于是，他那"不可知"的"本体"，又成了"非存在"。在康德哲学中，就知识而言，"本体"恰恰是被"悬搁"了起来。这种"颠倒"的情形，通过费希特、谢林、黑格尔的工作，逐渐地转变了过来，直至胡塞尔、海德格尔，算是暂时地"理顺"了过来。"本体"和"表象"在一个过程中"结合"了起来，成为"现象（phenomena）"，"本体"的问题沿着"现象学"的路线，好像可以找到康庄大道。这就是说，"本体"不再像过去想像的那样"躲在"那个角落永不露面，而是在一个过程中逐渐地"显现"自己。

这样，"本体"同样也是可以"认知"的，对于"本体"的"知识"，当然不同于通常的经验知识，是一种更为深层的哲学知识。这也正是古代希腊先哲谈到"哲学-爱智（慧）"的本意所在。

然而，康德毕竟不是可以忽略的。由于康德严格的批判精神和细心的离析工作，"本体"的问题，比以前大大丰富了。也就是说，从康德开始，"本体"的问题有了更丰富、更深入的内容。

通过康德，人们对于"本体"的理解，增加了什么"新东西"？

我想说，康德在"本体（物自体）"的各种维度（角度）中，强调了一个"自由"。"（意志）自由"原本是基督教思想带给人们的礼物，这个问题是犹太-基督揭示出来的，希腊人强调的是"必然"。并不是说，人们一直没有这个词而要等犹太人输入进来。但是，"自由"进入人生的深层，人因"自由"（而非被迫）而"需要""信仰宗教"，这是犹太-基督立教的思想"根据"。

基督教思想家如奥古斯丁,对于"自由"问题的探索,至今还是不能忽略不计的。康德的贡献在于他把这个"自由"的问题引入哲学的基础理论中来,为它在哲学中确定了不移的位置,使今后做哲学的,没有可能绕道而行。

"自由"进入"哲学",意味着"自由"进入"本体"。"本体"的"自由"是个"什么"东西?

"自由"乃是"由""自己","出自""自己",而不是"他者"。

经验的世界,按康德的思想,是一物和它物处在因果系列的必然环节之中,为它物所决定,受它物之影响,因而谈不到"自由";只有在超越的"本体"界,事物不受外在他者的影响,一切"由""自己",一切"出于""自己"。在这个意义上,"自由"就是"不可(不受)限制",而从他者的角度来说,是"限制不了它"。"限制不了"是什么意思?"限制不了"就是"无限"。于是,这个古老的"无限"有了"新的"意思:不是像过去那样通过想像力没完没了地"扩大(或缩小)"下去,不是数量问题,而是性质的问题。不是想像力的产物,而是理性的产物。"自由"进入"本体"避免了传统"无限"概念的经验化,从而更为恰当地与"本体"结合为一体。

"自由"既为"出于自己",则并无"他者"与其"相对",因而,传统的"绝对"就不显得那样难以理解。希腊哲学中并无拉丁语的"absolute",而通常译成"绝对"的,在希腊原文正是"自己-自身(ὁ αὐτος)"。

于是,我们看到,"自由"进入"本体"并不是"取消"传统的哲学问题,而是使这些哲学问题有了新的含义。当然,由于"自由"的引进,也给哲学的根本问题带来了新的观念。

我们看到,哲学意义上的"自由"为"从无到有",而经验意义上的世间万物,皆是"从有到有",从一种"有"到另一种"有"。"从有到有"是一般意义上的"变",而"从无到有",则是"创造"。希腊的哲学,强调的是"从有到有",认为"无中不能生有","有"就是"有","无"就是"无",这是巴门尼德概括出来的原则。"无"的观念随着"自由"进入哲学的"本体",也是基督教"创世说"给逼出来的。最初做这项工作的卓有成效的哲学家是斯宾诺莎,他指出一切"否定(无)"都意味着"肯定(有)",这样就把宗教的问题"消解"为"哲学"的问题。这个问题,经莱布尼兹,一直影响到海德格尔，海德格尔专门讨论过莱布尼兹的问题：为什么总是谈"有"，而不谈"无"？世间自有"无"在。"无"当然并非一种特殊的"有"，但却"有"（一个）"无"；"无""早于""有"，"无"为"有"的"基础"，比"有"更根本。这些观念，皆因引进了"自由"之故，从此，就不再是犹太-基督宗教的"专利"。

在康德哲学中，"自由"与"道德"不可分，它是"责任"的前提，因为是"自由"的，所以才是"要负责"的，"道德"问题由此而生；"自由"既已进入哲学"本体"，于是，"本体"不再被理解为像"自然"那样的"纯粹客观"的"对象"，而是"意义"、"价值"的"源泉"。在这里，"道德学"与"本体论"不可分。"自由"既是一种"创造"，而这种"创造"当然不限于一些"先天的（a priori）"的"符号"、"公式"，"创造"总要"创造"些"什么"，这个"什么"，乃是具体的、现实的，是"显现"出来的，因而是可以"直观"的。"创造"要"创造"出一个（具体的、可直观的）"世界"。于是，从费希特经谢林到黑格尔，就一反康德的哲学，把那个躲在"阴暗角落"里的"物自体-本体"揭示、暴露了出来，成为"理智的直观"、"直观的理智"。这样"物自体-本体"就是"可知的"。于是，"知识论"与"本体论"结合了起来。"知识论"、"道德学"和"本体论"统一了起来，"真"、"善"，还有一个"美"，也都有了"统一性"，而"知识"、"道德"和"趣味（修养）"都统一于哲学"智慧"的大旗下，左右逢源，叱咤风云，哲学好不"自在"，好不"威风"也。

然而，哲学要摆出这副架势来，未免为时过早了。就连最想摆这种架势的黑格尔也深知其中的困难，所以他强调"真理"是一个"过程"。他要把"过程"作为"（大）全（体）"，作为"总体"来把握，就使他的哲学显得缺乏应有的"活"的精神，因而他的哲学很容易被人批评为带有"封闭性"。

黑格尔哲学的某种程度的"自闭症"，引起了后来人的不满，批判黑格尔哲学成为哲学要发展自身的重要内容。冲破黑格尔的"自闭症"的有费尔巴哈以及冲破整个资产阶级哲学壁垒的马克思；在那个壁垒内部，值得一提的有叔本华和尼采。叔本华不像想像的那么简单，他是在黑格尔以后对康德哲学做出本体论批判的少数几个人之一，他批判、改造康德哲学的方向与后来的新康德主义完全不同。叔本华哲学与其说是对康德的批判，不如说是对黑格尔哲学的一种批判；但无论如何，他们（黑格尔和叔本华）对康德哲学的批判都是本体论的，而不仅是知识论的。

叔本华对黑格尔有一种对立的情绪，这种情绪甚至到了势不两立的地步，不过就我们后人来看，他们的哲学实在有太多的相近之处。譬如居于叔本华"本体"层次的"意志（Will）"，就很像黑格尔的"精神（Geist）"。"意志"和"精神"都不是知识性的抽象概念，都是"自由"的，而且都是"生气勃勃"甚至"虎视眈眈"地要"创造""自己"的"家园（世界）"，它们都要"外化"出去"打天下"。总之它们都是具有"超越性"的"生命"，在叔本华和黑格尔的哲学的基础处，"本体"都是"能动"的，而且是"绝对能动（pure active）"的。

当然，不是说他们没有区别了，在本质的思考上，叔本华和黑格尔的确还是有重大区别的，不是叔本华故意挑剔黑格尔。其中最大的一点是黑格尔的"精神"是"理性"的，而叔本华的"意志"则与任何意义下的"理性"无涉。这就是我们时常说叔本华是非理性主义者的根据。其实就这一方面而言，叔本华和康德也是不同的。我们知道，康德的"意志自由"是"理路"所逼出（推出）来的"设定（postulation）"，而叔本华的"意志自由"则是"先于"任何理性的东西。

康德的"自由"是作为感性世界的道德根据来理解的，它当然在必然的因果系列之外，但却是这个系列的"根据"，因而它正是古代希腊哲人们所说的"第一因"，是因果系列里的"开端"，所以康德有"自由因"之说。黑格尔大体上也会同意这个说法；叔本华的"意志"就完全不在这个因果系列之中，作为"第一"也不行。这意味着什么？这就意味着"自由"和"必然"之间也没有"因果"关系。这同样也意味着，"本体"和"现象（表象）"之间，也不是"原因"和"结果"的关系，不是说，"本体"是"（绝对的，第一的）原因"而"现象（表象）"就作为它的"结果""外化"出来。如果我们把"意志"看做"根据"或"原因"，即使是"第一"的，那么它的活（能）动的"结果"也是"必然"的，而这样我们也就失去了"意志自由"的全部意义。

我们看到，叔本华在"本体"和"现象（表象）"之间作出的这样一种似乎很细微的区别，实际是很重要的，因为这就意味着，我们除了"因果"的关系外，尚有那不属因果系列的"创造"、"显现"等不是"物理（自然）科学"所能研究得清楚的问题在。我们听到别人在"发言"，而不是听到别人在"发声"，我们的"听"，不是可以用声音的频率能完全解释清楚的。于是，我们看到，以后"心理"的、"纯心理（pure psyche）"以及"意义（meaning）"的理论的出现和研究，才有了本体论的根据。

叔本华这个完全脱离理性的"意志"，就真的从"天上"降到了"地下"，但都不是在"地（面）上"，在"地（面）上"的是现象（表象）。康德、黑格尔的"理性"在"云里"、"雾里"；叔本华的"意志"在"地里"、"核里"，它们倒都是"自由"的，只有"地面上"的反倒是"必然"的。

康德在《实践理性批判》里，想防止人们在"实践领域"里把高高在上的"理性（自由）""坠入""凡尘"，但他没有想到，要是"降"、"坠"狠了，"坠入""地下"，同样可以不同"凡响"，盖"地下"也有一个类似"天上"的"地府"，其中一切也与"尘世"异类（希腊人的话，"有种属上的不同"）。所以，"下坠"和"超拔（超越）"一样，都不受尘世间的必然律支配，而具有"自由"的动力（冲动）。如果用宗教的话来说，似乎一个是"神力"，一个则是"魔力"了。

说来奇怪，叔本华揭出了这样一个具有"魔力性"的、深藏不露的"意志"之后，他却并不"爱"它，认为它是一个可怕的东西，躲在阴暗的角落里，永远与人为敌，所以人生最大的努力就要用在"摆脱（克服）"这种"意志"上，而回归到希腊宁静和谐的"理念世界"，才能清心寡欲地陶醉于哲学、美术所建构的境界之中。叔本华不喜欢"本体（意志）"本身，而喜欢这个"本体"的"代用品——作为意志的'镜子'"的哲学体系和艺术作品。

尼采则采取了与叔本华相反的态度，他对这个"意志"喜欢得不得了。尼采喜欢用寓言式的语言来谈哲学问题，好像离题很远，但我们看到，在他的思想中，哲学的根本问题，一刻也没有放松过，他之所以采取这种表达方式，也是他的思想的需要，并不仅仅是他的偏爱。何以见得？

我们看到，在"本体"问题上，黑格尔把康德不让"显现"的"物自体""显现"出来了，于是有"精神""现象学（phenomenology）"，实即"显现学"。在某种意义上,我们也可以说,黑格尔让高高在上"超越"的"神性""下了凡",历经人世沧桑,再回到自己的家园,在黑格尔这个家园的最高形态为哲学;尼采呢?尼采尽管气势汹汹地批判包括黑格尔在内的一切德国唯心论,但在有一点上,他堪称黑格尔的"传人":他让被叔本华"压制(镇住)"的"魔王""出(显)现"了。一个(黑格尔的"绝对精神")从天上"下了凡",一个(尼采的"权力意志")从地下"出了世"。"绝对精神""下凡"入世,是来"历经磨难"的(苦恼意识),对这个尘世是否定的;"魔王"出世,则是来"享受"生命的快乐的,对于这个花花世界是肯定的,而不向往什么虚无缥缈的东西。尼采的"本体(意志即权力)"才是真正的"主人"、"主宰",是"创造"、"转换"一切(价值)的力量(权力)。

无论是从"天上"掉下来,还是从"地里"跳出来,哲学这种"本体"终于是能"出来"了,不是看不见、摸不着的虚无缥缈的东西,也不是抽象的、不能有内容的东西。它既然来到这个世界,来到我们人世,就"在"这个世界上,它的"存在"就是具体的、现实的,可以直观的,可知的。同时,按照叔本华,既然哲学的"本体"与我们的现象、表象世界的关系,不是因果关系,于是,哲学"本体"的"能动性"和"创造性",就不会陷入宗教"创世说"要解释"神"如何"创造""感觉材料(matter, material)"这种问题的困境。哲学的"创造",不回答世间万物的因果必然系列中的"(第一)原因"问题,而是探究哲学"本体"自身"显现"的问题。"创造"就是"显现"。"创造"一个"世界",就是"开显"一个"(有)意义(价值)的世界"。

这就是 20 世纪以来,西方哲学中除了英美的分析系统外,最值得重视的现象学-显现学-开显学系统。在这个系统中,由于海德格尔的工作,哲学的本体论,得到了长足的进步。

海德格尔的学说来自胡塞尔。胡塞尔的现象学正是从区分"物理-自然"的关系和"心理-精神"的关系发展出来的。把"物理-自然"的东西"括出去",是胡塞尔终生为之奋斗的目标,他要把他的现象学世界弄得"纯而又纯",无一点杂质(感觉材料)存留。在理解胡塞尔的"括出(悬搁)"时,我们不可把它简单地想像成"非此即彼"地要把"两个"东西分开来,把"物理-自然"装进一个抽屉里,而把"心理-精神"装到"哲学-现象学"的抽屉里。在某种意义上说,"现象学"和"自然科学"面对的是同一个世界,但却具有不同的"意义"。胡塞尔强调,他的现象学所揭示的"意义"是最根本、最原始的,而自然科学的理解方式反倒是在这个基础上后来产生的。自然科学对世界的把握方式,反倒是把"本质"和"现象"分割开来的方式,如康德所说,感觉是被动的、接受的,而理性是主动的、先天的,以此来理解哲学,则就产生"不可知论";现象学按人和世界的本原关系来理解世界,"直观"和"理智"原是不可分的,于是有胡塞尔意义上的"理智直观"、"直观理智"。胡塞尔不需要黑格尔的"绝对精神""出来"打天下,历经千辛万苦,经受考验;也不需要尼采的"权力意志""出来""转换价值"。胡塞尔的"本体本质世界"是直接的,只是这种"直接性"不是感觉材料式的,因而不是"给予的","被动接受的"。也许,我们可以说,赋予"直接性"以哲学"本体"的意义,这又是 20 世纪以来对于哲学"本体"的一个新视角。

"直接性"、"直观(Anshauung)"、"直觉(intution)"早已进入哲学,固不待胡塞尔的引进。康德是把"概念"和"直观"割裂开来的,而费希特、谢林、黑格尔早就把这两者"结合"了起来;不过在那个时候的结合,由于"直观"仍处于"理智概念"的统辖之下,因而它和"感觉材料(sense data)"的区别尚不很明显;只有到了把"直觉"真正提高到"本体"的地位,它才不会和被动的感官感觉相混淆。所以,在 19 世纪末和 20 世纪,西方出现过所谓"直觉主义"的思潮。克罗齐、柏格森等为其代表人物。克罗齐、柏格森也都是这个阶段不可忽略不计的人物,他们对于加强"直接性"、"直觉"在哲学"本体"中的作用,都做出了重大贡献。克罗齐终生不和意大利法西斯合作,在政治上要比海德格尔好得多了,但在理论上却反对马克思,所以受到了理所应该的批判。

现在来看,也许会觉得克罗齐的"直觉论"有点"落后",因为他虽然把"直觉"接纳到哲学的"本体"层次来研究,"直觉"不是"感官感觉",而是"表现",是"创造",但在他的"哲学体系"中,"直觉"还是处于比"概念"低级的阶段,似乎还没有摆脱黑格尔的影响。

柏格森就不同了,他大刀阔斧地砍掉一切形式的"(抽象)概念",没有一点拖泥带水的地方。他认为,凡"概念"都是"机械的",只有"直觉"才是生动活泼的、自由的。为维护"直觉"的至上地位，他干净利落地区分了"空间"和"时间"的关系，指出前者是"机械的"，后者是"自由的"。"空间"是"理智的"、"因果的"、"必然的"；"时间"则是"直觉的"、"自由的"、"创造的"。帕格森的《论意识的直接材料》（后译成英文时得到本人同意将书名改为"时间与自由意志"）出版于 1889 年，早海德格尔《存在与时间》（1927年出版）近 40 年。我们并不清楚这之间有什么实际上的关系，就像胡塞尔的现象学和黑格尔的精神现象学没有什么实际材料上的关系那样，不过作为思潮来说，即使在那个时代，人们对于哲学"本体"的理解已经有了新的视角，新的观点，因而这个问题本身也就有了新的内容，这应该是可以肯定的。就学理来说，海德格尔是把"时间"问题明确地与哲学"本体"紧密相连的第一人。

"时间"进入"本体"首先遇到一个"变"与"不变"的问题。从古代希腊开始，先哲们都觉得，从"变"中求"不变"乃是哲学的当行；"现象（表象）"是千变万化的，而"本质（本体）"则是不变的、永恒的。"第一推动力""推动"万物的运动，而它本身则是"不动者"。他们为"论证"这个"推动万物"而自身"不动"的"本体"，很费了一番工夫，其中也有一些值得重视的理路，揭示了"运动"本是一种矛盾过程；他们的局限在于总是觉得"运动"只是一个"假相"，经不住理性的追问，而"不动"才是"真相"，理性告诉我们，别看世事千变万化，五花八门，实际上"太阳底下"并没有什么"新事物"。古代希腊著名的芝诺悖论，已经蕴涵了这种思想，引得无数贤哲为这个悖论大伤脑筋。就连没有受到希腊理论影响的中国宋代大诗人苏东坡也有"自其变者而观之"如何如何，而"自其不变者而观之"又如何如何，可见这个问题之普遍性。

要对这个悖论有新的理解，需要一个"视角的转换"，首先是要在"空间"和"时间"的视角上有一个转换。"本体"要真正是"存在"，就一定具有自己的"时间"、"空间"，"无时空"的"本体"为"非（不）存在"，在这个意义下，"本体"就是一个自相矛盾的概念而不可理解；然而"本体"的"时空"和一般经验的时空又是有区别的，"本体"的"时空"是"本原（原始）性"的"时空"。此话怎讲？我们一般经验的时空观，是按照"空间"的模式来理解"时间"的，把时间分割成许多的小点点，或小格格，并按照机械的观点把二者都理解成有序的系列系统，时间也像空间的东南西北中那样，分成年月日时分秒等等，按希腊和中国的传统，时空为"宇宙（cosmos）"。这样，不但空间序列化了，时间也序列化了。

"时空"进入"本体"，首先要"恢复""时间"的"本意"，"时间"是"本体"的"存在方式"。于是，哲学的任务首先就要以"本来意义上的时间观念"来理解"空间"，而不是像一般经验那样，从"机械的空间观念"来理解时间。这也算是一种"视角的转换"。

那么，又如何来理解"本来意义上的时间"？这个问题，奥古斯丁为之却步，但他的独特思路，不失为"本体性时间"观念的先驱。成绩卓著的还是法国的柏格森，但海德格尔走的却是批判康德的路子。

海德格尔认为，康德在他的《纯粹理性批判》"先验感性篇"里已经涉及到了"本原性""时间"问题，但他没有把这个思想贯串到"物自体-本体"中去，致使他的"本体论"仍落入了"超越时空"的窠臼中。在《纯粹理性批判》的"感性篇"里，"时间"、"空间"已经是"经验（存在）"的"先天直观条件"，这已经是"本体-存在性"的"时空"观念了，可惜康德与之"失之交臂"。所谓"时空"为"存在"的"先天条件"，在康德的哲学中，乃是指"知识（的先天形式）"为"存在（作为经验对象）"的条件；海德格尔认为，关系应该颠倒过来："（作为本体的）存在"实为"（一切）知识"的基础和条件。也就是说，不是"知识论"为"存在论"的条件，而是"存在论"为"知识论"的条件。当然，在这个问题上，海德格尔和康德所用的"存在"，具有不同的含义。康德所谓的"存在"，用海德格尔的话来说，当是"存在者"，它是"经验知识"的"对象"；而海德格尔所谓的"存在"，则是在"本体论"上来使用的，应处于康德的"本体-物自体"的层次而不是经验知识的"对象"。海德格尔的意思是，康德已经看到，作为"经验知识对象的""（诸）存在"，必要有一些"超越"的条件才有"被认知"的"可能"，但他认为这些条件是"（理性的）知识的（先验）形式"，是"思想性"的，而非"存在性"的。这样，"时空"作为"（经验）存在"的"（先天）条件"，而"本身"反倒"不存在"。

海德格尔从他的"基础本体论"（后来他放弃了这个名词）来阐发康德"时

空"的"先验"、"先天"性,使"时空"成为他的"本体-存在"的"方式"、"情状(Bestimung)",同样成为"诸存在者(康德意义上的'存在')"的"条件",即对于"诸存在者"的"知识",是有"存在-本体"作为它的"基础"的。有了这种"基础的存在","诸存在者"才有可能成为"经验知识"的"对象"。

这样,海德格尔就把"时空"接纳到"本体-存在"中来,使双方的观念都有相当大的变化。"时空"不仅仅是"形式","本体-存在"也不仅仅是"概念"。"时空"进入"本体-存在",使"时空"进一步地"具体化"、"直观化"起来。康德注意到了"时空"的"直观性",他强调"时间"和"空间"都不是"推论"出来的,而是"直观形式";然而,康德的思想有一个矛盾:这种"直观的形式"因为是"先天的",所以"自身"反倒不能"被直观",它的作用只是让"诸存在者"被直观出来。康德这个思想,是他的"二元论"在"作祟"。他认为"思想"和"存在"有两个"来源","存在"来源于"被动的感觉",而"时空"则来源于"思想",尽管不是概念的,但也是"先天的(a priori)"。如今,在海德格尔那里,"时空"与"存在-本体"为"一",则也会和"存在"一样是具体的,可直观的。

然而,凡"可直观的",都是"有限的"。于是,我们看到,海德格尔强调他的"时间-空间"的"有限性",就不仅是为了"你说一个东""我就来说一个西"这样单纯的"标新立异",而实在是理路所"逼"出来的。这一"逼","逼"出了一条"大路"来,初不论其"康庄"不"康庄"也。

"时空"的"有限性"是一个"新"的视角。因为我们一般经验科学从牛顿以来都告诉我们"时空"是"无限的"。海德格尔说,"无限的""时空观"反倒是后来的、派生的观念,原始的、本原性的"时空"是"有限的"。过去我们理解海德格尔的"时间"的"有限性"大都从"Dasein"方面入手,因为"Dasein"是"有限的"、"有时限的",于是还有"人文的时间"和"科学的时间"之分,好像"科学"的"时间"是"无限"的,而"人文"的"时间"则是"有限"的等等。这些当然并没有误解海德格尔意思的地方,但停留在这一点上还是不够的。因为在海德格尔的思想里,不仅"Dasein"是有限的,"Sein"也是"有限的"。我们甚至不能说,因为"人(Dasein)"是"有限的(会死的)","Sein"

才是"有限的","Sein"的"有限性"是因为"人（Dasein）"作为"会死者""看"出来的；而是正好相反，正因为"Sein"是"有限的"，所以"人"作为"Dasein"，作为"Sein"的一个"具体部分（Da）"，才会是"会死者（mortal）"。正因为"人（Dasein）"之"死"原本来源于"Sein"之"有限性"，所以"人"作为"Dasein"才能-才"有能力""提前进入死的状态"，像我们的苏东坡所说的，以"变"，以"生灭"的眼光来看这个"大千世界"，不过是"转瞬"之间的事；而那种"不变"的、"不生不灭"的"永生"观念，一面是"经验科学"的事，与其对立的一面，则是"宗教"的事。

"有限"的观念进入"本体-存在"，给传统的哲学学科带来很大的"新局面"。传统的"无限"观念怎么办？其实，从黑格尔严厉批判"恶的无限"观念以后，哲学中的"无限"就和经验科学里的"无限"分道扬镳。哲学中的"无限"原本是"有限"中的"无限"。"有限"中的"无限"是什么意思？"有限"中的"无限"乃是"变"的"无限"，"生灭"的"无限"，也就是说，"一切有限的（存在）"，都是要"消亡"的，任何的"力量"也"限制不住"它的"变"，它的"灭"。只是黑格尔似乎是说，之所以如此，乃是有限事物中仍有一种"精神"在，而"精神"是"不受限制"的。"有限事物"的"生灭"过程，乃是"精神"的"自我发展"的历程，这个历程，谁也阻挡不了。

如今，海德格尔撇开了黑格尔的"精神"，因为"精神"是"超越"的，不"在"时空之内，"精神""不存在"。"事物"的"生灭"，乃是"事物""自身"的"生灭"，不要"精神"从上而下地"灌注"进去。"物自身-存在""自己"就在"生灭"——"从无到有"、"从有到无"，"存在"是"有"的过程，也是"无"的过程。"时间"就是这样的"有无"、"生灭"的过程，这个过程，也就是尼采所谓的"永恒的轮回"。作为"永恒轮回"的"时间"，是不断（永远地）"创造-创生"的过程，也是不断（永远地）"毁灭-消亡"的过程。宇宙以及宇宙中万事万物的"生灭"，就是"本体"，就是"时间"。

那么，"空间"又何如？我们起先"时""空"并提，慢慢地偷梁换柱只说"时间"了，事实上，"空间"问题是刚刚过去的20世纪的后一半哲学界的一个重要转折性问题。倒不是说，"时间"问题过时了，而是要把"时间"的角度贯串到"空间"问题的理解上去。

我们说过，传统哲学的观念是把"时间""空间"化了，用"空间"的观念来理解"时间"，有一种"无限的"、"框架式"的"时空观"；如今"时间"观念发生了变化，就可以从这种变化了的"时间"观来理解"空间"的问题。这好像就是当今所谓的"后现代"在哲学里要做的工作。

"空间"是用来"储放"东西的。"空间"既然"储放"了"本体"——中文所谓"存在"就是"存放在那里"的意思，也就是"储放了""时间"。"空间"里"存放着""时间"。世上万物，莫不"存放"着"时间"，每一件东西都有"自己"的一部"历史"。"为时间"的"空间"，不仅使"空间""时间化"了，而且同时也使"时间""空间化"了——不是在传统意义上、"工具"意义上的"空间化"，而是在"本体"意义上的"空间化"："不同"的"时间"可以"处在""同一"的空间层面，也就是说，不同的"时间"，可以"在""同一"的"空间"中"并列"。这样，"时间"进入"存在-本体"，也就会使"时间"的"顺（时）序性（sequence）"观念发生变化，不同的时间不但可以像富科那样压在不同的考古层中，而且，同一个考古层面，不见得就是同一个时代的东西。"顺序"、"时序"的"错乱"，是什么？是"混沌（chaos）"。

于是，现在一些前卫（主要似乎是法国的）哲学家，正在思考哲学的基本问题如何和"混沌"的问题联系起来。这方面的重要成果，大概要等相当一些时日才能出现了。

2000年8月2日于北京

（原载《哲学研究》2000年第9期）

与新生谈读哲学书

今年收的博士生中,有一位原是学文学的,硕士论文做的伽达默的美学,对哲学有兴趣,现在考到我的名下,这样就是名副其实的"新生"。她首先遇到的一个问题就是如何进入哲学的门,而要进这个门,除读书之外,又少有别的途径,那么如何念哲学书,念什么书,先念什么,后念什么,我们这些"老马",就有点"识途"的作用了。

"哲学"是一门通学,无论什么学科,做到一定的程度,都会对哲学的问题产生兴趣。以前我曾经说过,"条条道路通哲学",对哲学的兴趣,有人萌发得晚一点,有人早一点,当然也有一生都萌发不出来的,倒也不是由专业的职业来决定的。我现在要说的,对哲学的兴趣是一回事,有哲学的训练又是一回事。对哲学有兴趣的,不见得就有训练;反过来,对哲学有训练的,倒也不见得对它有兴趣,只是各种机缘让他做这份工作而已。

经我这几年的观察体会,凡从别的专业转向哲学研究的,大半是对哲学有兴趣的,于是他们的问题是如何加强哲学的训练,也就是如何读哲学的书籍的问题。

哲学作为专业学科来说,也有几千年的历史,有许多聪明才智之士为之做出了贡献,这些历史的积累,我们后人是绝不能忽视的。我们要相信,凡是历史上站得住的哲学经典,其作用都不会是限制读者的思想,而是启发读者的思想的,就连黑格尔哲学那样一个庞大的学说体系,其精神实质也不完全是封闭的,至少他的辩证法还有活的东西在。在这里,对于历史上的经典著作,我们似乎先要有个信任的态度，相信它不是假冒伪劣，有了这个态度，才会认真去读它。这是不是有盲目性？不是的，因为这些著作早已经有很多人读过了，先有个信任的态度，也就是对"他人"先有个信任的态度，否则就会成了"怀疑一切"了。我现在跟你说的，也希望你先相信它，然后你才有可能认真读书，至于读过以后，或者读过多遍之后，我也是很鼓励你有自己的见解的，并不要你尽信书。

这是开场白，先说一个态度。那么，几千年的历史著作，加上时人的，浩如烟海，如何入手？

多年来，我形成了这样一个想法：我们学哲学的，特别是学西方哲学的，还是以读德国古典哲学的著作入手为好。这里所说的德国古典哲学就是指18世纪末到19世纪这一段的德国唯心主义，也就是从康德到黑格尔这一段。我们就是这样学过来的。这一段哲学，虽然是唯心主义的，但是它是马克思主义的哲学来源，马克思、恩格斯都是有所肯定的，因而是我们这代做哲学的必须学习的。我觉得，我们有了这个基础，是大有好处的。

对于这一段的哲学，20世纪80年代初期，有一种逆反的态度，觉得黑格尔那样极端，过去读得不少了，要读新的书，引进新的思想了，一时间研究这一段哲学的专著、集刊都不容易出版了。要学习新思潮，这当然是很对的，尤其是当年我们闭塞了许多年，开放伊始，着重在新思潮的引进上是更为重要的。不过就学术来讲，这些新思潮，原本是有根有源的，而这个根源中，德国古典哲学是重要的环节。现在大家都清楚，当年最时髦的萨特，他的名字几乎与"自由"联系在一起，而他的"自由"，在学理上与康德哲学也密切相关，而这个意义上的"自由"，也许不像当时有些人想像的那样逍遥快活，而恰恰是很严肃的问题，有点战战兢兢如履薄冰的意味，因为它和"责任"不可分。

随着新思潮的介绍，逐渐地大家讲存在主义，讲海德格尔，讲富科，现在又开始讲列维纳斯，讲德勒兹，慢慢地，我们的哲学思潮，也跟上了时代的步伐，与国际接轨了，这是很好的事。开头说得不太深入，或者甚至有点出入，也是自然的事，逐渐就会准确起来，深入起来的。应该说，这些人物的书，都不是很好读的，在国外也是难读的书。

读这些书的难处主要地也在于它们都包含了丰富的历史的学养在内，没有这些学养，字句上也许懂了，思想内容把握不住，不容易在思想上贯通起来，还没有到哲学的层次。

20世纪90年代大家爱谈海德格尔，他的书对我们自然有一种吸引力，因为海德格尔强调时间性、历史性，和中国的传统儒家有相似之处，而他的"人诗意地居于大地"又很像我国的传统道家思想。之所以如此，说明哲学性的思考，时无分古今，地无分中外，都有它可通之处；然而，就海德格尔思想渊源来说，离不开欧洲哲学的传统，尽管他对这个传统有许多批评，态度是否定的，但他自己就已经在康德、黑格尔的哲学中看到了有价值的东西。紧接着《存在与时间》之后，他出版了《康德与形而上学问题》，而在当时德国学界对黑格尔一片漫骂声中，海德格尔却也肯定了黑格尔的巨大贡献。现在我们后人来读他们的书，深感有许多地方，海德格尔的确道出了在康德、黑格尔哲学中已经蕴涵但尚未发挥出来的道理。并不是说，海德格尔的思想就是读了康德、黑格尔的书以后发展出来的，而是说我们后人如果也好好读康德、黑格尔的书，对于理解海德格尔是会有很大帮助的。同样的道理，我们好好读海德格尔的书，对于理解现在的"后现代"哲学也是会有帮助的。

譬如说，"后现代"讲"断裂"、讲"空间"，似乎和从德国古典哲学到海德格尔讲"时间"、讲"历史"很不一样；当然是很不一样。不过，就我们做哲学史的来看，我们还是感到它们的理路还是可以沟通的。古典哲学把"时间"从"空间"观念里划出来，因为那时的"空间"观念是牛顿式的机械的，"时间"从这个"空间"的"口袋（框框）"里"脱颖而出"，展示了它自身的"不可分割"的特性，古典哲学中"生生不息"的"精神"体现了这个时间、历史的原则。

海德格尔的贡献在于在这个"时间"、"历史"的原则中，又强调了"有限"、"死"的观念，把黑格尔"有限"中的"无限"思想更往前推进一步，不把"有限"看死了，说它完全就是经验的世界，而使它也有"本体"意义，"死"也不是一般的物质形态的变化，而具有形而上的意义，这样，在"时间"进入"本体"以后，"空间"也就被接纳到"本体"问题中来，具有形而上的意义。这个意义，正是现在法国"后现代"诸公接着做的工作。我们须得从"本体"化了以后的"空间"问题来理解他们的工作，否则他们就要回到牛顿机械的空间观念，这也许是他们不愿意的。至于在具体运作的过程中，有没有把握不住的地方，就是具体研究的问题了。

法国哲学对于连断的问题也有深入的思考，就连那个最强调"连"的柏格森，也不能说他没有看到"断"的问题。喜欢哲学的都知道，他提出一个"绵延"的观念来说"时间"。"绵延"就是"割不断"、"不可分割"。这个观念的确"古已有之"。我们知道，古代希腊的原子论者提出的"原子"，原就是"不可分"的意思，那么柏格森又多说了些什么，值得大家称道？

你看，古人已经想到"不可分割"的问题，但是古人对为什么"不可分割"的解释只是说它"没有缝隙"，没有缝，就打不开，"天衣无缝"。说它"没有缝隙"是以想像为根据的，天下哪有没有缝的东西？"没有不透风的墙"嘛。柏格森换了一个思路来理解"不可分割"的理由、根据，他说绵延之所以"不可分割"，不是因为它"太简单"，"铁板一块"，所以"没有缝隙"，而是因为它"太复杂"，各种"因素""纠缠"在一起，你中有我，我中有你，你硬要把它割断开来，"它"就不是"它"了，"它"的"性质"就变了。"绵延"、"时间"是个"质"的问题，不是"量"的问题。于是，你看，柏格森也已经涉及到"断"的问题，把"纠缠在一起"的"乱麻-混沌""割断"，就有天下一个个占空间的性质各异的事物。不过在这个观念的创始阶段，柏格森的工作重点在于阐明他的"绵延"观念的"混沌性"，至于开显出来的空间的事，他把它们归于机械的世界。我想，我们后人的思路，会想到，这些具体的有空间的事物，就其"在时间中"的意义来说，也不会全是机械的，从一个更为根本的意义上来理解"具体事物"，是不是"有限"中还有"无限"，"断"中还有"连"；或者更是"无限"中的"有限"，"连"中之"断"。

于是，从哲学的根本的意义上来理解"空间"，是不是"后现代"诸公心目中所要探讨的问题？

这些意思对于"新生"来说，或许过于艰深了些，我的意思只是想说，大多数年轻人，即使喜欢哲学，也是喜欢那些新流派、新思潮，加上现在"断裂"之声不绝于耳，以为"历史"、"时间"可以一笔勾销，或者只是一些"死学问"了，其实只要认真读这些人的书，你就会发现，"后现代"卓然成家者，无不博学多识、满腹经纶，要从"不读书"再出一个"后-后"现代来，无疑是"异想天开"了。

我之所以经常强调学习德国古典哲学的意义，还有一个方法途径的考虑在内。

我以前跟学生说，就专业化的角度来看，18—19 世纪德国古典哲学是更为成熟的哲学，那个时候，哲学逐渐地成为一个专业，对于个人来说，就成了专门的职业，进入学校可以专门教哲学，而不仅仅是在广泛的意义上被称做哲学教授，不是泛泛地被称做哲学家（者）了。按我的体会，就是作为学科来说，哲学的"系统性"加强了。

我专门做过古代希腊哲学的研究，在做这个工作时，我已经有了一般的哲学基础知识，但是在写第一本书《前苏格拉底哲学研究》时，也只能做一些历史材料方面的梳理工作，写过第二本书《苏格拉底及其哲学思想》以后，就不敢往下写了；以后我学习了欧洲现当代的哲学，并且不断地温习、补习从康德到黑格尔这一段的哲学思想，在我做"西方哲学中科学与宗教两种思想方式"这个课题时，又重新写了古代希腊这一部分，哲学的分量加重了，并且也敢一直写到了柏拉图、亚里士多德。自己这样不断地上下反复几遍以后，我比较有把握地跟学生说，你就先从康德或黑格尔哲学入手，使自己习惯于读哲学书。读他们的书，可以使你比较快地、比较直接地了解什么叫"哲学"。

当然，这不是一个定则。各位老师都有自己教学生入门的途径。我选的这条途径，会让学生一上来就遇到困难，因为康德、黑格尔的书是出名地难读的。我也不想把学生一开始就吓倒；我觉得开头难一些，以后碰到难读的书就不怕了，因为哲学的书毕竟跟文学作品不同，只有很特殊的人才拿读哲学书来"消闲"。

还有一个问题需要对学生说明。康德、黑格尔的哲学被普遍批评为脱离实际，是书斋里的哲学，这个批评当然是很中肯，很有理的。哲学进入大学的讲堂，成为"专门"的"职业"，就会着意地营造自己独特的天地，强调自己的特点，从而与其他的学问和人生实际剥离开来。这是一个实际问题。我一直感到英美的有些哲学家过于技术性，我理解他们之所以如此，乃是要在大学以别人不会的技术来稳住自己的教席，这可能是一个误解，但是长期以来我有这个印象。现在比较贴切生活实际的是法国的哲学家。

当然，躲进书斋、脱离实际不仅仅是一个实际问题，而且还有学理上的问题。康德、黑格尔的思路，是强调"哲学"要"纯"而又"纯"，这个"纯（粹）"指的是排除一切经验的、被动的、接受的因素。从柏拉图、亚里士多德以来强调的"纯主动性"，到康德、黑格尔那里发挥得淋漓尽致，这样，现实性、感性、直观性的问题，在这个哲学系统中，始终不好摆平，尽管黑格尔以后，直到胡塞尔，都强调"直观的理智"和"理智的直观"，但是这个"直观"还是"主动的"，"纯粹的"。

"哲学"如何接纳"被动性"的问题，是需要大家进一步研究的。

和"新生"谈如何读哲学书是一件很有兴味的事，也是一个可以不断谈下去的话题，以后有机会再谈。

2000年12月9日整理成文

（原载《中国教育报》2001年1月18日）

"哲学""活在"法国
——写在杜小真《遥远的目光》即将出版之际

杜君小真幼年就学于法语学校，后来长期在法国学习，回国后仍经常来往于中法文化交流的旅途之中，而任教于北京大学外国哲学研究所，专门从事法国哲学的研究、教学和翻译工作，研究法国哲学，已经是她终生的事业了；国内学界曾经有点冷寂的"法国哲学"研究领域，逐渐繁华起来，不能不说有她一份劳绩在内。近日她从文章中选了一些辑集出版，知道我也喜欢法国哲学，寄来嘱我写几句，阅读之后，想说下面这些意思。

"哲学"好像是一个"生命体"，有自己的"活动"，有自己的运行轨迹。就西方来说，它的"摇篮"是古代希腊，中古是它的生命受到挫折时期——这是一般说法，实际当然不是那样简单；到了近代，随着"文艺复兴"，"哲学"也得到"新生"，欧洲出了一大批生龙活虎的哲学家，这样才有了英（美）哲学、德国哲学、法国哲学之分。

做西方哲学研究，除侧重英美分析系统的外，做大陆哲学的，往往更加侧重德国哲学，这也是很好的。我常跟学生说，学哲学从德国近代哲学入手，是行之有效的"捷径"，虽然不是定则，不失为好办法。对于德国哲学为什么是好的途径，我已经多次说过，还无新的意思要说，这里就不再重复了。现在要说的是事情的另一面，法国哲学常常是抓住在德国哲学不容易找到恰当位置的问题，加以发挥，开显出自己的新天地来，这种倾向，对于我们中国学人，就显得格外重要了。

原本欧洲大陆哲学是为一体，史称"大陆理性派"；而与英国经验派"遥遥（隔海）相对"的，首先是法国哲学，德国是"后来居上"，形成培根（洛克、巴克莱、休谟）、笛卡儿、康德"鼎足而三"。康德哲学或可谓英法哲学的大综合。康德不满意于英国的经验主义，提出知识"综合"必有"先验"之条件；也不满意于笛卡儿以"我思"证"我在"，认为"在"必有"感"的"综合"在内。不过康德自己的思想，也还是受到了笛卡儿的启发，尽管承认一切知识都开始于感觉的接受性，但是其之所以成为"可知的对象（知识对象）"，仍需要"思"——先验的条件，所以才有"知识可能的条件即是知识对象可能的条件"的著名命题，这就是说，"（存）在"虽不可以用"思"来"证明"，但它要成为"可知的"，则离不开"思"——知识的条件。康德这个理路一直贯串到对"上帝""存在"的各种"证明"的批评，以说明"上帝"并不是"知识"的"对象"。

康德的批评当然是很有力的，不过我们还是可以换一个角度来体会笛卡儿的意思。笛卡儿"我思故我在"命题的重点在"存在"，引起笛卡儿"怀疑"的是"存在"，他的哲学着力的地方也在"存在"，他是要千方百计地找出一条"维护""存在"合法性权利的思路来，"我思故我在"这个命题集中反映了这个思路的核心："存在"的"根据"在于"思"。从这个关切点来看，我们甚至可以说，从笛卡儿开始的法国哲学传统是对于"存在"的思考，这个传统几个世纪以来，一直到刚刚过去的世纪，包括小真研究的当代法国诸家，我们仍然可以看到它的延续。

扩大开来说，"存在"的问题，可以说是欧洲大陆包括德、法在内的哲学在两个世纪以来思考的一个重点问题。法国后现代尤其。我们还可以说，围绕"存在"问题的思路，我们可以看出"存在"问题的理解的深化和整个欧洲哲学思考的深化。

康德对笛卡儿"我思故我在"批评的意义，在于强调了"存在"的感觉性，在他看来，纯粹的思想，不是存在，存在必要有"接受性"的感觉器官来提供"材料（质料）"。我们看到，这实在是一个不争的事实，也是哲学面对的一个难题。由于感觉材料的杂乱无章，人们如何得到"可靠的""科学知识"就会成为问题，而感觉材料之不稳定性，也使它自身的"存在"成为一个问题，古代已经揭示"变"之虚幻性，"存在"既离不开感性，则自身就有"矛盾"。这个矛盾，迫使康德有"现象"和"物自体"之原则分别，感性的存在归于"现象"，而"物自体"成为"思想体"。

康德这个思路，经费希特、谢林至黑格尔达到高潮。黑格尔倡导"绝对"、"同一"之说，但须经一个"过程"，"存在"由感性的方式到绝对、理念的方式，不但没有消解其实在性，而且还是"最高的实在"。"过程"、"时间"、"历史"进入了"存在"。"存在"不再被理解为"空间"性的"物体"，而是"时间"、"历史"的"事物"。

清理"时间"问题的工作在刚刚过去的一个世纪得到了长足的进展，其中海德格尔则具有里程碑式意义。海德格尔批评过去对于"时间"的理解皆借助于"空间"观念，把"时间"化为"空间"的方位用来"计时"，殊不知，"时间"有自己的特性，不是传统"空间"观念所能涵盖得了的。"存在"不能只理解为"占有空间"，"存在"是"时间"性的。海德格尔的奠基性著作《存在与时间》揭开了欧洲哲学的新的一页。海德格尔关于"时间""有限性"的思想，还是一个值得开发的领域。

海德格尔的思想在法国得到了积极的呼应，因为关于"时间"的观念，早已有他们的柏格森强调过了，只是还没有跟"存在"的问题联系起来。

小真对于法国新故去的大哲学家列维纳斯做了很好的介绍和研究。列维纳斯像推崇海德格尔那样推崇柏格森是很自然的事。

柏格森严格区分机械的空间关系和自由的时间关系，这个立意和海德格尔是一致的；但是比较起来，柏格森有两点更值得注意：一是他对于"时间"的"混沌"性的解释，一是他关于"时间"是"直觉"的主张。不是说，这两点海德格尔都没有，而是说，柏格森更加重点地加以发挥了。

我们都很熟悉柏格森的"时间""绵延"说。什么叫"绵延"？"绵延"不仅仅说像一条延伸的"线"那样"延续""不断"，"绵延"还进一步揭示："时间"之所以"不断"乃是因为它是"混沌"。所谓"混沌"是说它"混在一起"、"相互纠缠"，你中有我，我中有你，无法"分开"；如果硬要将其"分割"，则事物的"性质"就要起变化。所以"绵延"说的是"质"，"绵延"不是"量"的"继续"和"重复"。"绵延"不是"一"，而是"多"，"多"得

"无量",平常我们说的,"多得无数",相互渗透、相互纠缠,这就是"混沌"。

按照柏格森这种说法,"时间"不仅不可以"分"成"年月日时分秒",就连"过去"、"现在"和"未来"这样简单的分法,也是参考了"空间"划分的一种权宜之计。

我们常说"过去"、"现在"、"未来",可是在实际上我们又何尝能将它们"分开"?细细想来,不但"现在"里包含了许多"过去",就是"未来",也都在"现在"里孕育着。这就是说,"现在"里固然包含了"过去","过去"里也包含了"现在",就像"现在"里包含了"未来"一样。我们可以把这里的"包含"换成"有",那么,就是"过去"里"有""现在",而这个"现在"就"过去"来说,正是"未来";我们又可以把"有"替换成"存在",则"存在"正是"过去"、"现在"、"未来"纠缠在一起的东西,就是"时间",就是"混沌"。"时间"-"混沌"-"存在"成了一个意思,一个东西,一回事。并不是说,"过去"已经"不存在","未来"则"尚未存在",而"现时"又是"转瞬即逝",如果这样,"存在"就成了问题了。

"历史"分"古代"、"中古"、"近现代","历史"的"古"、"今",其意义亦复如是,是从"空间"观念里借用过来的。"历史"之所以成为"历史",即"历史性",乃在于"古"和"今"纠葛在一起,这就是所谓的"时序错乱(ana-chronology)";而"本原性""时间",原本是"无序(混沌)"的,所谓"时序",无非是从空间观念借用过来的"断层",只有让"时间""断裂"了,"时序"才出得来。我们看,富科的"知识考古论"在这里有其根据。

我们回过来再说柏格森的直觉论。柏格森说,这种绵延的时间,不是机械性、结构性"理智"所能把握的,因为这种"理智"的结构也是从空间观念中借用过来的。"逻辑"正是这种把"思想"的东西"外在"化为空间结构式的途径。所以,"逻辑"是"有序"的,清清楚楚的,凡是可说的,都能说清楚的嘛;但是"时间"-"存在",正是那"说不清楚"的"神秘",这是维特根斯坦从另一个角度体会出来的真理,也是古代希腊的先哲已经体会到了的。机械的理智把握不住"时间"的"混沌"、"绵延",所以它感到"神秘"。

从"时间"的"绵延"引出"直觉",柏格森把"感性-感觉性"的问题提到了哲学-形而上的层面来,这与刚刚过去的这个世纪的法国哲学始终牢牢地把握住"感觉"这个环节,有很大的关系。法国的哲学家从柏格森那里相信,"感觉""高于"一般"理智"。

前面说过,康德承认知识必经感觉提供材料,而感觉材料是"混乱"的,然而,问题在于为什么"混乱"就一定要比"秩序"低级?哲学的任务岂不正是在于要对这个基础性的东西作出思考?

在康德的思想中似乎有一个矛盾:他说感觉的东西是混乱的,因而要由理智的超验形式去规整,而感觉的这种混乱"本身"似乎又是"不可感(不可直观)"的,因此"物本身-物自体-物自身"只是"思想体(noumenon)"。现在,我们把问题颠倒过来,"物自体"既然是"混乱之感觉",是"混沌",则它就是"感觉体",而恰恰不是"思想体",它是"可感的",但是,在某种意义上,它倒是"不可理解的"-"荒诞的",如同古代的芝诺悖论所揭示的那样。我们看到,这样一种"颠倒",正是柏格森的思路。而对于这样一种"物自体-混沌-杂多"的"感觉",就不是一般心理学意义上的"感觉",柏格森叫它为"直觉(intuition)"。

于是我们看到,随着"时间"、"历史"、"运动"、"杂多"进入"形而上-哲学"的层面,"感觉性(感性)"也进入哲学家的视野。哲学家不仅仅注视"理想的"、"观念的"、"理性的"东西,而且也要注视"感性的"、"现实的"东西。

对于"现实"的贴近,这又是刚刚过去的那个世纪法国哲学的特点。

并不是说,德国哲学就完全忽视"现实"问题。从康德到黑格尔的古典时期,哲学家们也都想在一个哲学的框架中找到"感性现实"的恰当位置,就连黑格尔的"绝对"里,也有"感性"的一把交椅,只是毕竟处于"低级"的地位;法国的哲学家在与德国哲学交往的过程中,却更加重视发扬他们对于"感性"的思考,像黑格尔的"绝对",就会与胡塞尔的"直接性"结合起来,从"直觉"上来把握它,这种做法未被普遍认同,但是自有特色是不可否认的。

"感性"、"现实性"问题名正言顺地进入哲学-形而上学,使法国的哲学家有更加开阔的眼界和活跃的思路,对于现实生活中的一切问题,显示了哲学家应有的关切和介入。就问题来说,从政治、经济的社会大问题,到科学、宗教、伦理、文学艺术、疾病、犯罪,到女权运动等等,无不在他们关心之列。

小真文章中涉及到的许多人和许多问题,都从不同的侧面讨论了方方面面的社会人生现象,体现了"哲学"无所不在、无往不通的特性。谈科学,有巴什拉;谈宗教,有薇依;谈语言,有利科……还有那永不衰竭的斗士萨特,等等。

"感性"进入"哲学",使"哲学"面临着一个实实在在的"存在",而不是仅仅"在""思想"中的"理念-观念"。萨特说,"思想"为"非存在"。"存在"是"感性"的,"感性"被理解为"时间性"的、"历史性"的,那么如何理解"存在"-"感性"的"现实性"?也就是说,如何理解"存在"的"空间性"?

如果说,海德格尔的任务是要把"时间"从传统的"空间"观念里解脱出来,那么,依我看,20世纪后半期法国所谓"后现代"思潮的真正的任务当在于进一步从"时间"的角度来看"空间",使"空间"的观念也从传统的机械观念中解脱出来。这就是说,要在"时间"的"绵延"中看到"断裂"。"时间"中的"断裂",乃是"时间"中的"空间","空间""存放"着"时间","现实-现在""存放"着"历史-过去"和"未来"。没有"空间"的"时间",就只能限于柏格森的"内心世界"、"内在的直觉",而"空间"中的"时间",才有"外在"的形式。

那么,是不是又要回到传统的"空间"观念?当然不是的。经过"时间"观念变革的"空间",是从"时间"中"开显出来"的"空间",是"时间""断裂"出来的,不是经验科学设定的"永恒的、框架式的空间"。

什么东西能够使"时间""断裂"?能使"混沌"似乎开显了一种"秩序-时序"?海德格尔告诉我们,"死"是提示"时序-时间"的根据,是"打破""混沌",使"存在"成为"此在-彼在"的根据,"Dasein"提示了"Sein"。

随着"时间"、"感性"进入哲学,"死"的问题也就不再仅仅是一个自然现象,而是一个形而上问题;而对"死"的哲学思考,也提示了"空间"可以进入哲学-形而上学的视野。

刚刚过去的这个世纪,曾是一个动乱的时代,战争给大批的人带来"死"的威胁,人随时都面对着它。战争中的"死",不同于"自然"的"死亡",它是一批"生命体"的"生命"被"另一批""生命体""强夺"去了。"死"不可像"回归""自然"那样"处之泰然"。战争的大规模的杀戮,意味着原是各个独立自由的"生命体"-"人"所聚集起来的团体,可以是相互对立甚至是你死我活的,战争的死亡提示着一个对立而强大的"生命体"——"他者"的"存在"。"他者"的"存在"意味着"我"的"不(非)存在"。"不存在-非存在"乃是"无","无"乃是"空","我"——"自由"的"我"或"我"的"自由",给世界带来了"无";"我""介入"世界,乃是"无""介入"世界。

"死"意味着"时间"的"断裂",但这种"断裂"又是"为了""时间"的,所以并不是传统意义上的"空间",它是"有限的",它里面"存放"的不仅是广漠无垠的抽象的"现时",同样也"存放"着"过去"和"未来","存放"着"历史"。"死"提示着"有"一个"过去",也提示着"有"一个"未来"。

"死"当然是"普遍的"现象,"人固有一死",只是战争把它的意义突显出来,引起人们普遍的重视和思考。"死"作为一个普遍的问题,就有了哲学的意义。

战争中的死亡提示人们,"死"居然也可以是一种"选择"。"不自由毋宁死","战士"之所以为"战士",正在于他是为一个比生命更高的原则"自愿"去死的。中国人常说在力量对比明显薄弱的条件下去拼命,乃是"送死","死"是(自愿)"送"去的。"战士"是"被杀"的,但是,在"被杀"的人中,固然有坏蛋罪人,也有忠臣义士,他们是"自愿""被杀"的,这叫做"慷慨就义"。

于是"被动"中有了"主动","必然"中有了"自由"。

海德格尔说,"人是会死者",意思是:人是"有能力"去死的。此话怎讲?我们联系到尼采说的,"愿意"去"死","选择""死",在战场上的人就最能体会了。"死"是"我""送"给"你"的一份"礼物"。

一切的"死",都是为"他者""腾出""空间";腾出"空间"是为了"存放""生",存放"时间",存放"历史"。

"死"意味着"我"作为"自由者""主动地"去"被动";随着"感觉"被哲学所承认,一直被排斥的"被动"问题也因"时间"、"空间"、"感觉"之接纳而进入了"哲学-形而上"的视野,这就是近来为许多人所关心而小真的集子里有可靠的评介的列维纳斯对哲学的重要贡献。

我觉得，就是以整个欧洲哲学来说，在 20 世纪，列维纳斯的哲学也有承前启后的作用。按小真的评介，列维纳斯有两件事对 20 世纪法国哲学有重大的影响：一是很早就翻译介绍了胡塞尔、海德格尔的著作，一是对于伦理道德问题的哲学思考。

我们不无兴趣地注意到，列维纳斯 1930 年研究胡塞尔的著作题目是《胡塞尔现象学中的直观理论》，很可惜我还没有读过这本书，但是从题目中强调研究的是"直观"也可以揣测他的旨趣所在；而他对海德格尔的推崇和批评，是大家比较熟悉的了。我觉得，列维纳斯对海德格尔的批判，不仅仅是政治的，更重要的是学理的。

我们读海德格尔的书，感到他对于"Sein"的理解，有一种"阴暗"的意味，而揭示这一点并做了充分分析的无过列维纳斯。海德格尔晚年沉潜于"Sein"之冥思，而列维纳斯则要冲破这种困惑，使"Sein"置于一种"光"照之下，从而也使"诸存在者""明亮"起来，于是，人们的目光，又回到了"现实世界"，天下万物随之又进入哲学形而上学的视野。不过这种经过了胡塞尔现象学"括出去"之后又回来的"游子（诸存在者，万物）"，就会有另一种意义，今非昔比。

"诸存在者"之所以有这种"意义"的转换，根子在于"伦理学"，在于"人"作为"诸自由者"之间的关系。所以，列维纳斯才说，"形而上学（metaphysics）"就是"伦理学（ethics）"，而"伦理学"早于"本体论（ontology）"。在这里，列维纳斯的思想直追康德，对于宗教-基督教-犹太教问题，有了进一步的理论化解。

我们在做西方哲学的历史研究时常有一种感觉，希腊的形而上学固然在理论上给予基督-犹太思想以阐述（柏拉图-奥古斯丁）和论证（亚里士多德-托马斯），但是没有伦理学的介入，不容易出来完整的基督-犹太思想。康德完成了这一步，以理性的实践性，以意志自由的绝对性，"为信仰留有余地"。

康德的伦理学受到很多的批评，因为它太形式，因而太软弱，后来胡塞尔的学生舍勒根据现象学原则专门写了书强调"道德"的"实质性"。"道德-实践理性"要有"实质性-现实性"而又不回到经验的道德规范学，就要在康德的理论上加以推进，而不是简单地否定。这个工作，还有马丁·布伯做了，他的"我"、"你"、"他"的分析,对列维纳斯影响很大。不过,列维纳斯的"我"和"他"的关系,不是从经验式的"主体"和"客体"方面来理解,把"客体"推向经验,而是仍然将"他"固定在"超越"的层次,使其不是一种"自由"和"必然"的关系,而要作为"自由者"与"另一个""自由者"之间的关系来理解,看看会有什么道理可以引申出来。

我们看到,列维纳斯从这里引申出来的是整个犹太-基督的宗教的思想基础。

道德伦理建立在"自由"的基础上,这是康德揭示的,但是既为"自由"就不是"铁板一块","自由"本身意味着"另一个",意味着"他者"。我是自由的,你是自由的,他也是自由的,我与他作为自由者的关系,而这两个自由者之间,不是对等的,"他者"大于、重于、寿于"自我",所以"道德律"在这个意义上不是"自律",恰恰是"他律"。从这里,引申出了一切"服从"、"忠诚"、"奉献"等等看似"被动"的伦理道德观念,而不仅仅是古代希腊人所强调的"友爱"、"博爱"。

在"实践理性""设定"的基督教"神"那里,"人"作为"有限的理智者"只具有"被动"的意义,它是"被"评判者,"被"审判者,但是这在康德是遥远的"天国"的事;而经过现象学训练的列维纳斯在"现实"、"现象"、"感性"、"实在"的世界,也看到了这种"我"与"他"的关系,而这种"他者"的绝对化,就是至高无上的(犹太-基督的)"神"。宗教问题得到了进一步的"化解",做哲学的进一步明确了犹太-基督的"神"从理路上是如何"出来的"。

给小真的书写一点感想,话题扯得远了些。小真这本书中,有些散文写得很优美,是法国的情趣,也是中国的风格。中国的学风,当然喜欢德国的那种严肃,也喜欢法国的那种潇洒,中国是一个非常兼容并蓄的民族,学者也不例外。

2001年1月15日于北京
(原载《哲学研究》2001年第3期)

试释尼采之"永恒轮回"

一

近百年以来,尼采深受中国知识分子的喜爱,每逢社会变革的前夜,就会成为显学,这是不奇怪的。尼采当然是一个天才。他疾恶如仇、愤世嫉俗,其痛恨旧世界、创造新天地的情怀出自肺腑,得自天然,而他的思想如天马行空,文笔又如行云流水,同样出自自己,似无师承。他的"超人"、"权力意志"所具有的叱咤风云的贵族气概,感染了许许多多的文人学士、英雄豪杰,使他们绝不甘心流为等闲之辈。

然而,尼采的主要著作《查拉图斯特拉如是说》(下文简称《如是说》)却提出了"永恒轮回(Lehre der ewigen Wiederkunft)"说作为全书的主导思想,常使学子茫然;因为这个学说,西方和东方的学者都不陌生,西方有希腊毕达哥拉斯的传统,东方则有佛教的影响,或者说,毕达哥拉斯得自埃及,则皆来自于东方,而尼采与叔本华不同,他的思想与东方没有多少瓜葛,相反他狠狠地批评过康德为孔尼兹堡的东方圣人,他的道德谱系学和中国的儒家道德思想格格不入,为什么却对"永恒的轮回"情有独钟?

尼采的"永恒轮回"学说其真实的含义何在,我想当是学者们不可回避的问题。近人德勒兹(Gilles Deleuze)除他与人合作的成名之作《反欧底普斯》外,还独自出版了两本研究尼采的书,一本叫做《尼采与哲学》(1962),一本就叫《尼采》(1965)。两本书部头都不大,后一本大概是一个讲义,附有尼采原作简短摘要，篇幅更小。两本书的内容一样，对尼采的解释相当扎实，是很值得参考的书。

德勒兹对于尼采"永恒轮回"的解释也是很精彩的，我这篇体会的基本取向是受到他的启发；不过我读他的书，觉得他主要是从尼采思想内部的联系来理解、阐述"永恒轮回"，指出它不同于希腊和东方的思路，紧紧抓住尼采的意志的主动性（active）、创造性，在理论上强调"变"的"无限性（infinity）"，从而避免了对"在（being）"的抽象理解，于是就可以在"轮回"中看到"异"，而不是"同"，这些都是很有意义的。

我这里要补充做的是，从西方哲学的历史发展中来看尼采的"永恒轮回"的意义所在。我感到，德勒兹的工作，在当代法国的哲学背景下的确是很有意义的，譬如"同"和"异"的问题，是他们经常讨论的重要问题，德勒兹联系起来考虑，对问题是有深入的；我们中国人喜欢讲历史，尼采的确是个天才，但仍在历史之中，就历史的眼光来看，他也是可以理解、可以弄懂的。

按照德勒兹的提示，尼采在《如是说》中集中在三处讲"永恒轮回"，一处在第二卷的"和解（Von der Erlösung）"，一处在第三卷的"康复（再生，Der Genesende）"，一处仍在第三卷，其中的"七印记（Die sieben Siegel）"，大家一定很熟悉，在这一处里，尼采对那个"永恒"反复唱着赞歌。

在"和解"里，尼采一开始就指出，他看到"历史"上并没有完整的"人"，而只有"残缺不全的肢体"——"… es findet immer Gleiche: Bruchstücke und Gliedmaassen und grause Zufälle-aber keine Menshen"[①]。请大家注意，这里出现了一个"Gleiche"，这个词并不意味着老是出现"相同的东西"，而只是指，它们在"残缺不全"上是"相同"的。所以，"永恒轮回"加上"相同"、"同样"（Gleiche），并不是说，同样的东西在那里"轮回"，过去是"残肢"，将来也是"残肢"，这是尼采的基本意思，也是德勒兹所要强调的意思。这一点一定要牢牢记住。

然后，尼采就来解释他的"和解"，他用了"Erlösung"这个词，而在德国哲学，在黑格尔那里，通常用"Versöhnung"。"Versöhnung"这个词在行

---

① 我用的是《尼采全集》批审研究本，第 4 卷，第 179 页。

文中尼采也用，但标题和主要分析的是"Erlösung"。我体会，"Erlösung"这个词有两层意思，一方面它意味着"和谐"、"统一"，一方面也有"释放"、"解开"的意思，所以本文译成中文的"和解"。"和"和"解"是相关的，"解开"了，就"和谐"了。

"解"还有"解脱"的意思，从一个什么东西里"解脱"出来。能够从一切的"束缚"中"解脱"出来的是"意志"，这是从康德到叔本华的教导，"意志"是"自由"。

什么叫"摆脱一切的束缚"？所谓的"一切"，乃是"一切"的"既成事实"，亦即"过去"。"过去"一直在束缚着"意志"，如今"意志"觉醒了，要摆脱这一切的束缚，说了一声"我愿意（so wollts ich es!）"①，就以为真的"解脱"了。尼采批评这种人为"蠢人（Narr）"。他说，"被监禁的人都成了蠢人！被监禁的意志愚蠢地释放（解脱）出来的仍然是被监禁的意志。"②

为什么？尼采解释道，时间不能倒流，就像一块曾经滚动的石头现在不能再滚了。意志要从时间里解脱出来，对于它已经无可奈何的"过去"则充满了"怨恨（Ingrimm）"，是一个"恶意的观察者"，被释放出来的意志是一种"报复精神（Der Geist der Rache）"；③而这种报复，又必定要受到"时间"的"惩罚（Strafe）"，于是人间一切的"苦难（Leid）"，都是这种报复精神的"应得"之"惩罚"。尼采指出，这就是"带有谎言（Lügenwort）性质的良心（gutes Gewissen）"④。

尼采指出，把人间一切苦难"化解"为一种"惩罚"乃是地地道道的谎言，这是理解尼采"永恒轮回"思想的关键所在，这一点，是要提请大家注意的。

按照这个谎言，人生充满了苦难乃是一个接受惩罚、努力赎罪的过程，而相信总有一天，人们会"洗清"身上的"罪孽"而"得救"的。

这时候，尼采又设计出一个"疯人（Wahnsinn）"，跑出来说："如果有永恒的正义，会有和解吗？啊，那石头已不再滚动，'已经过去了'；惩罚也必

---

① 《尼采全集》批审研究本，第4卷，第180页。
② 《尼采全集》批审研究本，第4卷，第180页。
③ 《尼采全集》批审研究本，第4卷，第180页。
④ 《尼采全集》批审研究本，第4卷，第180页。

是永恒的！"① 这是"疯话"，却是"实话"。

在这里，尼采力图告诫世人，不要去相信那些"罪与罚"、"得救-和解"之类的"谎话"，不要做那"摆脱""时间"的"美梦"，起那自以为"自由"的"蠢念"，"永恒"中没有"正义"，没有"和解"，而只是"同样的""轮回"。在这里，我们要记住尼采在说"永恒轮回"时心目中要"破"的批判对象。

二

尼采所批判的"对象"，首当其冲的是基督教神学思想，这里的"罪"与"罚"等等，是基督教大力宣扬的道理；但是，在这个问题上，尼采的矛头所向，不仅仅是基督教，而是从柏拉图到黑格尔的整个的欧洲哲学传统。尼采的"永恒轮回"学说是对整个欧洲哲学传统的批判。

我们知道，欧洲的哲学起源于古代的希腊。希腊的先贤们使原始的哲学思想脱离了远古的宗教神话的束缚，具有了"科学"的形态。"哲学"作为一门"（爱）智慧的学问"展现在人们的面前。希腊人跨出的这一步，具有重要的历史意义，从此以后，"哲学"就成为人们不断探索和研究的"科学"，而不是盲目的"信仰"。"哲学家"成为"科学家"或"学问家"，而不是"预言家"或者"巫师"。

古代希腊的这个哲学传统，后来受到了一个特殊的宗教的挑战，使得原本从原始宗教中"解放"出来的这门学问，不得不重新思考自己的问题。这个特殊的宗教是基督教。为什么基督教能够挑战希腊的哲学，这是一个很让人感兴趣的问题，需要专门的研究。欧洲哲学史的事实表明，哲学接受了这个挑战，虽然经过千辛万苦，毕竟成功地不断化解着基督教所提出的问题，其中卓然名世的有笛卡儿、斯宾诺莎、康德诸家。康德把基督教的理论核心问题，如人的"自由意志"引入他的哲学体系，成为他的哲学的"宝塔尖"，而牢牢地占领了这个地盘。康德"限制"的是"知识（经验科学）"，为"信仰"留下余地，看起来为"宗教"网开了一面，然而，"哲学"却紧紧地把握住了这个网口，

---

① 《尼采全集》批审研究本，第4卷，第181页。

所以在某个意义上，康德的学说，已经将一切"智慧（无论经验的或超越的）"的领域"瓜分完毕"。康德学说，已经开辟了通往那"无所不包"的黑格尔哲学的道路。

哲学"化解"宗教的问题，大大丰富了自己。古代希腊哲学固然仍然保持着经久的智慧的魅力，但是也要看到欧洲近代哲学对于问题的深入和推进。

人们在不断温习近代哲学历史的过程中，渐渐地发现，哲学之所以能够——有能力"化解"宗教的问题，原来也在于它们在理论上、在对世界的理解上原本有一些共同的基点。明确地把这个基点揭示出来的哲学家中，尼采是突出的一位。

我们已经知道，尼采对于基督教的"罪"与"罚"、"尘世"与"天国"这类观念可谓深恶痛绝，然而，就深入的层次来看，哲学又何尝不如是！

哲学从古代希腊开始，特别是经过苏格拉底、柏拉图的"理念论"，教导人们要用一种"超越"的态度思考问题。我们所"看"到的世界，是一个变幻不定、转瞬即逝的感性世界，只有那超越的"理念（ideas）"，才是真实的、不变的、永恒的世界。按照柏拉图，感觉世界只是理念世界的"摹本"。"理念世界"为"本"，而"感性世界"为"末"。这两者的关系很费了柏拉图一番周折，也有很深入的内容，但其基本点，却不外乎此。

欧洲哲学这个基本点——如果可以这么说的话——意味着什么？它意味着：我们对于这个"感性世界"永远是一种"否定"的态度，而只有"理念"才是被"肯定"的；只有"否定"了这个"应该""否定"的感性世界，我们才能进入"肯定"的"理念世界"。这就是尼采所批判的欧洲哲学的"虚无主义传统"：感性世界的生活，是"应该"被"否定"的生活，于是，它也就是"应该"被"谴责"、被"诅咒"的生活。这种态度，我们在柏拉图的《费多篇》里，看得最清楚了。在那里，苏格拉底关于"灵魂不灭"的宣教，深入到欧洲人的内心已经有几千年了。尼采要破除千年积习，则非大声疾呼不可。

三

希腊的哲学传统，在"现象"与"本质"的界限上，将和基督教的"尘世"与"天国"的原则区别观念沟通起来，尽管这种沟通，也付出了多年的有时是相当残酷的"磨合"和斗争。

哲学重"真理"，宗教重"伦理"、"道德"，而两者在基本的观点、态度上达成了"共识"："现象-尘世"是虚假的、邪恶的、丑陋的；"本质-天国"则是至真的、至善的、至美的。不仅如此，它们二者，在论证这个观点、态度的理路上，也有许多相同之处，或许说，它们是相互借鉴的。

柏拉图教导人们，"现实"是"理念"的"模仿"、"影子"，不是"理念"来源于"现实"，而是"现实"要按"理念"来"构造"，"理念"是"现实"的"原型"。柏拉图这一思想路线，到了他的后继者新柏拉图主义者普罗丁那里就有"太一"、"流射"、"万物"之说。我们看到，基督教的"创世说"从普罗丁的学说里，就多了一层理论根据。因为现实的世界，可以不再被理解为对已有的现成材料（matter）的加工"制作"，而带有"从无到有"的意味，这正是基督教"创世说"所宣讲的。

这样，"被创造"的东西，和它的"原型"之间总会有一段距离，比起"原型"来，它是"不完善者"。人在"现实世界（人世间）"的所作所为，都要以"不断接近"这个"至善-最完善者"为"目的"。"追求至善"、"追求至真"、"追求至美"乃是人们生活的价值、意义所在。

我们看到，这种生活的"意义"观念，建立在"现象"与"本质"、"人世"与"天国"的区别之上，因而也是建立在对"本质-真理"、"天国-至善"的"信仰"之上。"至真"、"至善"、"至美"——"完满性"这个"超越"的"目标"，赋予了现实生活以"意义"。

现实生活的意义是超越的"完满性-真善美、上帝"所给，其本身则无意义可言，所以尼采批评这是欧洲哲学、神学根深蒂固的对现实生活的虚无主义态度。

处在这种虚无主义氛围中的欧洲人，把自己的生活的意义，推向了遥远的未来，当下现实的生活虽然充满了不幸和诡秘，到了上帝的那个"至善至真至美"的"天国"里，一切都那样透明，善有善报，恶有恶果，不差毫分，在"天国"，才有最"公平"的"交易"。于是，人活着，总有个"盼头"。

四

人的这个"盼头",基督教曾经许诺过,经过多少多少年,"救世主"将会来临,或者,"救世主"已经来过一次,又回"天国"去了,以后还会再来。这样,世人老有个"热火罐"可抱。这是一般的理路,哲学家把这种理路精致化了。在这方面值得提到的是康德。

康德在他的《实践理性批判》中有三个设定(Postulations),初看不太好懂为什么实践理性一定要有它们。之所以要有这三项设定,乃是保证现实的经验生活具有"意义",保证人们有"行德-修善"的可能性。人们之所以要行德修善,倒不仅仅是因为有一个"地狱"的苦难在等待着他,而且还有那"天国"的诱饵在吸引着他。

实践理性必定要求人们设定"灵魂"是不灭的、永恒的"绵延",没有这一条,人们就无法理解自己将会进入一个设在"永恒未来"的"天国"。于是,没有这条设定,"为善"、"修德"——这是实践理性所要求的——就是一句空话,没有理路的保证。"灵魂的永恒绵延"使"实践理性"的"德性"成为"可能",就像"时空、范畴的先天性"使"理论理性"的"知识"成为"可能"一样。康德哲学,就是追问的这个"可能的条件"。

康德哲学理解这个"可能的条件"在于"超越","超越"是"经验"的"可能条件"。"超越"使"经验的知识""成为可能";"超越"使"经验的德行""成为可能"。

在这里,我们看到了尼采"永恒轮回"的具体的针对性。原来它是相对于"永恒超越"而言的。尼采告诉人们,不要以为有了一个"永恒"就会"超越",就会"出现"一个"天国",在那里一切都会得到"公平的待遇(等价交换)"。固然有个"永恒",但那个"超越"却是虚幻的;"永恒"的也无非是那些"相同"的(经验的、人世间的)东西。我体会,这是尼采"永恒轮回"说的主要意向所在。

尼采在《如是说》的"和解"一章中指出"永恒"也得不到"公正"之后,在"康复"这章中,更进一步地阐述了这个意思。他说:"万物皆逝,万物复回；存在者（Seins）之齿轮（Rad）永（ewig）转。万物皆死灭（stirbt），万物有复生，存在者之岁月常（ewig）流。"① 紧接着又说："万物分而又合；存在者永久地（ewig）建造着同一的（gleich）房子；永远地（ewig）在那存在者之圈（Ring）中。"②

这里，"轮回"针对着那"超越"，意思是很明确的。不要把"超越"寄希望于"永恒"，"永恒"的过程中，仍是那相同的生灭经验，"永恒"不能保证"得救"、"超升"。

于是，尼采的"永恒轮回"，并不仅仅意味着"永生"，而且也意味着"永死"，"总是（永远）有生"，也"总是（永远）有死"，世间万物，包括人在内，永不能"超越"这个"生""死"的"轮回"。"生""回来了（Wiederkunft）"，"死"也"回来了"，这就是尼采的"永恒轮回（总是要回来的）学说（der Lehrer der ewigen Wiederkunft）"，并说，这是一种"命运（Schicksal）"③，"灵魂"与"肉体"同时"有死（sterblich）"④。

然后，在《如是说》的"七印"一章中，就出现了尼采充满激情的"永恒"的赞歌。应该说，尼采的"永恒"就是"轮回"，"轮回"也就是"永恒"，并不是在"轮回"之上还有一个"永恒"，即"不轮回"的"永恒"。他在赞歌里说得很明确，他对"永恒"的"动情（brünstig）"，是一种对"婚礼指环，亦即回归之环的追求（nach den hochzeitlichen Ring der Ringe—dern Ring der Wiederkunft）"⑤。

这意味着，尼采并没有把"永恒轮回"当做一个"理念"来理解，这就是说，世间的万物，不可能形成一个"整体"，而只是一些"个别"的、"具体"的"残肢""碎片"，它们永远如此，生灭无穷。在这个意义上，尼采不是形而上学者，他的思路，恰恰是和欧洲形而上学针锋相对的。尼采厌恶一切的"超越"的"绝对"、"精神"、"理念"、"大全"、"神"，不遗余力地揭示它们的虚妄性，而反过来则对被欧洲传统哲学贬为"变幻虚无"的现实世界，充满了热

---

① 《尼采全集》批审研究本，第 4 卷，第 272 页。
② 《尼采全集》批审研究本，第 4 卷，第 273 页。
③ 《尼采全集》批审研究本，第 4 卷，第 275 页。
④ 《尼采全集》批审研究本，第 4 卷，第 276 页。
⑤ 《尼采全集》批审研究本，第 4 卷，第 287 页。

情的赞颂。

尼采把整个欧洲哲学传统颠倒了：过去认为"虚幻"的感性世界，原是真实的；而过去认为真实可靠的"理念世界"，原来真是"虚幻"的。就是那被认为"至高无上"的"神"，也是"有死的"。"神"已经"死"了，而且"死过了"，尼采在那"已经死了的""神"的墓地旁，感到欣喜若狂，深深体会到"神"原来是世界的"诽谤者（verleumder）"①。为什么？因为"神""污蔑"现实世界是可憎的、丑恶的，是要被"扬弃"的。尼采批判了形而上学、神学的欺人之谈，热情地歌颂了感性的现实生活，把这种批判的精神贯彻到底，无所顾忌地提出了"永恒轮回"的学说，固不免于一时的误解，但他这种哲学的彻底精神，吸引着人们有信心消除误解，得窥其真实意义。②

五

破除形而上学真理观，欧洲古代就有怀疑论的传统，破除宗教神学的也有强有力的无神论传统，这些自然都为尼采思想提供了资源；不过尼采并不止于怀疑论，他反对基督教神学也有其特点。

尼采不是怀疑论者，他的真理价值观对传统形而上学来说，是一种颠倒，他的信心建立在现实的世界的永恒变化之中。坚强的人勇敢地面对着千变万化的世界，不断地开创着自己的事业，只有那怯懦的人，才逆来顺受，忍受着现世的折磨，而幻想着"永恒的和解"。

基督教神学也好，形而上学也好，都教导人们正确"理解"这个世界。

基督教特别是新教说，人本是因为"有罪"才到这个世界上来的，人生原本是为了"赎罪"，因此，你的一切苦难都变得可以"理解"，可以"忍受"起来。

---

① 《尼采全集》批审研究本，第4卷，第288页。
② 我试着把尼采《如是说》"七印"（第288页）中的三段颂歌译成中文：

　　我狂喜地坐在那过去的神灵的墓地旁；祝福世界，热爱世界，但我却在那世界之诽谤者的纪念碑旁。

　　当天空透过其破碎了的遮盖物闪烁着纯净的目光时，当教堂的废墟上长满了千篇一律的青草和红色的樱菽花时，我就喜欢坐在教堂和神的坟墓旁。

　　我还没有找到可以为我生儿育女的女人；也许有一个人为我所爱；啊，我爱你，永恒！

形而上学也告诫人们,"现象"原本是变幻不居-不完善的,是"本质"的一种"影子"和"摹本"。人作为一个感性的存在者,不可避免地生活在感性的现象界,自然也是不完善的,要经过"永恒"的努力,经过曲折艰辛,受苦受难,才能不断接近这个"本质"。

尼采的时代,形而上学的高峰是黑格尔,正是黑格尔,把欧洲的哲学传统和基督教新教传统结合得亲密无间,他的《精神现象学》乃是哲学的"圣经",是"精神"历经磨难、考验并努力奋斗而"升天"的过程。和基督上帝一样,黑格尔让人间的一切苦难和不公,都在他的"绝对理念"的"回归"中,得到了"和解"。像上帝一样,"绝对理念"作为"第一因""外化""创造"了世界,世间一切都在"绝对理念"的"运作"之中,这种"运作",乃是高出于自然因果的最高的必然性,在它的涵盖下,一切都是"合理的",即"可以理解的"。现实世界的一切的否定,都会经过再一次的否定,回到肯定。世界受着这个最高的"运作"支配,一切都有它的"安排",黑格尔叫做"理性的机巧",亦即"上帝的睿智"。

在破除了形而上学的"神话"之后,尼采的态度是:既然没有一个最高的"运作者",这个世界就本不可也不必去"理解"。这里的"理解",不是通常"知识性"的,尼采并不是否定日常的科学知识,相反的,他既然对感性现实生活采取肯定态度,则他必定也是重视科学知识的获得的,这里的"理解"也就是"和解",就是"化解",是哲学性的。这就是说,我们要正视现实生活中的不公和苦难,而不是去忍受化解它们。它们是"不可理解"的,"荒谬"的,是要被"改变"的,而不相信有一个至高的"绝对运作"使它"合理"起来。

这里,我们想起在学习马克思1845年春写的《关于费尔巴哈的提纲》最后一条时的理解。马克思说:"哲学家们只是用不同的方式解释(interpretirt)世界,而问题在于改变(verändern)世界。"① 这句话,马克思当然有他的更深层次的革命意义在内,我们在学习时是要努力去领会的。我们也认识到,马克思这句话的意思,绝不是要人在通常科学知识的意义下拒绝"理解(解释)-懂得"世界,拒绝对社会、自然作科学的研究,拒绝把握科学的知识,

---

① 《马克思恩格斯全集》第3卷,人民出版社1960年版,第6页。

而是强调,哲学不是止于客观的、静观的"理解",止于把世界的"问题"、"矛盾""解释-化解"掉,使这个世界"可以理解"而"可以忍受",马克思强调的是要"改变"这个世界,"理解"的目的是要"改变-变革-革命"。

当然,尼采仍然局限在他自己的层面,他不是代表先进社会生产力的革命者,他只是在旧的阵营内感到了欧洲传统哲学和基督教神学的虚伪性,企图以一个超越的"理念-神"来"化解"现实世界的矛盾、不公和欺诈。尼采的学说,是要激发人们的觉悟,破除那"绝对"的神话,而认识到充满庸人的世界之荒诞。这个荒谬的世界本不可忍受,设定一个最高的理念或神,也无济于事。"永恒"也不能给我们以任何的借口和安慰,因为"永恒"所带来的,仍是"同样的东西(Gleich)"。

六

既然并没有那虚无缥缈、化解一切矛盾的"绝对理念-神",那么人们所能做的只能是面对现实,面对生活;去掉了那否定生活(现象)的"至高无上"的真善美,生活现象本身就得到了肯定,在这个意义上,被德国哲学所推崇的"意志",才真正有了"力量",才被真正赋予了"创造性"。在尼采看来,设定一个"绝对-神",来化解生活,也化解了意志,"意志最终自身和解(化解,erlöste),意志成为无(非)意志(Nicht-Willen)"[1]。尼采说,这是疯人的寓言之歌,据此尼采(查拉图斯特拉)教导人们说,"意志是一个创造者"[2]。

我们知道,基督教把人的自由意志提到了前所未有的高度。希腊的知识性的必然性,使"神学"与"形而上学"成为一体(亚里士多德),而基督教要创建一个人格的惟一的神,不得不把自由意志赋予人类,这样,正如康德后来论证的,才能通过道德的途径进入宗教。然而,人类的意志自由既是神所赋予,神也就有权力将其收回,这是一种借贷的关系。果然,人类不仅在结成社会时相互让出一部分权力(卢梭),而且在与神交往时,把自己的"自由"全都"托付"给神。"放弃""人"自己的自由,把它交给神来管理,以此来忍受

---

[1] 《尼采全集》批审研究本,第4卷,第181页。
[2] 《尼采全集》批审研究本,第4卷,第181页。

生活，以赎罪的心态来度过自己的一生。于是，对于人来说，"自由"成了"服从"，"意志"成了"无（非）意志"。

什么叫"无（非）意志"？"无（非）意志"就是"没有力量"的"意志"，"软弱无力"的"意志"，亦即"没有现实性"的、抽象的"意志"。提倡这种"意志"最力的，是康德。尼采的"权力意志"主要的反对目标是康德的意志学说。

康德哲学的贡献在于把基督教神学的问题"化解"于他的哲学思路之中，使理论上自奥古斯丁以来的"意志自由"有了一个系统的哲学位置，它占据了"实践理性"的核心中枢，以此展开了康德在伦理道德学说方面的深入的论述。

不过，康德的"意志自由"的确是很抽象、很形式的，意志自由没有任何现实的、经验的内容，它是纯理性、纯形式的，一沾上经验的内容，就成了"幸福论"，那是经验的学问。所以，在经验的现实世界，康德这种"意志"也就成了"无（非）意志"了。当然，康德的"意志自由"也会有"现实性"的，那是要等到"永恒绵延"中的遥远的"天国"，"意志自由"才会有（而且一定、必定有）"现实性"，这种"超越的现实性"，只有在"神的王国"里才有可能。

如今，"神的王国"、"天国"、"绝对理念"的虚幻性，通通都被尼采的"永恒轮回"所摧毁，那么，"意志"的"现实性"，也就回到了经验的现实世界，"意志"恢复了它的"力量"，"权力意志"也就是"有力量的意志"，而不是"软弱的意志"了。

2000 年 10 月 9 日于北京

作者附记：我于去年夏天阅读尼采的书，觉得尼采的书竟有"消暑"的作用，今夏尤热，于是又借尼采的书来念，更小有体会，草就短文，向高明求教。

（原载《浙江学刊》2001 年第 1 期）

试论尼采的"权力意志"
——兼论尼采的哲学问题及其在哲学史上的地位

尼采的哲学长期以来一直是人们关注的焦点。人们之所以关注尼采并非完全被他那半疯癫的表达方式所引起的好奇心理所支配,而应该注意他的哲学在历史上的承前启后的创造作用。当我们对他的思想作过真正哲学的研究之后,我们将会知道,他作为一个哲学家——尽管他本人或许并不承认这个称号——是的确应该受到重视的。

一、尼采哲学产生的背景

做哲学史的相信任何思想都不是凭空杜撰出来的,然而,这种态度,似乎又是和哲学本身所要求的创造性有矛盾的。为解决这个矛盾,哲学史家采取的办法是:把哲学发展的历史理解为人类创造性思维本身发展的历史,哲学史研究哲学家是如何在特定的历史条件下创造性地工作的。尼采哲学的创造性,也不例外。

尼采时代的德国,在哲学上是以黑格尔为首的古典唯心主义占统治地位的时期。从康德到黑格尔的唯心主义哲学,自有其历史的贡献,它将欧洲从柏拉图以来的哲学主流思潮作了创造性的总结,使之成为一个完整的逻辑体系。这个体系原本不是僵化的,不是封闭的,它之所以被认为如此,除了黑格尔企图创造一个无所不包的哲学科学外,主要还在于这个体系是建立在一个纯粹理性的基础之上的，而纯粹理性因其"纯粹"性，常常只能是"纯形式"的，因而也常常会是空洞的。

当年德国古典哲学诸家之所以会有如此的偏向，乃是受制于欧洲哲学的强大传统：感性是不可靠的，只有理性才是真理的依据和自由的保障。康德把这两者彻底地分割开来，而黑格尔虽然努力将它们统一起来，但是在他的庞大无比的哲学体系中，感性只是理性的历史和逻辑发展的一个比较低级的环节，也就是说，康德的分离感性和理性的前提仍然坚如磐石。

然而，感性却不断地向理性提出挑战，以它那丰富多彩的姿态吸引着诗人、艺术家，当然也包括了哲学家。感性要在哲学中争取自己的应有的地位。不过，感性与哲学所追求的目标到底有何种关系，感性对于哲学有什么帮助，自是不可回避的问题。

并不是没有人探索过这个问题。自古以来，可以说，一切怀疑论者，都或多或少地把自己的立足点放在了感性这一边；然而，传统怀疑论直到休谟，其作用只是引发出一个又一个的理性体系，而似乎并没有为感性在哲学中找到恰当的位置。

推翻一个哲学体系，最简便的办法，就是提出相反的命题，你讲"绝对"，我讲"相对"，你说一个东，我说一个西，说得好了，也能卓然成家。在反对黑格尔哲学的阵营中，不乏佼佼者，费尔巴哈自然有自己的优势。他的敏锐的观察，犀利明快的语言，与黑格尔形成了鲜明的对照，吸引了大批的年青一代的哲学家。

然而，感性究竟于真理和自由何益？

哲学自其诞生之日起，以追求真理为己任。哲学的知识不同于其他的知识之处，盖在于它的自由性。那么，何谓"自由的知识"？

在古代希腊，人们认为，只有摆脱感性束缚的知识才是自由的，此时所谓感性束缚显然与实用的功利态度有关，亦即人们在自由思考时，不计利害，成败利钝，在所不顾。古代希腊人认为，只有这样，人们才能获得真知识；然而，人们不难发现，这种知识，仍然受制于感性的材料，受制于感觉印象。

哲学意义上的真正的自由，直到康德才相当地明确起来。康德的自由是道德的、实践的，而不是知识的。实践道德的自由，与感性毫无瓜葛，它自己创造自己的价值，使之在无限的修善中，转化为现实，这个过程，黑格尔发展成为绝对的知识，于是，自由的知识-哲学的知识-真理，在绝对知识中得到完成。

我们将会看到，康德哲学日后虽然受到严厉的批评，但是，上述这条由实践理性自由出发的创造性的路线，仍在或明或暗地起着作用。

黑格尔企图超越康德的实践理性，但是他的"辩证理性"或"思辨理性"已经不是科学知识性的理智，而是纯粹的自由理性，在那个绝对的起始点原本也是"空洞"的，形式的；只是在时间中，在历史中，才有其内容。不仅如此，黑格尔绝对理念的内容，还是这个理念自己创造的。理性本身具有创造性，这是黑格尔哲学的巨大贡献。然而，从古代希腊哲学一直延续到康德的西方哲学的传统，对于理性-理智如何会有主动性和创造性，始终存在着解释上的问题，因为理智-理性总带有形式性而其内容必是"给予"的，因而是从外面"接受"的。知识-理性的创造性具有先天的限制。

于是，叔本华批判黑格尔哲学，就带有根本颠覆的性质。叔本华强调一个非理性的"意志"作为他的哲学的出发点，而这个"意志"又不是通常意义上的欲望。叔本华的哲学，促使人们考虑一种自由创造的力量，而不是考虑那些受制于感官的欲求。

从这个角度来看，叔本华哲学，表面上似乎回到了康德，叔本华本人也对康德备加推崇，却是真正意义上对康德哲学的批判，而不是像新康德主义那样，只是对康德哲学的种种扩展。真正意识到叔本华哲学意义的是尼采。

二、"意志"作为一个纯粹的创造力

理智像一面镜子，接受外来的印象，然后像蜜蜂采集酝酿蜂蜜那样制造自己的知识体系。这是英国经验主义的基本思路。这个思路的缺点在于不能很妥善地解决感觉的变易性问题。因为知识体系-科学要求一种稳定坚实的可靠性，而这是感觉经验所不能提供的。于是有休谟怀疑论的复兴。康德为纠正这个威胁到科学之稳定可靠的学说，建立了批判哲学体系。康德以"先天综合"之可能性来维护这种稳定可靠性。这就是说，康德仍然把知识的可靠性建立在理性之形式的合规则性-合规律性的基础之上,因而被认为是一种折中的说法。就理性的自由创造来看,康德的理性在知识领域的创造性是受到限制的,是有限的,起的是一种来料加工的作用。严格说这种仍是形式的理性,并无真正意义上的创造性。

康德把真正的创造性给予了"意志"。"意志"不接受任何外来的制约,自己创造自己的价值。

然而,意志如何会有能力去创造?意志在不受任何驱动的条件下,如何会有这种创造性?

康德说,意志的前提是绝对的形式,或者说,意志没有任何前提,因为它没有任何感性的动机,它本身就是自己的动机,就是自己的原因。意志因其没有感性的内容,在这个意义上,意志是空,是缺,仍然像一个"接收器"。康德的"意志"似乎仍在理智-理性的阴影笼罩下。意志的内容,要在长期的修善的德行中"填加"进去的,尽管这仍可理解为意志自己的所作所为。所以,马克思批评康德的"善良意志"为软弱无力的。何谓"无力"?因为它"无力"创造,意志而又无力——无力创造,乃是一个矛盾,按照康德自己立的规矩,则他的意志的观念就不能成立,不攻自破。

"意志"必定是有力的,有力(量)去创造,意志本身就是力。有力的意志,则不可能是空洞的、形式的。有创造力的意志,不是"缺乏"什么,不是缺乏什么感性的材料要补充进去,因而就和一般经验上的"欲求"从根本上区别了开来。"意志"不"需要(缺乏)"什么。

在这个意义下,意志作为一种力,就不再是消极的,而是积极的,不是"取",而是"给"。

"意志"甚至也不是"充满",不是"完满"。"完满"是一种静止,而意志是力,是"(冲)动";所以它不是"充满"、"完满",而是"外溢",是"发射",也就是说,古代的"流射"说,在这里得到了新的意义。

对于"意志"在哲学中的重要性的阐述,是欧洲哲学自黑格尔以后的一大贡献,肇始者当是叔本华;只是叔本华的意志是要被克服的,而尼采的意志则是要张扬的。所以,尼采虽尊叔本华为师,但对其贬抑意志的意义,则取批判态度。不过,我们后人为了理解这个原创性的意志,仍离不开叔本华的提示,因为叔本华指出了一个不同于黑格尔"理念"的、不是被动的感觉需求欲念的意志,这样来促使人们从这个思路上深入下去,遂使哲学传统所寻求的"原创性-主动性"问题得到了更为深入的把握。

人们要问,这个既非理性又非一般被动感觉的意志,到底是什么?人们将会发现,沿着这条思路想下去,竟然会使整个欧洲哲学的传统问题有一个新的视点。

三、"意志"学说与欧洲哲学传统的变革

从某种意义上来说,尼采也把欧洲哲学的主流传统给颠倒了。我们问,什么是欧洲哲学的传统?这个传统溯源于古代希腊。当其时,哲学的主要任务在于寻求确定的、不变的,因而是可靠的知识。为此人们找到了"理性-理智"。哲学家有了一个坚定的信念:感觉是变幻的,而理智是恒固的。由此衍生出来的一系列思想,形成欧洲哲学的蔚为大观。

然而,"感性"也并不是那样驯服的。从古代怀疑主义开始,理性-理智主义一直在接受着挑战。由于这种挑战,竟然迫使哲学的基本概念关系经常处于变换和颠倒之中。大体说来,这些关系是:主动-被动,肯定-否定,直觉-理性,价值-知识,伦理-科学,实践-理论,自由-必然,偶然-命定,原因-结果,多-一,创造-接受,无-有,等等。或许我们甚至可以说,这种概念范畴的转换几乎贯串了整个欧洲哲学的历史发展,哲学体系的变化,往往围绕着概念范畴之关系的转换。

在对立的概念中以强调对立一方的重点不同建立各种不同的哲学体系,固然能够促进哲学问题的思考和深化这种对立的意义,但是循环的转化,不能在根本上推动哲学的进展,这已经为欧洲哲学发展的历史所表明;对于感觉-直觉-感性的肯定,乃是近代哲学的贡献,其途径已经不再是强调方面的转换,而是将对方包容在自己的体系之内,作为自己哲学体系发展的某种环节,黑格尔明显地采取了这种办法,在他的庞大的理性主义的哲学体系中,"感性"是一个必经的环节,即使在他的"绝对理念"阶段,同样有"感性"的一席之地。黑格尔这种思路的好处,除了必须将"时间"、"过程"引入哲

学外，对于从哲学角度来理解"感性"，提供了深入的基础方法，它意味着："感觉-直觉-感性"同样可以具有哲学的意义，尽管对于黑格尔哲学来说，它不是最高的。

"感觉-直觉-感性"进入"绝对"，这意味着：它可以被理解为"主动"、"能动"的，而不是"被动"的。探讨"感性"的能动性曾是后黑格尔哲学的一个时尚，这一点，我们已经有了较多的材料。叔本华的"意志"是一种"非（不是）理性"的力量，已经解开欧洲哲学长期被掩盖着的一面；只是他的"意志"由于需要克服以达到观照宁静的境界，所以就和生理的情欲不容易分开，他自己在具体论述时，有时也没有着意加以区分，于是就有尼采出来坚持"意志"的根本原则，并将其贯彻到底。

意志的本质在于它的"力"。这种"力"当然会含有"支配"、"统治"的意思在内，但是不止于此，它主要是一种"创造"的"力"，所以尼采常常强调，"意志"就意味着"创造"。

真正意义上的"创造"是从无到有。

"从无到有"是基督教在根本上不同于希腊哲学的地方，这一思想实际上已经把整个的希腊哲学思路颠倒了过来：希腊哲学是从"感觉"到"思想"——"思想"为"不（非）存在"，而基督的创世说，乃暗含着从"思想"到"感觉"的思路，这个思路被后来的哲学家们发挥了出来，而进一步利用了希腊哲学贬抑感觉世界的态度，形成像黑格尔这样庞大的思想体系。"神"的创世说，变成了思想-精神的创世说。思想创世实际上已经含有"从无到有"的意思在内。

然而，人们如果企望跳出对立面转换的怪圈，彻底消解这种虚假的对立——或者像康德所说，是"现象"-"表象"的对立，则当在新的基础上，或在更高的层面上，回到希腊"从有到有"的思路上来。

"意志"不是"无"，而是"有"；是一种特殊的"有"，"充溢"的"有"。"意志"因其"充溢"而为"力"，这种"力"是感性的，实实在在的，不是思想-精神性的，而是物质性的。就其对其他的"力"而言，意志力要取得支配的地位，因而它是"权力"，所以尼采把这种意志叫做"权力意志"。

四、何谓"权力意志"?

德文"Der Willer zur Machte"中的"Macht"有其他语种所没有的意思,它来自动词"machen",是"做事"的意思,亦即不仅仅是一种"想法"和"欲望",而且是要付诸行动的。既然"做事",一般来说,就会对所做之事具有"支配"、"拥有"这类的"权利",同时还含有"征服"的意义。

尼采的"意志"是"有",不是"无"。"意志"本来就"有",不是被创造出来的,它本身是"创造者";然而既然万物皆为"有",那么,"意志"又创造了什么? 如果说,"创造"的本意为"无中生有",而意志又总意味着创造,那么,我们只能说,意志创造了一个"无"。这就是说,意志的行为就经验的眼光来看,似乎和万物的行程不同,万物从"有"到"有",而意志则从"有"到"无":意志"创造"了一个"无";然而从另一种眼光来看,意志的创造活动,乃是真正意义上的"从无到有",使原本没有"价值",没有"意义"的万物,具有了各自的意义和价值。意志创造了一个"价值世界"。所以在这个意义上,意志使"无中生有",也使"有中生无"。

我们可以参考尼采以后欧洲哲学的发展来理解这个"无"。从克尔凯郭尔到萨特,"无"可以被理解为"思想"、"意识"、"精神",是一个价值、意义的世界。所以克尔凯郭尔的"existence",竟然可以是"空"的,乃是"空存",只有在这个"existence"活动-创造以后有了"生活",它才"实"起来,变成"实存";而萨特才说,"人"给世界带来了一个"无"。于是,"人"创造了"无"。世上有了"人",万物才"显现"它那只对"人"才开显的"意义"。

这些存在主义-现象学的基本命题,蕴涵着摧毁、化解人间一切道德文化的意思,而这层意思,在尼采那里也已经相当明显了,于是,20世纪末所谓的"后现代"和"后结构"之"解构"的思路,已孕育在尼采的思想中。

尼采并不说,一切价值意义都是人为的,都因人而异。尼采并不是简单的相对主义者;尼采把"权力意志"作为他的哲学原创性的基础,正是这个"权力意志"创造了道德文化,创造了一切意义和价值,因此,我们也可以说,尼采为相对主义和怀疑主义找到了一个比较坚实的哲学根据,这个根据,就是

"权力意志"——"意志"的"力"创造了"无"的世界,亦即道德文化世界。一切辉煌的道德宫殿,一切神圣的宗教庙宇,一切庄严的法律条文,甚至一切的科学真理,究其根源,盖出于这个"无"。这也是尼采猛烈批判一切道德主义,提出"道德谱系学"的哲学依据。

那么,尼采在通常的道德文化上似乎是一个"虚无主义者";但是,经验意义"道德文化"的"虚无主义"并不等于哲学上的虚无主义,这一点在尼采的哲学中表现得非常清楚。

尼采的哲学重心在"有",不在"无";尼采的"意志"不是"意识",而是"存在"、"实在",是一种"力",是实实在在的"能-力"。这种"能-力"因其过于"充沛"而"外溢"——不是黑格尔的"外化",黑格尔的"外化"是从"精神"到"实在",在这个意义上,是"从无到有";尼采的"意志"则是从"有"、"能-力"出发,而这从物理的眼光来看,乃是"从有到有",乃是一种"变",所以尼采虽然反对那种抽象的存在论,但是并不反对"变"之存在,而且认为只有"变"才"存在"。这种"变之存在"乃是"永恒的轮回"。

由于建立在这样一种实在的意志力的基础上,所以尼采的哲学竟会有一种快乐主义的色彩,而正是因为这种快乐主义是建立在实在的意志力作为哲学原则的基础之上的,遂使尼采的快乐主义成为欧洲哲学中最具有形而上学意味的,因而也更应该得到哲学的重视。

把意志定位为一种实在的力量,这就意味着,它既不是一种感觉式的反应,像经验主义理解的那样;也不是抽象的形式的纯粹理性,像康德所理解的那样。于是我们从尼采的"意志"那里,体会出一种像理性那样"主动"而又是"感性"的东西——或者说,"感性"而又"主动"的东西来。这种思想,当其时也,自有其思想文化的背景,譬如科学上关于能量的观念以及艺术上的原始冲动等等,但是在欧洲哲学史上,尼采的"意志"观念,不能不说是一种突破;因为在欧洲哲学史上传统观念认为"感性"总是被动的,而只有理性才是主动的。尼采正是把这种观念扭转了过来,他说,作为"意志"的"感性存在"是主动的,而一切貌似主动的理性反倒是被动的。理性的知识,归根结蒂是受感性制约的,离不开"反应-反射",对于意志来说,只是第二位的,是为意志服务的。由于尼采对于"意志"的理解紧紧抓住了哲学的基本原则,所以他的感性哲学具有前所未有的哲学深度。

理性知识含有接受、综合的因素，这是欧洲哲学传统不可回避的问题，已经为怀疑主义所细致地提示过；康德的辩护，无非指出了科学理性知识的合法性，而不能否认一切知识都要从感觉经验开始。

在知识论上，康德未能看出，知识之所以能有"先天性"而"合法"，并非另有一个理性形式把感觉材料按照非经验的逻辑形式规范整理出来，而是在感觉中原来就有纯粹主动的东西。我们似乎可以说，按照尼采的思路，"意志"才是一切知识的先天条件，而它本身却不是理性的、逻辑的，而是感性的、实实在在的。"意志"是一切感性经验科学的最后的根据。

在这个知识论的意义上，我们也可以说，"意志"是"立法者"；于是，知识服从意志，科学服从价值，真理服从道德。世上没有抽象的、绝对的真理，真理是意志的象征，而意志是一种力量，于是，在这个意义上，真理也是力量的象征。我们看到，尼采这个思路，对于一切被视为至高无上的"真理"体系，具有"解构"作用。

然而，意志不仅仅为"立法者"，它还是"创造者"，这也就是说，"真理"原本是意志"创造"出来的。

意志并不创造物理意义上的"感觉材料"；然而意志却"创造"了对感觉材料加工以后的知识体系，在这个意义上，意志确实"创造"了"知识-真理"体系。"真理"也是一种"意义"；"正确-对"否，乃是一种"判断"，而意志则对此种判断，保持着最后的"评判权（力）"。

于是，我们看到，在中文，为什么人们常把尼采的"Macht"翻译成"权力意志"，而不必改为"强力意志"之类；在尼采的思路中，"意志"的确含有"权力"的意思在内。

"力"的含义已如上述，所谓"权"，在古代中国是一种度量单位，是衡器，一种秤砣之类的东西，大概在先秦时期就统一了。或许中外古代掌握度量衡的人，都是重要人物故而有"掌权的-当权的-当权派"之说。"权掌握在谁手里"是"标准-准则"掌握在谁手里的问题，是"头等大事"。什么"对"，什么"错"，什么"好"，什么"坏"，是手里有权的人说了算。"权"当然也有大有小，运用范围不同。为了制约各种"权"的关系，在人间有帝王君主，在天上则有神-上帝。既然在尼采看来"意志"都是具体的、感性的、自主的,那么,那种"至高无上"的"意志-权力"乃是虚构出来的,而且往往是意志薄弱者幻想出来麻痹自己的,是弱者的意志,它受制于"真理"、"习俗-道德"和"宗教",是扭曲了的意志,是意志的缺失,意志的遗忘。用尼采的话来说,是"虚无意志"(Wille zur Nicht)。

我们看到,与"权力意志"相对立的"虚无意志",放弃了自己的"自由",把它"托付"了出去,在实际的生活中,"忍辱负重",幻想着"天国"最后审判的绝对公正和完善;或者把这种幻想付诸实现,以行动来对现存世界进行"报复",力图使自己的地位来一个颠倒和转换,于是乎有"造反"的举动。这两种貌似对立的态度实同出一辙:对待生活持"否定"的态度。所以,"虚无意志"实际并不想"创造"新生活,而只是要把生活中的秩序来一番颠倒,因此,从根本上来说,"虚无意志"实在是"无所事事"(zu machen Nicht)。

然而,尼采的"权力意志",并不是要向生活"索取"些什么,而是要"给予"些什么。我们说过,尼采的"意志"既然不是"欠缺-需要",而是"充溢",这种"给予"的意义,就不难理解。

五、为其所能与能为而不为

尼采的"权力意志"有一个突出的特点,叫做"为其所能",即凡能为者皆必为之。这个意思不是说,做事(意志)要量力(视其可能性)而为。"量力而为"乃是经验的度量,不是哲学问题;所谓"为其所能"是建立在尼采对于意志的总体观念之上的。这种观念,蕴涵了一个貌似荒诞的思想:"意志"是"无所不能"的,亦即,凡是"意志-意愿"的,都是"可能"的。

对于这个问题,如果联系到尼采的"意志"不是"获取"而是"给予"这样一个基本立场,也许就会变得容易理解起来。

如果意志为"缺乏",向外伸手"获取"些什么,则"可能性"问题会非常突出;但是,如果意志本已经"完满-无缺",无须外求,它的外溢,只是自身之本性,则无待外部之同意或允许——包括物理上的可能性,在这个意义上,"意志"真的"为所欲为"了,因而它"无所不能"。"意志"本身就是

"能"（ability）。

尼采还进一步指出，那种"虚无意志"则往往要用各种方法，包括最美好的哲学、宗教、艺术词句来掩饰它的"无所事事"，而放弃"权力意志"本身之可能性。

我们知道，实际的可能性是一个知识问题，知识要靠经验的积累，做事之前，有一番审时度势的"计算"，而知识和经验是无穷无尽的，世上没有万无一失的计算，而计算的根据是在于设定有一种"必然性"在，因而计算在一定范围内也的确有其效应；与此相反，尼采的权力意志，并不考虑计算的问题。并不是说，这个问题不存在，而只是说，在考虑"意志"问题时，不涉及利害的计算，这原本是康德的原则，尼采把它坚持住了，而不像康德那样把它当做通向"天国"的桥梁——要在"天国"达到理想和现实的统一。于是我们看到，取消了这种"天国"的统一，"意志"本身就是理想和现实的统一；凡"意志"的，都是"现实"的，而无经验的计算。

那么，在尼采看来，他的"权力意志"和经验现实世界的关系，又复如何？

我们看到，在这个问题上尼采强调的是一种一次性偶然机遇的态度，发挥的是古代希腊先哲的观点：时间是掷骰子的儿童，儿童为王。在这里，"时间"是"现实"，"掷骰子"是一种主动的行为，而其结果，则是偶然的，无法计算的掷骰子者承担结果，但在道德上并无"责任"，他"无辜"如儿童，但他又是"主宰-王"者。

这样的"意志"在碰到现实时，固然经常以失败而告终，但总结经验，审计得失，则是经验科学的事，需要经验的、处理实际事务的智慧和能力，而"意志"则仍坚持其自身，承担后果而"不负责任"，它的目光注视着"下一次的机会"，准备"掷"另一次"骰子"。

我们看到，尼采这个"权力意志"常常是悲剧性的，因为它常常会失败，但是尼采的悲剧英雄虽然失败而仍然愉快——尼采从自己的观点来理解古代亚里士多德关于悲剧为什么给人们以"愉悦"的难题。尼采说，悲剧之所以给人以愉快感，不是因为观众在安全地带而庆幸自己免遭同样悲哀的结局，也不是因为观众体会出悲剧英雄有什么"片面性"，而是因为，意志本不顾及结果之成败，它永远肯定自己，肯定自己的生活，而悲剧英雄之所以会失败，在尼采看来，乃是因为他的行动或是太早，或是太迟了，悲剧英雄是"不得其时"；但是，时间仍可以给他另一次机会，因为"机会-机遇"是"永恒轮回"的，它保证了"意志"也永远处于"（有）力（量）"的地位。

"初生牛犊不怕虎。""意志"永远保持着"初生"状态，天不怕，地不怕，行使自己的"权力"，时常"搅乱"固有的秩序，虽然很少"成功"，总是笑逐颜开。总结经验是后来的事，是长大成熟以后的事。随着时间的推移，人变得"老谋深算"起来，常为自己的得失而懊悔，患得患失，于是策划着另一次的行动来"补偿"，为自己的失败来一个"报复"，因而往往在不同的层面、不同的立场上做同一件事情，成则喜形于色，飞扬跋扈，败则怨天尤人，悲观失望，已经为"虚无意志"占据了统治地位，离开"赤子"很远了。相反的，"赤子"很少重复做同一件事，其实，他也不想做"成"什么事，"做"才是最主要的。"做"就是"生活"，而乐就在其中。对于成熟的人来说，"赤子"的行为可能表现得很可笑，但"赤子"并不在意他人的评判，"生活"就是"生活"，并不需要等待"评判"和"论证"，无须"师出有名"，更没有什么"最后的审判"。当然，尼采的哲学并不是幼稚的儿戏，它是超越了一切的"老谋深算"的"大全-经验之全体"哲学，因为"意志"本已是比"大全"还要"多"的"充溢"，只是按自己的本性，"给"这个世界做出"贡献"。

这就是说，"意志"的"赠与"，并不涉及他人"接受"与否，其价值也并不"取决于-决定于""他人"的欢迎程度或接受与否，"意志"的"赠与"，乃是"千里"之"鹅毛"，更与"实用"与否无涉。

六、"权力意志"与"道德价值"

"意志"赠与了世界什么？"意志"给世界带来了什么"礼物"？"意志"给世界带来了或"给予-赋予"了世界以"意义"，而且，这种"意义"只能由"意志"自己来评判。"权力意志"的评判权在自己手里，"意志"自己掌握着"标准-秤砣"。

"礼物"代表"心意"，表示一种"意思-意义"。一般来说，"礼物"没有

"正确"与"错误"的区别,当有"轻重-高下"之分,就像"意志"有"高贵"、"卑贱"的区分一样。区分高下的标准,不仅在于物质质料的贵重与否,还在于它代表的意义。中国古代就有"礼轻人意重"的说法。礼物的意义和它的载体的物质属性没有绝对的关系,因为它的意义不在物质世界的关系网中,而是在另一种关系中。"礼物"体现了"意志"之间的关系。只有另一个"意志"才能"理解"礼物的意义。"权力意志"体现了对另一个意志的关系;"意志"只是对"另一个意志"来说才有"权力"问题。对"物"的权力,基于对"人"的"权力"。"权力意志"是"意志间"(inter-will)的问题。

一切的评判盖出于"意志"本身,不是"虚无意志-卑贱意志""审判-评判""权力意志-高贵意志",就是"权力意志-高贵意志""审判-评判""虚无意志-卑贱意志";而尼采认为,欧洲的一部文明史,就是那个"虚无-卑贱意志"如何占统治地位的历史,欧洲的道德、法律、宗教都是为这样一种意志辩护的,是保护"弱者"、排斥"强者"的"虚无史"。

根据这个思想,尼采对于欧洲道德、法律、宗教,特别是基督教,进行了无情的解剖。这就是尼采的"道德谱系学"的哲学意义所在。

尼采的"道德谱系学"并不是要把康德已经指明了的道德形而上学拉回到经验的道德学去,尼采之所以要为"道德""叙述家谱",乃是要揭示欧洲传统道德标准之"出身低微",指出它冒充"高尚"的虚伪面孔,使其原形毕露。在这方面的研究,有待深入。

尼采的"权力意志"将欧洲哲学传统的"主动性-创造性"的思路,贯彻到实际的感性世界来,而又坚持了哲学的根本问题,在欧洲哲学史上是不可忽视的;同时,尼采的哲学,还给人以一种启示:既然感性-感觉作为主动的"力"可以进入哲学,则"被动性"问题是否也有一种理解,使之在哲学基本问题中占一席之地?

"被动性"问题在尼采哲学中被限制在一定的理论框架中。尼采认为,理论的知识是一种"反应-反映"式的结构,其根基是被动的,归根结蒂是为人类实际功利服务的;只有"意志"才是纯粹主动的。

然而,这样一种主动的意志既是"多"而不是"一",于是"意志"之间的关系就是一个需要探讨的问题。我们看到，在这个问题上，尼采为要反驳黑格尔的"苦恼意识"，把自己的视线集中在"主奴关系"上。尼采虽然深刻地指出，"奴隶"即使改变了地位，仍是"奴隶"，但是，"奴"和"主"既然皆非"一"，那么，除了"主-奴"关系外，尚有"主-主"关系，然则此中关系又当如何？实际上，"奴隶"只有"虚无意志"，而所谓"虚无意志"就是"意志虚无"，所以，从本质上来说，"奴隶"本无自己的"意志"。在这个意义上，我们竟然可以说，凡"意志间"的关系，根本上都是"主-主"关系，也就是"自由者"之间的关系。按我们刚才的分析，"意志间"的关系，乃是"赠与"和"被赠与"的关系，这种关系，固然也有"锦上添花"和"雪中送炭"的区别，但是从根本上来说，不仅仅是物质上的"缺乏-需要"的问题，因而就不仅是经验世界的问题。

"权力意志"既然不仅是缺乏和需要，那么，作为另一个"意志"的"被赠与者"，它的"接受"，就同样不是一种感性的需求；或许我们宁可说，"意志"间的关系，作为"自由者"之间的关系，更加接近"锦上添花"的性质。这种"锦上添花"的关系，我们常从艺术的活动中体会出来。从艺术创作和欣赏中，人们能够体会出一种特殊的"接受-被动"的关系，扩大开来说，甚至一切思想文化的交流，包括"阅读"在内，我们都能感受到一种"被动"中的"主动性"。

在哲学上重新接纳"被动性"问题，使哲学有一个新的切入点，有一个新的视角，就像20世纪的哲学家重新接纳"感觉-直觉"、"时间"到哲学中来一样，当是一项有意义的工作。

2001年9月于美国，2001年10月17日改于北京

（原载《浙江学刊》2002年第3期）

何谓"超人"
——尼采哲学探讨之二

尼采有"超人"之说,已为众人熟知,似并非其学说之难点;但是究其含义,则尚须详加探讨。

既曰"超人",则非"常人";而"超人"仍归于"人",则又非"神",其义亦甚明白。然则,尼采对于基督神教,取竭力反对之态度,则其"超人",亦绝非介乎"神""人"之间的一种族类,或者像古代希腊的"英雄"那样一种类型,虽然尼采对于古代希腊之诸神,与对基督教之神的态度绝不相同。

学者已经注意到尼采多次强调的思想:"超人"不是一个静止的概念,而是一个动态的过程,"超人"意味着"人"是要被"超越"的。在《查拉图斯特拉如是说》开篇不久,尼采就借查拉图斯特拉的嘴教导世人:"人是那种要被克服的东西"[①]。于是我们知道,尼采所谓"超人",是强调"人"须得不断地"超越""自己",也就是说,不断地"创新",不断地"创造"。

然而,尼采的"创造"、"创新"等等,不是向着更"完善"的"目标""前进",因为在尼采的心目中,根本没有那种"超越"的"真"、"善"、"美",那么,这里所谓"超越"、"克服",又如何理解?

从德国古典哲学的传统来看,"超越"和"克服"等等,乃是一种"否定"

[①] "Ich lehre euch Übermenschen, Der Mensch ist Etwas, das überwunden werden soll." 见尼采:《查拉图斯特拉如是说》(《尼采全集》批审研究本,第4卷,dtv de Gryuyter Duendruck-Ausgabe, 1980,本文中以下未另注明出处者皆同此版本),第14页。

的精神，根源于"理想"与"现实"、"本体"与"现象"的原则区分。这种哲学，就尼采来说，近取康德、黑格尔，远可追溯到柏拉图、亚里士多德。这个传统，叫做"理念论"，或者如我国的译名"唯心论（idealism）"。这个传统强调，有一个或多个超越、绝对——超绝的"理念"，集"真"、"善"、"美"于一身，尘世间的"现象"，都是它的"摹本-复制品"，而都要"趋向"于它。

这样，相对于那个"原版-原本"的"理念"来说，一切的"现象"都是要被"否定"的，"理念"向一切"现象"说"不"。

我们要明确，尼采在这样一个基本点上，是与这个传统完全不同的，这样我们就要在一个不同的理论视角中来理解尼采的"超越"和"克服"。

尼采的"超人"，不能被理解为从"人"到"神"的"过渡"环节，是因为尼采把基督教和希腊理念论的哲学传统联系起来考虑的结果。我们看到，尼采这种取向，是理解哲学理念论的很重要的一个视角。

在欧洲，基督教宗教精神和希腊的哲学（科学）精神"磨合"了很多年，其间充满了无情打击和残酷斗争，甚至充满了血腥；然而沟通之门从一开始就是打开着的。从思想的根基里，双方都承认一个超绝的、至高的真善美的存在或"悬设"，而尘世的现象是要被否定的，人世间的一切努力，都是为了向那超绝的真善美——神靠拢。

从哲学思想的发展来看，古代希腊形而上学为这个最高理念或存在奠定了思想基础，近代康德则从伦理学——实践理性方面推导了设定"神"的必然性。古代形而上学从"至真"方面论证了"理念"的必然性；康德的实践理性则从"至善"方面论证了一个最高裁判"神"的必然性。康德从哲学上完成了对"（基督教）神"的论证，使这个"神"，成为"全知"，"全能"，"全善"，使人间一切向善的修德行为，有一个最后的"根据"。

尼采对于这些哲学的或宗教的说教，断喝一声：谎言！

尼采这种态度，并非全是情绪式的，而是建立在清醒的、清楚的理路的基础上的。尼采的实际思想，和他的某些情绪式表达形式是有距离的，我们对他的哲学的思考和理解，要透过他的情绪看出其中的理路来。尼采不是愤世嫉俗者，尼采反对"报复"。

"谎言"的断喝，乃是对一切传统的形而上学，包括或者特别是对康德道德形而上学的批判,当然也是对一切宗教信仰的批判。尼采是无神论者,是现实论者,但仍然是"超越论者",或者说,是真正的"超越论者";因为,过去传统的"超越",是"否定"的"超越",而尼采的"超越",则是"肯定"的"超越",是不经过"否定""现象界"的"超越",或者,竟然是真正意义上的"否定之否定",是对"理念论"所具有的"否定"的"否定"。

"肯定的超越"而不是"否定的超越"是理解尼采"超人"的关键。"人"是要被"克服",被"超越"的。"克服"、"超越"什么?"克服"、"超越"那个"否定"——传统哲学中那个作为"否定"力量的"人",使之成为"肯定"力量的"人";从对一切现实说"不",转变为对一切现实说"我要(Ich will)"。①

Der Wille——意志——在这里首先是一个积极的力量,而不是像在康德那里,首先是一个否定的、消极的力量。

不错,康德的意志是"自由"的,它是摆脱一切感性束缚的理性力量,但是正因为如此,它首先成了"否定-摆脱"现实感性世界的力量,因而也是通向至高无上的"神-宗教"的道路,只有在"神的天国","意志自由"才有"肯定"的意义。

在尼采看来,康德这种否定性、消极性的"自由",在现实世界,实际上是为"责任"设定的,为"责任"找出一个绝对的根据。"自由"的必然性,意味着"责任-负担"的不可逃避性。所以人们面对康德的"自由",并不觉得轻松自在,而有一种战战兢兢如履薄冰之感。在这种"自由"的压力下,叔本华躲进了希腊哲学的"理念"世界,躲进了艺术和哲学的殿堂,在那个海市蜃楼中,才能怡然自得。

之所以会出现康德这种消极的、被扭曲了的"自由",概出于有一个至高无上的"理念"-"神"的设定。"理念"和"神""限制"了"人"的"自由"只能是"形式"的,只有到了"天国"或在"绝对精神"里,这种"自由"才获得了"(现实的)内容",于是,在康德以及黑格尔那里就出现了一个辩证的

---

① 尼采:《查拉图斯特拉如是说》,《尼采全集》批审研究本,第4卷,第30页。

词组：人作为"有限的理智者"只有"有限的自由"。①

这种消极的、否定的"自由"对于"有限的理智者"只要求一个抽象的"应该"，至于"应该"的"内容"则是"经验"的事；只问"应该（去做）"不问"（做）什么"，就如同只问"是（存在）"而不问"（是）什么"那样，是一切（自然的、道德的）抽象形而上学的陷阱，的确是为"信仰"留有余地。

尼采认为，向人许诺这样一种形式上的"自由"是虚假的，他对于康德的"自由意志"以及由此而引申出来的道德哲学给予了无情的揭露和讽刺，指出康德的"自由意志"下的"道德伦理"，只能出现"庸人"和"奴隶"，不是忍辱负重就是犯上作乱，都以最高的"神"-"理念"-"天命"为借口。

尼采的"超人"则不是康德意义上的"自由者"——因而（不）是"责任者"。"超人"不是"拥有"形式的"自由"而战战兢兢地担负实质的"责任"，超人的"自由"带有实质性，也就是带有现实性，他是实实在在地"自由"的。这种"自由"只问"要""不要"-"愿""不愿"，而不问"应""不应"；当然，"愿""不愿"也不是抽象的、形式的，不是海阔天空地胡思乱想，而要看"能""不能"，所以尼采强调的不是"自由意志"，而是"权力（能力，力的）意志"。中文将尼采的"die Macht"译成"权力"，不仅是政治上"统治"的意义，还有一层"权衡"的意思在内，是"量力而为"的积极意义——只要有能力，就"要"去"做"。倒不是不计"成败利钝"，而是不顾既定的"善恶是非"的束缚，更不是"相信（信仰）"那"至善"，而是自己"创造""价值"。尼采说：

> 一旦人相信预言家和占星家，那么人就会相信，"一切都是命（Schicksal）；你应该（sollst），则你就必须（musst）"！
>
> 而人如不信预言家和占星家，则人就会相信，"一切皆自由（Freiheit）；你能够（kannst），则你就要（就愿意，willst）"！②

---

① 在《判断力批判》里，在美、艺术和目的论里，康德指出了一种"绝对的自由"，这里有着叔本华回归"理念论"的秘密。
② 尼采：《查拉图斯特拉如是说》，《尼采全集》批审研究本，第4卷，第253页。

尼采这段话很概括地表明了他的核心思想:"超人"乃是真正的"自由"的人,而不是被"神"注定了的"自由",不是被(神)承认了的"自由",不是"神"-"理念"-"他者"眼中的"自由",而是"自己"的"自由"。康德的"意志自由"之所以是一个"误区(Irtum)","是因为人被当做自由的,而不是因为它是自由的"①,而真正的"自由"与"责任"无关,它是"无辜-无罪"的。"超人"不相信"原罪","超人"像"儿童"那样"无辜-无邪",只是"超人"不像"儿童"那样"无知","超人"是"成熟的儿童"、"智慧的儿童"。

当然,尼采并不是一般地否定道德,他只是不相信有绝对不变的"道德",他认为至高无上的"至善"是骗人的虚构,而对于既成的道德规范有自己的解释;他认为迄今的道德规范,不过是"权力意志"的表现,不幸的是这些规范,特别是基督教的道德规范,都是奴性的,是"奴隶"的准则,"奴隶"即使造反当了"主人",也还是"奴性"的。循此,尼采研究了"道德"的"谱系"。所谓"谱系"乃是"出身",乃是"门第",是论"高(贵)"、"下(贱)"的,而不是真正论"善""恶"的;就像"意志"只论"强""弱",无关"善""恶"一样。

尼采也并不一般地反对"责任",他只是反对有一种先天的、形而上学的"罪"和"责"是人作为有限的理智者必定要承担的。他说,"我们认识到,并没有什么在形而上学意义上的罪责(Sündem),在同样意义上,也没有(这种)德行(Tugenden)"②。

康德说,正因为人是一个有限的理智者,所以道德律(必须为善)才是一个无条件的命令,而不是人的发自本性的觉悟,于是,这个命令对于人来说,真的成了"理解的要执行,不理解的也要执行",而由于人的有限性,人对于这种命令,在根本上是"不理解"的,道德律令不是知识对象,因而"不可知"。在这个意义上,康德固然说他的道德学无关乎经验,但是作为经验世界的人的本性,天生(形而上学地来看)是"恶"的,是要被"摆脱",被"克

---

① "Weil sich der Mensch für frei haelt, nicht aber weil er frei ist." 见 *Menschliches Allzumenschliches*,《尼采全集》批审研究本,第2卷,第64页。
② 见 *Menschliches Allzumenschliches*,《尼采全集》批审研究本,第2卷,第75页。

服",被"超越"的。我们看到,在道德问题上,在"实践理性"中,康德是要把"自然的人-知性的人-必然的人"提升为"道德的人-理性的人-自由的人"。

在这个意义上,我们要指出的是,尼采采取了和康德针锋相对的相反路线:尼采要破除康德"道德的人"的虚伪性,使那高高在上的天使般幻影回到大地上来,现出原形。

尼采在谈到他的"超人""出世(分娩)"之"阵痛"时说:

> 蝴蝶穿破其外壳,撕拉碎之,一道从未见过的光芒使之目眩眼花,这自由之王国。在有此能力承受此那种悲痛的少数人中,将第一次探问:出自道德的人性(die Menschheit aus einer moralischen)能否转化为智慧的人性(eine weise Menschheit)。①

尼采的"超人",横空出世,从"天上"降到"人间(地上)",打破一切虚伪的"天条",在大地上自由地"开创"自己的事业,"实现"自己的"价值"。

康德所担心的事终于发生了。我们知道,康德的《纯粹理性批判》乃是要防止理性在知识领域的"僭越";而他的《实践理性批判》则是要防止理性在道德领域里的"屈降"。在知识领域,理性要防止超出经验的范围之外;在道德领域,则要防止理性进入经验领域。如今,尼采的"超人"打破"批判哲学"的一切条条框框,泯灭经验和超越的界限,在道德问题上,不但"进入",简直是"入侵"到经验领域里来了。

果然,尼采的"超人"作为"创造者",不是经验世界诸种材料的加工者,也不是修理匠,而是"进攻者"。② 于是,作为"进攻者"的"超人",恰恰不是"神",而仍是"人";不过不是受那"天条"束缚的唯唯诺诺努力修善乞怜

---

① "Der Schmetterling will seine Huelle durchbrechen, er zerrt an ihr, er zerreisst sie: da, blendet und verwirrt ihn das unbekannte Licht, das Reich der Freiheit. In solchen Menschen, welche jener Traurigkeit fähig sind—wie wenige werden es sein! —, wird der erste Versuch gemacht, ob die Menschheit aus einer moralischen sich in eine weise Menschheit umwandeln könne." 参见 *Wenschliches Allzumenschliches*,《尼采全集》批审研究本,第 2 卷,第 105 页。
② 参阅德勒兹:*Nietzsche & Philosophy*(英译),N.Y.: Columbia University Press, 1983, 第 3 页及其他各处。

于神恩的庸人和奴隶，也不是因竭力摆脱奴隶地位成为"主人"而对一切采取"报复"的"复仇者"，而是不用他者认可的纯粹主动者。对这样一种人，道德的价值是自己创造的，不是"他人""评说"的；因此，在他行动的时候，道德的考虑不是先天的条件，而是为要"实现"自己的道德价值，"智慧"却是在其本性之中。

康德的道德哲学给人一种"慰藉"：终身为善，未得好报；"天国"将会报偿一切，不差分毫。"超人"不相信这种骗人的安慰剂，自己的价值未得实现，不怨天，不尤人，只怪自己的"智慧"不够；而既然"超人"不是"神"，所以尽管殚精竭虑，失败是难免的，于是，"悲剧"常常伴随着"超人"，是它的"命运"。

然而，"超人"绝不"悲观"，对尘世的"悲观"是基督的精神，不是尼采的精神。"失败"而不"悲观"，乃是一种积极的、肯定的悲剧精神，是希腊的酒神精神。"超人"的意志，以乐观的态度对待尘世的变幻无常，把它看成意志实现价值的"机遇"。把握"机遇"，得天时地利人和，水到渠成，就会"幸运"地把握住自己的"命运"；不过"超人"因为太多的意志的涌动，往往缺乏"耐心"，"超人"的悲剧不是因为它没有能力去完成它的事业，而在于不能"等待"，不能"忍"，譬如，把它的事业推迟个一两年。① 不能"忍"，不能"抓住时机"，就会"失败"，故此，不能以成败论英雄就有了学理上的根据，"英雄"往往失败，也就成了历史的事实，而为千古骚人墨客所吟诵。

我们看到，尼采这种"超人"的"悲剧观"与黑格尔通向理念世界的悲剧观旨趣完全不同。黑格尔从两种片面的伦理力量冲突导致更高级的理性精神出来"收拾残局"——得到和谐，显示了"相对"、"片面"之克服（代表有限伦理力量双方之毁灭），而"绝对"之必然胜利；尼采的悲剧观恰恰相反，它显示了悲剧英雄虽然往往失败，但这种"往往"中体现着"偶然性"，而并不需要什么"片面伦理力量"来作为条件。尼采的悲剧英雄与伦理道德无涉。尼采的悲剧英雄只是"生不逢时"。

黑格尔理解的"悲剧"，由在时空中的有限性、偶然性之毁灭，展示一个

---

① 参见 Nietzsche, *Menschliches Allzumenschliches*,《尼采全集》批审研究本，第 2 卷，第 78 页。

超时空的世界；而尼采所理解的"悲剧"，则永在时空之中，在这个意义上，它没有"超越性"，永在"三界"之中，"永恒轮回"。

那么，这种"永恒轮回"的悲剧观是不是会跌入悲观失望之泥坑？

不错，黑格尔的悲剧观具有一幅乐观的景象，通过"有限"的"毁灭"，展示"无限"的"天福"；只是这"天福"在"天国"，不在"人世"。黑格尔许诺的是一幅美丽的"图画"，它对于挣扎在残酷现实中的人是一种安慰，弄不好是一种"麻醉剂"。如同一切"理念"、"绝对"、"神"一样，"悲剧的和解"也是虚幻的。

背后有"权力意志"支撑着的尼采的"超人"则不把希望寄托在那虚无缥缈之间，因为时空的绵延，正是向着强者显示着"机遇"，时空的绵延不绝，乃是"机遇"的绵延不绝，"永恒的轮回"，乃是"机遇"的"永恒的回来"。"机遇"永远向"强者-超人""开放"。

"时间"是什么？赫拉克利特说，"时间是玩骰子的儿童，王是儿童"①。赫拉克利特从其"一切皆流变"的思想出发，强调"变"之"存在"，"变"中之"驻"，"偶然"中之"必然-命运"，为其非形式的"逻各斯"。"玩骰子"乃是一种"偶然"，掷下来的点数排列不是"掷者"所能把握的，这是一种"命运"，也是一种"运气"，是"偶然"中的"必然"，而且是由"偶然"来"证-验证-证明-明证""必然"。这种"必然"，竟然也不是统计学的，不在于多数的"掷"之后的平均数，而是每一次都有每一次的结局，是个体的；但是，每一次的结局，又不是终局，时间的无限绵延为"掷者"提供了"再一次"的"机会"，"机会"总是不断提供，不断"轮回"的。

从这里，出现了"强者-超人"的身影；既定了的点数排列，已不在计算的视野之内，不后悔，不抱怨，而是全神贯注着"再一次"的"机会"。强者-超人的视线集中在面向"未来"，对于"过去"了的一切，强者-超人认为那本是我想要的，无论成败，无论幸与不幸，都是"我的意志（意愿，Ich will）"。并不是"过去"因"不完善"而通过"现在"迈向"未来"的"完善"。既然

---

① 我过去在研究古代希腊哲学时，比较重视古典学学者的研究成果，对于赫拉克利特这个思想，只作了一点材料上的介绍，承认在思路上未曾打通［见我的《前苏格拉底哲学研究》，收《叶秀山文集·哲学卷》（上），重庆出版社 2000 年版，第 86 页］。这里的研究，是对以前研究的哲学理路上的补充。

这个最终的"完善"是虚幻的,于是,就哲学-形而上学的意义来说,强者-超人的行为也并没有一个终极的"目的"——"目的"是没有的,"运动(变化)"就是一切,这句话在日常生活中,在经验的意义上,是荒谬的;但在哲学-形而上的意义上,却揭示了以"至善"为最终"依归"的虚假性和欺骗性。

由于消解了作为终极目标的"至善",善、恶皆为相对的,经验的,变化的,于是在终极意义上,"行为者"亦无"责任"问题,"责任"是经验的,相对的,因而是可以辩解的,不是绝对的,无可推卸的。"掷骰子者"对于其掷出来的点数排列,没有责任。

"掷骰子者"是"儿童"。"儿童"总是"无辜"的。这是一种与后来基督"原罪"观念完全相反的古代希腊人的"人生观",这种"人生观"的深刻性,需要有尼采这样的思想彻底性,才能使其清楚地呈现出来。

"王是儿童"——"王"是有"权"、掌"权"的人,"权"是"度量"的标准,是"度量衡","掌权者-王"是"掌握(控制-统治)""度量衡"的人,手握"权杖-权柄"的人,也是"掷骰子者"。"命运"全"掌握"在"自己"的手里,不受任何外来的支配和影响。"掷骰子者"绝不受任何他人的影响。这一把"掷"下去,任何人的"吆喝"不起作用,而其结果则是偶然的,没有预定目标,不向任何"终极至善"靠拢,对于这个结果来说,"王"又是"儿童",而不是"神"——只有那个设定的"全知、全能、全善"的"神",才能被设想左右其结局,才能"左右乾坤"。

这样,赫拉克利特谜样的残篇,通过尼采的思想,就有了比较确切的解释。[①]

这样,尼采的作为"掷骰子者"的"超人"就不是"神",他把"偶然性"作为"机遇"来对待,毫不"瞻前顾后"——"过去"和"未来"全都不是"负担",而"现在"正是"创造"的"时机"。

"超人"不是通常意义上的一面"镜子",他像古代原子论设想的那样,"没有入口",不是一个"接受器",而是一个"发射器",它只有"出口"。"超

[①] 这里,我参考了德勒兹在其 *Nietzsche & Philosophy* 一书的第一章第十一节"The Dicethrow"的论述。从这个论述,我们可以体会到,研究古代的哲学思想,有时由于材料不足或残缺,字句上不容易解释清楚,但理论的思路,往往能使其贯连而得到较为妥善的理解。

人"的"意志"是纯粹主动的。它不是"容器",而是"充满"的,"实心"的;但又不像古代"原子"那样靠"碰撞"而运动,它是"自动"的。"意志"之所以"自动",乃是因为它不仅是"实心-充满"的,而且是"外溢"的,"流射"的,因而它是"纯粹的创造"。我们看到,古代的这些哲学观念,在尼采的"超人"中,得到了新的意义,有了新的价值。

我们看到,古人在做哲学时,做的是"追根寻源"的工作。既曰"根"和"源",就不是静止的、不动的,是要在它的"基础"上,生化出大千世界来;但是既然"根"和"源"本身也是变的,则"根""源"自身也有"根""源",则"探本求源"就没有一个"头"。亚里士多德深感解决这个矛盾之困难,一方面他说在变化的因果系列之外有一个制动万物的"不动者"、"第一因";同时他又强调其"纯动者",好让它牢牢坐稳那个"第一"而绝不"被动"。

于是许多聪明才智之士,从各个方面来设想、研究,使这个"纯动者"明晰起来。从古代希腊的"(宇宙)始基"和"数",经"存在"、"种子"、"原子"到"理念"、"实体",都不能作"抽象概念"观,它们都是"第一""动因",至于本身动不动,则仁者见仁,智者见智。说它本身也动,则要解决何处受动的问题,而一旦"受动",则其就坐不成"第一"的交椅;如谓其"不动者",则又面对如何"不动者"会"制动"的问题。

"本原"如为"受动者",则为"变化"过程中一个环节,已不再是"本原",这种意义的"本原"乃自相矛盾,不能成立;于是问题集中在"本原"如何"不受动"而又"制动"。

近代欧洲哲学,从与基督教长期交锋的过程中,汲取思想养分,发现这个宗教的"神",正是那"绝不受动"而又"制动"的"本原",它老人家稳坐在"第一"把交椅上。

然而,哲学不能简单地照搬宗教的思想,因为哲学毕竟是一个科学的形态,对于我们生活在其中的大千世界,哲学不能否认其客观性。哲学要对其实行"超越",而不能真的像宗教那样对于感性世界也来一个"无中生有",哲学只能在"形而上"的意义上讲理性-思想的"创造性"。

在这个意义上,近代康德哲学,固然是"限制知识",为"信仰"留有余地;同时也"限制宗教",为"哲学-科学"留有余地。康德把"无中生有"

"限制"在"道德"的领域。"道德"的"意义",来自"理性"的"纯粹"的"创造"。在"知识"领域里,哲学承认感官的接受性,也就是说,"感觉材料"是客观"给予"的;但在"道德"的"意义"世界,"理性"则是"绝对的自动者"——"意志自由"是"纯粹"的"理性";因为"自由"正是那"不受制"于外在的"感性世界"。

康德的"意志自由",由于其"形式性"而受到包括尼采在内的众多的批评,但是在哲学的理论领域里,为解决"纯自动"的问题,康德所做出的贡献是不可磨灭的。

康德以后的德国哲学的问题是如何把康德分割开来的两个世界——知识的世界和道德的世界"统一"起来,而不损害批判哲学的路线:既不让"知识""僭越""道德(超越)"的领域,也不把"道德""降格"为"(经验)知识"的领域。这就是说,"知识学-科学"不使成为"抽象的形而上学","道德哲学"不使成为"道德规范学"。

我们看到,欧洲哲学,运思到黑格尔阶段,"现象学"的思路已经很明显:"纯粹自动"的"理性",虽然不能"无中生有"地"创造""感觉材料",但是却使本无"意义"的这些"感觉材料""开显"出"理性"的"意义"来。"理性""创造"了一个"意义的世界"。"创造"就是"开显"。

以"意志"代替"理性(Vernunft)"是叔本华的工作。为防止"意志"落入"根据律-因果律",叔本华让他的"意志"退出"理性",因而避免了康德"意志自由"的形式性和软弱性,使它具有一种"感性"的"现实-实现"的力量,一种积极的力量。叔本华的"意志"是一种"力",而不仅仅是一种"性(质)"。"意志"是"原生"、"创生"的"力",是未受"他力""推动"的"自由-由自"的"力"。

在这个意义上,尼采的"超人"是这种"力"的化身,只是尼采的"超人"不相信这种"力"还需要静观理性的观照来加以"解脱",而是把这种"力"的思想贯彻到底,从而"开显"出与叔本华不同的境界来。尼采对于既定的世界,不采取调和、妥协的态度,不相信那种宁静的理性观照态度能够达到真正的幸福。

尼采的"超人",既不相信"至善"的"道德律",也不相信"至真"的

"自然律"，这也就是说，既不做"道德律"的奴隶，也不做"自然律"的奴隶，这样才能真的成为自己-自律。尼采的"超人"是一个真正的"纯自动者-纯意志者-纯自由者"。"超人"的"意志"不需要与"另一个""真"、"善"、"美"协调-调和，而它本身就是"真"、"善"、"美"。"超人"是"价值"的"创造者"和"评估者"。为"超人""意志"的"创造性"，尼采大声疾呼："意志就是创造"①。

从这个意义来说，尼采的"超人"恰恰是最"现实-实在"的人，而不是"信仰-迷信"的人。"现实-实在"的人，是"生龙活虎"、快快活活的人；"信仰-迷信"的人，则是"忍辱负重"、艰辛劳作、谨小慎微的人。对于那高高在上的"至善、至真、至美"，对于那"神"，对于那"天命"，"超人""肆无忌惮"，而"常人"则是"谦谦君子"。

"谦谦君子"的"行动""瞻前顾后"，"照顾"到"各种关系"。他的行为是一种"对策"，上下左右都要尽到"责任"。"尽责"而又不"越位"。往往因要"左右逢源"而"放弃""能做"的事，能做而不做——因为他不"应该"做。上下左右的"律令"都是要你放弃许多"能够"做的事。以"应该"为"意志"，而不是以"能够"为"意志"，在这个意义下，"应该"是"（形式的）自由意志"，而"能够-有能力"就成了"（实质性的，现实性的，真正有实践能力的）权力意志"，也是真正的"意志自由"。

在这里，我们看到，欧洲哲学在近代，"自由"和"意志"的观念，从康德经黑格尔、叔本华，到了尼采，由"纯形式"的，逐渐充实了"内容"，成了"力量"的源泉。

在黑格尔哲学体系里，"意志的自由"并不像在康德哲学中居于体系的顶尖地位，这种"自由"，仍是片面的，只有到了"绝对理念-绝对精神"的阶段，"自由"才真正是"内容""充实"的；不过正因为"理念"是"概念"的，它要经过一个"辩证"的"过程"，使"回到""自身"，这个"概念"才是"充实"的，才能"克服"开始时的"空洞性-形式性"。黑格尔批评谢林的"绝对哲学"是一种"直接"的、"一蹴即就"的"捷径"；他的哲学，是要揭

---

① 尼采：《查拉图斯特拉如是说》，《尼采全集》批审研究本，第4卷，第258页。

示"理性""回到"其自身的"艰苦历程"的。黑格尔一部《精神现象学》正是讲述了"理性-精神"如何"外化",如何离开自己的家外出"闯天下-征服世界"的"光荣而艰苦的历史进程",最后"理性-精神""回到""自身","衣锦荣归",竟然是"腰缠万贯"——经历、包容了整个的世界,不像刚刚出发时只是一个空洞的"形式"了。

于是我们看到,黑格尔的"辩证历史发展"乃是一个"螺旋式"的"圆圈","理性-精神"在更高层次上"回到自身"。

与这个意义相比,尼采的"永恒轮回"则没有这个"螺旋式"的意思在内,因为他不承认有一个超越的目标悬设在那里作为"高"、"低"的"价值尺度",在这个意义上,尼采的"永恒轮回"恰恰是"永恒的重复",在同一意义上的"重复"。

由于是一种(机遇的)"重复",也就是否定了为一个更高目标"艰苦奋斗"的意义。在尼采看来,黑格尔叫人为之奋斗的目标——"绝对-至善"既然是虚幻的,那么"理性-精神"所做的一切努力全是徒劳的,只是把"实际的生活-精神的历程"变成了一种"沉重的负担",所以他特别反对黑格尔《精神现象学》中关于"苦难意识"的论述,由此反对整个虚构的"精神(显现)的历史-历程"。①

在尼采看来,人生既不是"受罪-赎罪",不是"苦练-修善",也不是"考验",不是"负担",而是坚强意志的创造,是"充足"意志的"有智慧"的"外溢-外化";对于"意志"的这种活动和创造,不需要一个超越的"评判者-神或天道",不需要"他者"的"批准"、"认可"或"同情"、"怜悯",而"行为者-意志"本身就是"评判者"。这样,具有这种品质的"超人-强者",虽然常常是"悲剧性"的,但却是"愉快"的,"快乐"的。从亚里士多德以来困惑理论家的"悲剧的愉悦性"问题,在尼采这里得到了一种解释,人们在"悲剧"中看到了"悲剧英雄-超人-强者"的"坚强意志-权力意志"的表现和胜利,悲剧英雄总是虽死犹生,坚强地生(活),坚强地死——"我'要'生","我'要'死";生死都是"我"的"意志";在这个意义上,悲剧英雄"愉快"

---

① 关于尼采这方面的批判,也请参阅德勒兹的 *Nietzsche & Philosophy* 第五章第四节,"Against Hegelianism"。

地生，也"愉快"地死。希腊舞台上的悲剧，把强者-超人这种乐观的精神表现出来，则观众的"愉悦"，就不是"幸灾乐祸"，而是一种积极的真实的娱乐。

这样，一切过去被看做比较"浅薄"的"快乐主义-伊壁鸠鲁主义"，在尼采的思想光照下立刻显得深刻起来，因为它们也可以被推进到一个新的理论的深度从而显得更加重要起来。当然，对于这个传统的深刻内涵作出理论的阐述，仍然是一个有待继续的工作。

至此，尼采的"超人"就会快快乐乐地度过一生。他会努力提高自己的"智慧"，把握住各种机遇，来开创、实现自己的意志；不过，他的智慧也足以使他清醒地认识到，他不可能拥有"至真至善至美"，因此包括"失败"同样也是"我愿意-我要"。"超人"在种种偶然的、机遇性的处境中开创自己，实现自己的价值，自己评判自己的价值。

2001年4月4日于北京

（原载《浙江学刊》2001年第5期）

珍惜做学问的大好时间

我们这一代人，对于读书、做学问的"时间"观念，看得比较重，不是我们觉悟高，而是因为我们失去了许多宝贵的时间，所以我常说，我们这些人，"年龄不小"，"学龄却不长"；而"时间"似乎有一个特点，就是不能"倒流"，只有争取"前面"尚"未来（到）"的，不使其再有过多的浪费。

"温故知新"，不妨算算"时间"的账。

我上大学之前正是从抗战到解放这一阶段，社会动荡、国家多难，在学校读书甚少；及至到了大学，算是相当稳定了一些时日。我从1952年入北京大学哲学系，正是院系调整的一年，基本上一切按当时苏联的教学模式办，且不说它的内容，至少在形式上是正规的，学得好坏，要看自己的努力程度。这种局面还没有维持到我们这一届毕业，1955年就有一次肃反运动。1956年被分到哲学所工作，读了一年的书，反右运动就大张旗鼓地展开了。从这以后，运动不断，只是在1961年到1963年在编写高等教材《美学概论》这一段时间，做了一点学术工作，向主编和同事们学到不少东西。从1964年下乡"四清"，两次"四清"就接上"文化大革命"了。

所以，我的"学龄-学术工作的年头"，严格说来，应从改革开放算起，而我1980年去美国进修，已经是45岁的"中龄"；如今67岁"高龄"，才做了20年的学问，而就学术来说，要在一个学科里把自己的工作做好，一辈子的时间都是不够用的。

不是我推卸责任，我们那个时代，时间不是由我们自己支配的，当时我们被教导，有许多比学术更大、更重要的事情要我们参加来做，不得不放下学术。

实在说来，我们当时的生活是比较简单的，不用自己操多少心。还没有毕业，工作就基本上分配好了，一有工作，大小就有房子住，柴米油盐都有各种票证，病了有公费医疗，连结婚生孩子都比较省事，也没有"发财"的机会，不必为炒股操心。

如此等等，岂不是集中精力做学问的大好时光？不然。后来我才慢慢体会出来，当时之所以让你在个人生活上少操点心，不是要你做学问的，"腾出"时间来，是要你关心国家大事，积极参加各种政治运动的。且不说在运动中"整人的"或是"被整的"——大部分是兼而有之，就是像我这样的"逍遥派"，作为"参加者"，也做不成什么"学问"。

"文革"期间读点书是犯忌的，被发现了是要开会批判的，就这样也还有一些人"顶风作案"，于是才有改革开放初期的一批著作问世。

从"时间"的角度来看，我们十分羡慕现在的学生和青年学者，完全不用担心再有什么十年八年的政治运动要你参加，你们读书做学问，会受到各个方面的表扬和鼓励，书读得好不好，学问做得好不好，基本上要看你们自己了。"身不由己"的人，也许可以从"怨天尤人"中求得内心平衡；"自由者"就得"自己"承担"后果"。

然而，正因为"时间"对现在的年轻人来说，就像"空气"那样平常，大家对它的珍惜程度也就降低了许多。"物以稀为贵"，许多东西现在来得都比较容易了，也就不那样"可贵"了。

就做学问来说，我们那时有我们的问题，现在有现在的问题，当然问题的性质是绝对不同的。

说也奇怪，过去认为是"小事"的，或者是"坏事"的，现在有些成了"好事"，甚至快成了"大事"了。譬如"名"和"利"，过去是很忌讳的，即使心里想，也不能公开流露出来，当然有些虚伪，现在合理合法了，不虚伪了，而且不妨作为一种进步的动力，这很好；不过也不能变得"肆无忌惮"，没有节制了。

世界是丰富多彩的，各行各业的情况也不同，"学问"这一行要求"慢功出细活"，最忌"急功近利"，可是做学问的还很容易犯这个毛病。

我们那个时候，"功"和"利"是政治性的，写文章要看政治"风向"，于是学界有"风派"之说；如今学界似乎也有"风派"，看的是"经济-市场"的"风向"，像炒股票那样，美其名为"读者需要"。前几年"流行""画说"什么的，我很奇怪"哲学"怎么也能用"图画""画"出来，后来看到一些书，也还是通俗点的文字加上"插图"，有的部分文字写得很好，但那还是文字，不是"图画"，我问编辑，编辑说，卖得很好的。

就学术来说，通俗的学术著作是最难写的，要把艰深的学术问题通俗地写出来，没有相当的学养是写不好的。"通俗"不是开始，而是结果。很多年前，读过爱因斯坦和另一个人合作写的一本通俗介绍相对论的小书，是一个中文译本，我这个外行读了觉得清楚极了，可以说是把高深学问通俗化的一个范例，我一直把这本书放在案头，想做一篇说明只有"深入"才能"浅出"的文章，可惜后来因为搬动，书找不到了，文章当然也没有写成。

深入到什么程度才能浅出，这是一个具体问题，不好一概而论。譬如有些是很新的学问，研究不够，就不可能马上来一个"通俗化"，勉强要做，也只能是介绍一些基本情况，知道一些门牌号码，内容上很难概括出来。最近常听到学界一些朋友说，有些谈西方哲学（新）思想、（新）学派的文章不好懂，我想大半是这个原因。

不但新思想、新学派不好做"通俗"文章，就是哲学史上一些比较熟知的学派和思想，也很难将其"通俗化"。譬如康德的哲学，学哲学的并不陌生，有些人觉得他的《纯粹理性批判》写得匆忙些，有些啰苏和重复，如果把它改写一下，就会更加清楚。多年前我在北京的旧书店里看到一个德国人的改写本，看来外来人也觉得它不够"通俗"；但是这方面似乎并没有留下什么必须参考的书，只有那本英国人坎普·斯密司写的释义，逐章逐节解释，可算是一本必读的参考书。

我不是说不要做通俗的工作，而是说，通俗的工作不是那么容易做的，而以急功近利的心态来做这个工作，反倒可能写出一些谁也不懂的文章来。幸好还没有出现把康德的哲学用图画画出来的书。

同样在急功近利思想的笼罩下，表现形式可以有所不同。

最初可能觉得写短平快的文章容易，于是一阵子"学术随笔"大为走红。"学术随笔"当然很好，但是如果一定要提倡"学术""随笔化"，就有点偏了。和"通俗化"一样，有些连作者都相当生疏的学术问题，不宜马上"随笔化"，勉强做出来，也会有点不伦不类。我读过一篇不足千字的短文，竟然要谈论海德格尔关于"生"、"死"的思想，哪能谈论得清楚呢。

大概与此同时，又有相反的做法，就是编写大部头著作。定一个大得不得了的题目，集聚十几二十位学者，从开天辟地讲起，一编就是"世界"的，卷帙浩繁，印刷精美，放在书架上气势恢宏；当然，编这样的书也颇费时日，作者们一定也是很费功夫，从编书中也可以带动一部分研究，也确实有写得好的部分；但是有些大部头是由"课题"适应"经济-市场"需要带动出来的，如果开出风气来，大概也只能是"天下文章一大抄"了。

"随笔"和"大部头"当然都是表现学术文化的一些形式，但是如果"化"了起来，成了"风气"，就会产生偏向；"课题制"本是激励学术研究的一种机制，不过如果忽视学术的长期利益，"课题"就会跟着眼前需要转，出现"跟风"，跟了"市场-经济的风"，"大部头"也会成急功近利的形式了。

问题不在形式，而在内容。随笔有大手笔，大部头有集一生学问之力作。而"跟风"之作，往往不是这种著作。

譬如过去跟"政治"之风，你也不能说学术就一定要脱离政治才算清高，只是学术必与大的社会、历史、时代（包括政治）气候相关切，而不是紧跟一年半载甚至十天半月的小气候。小气候跟乌纱帽有关，大气候则跟学养有关。学术也不一定就要完全脱离功利，或者"超功利"，只是学术讲的是大功、大利，不是蝇头小利。明天的行情跟股票有关，而学者著书立说则与历史、民族、社会的长远利益息息相关。

我深感急功近利的"风派"，无论政治的还是经济的，实在是学术的不良风气；它之所以不良，主要在于它浪费了相当一部分学者的时间，结果反倒"欲速则不达"，使我们的学术积累放慢了脚步，也不容易培养出高层次的学术人才，严重时会出现学术的断层。

就我们哲学专业来看，就学问的基础说，我自己深感与我们的老师们和前辈学者相差甚远。当然，因为时代的不同，我们可能知道一些他们那时还没有出现的新学派、新词汇和新材料，我说的是学问的基础功夫。譬如哲学史上的基本的原著，我们下的功夫不够。我记得20世纪80年代初我在美国进修时收到贺（麟）先生的信，说他那一个时期跟休谟交上了朋友。我想，休谟的书贺先生一定念过多遍，还在反复念，于是想起向贺先生借来的书后面常常写着某年某月某日读完第几遍。前好多年，我一直想把哲学史上重要的古典著作，念过的和没有念过的，都要念它几遍，一来是年龄不饶人，二来也是因为有些"风"要跟，力不从心了。

我们也曾年轻过，我的学友中不乏聪明才智之士，大部分也都是很有学问的学者，但比起前辈大家来，总还觉得差那么一点儿，而更少"大师"级人物，原因当然是多种的，但就量来说，我们年轻时丢失的时间太多，则是共同的。丢掉那么多时间，除非特别的天才，就只能有这点学问，几乎可以算出来的。

这样，我就特别希望现在的年轻学者，要珍惜自己的大好时间，尽量多投入扎实的学术工作，不要急功近利，不要"跟风"，注意区分"大风-大气候"和"小风-小气候"，不要为眼前的"风向"所左右，为眼前利益所驱使，时间同样花掉了，固然得到一时的名利，于学问收效甚微。

也希望我们的学术机制，防止鼓励急功近利的做法，而要想出办法支持甘愿坐冷板凳的学者，在课题的选题方面有所照顾，或者在课题之外另设鼓励办法。

在科研投入使用-实用或投入市场方面，人文学科有自身的特殊性，课题制不一定是最好的，更不是惟一的。当然，"课题制"的确是一种激励科研的方式，但是如果把课题定为二三十年，就失去课题的意义，而人文学科的有些题目，甚至不应是一代学者的事情。

激励学术事业的机制，都不太可能十全十美，事在人为，还得看掌握的情形；无论采取何种措施，学者们自己都要有自己的自律精神，不为外在的各种诱惑所动，潜心做自己的学问，充分利用好社会为我们提供的宝贵时间；等时间流逝掉了，用多少钱也是买不回来的。

时间要比金钱重要得多。

人情常以取得之难易分轻重，得之弥艰，爱之愈深；忆想当年干校，晚上统一熄灯之后，蚊帐里常是"灯火辉煌"，原来是很多人打着手电筒偷偷看白天不准看的书，对于临睡前的那一点点"时间"也十分珍惜。

在物质资源和精神资源相当匮缺的年代，一切都是珍贵的，书籍也是很难得的。那时候我们的图书馆停止借阅，弄到一本专业的书，并非易事，每有所得，则手不释卷；借到一本碑帖，不临它个十遍八遍，不肯归还。如今这些资源，滚滚而来，相当一部分经典书籍，被束诸高阁。记得干校时一位同事，利用回京探亲度假之便，不知哪里买到一部石印二十四史，回来含着眼泪跟我偷说这个盛举，如今我常对着我那部沉睡在书柜里的二十五史，想起当年那位现已作古的同事的音容，只有惭愧的份了。

我想，青年学者也要常常保持"居安思危"的警觉，这不是危言耸听，也不是要大家未老先衰，而是一种"提醒"，也是一种"警告"；就是资源（包括"时间"）比较丰富，也要珍惜；正因为比较丰富，也就比较容易"浪费"。某种意义上，"浪费（包括'浪费时间'）"是更坏的。"匮缺"让你珍惜资源，而"浪费"是连"珍惜"之情也使之"匮缺"。

2002 年 2 月 17 日于北京

（原载《中国教育报》2002 年 2 月 28 日）

后 记

　　前年承蒙重庆出版社盛情，给我出了一个四卷本的集子，那里收集了我大部分的文章和书，已经相当全了。这几年中，我又写了一点文章，集起来也可以是一本册子了，正好所内几位年轻的同事，计划出版几本"纯粹哲学"的书，知道我会支持他们的想法，嘱我写一个前言，并且把我这几年的文章辑在一起，也算一本，江苏人民出版社的朋友们也很支持。恭敬不如从命，这个集子就算是一个续集，把我这几年的文章，没有入上述集子而又容易查到出处的，收了进去。

　　有些文章是应邀而写，题目是别人定好的，虽然意思是我自己的，编在一起，看上去有点乱，不大像是"纯粹哲学"了。不过既然"纯粹哲学"并不意味着只讲抽象形式，而恰恰相反的是要避免陷于那"纯形式"的做法，所以就自我解嘲一下，说这些文章题目虽杂，但是就内容来说，还是可以看出我的主要想法，这些想法，大多也和我对于哲学的想法有关，所谓"万变不离其宗"，或者像过去有人批评我的叫"阴魂不散"。

　　出这个集子还有一个意思，就是集中起来便于看看我这几年来那个"宗"也好、那个"魂"也好，有没有进步。

　　我很重视这个"进步"。我相信"学如逆水行舟，不进则退"这个话。一来是，我们这一代人中除少数真杰出的外，大多数是中等人才，再加上恰逢"乱时——十年'文革'"，读书写作的时间大大打了折扣，所谓那个"宗"，那个"魂"，也不那么结实、厉害，如果不是坚持"锻炼"，就怕落得个游魂野鬼，永远"宗（综-合）"不起来；二来是，年纪大了些，就容易"自足"，容易吃老本,还加上一个"碰不得"的毛病,就别想再有所进步了,这样,即使原来练就了的铜筋铁骨,也会销蚀殆尽的。

我觉得,不论年老的或是年轻的,都要在学问上有所进步才好。我们常说,文化和学术好比是一个"宝库-宝藏",它本身就能引起你的"兴趣"的,它本身就有"吸引力",并不一定要拿它当"黄金屋"和"颜如玉"的"工具-手段"来使唤。

做哲学的常常被问:"哲学"有什么"用处"?过去我谈过一点想法,现在要补充几句。问这个问题,自然是把"哲学"当成了一个"工具"看的。"哲学"当然有其"工具性"的一面,它对于社会、对于科学、对于艺术都是起作用的,只是哲学对于其他学科,不仅仅是交叉的关系,而且有包容的关系,所以,哲学在深层次上自身就可以是一个"目的",而不仅仅是"手段",或者说,它是真正意义上的"目的"和"手段"的统一,并不是自己是"手段",而有另一个外在的"目的"与其"对立"着。正是在这个意义上我们说,哲学的"真理"是一个"(大)全"。也正因为哲学把目的和手段统一了起来,所以表面上看,哲学好像没有什么"用途"。因为它不是"手段",所以它的确没有什么固定的"用处"。

如果说,一切的学问都需要全身心地投入把它作为终身事业来做——在这个意义上,一切学问都应该自身就是"目的",那么"哲学"就更有理由作如是说。

我看到近年来有的学者再三声明说他最不喜欢哲学,我理解这是针对以前教条主义把哲学当成了"棍子-帽子"使的做法,是有感而发:其实那正是把哲学当工具"用"的偏向。撇开这层意思,"哲学"倒也不是像"青菜"、"萝卜"那样"容得"你喜欢不喜欢的。

我尝想,世界上的确有些东西真的"容不得"你不喜欢。譬如那些古典的绘画,古典的音乐,你愣要说不喜欢贝多芬的曲子,不喜欢梅兰芳的戏剧,贬损不了这些伟大艺术一丝一毫;哲学亦复如是。

作为后记,写得太多了。

作　者

2002 年 4 月于北京